Les microfiches ci-jointes présentent certains défauts ou lacunes inhérents au document original. Nous vous prions de nous en excuser.

Reliure trop serrée.

Graphisme défectueux.

OBSERVATIONS DE MONSIEVR MÉNAGE SVR LA LANGVE FRANÇOISE.

SEGONDE EDITION.

A PARIS,
Chez CLAVDE BARBIN, au Palais,
sur le segond Perron de la Sainte
Chapelle.

M. DC. LXXV.
AVEC PRIVILEGE DV ROY.

A MONSIEVR
LE CHEVALIER
DE MÉRÉ.

ONSIEVR,

Quand je vins à Paris la premiére fois, vous estiez un des hommes de Paris le plus à la mode. Vostre vertu, vostre valeur ; vostre esprit, vostre savoir, vostre éloquence ; vostre douceur, vostre bonne mine, vostre naissance, vous fesoient souhaitter

EPISTRE.

de tout le monde. Toutes ces belles qualitez me furent un jour répréſentées par noſtre excellent ami Monſieur de Balzac avecque toute la pompe de ſon éloquence : & comme j'eſtois un jeune homme avide de connoiſſances illuſtres, elles excitérent en moi un deſir extréme de vous connoiſtre. I'eus le bon-heur, MONSIEVR, non ſeulement de faire connoiſſance, mais de faire amitié avecque vous : & une amitié tres-intime & tres-particuliére. Depuis ce temps-là, vous m'avez rendu en toutes occaſions toute ſorte de bons offices. Vous avez pris part en tout ce qui m'eſt arrivé de bien & de mal; ou pour mieux dire, vous avez reſſenti toutes entiéres & mes joyes & mes afflictions. Vous avez dit du bien de moi en tous lieux : & je dois à vos louanges la meilleure partie de ma réputation. La pudeur ne me permet pas de mettre icy ſur le pa-

EPISTRE.

pier tout ce que vous dites à mon avantage, lorsqu'on parla de moi pour estre Précepteur de Monseigneur le Dauphin: mais la reconnoissance ne me permet pas non-plus de n'en point parler du tout: & je ne puis m'empescher de vous dire, que l'honneur que vous me fistes en cette occasion, ne fut pas moindre que celui que mes amis me vouloient procurer. De mon costé, MONSIEVR, je n'ay point aussi manqué aux devoirs de l'amitié. Ie vous prie de vous souvenir, que lorsque nous fesions nostre cour ensemble à une Dame de grande qualité & de grand mérite; quelque passion que j'eusse pour cette illustre personne, je souffrois volontiers qu'elle vous aimast plus que moi ; parceque je vous aimois aussi plus que moi-mesme. Que si je n'ay pas autant contribué à vostre réputation que vous avez fait à la mienne, c'est parceque je n'ay ny vostre

EPISTRE.

éloquence pour persuader les choses, ny vostre autorité pour les appuier. Car enfin, MONSIEVR, si vous ne le savez, je vous ay toujours loué de toute ma force dans toutes les conversations où l'on a parlé de vous en ma présence. Il est vray que je n'ay point encore publié vos louanges dans mes escrits. Mais il est vray aussi que j'ay dans la pensée, il y a long temps, de vous adresser quelques uns de mes Ouvrages. Et comme je say que vous aimez le Grec avecque beaucoup de passion, je vous destinois ce que j'ay médité sur cette Langue ; qui est mon ouvrage favori. Mais, MONSIEVR, vous avez sonhaitté que je vous adressasse plustost quelques Remarques sur la Langue Françoise ; pour laquelle vous avez encore plus de passion que pour la Grecque ; & que vous préférez avecque raison à toutes les autres de l'Europe. En effet,

EPISTRE.

MONSIEVR, depuis l'établissement de l'Académie Françoise, nostre Langue n'est pas seulement la plus belle & la plus riche de toutes les Langues vivantes, elle est encore la plus sage & la plus modeste : Et par les conquestes de nostre Roi, qui ont éloigné de tous costez les bornes de l'Empire François ; & par les merveilles de sa vie, qui attirent tout le monde en France de tous les endroits du monde, elle est aujourd'huy l'étude principale de tous les Estrangers. Ie ne puis donc manquer en vous dédiant ces OBSERVATIONS SVR LA LANGVE FRANÇOISE. Dans le desir que j'avois d'exécuter prontement vos ordres, je les ay composées ; vous le savez, MONSIEVR ; avecque la plus grande précipitation du monde, & dans le cours de l'impression. Comme le temps & la méditation contribuent particuliérement à la perfection des escrits,

EPISTRE.

il ne se peut faire qu'il n'y ait dans cet Ouvrage précipité beaucoup de choses à dire, & pour les décisions, & pour l'expression. J'espere qu'une seconde edition le rendra plus digne de vous; & si je l'ose dire, plus digne de moi. Cependant, MONSIEVR, tel qu'il est, je vous prie de l'avoir agréable, & de le recevoir comme une marque de ma reconnoissance, & un témoignage de la passion fidelle, avecque laquelle je suis il y a si long temps,

MONSIEVR,

Vostre tres-humble & tres-
obéissant serviteur,
MENAGE.

TABLE DES CHAPITRES.

CHAP. I. *S'Il faut dire* acatique, *ou* aquatique, page 1

CHAP. II. *S'il faut dire* extrémement, *ou* extrémément ; certainement, *ou* certainément ; profondement, *ou* profondément, 4

CHAP. III. *S'il faut dire* Droit Canon, *ou* Droit Canonique : Les Instituts, les Institutes, *ou* les Institutions de Justinien, 6

CHAP. IV. *S'il faut dire* plurier *ou* pluriel. 10

CHAP. V. *S'il faut dire* arondelle, hérondelle, *ou* hirondelle. 13

CHAP. VI. *S'il faut dire* je vay, je vais, je va, *ou* je vas. 16

CHAP. VII. *S'il faut dire* Je vous prens tous à témoin, *ou* à témoins. 17

CHAP. VIII. *S'il faut dire* Missel, *ou* Messel ; ouïr Messe, *ou* ouïr la Messe. 18

CHAP. IX. *S'il faut dire* létrin, lutrin, *ou* lieutrin : benoistier, benaistier, *ou* benistier : goupillon *ou* gouspillon. 21

CHAP. X. *Si l'on peut dire* Philoméne, *pour*

TABLE

Philoméle. 23

CHAP. XI. S'il faut dire Arsenal, ou Arsenac. 24

CHAP. XII. S'il faut dire trou de chou, ou tronc de chou. 26

CHAP. XIII. Sens dessus dessous, Sens devant derriére. 27

CHAP. XIV. Si on peut dire Lutéristes. S'il faut dire Jésuites, ou Jésuistes : Jacobins, ou Jacopins : Capucins, ou Capuchins : Carmélites, ou Carmélines : Ursulines, ou Urselines. 29

CHAP. XV. S'il faut dire Ils sont tout estonnez, ou ils sont tous estonnez. 31

CHAP. XVI. S'il faut dire Champs Elysiens, ou Champs Elysées. Si on peut dire Champ Elysée, au singulier. 35

CHAP. XVII. S'il faut dire arboriste, arboliste, herboriste, ou herboliste : arboriser, arboliser, herboriser, ou herboliser. 38

CHAP. XVIII S'il faut dire Oiseleur, ou Oiselier : Horlogeur, ou Horloger : Fossier, ou Fossoyeur. 40

CHAP. XIX. S'il faut dire velous, ou velours : damas, ou damarre : sarge, ou serge. 41

CHAP. XX. S'il faut dire vieil, ou vieux. 43

CHAP. XXI. S'il faut dire moruë, ou moluë : chauveté, calvitie, ou pelade. 45

CHAP. XXII. Des participes passifs dans les prétérits. 46

CHAP. XXIII. S'il faut dire faisanneaux, ou faisandeaux. 59

CHAP. XXIV. S'il faut dire dévolu, ou dévo-

DES CHAPITRES.

lut: précipu, *ou* préciput. 59
CHAP. XXV. *Gens.* 60
CHAP. XXVI. *S'il faut dire* suppos, *ou* supports d'armes. 63
CHAP. XXVII. *S'il faut dire* Haute-contre, *ou* Haute-conte: Basse-contre, *ou* Basse-conte. 64
CHAP. XXVIII. *Ployer, plier.* 65
CHAP. XXIX. *S'il faut dire* ayeine, *ou* avoine. 69
CHAP. XXX. *S'il faut dire* regître, *ou* registre; regeste, *ou* regestre: enteriner: *ou* interiner: homologuer, *ou* émologuer. 71
CHAP. XXXI. *Iouir, croistre, tarder, tomber.* 73
CHAP. XXXII. *S'il faut dire* becquée *ou* béchée. 74
CHAP. XXXIII. *Tyranne, Martyre.* 75
CHAP. XXXIV. *Palais Cardinal. Hostel Seguier.* 76
CHAP. XXXV. *S'il faut dire* écureuil, *ou* écurieu. 78
CHAP. XXXVI. *S'il faut dire* amelette, *ou* omelette: armoire, ormoire, omoire, *ou* ermoire. 79
CHAP. XXXVII. *Si l'on peut dire* jusque & jusques: encor, encore, & encores: mesme & mesmes: guére & guéres: naguére & naguéres: onc, oncque, & oncques: or, ore, & ores: avec, avecque, & avecques: presque, & presques: certe & certes. 81
CHAP. XXXVII. *Cupidité, convoitise, avidité.* 86

TABLE

CHAP. XXXIX. *S'il faut prononcer* j'ay u, *ou* j'ay éü : Ouſt, *ou* Aôuſt : ailleurs, *ou* alliceurs : aider, *ou* aider. 88

CHAP. XL. *Mors, mordu : tors, tordu : ponds, ponnu, pondu.* 90

CHAP. XLI. *S'il faut dire* S. Merri, *ou* S. Médéric. S. Nicolas du Chardonnet, *ou* S. Nicolas du Chardonneret. S. Germain de l'Auſſerrois, *ou* de l'Auxerrois. 91

CHAP. XLII. *Coucher par écrit.* 92

CHAP. XLIII. *L'année paſſée, l'année qui vient. L'année précédente, l'année ſuivante.* 93

CHAP. XLIV. *Prier à diſner, prier de diſner.* 94

CHAP. XLV. *Il ne fait, Il ne vient que ſortir. Il ne fait, Il ne vient que de ſortir.* 94

CHAP. XLVI. *Paſquil, Paſquin.* 95

CHAP. XLVII. *Mien, tien, ſien.* 96

CHAP. XLVIII. *De la formation des verbes* détromper, dévouloir, défaire, démeſlér, deſarmer, & *autres ſemblables.* 97

CHAP. XLIX. *S'il faut dire* améthyſte, *ou* amathyſte : Salamandre, Salemandre, *ou* Salmandre. 98

CHAP. L. *S'il faut dire* guitâre, guiterre, *ou* guiterne : luth, *ou* luc : téorbe, tiorbe *ou* tuorbe. 99

CHAP. LI. *S'il faut écrire* ſavoir, *ou* ſçavoir. 102

CHAP. LII. *Orthographe, orthographier.* 104

CHAP. LIII. *S'il faut dire* ectique, *ou* étique : ptiſane, *ou* tiſane ; Pſéaume, *ou* Séaume. 105

CHAP. LIV.

DES CHAPITRES.

CHAP LIV. *S'il faut dire* litanie, *ou* létanie: cérémonie, *ou* cérimonie : homilie, *ou* homélie : Isaïe, *ou* Esaïe : amnistie, *ou* amnestie : épidimie, *ou* epidémie : Siréne, *ou* Séréne : cimitiére, cémetiére, *ou* cimitiére. 107

CHAP LV. *Le long, du long, au long.* 111

CHAP. LVI *A travers : au travers.* 112

CHAP. LVII. *Pas, & point.* 113

CHAP LVIII. *Sens-je, senté je : Perds-je, perdé-je.* 114

CHAP. LIX. *Va croissant, Va faisant,* &c. 117

CHAP. LX. *Remarque curieuse touchant l'orthographe.* 121

CHAP. LXI. *Superbe.* 122

CHAP. LXII. *Ie n'en puis mais.* 122

CHAP. LXIII. *Iaillir : verdir jaunir : emporter le prix : remporter le butin.* 124

CHAP. LXIV. *S'il faut dire* Cadis *ou* Calis : Gilbatar, Gilbaltar, Gilbartar, *ou* Gilbratar. 126

CHAP LXV. *S'il faut dire* Salmigondin, Salmigondis, *ou* Salmigondi 128

CHAP. LXVI. *Faites-moi cette amitié. Ie vous demande excuse.* 129

CHAP. LVII. *S'il faut dire* le point du jour, *ou* la pointe du jour. 129

CHAP. LXVIII. *Iuridiction, jurisdiction.* 130

CHAP. LXIX. *Commander* 131

CHAP. LXX. *Dom Iouan d'Autriche ; Dom Iean d'Autriche.* 132

CHAP. LXXI. *Où que, pour en quelque lieu que* 132

CHAP. LXXII. *S'il faut dire* les vacances, *ou*

Tome I.

TABLE

les vacations. 134
CHAP. LXXIII. *Poche, pochette.* 134
CHAP. LXXIV. *Noms de genre douteus.* 135
CHAP. LXXV. *Constructions bizarres & irréguliéres.* 167
CHAP. LXXVI. *La voicy qu'elle vient.* 168
CHAP LXXVII. *Convent, Couvent.* 168
CHAP. LXXVIII. *S'il faut dire* Joüer à boule vue, *ou* Joüer à bonne vue. 169
CHAP. LXXIX. *Fond, & fonds.* 172
CHAP. LXXX. *Confiseur, Confiturier.* 174
CHAP LXXXI. *S'il faut dire* cueillera *&* recueillera, *ou* cueillira *&* recueillira. 174
CHAP LXXXII. *Quelquepart, en quelquepart.* 178
CHAP LXXXIII. *Fuseliers, Fusiliers.* 179
CHAP. LXXXIV. *S'il faut dire,* Il semble que tout est, *ou* que tout soit fait, pour me nuire. 180
CHAP LXXXV. *Des noms qui se prononcent en* o, *& de ceux qui se prononcent en* ou. 180
CHAP LXXXVI. *Quoyque, bienque, avecque l'indicatif.* 183
CHAP. LXXXVII. *Il avoit le bras retroussé. Vous n'oseriez l'avoir regardé. Mettre l'épée à la main. Il a une bonne physionomie. Il est demain Feste.* 184
CHAP. LXXXVIII. *Aller, venir.* 185
CHAP LXXXIX. *Vers dans la prose.* 187
CHAP. LXXXX. *Addition au Chapitre précédent.* 195
CHAP. LXXXXI. *S'il faut dire* busc, busque *ou* buste: musc, *ou* musque. 200

DES CHAPITRES.

CHAP. LXXXXII. *S'il faut dire* à l'étourdi, *ou* à l'étourdie. 201

CHAP. LXXXXIII. *Des mots qui finissent par* F. 202

CHAP. LXXXXIV. *S'il faut dire* gans de Néroli, *ou* de Nérola. 203

CHAP. LXXXXV. Reliques, *dans la signification de restes.* 204

CHAP. LXXXXVI. *S'il faut dire* bref *ou* brief : brévement *ou* brièvement : bréveté *ou* briéveté. griéveté., *mot favori de l'Auteur des Doutes sur la Langue Françoise.* 206

CHAP. LXXXXVII. *S'il faut dire* til, tillet, tilleu, *ou* tillau : buis *ou* bouis : fayant, fau, *ou* fouteau : saulx, *ou* saule : lilas, *ou* lilac. 208

CHAP. LXXXXVIII. *S'il faut dire* hyacynthe, *ou* jacynthe : Jerarchie, *ou* Hiérarchie : Jérico, *ou* Ierico : Jonique, *ou* Ionique. 210

CHAP. LXXXXIX. *S'il faut dire* chicorée, *ou* cicorée, Chirurgien, *ou* Cirurgien : pinpinelle, pimpenelle, pimpernelle, *ou* pimprenelle. 212

CHAP. C. Groiselle, Groseille. 213

CHAP. CI. *De l'H Françoise.* 213

CHAP. CII. *H mise sans raison en plusieurs mots.* 230

CHAP. CIII. *S'il faut dire* extrordinaire, *ou* extraordinaire. 231

CHAP. CIV. Poitrine, face. 231

CHAP. CV. *S'il faut dire* chardonnet, *ou* chardonneret : linot *ou* linote : paisle, passe,

é ij

TABLE

ou passereau. 236

CHAP. CVI. *D'où vient qu'on écrit par un* X *ceux, Dieux, cieux, mieux, travaux, animaux, & autres mots semblables.* 238

CHAP. CVII. *Si l'on peut dire* dépendre, *pour* dépenser. 247

CHAP CVIII. *Asseoir. Il sied.* 249

CHAP CIX. *S'il faut dire* Un prié-Dieu, *ou* Un prie-Dieu. *Si on peut dire* supplier Dieu. 251

CHAP. CX. *Précipitément. certainement, entièrement.* 252

CHAP. CXI. *De la prononciation des infinitifs en* er, *en* ir, *& en* oir. 253

CHAP. CXII. *S'il faut dire* hante, *ou* hampe *de halbarde.* 254

CHAP. CXIII. *S'il faut dire* col, *ou* cou: mol, *ou* mou: fol, *ou* fou: sol, *ou* sou. 255

CHAP CXIV. *S'il faut écrire* aultre, *ou* autre. 257

CHAP. CXV. *Des prépositions locales* en, dans *& à, devant les noms de Villes, de Provinces, & de Royaumes.* 258

CHAP CXVI. *Du pronom démonstratif* celui, *avecque la particule* là. 261

CHAP CXVII. *Naguéres.* 263

CHAP. CXVIII. *S'il faut dire* apostume, *ou* apostéme: aposime *ou* aposéme: clystére, *ou* lavement. 263

CHAP. CXIX. *S'il faut dire,* Je ne savois pas que c'estoit, *ou* que ce fust vostre mere. 264

CHAP. CXX. *Aveindre. atteindre.* 265

CHAP. CXXI. *Cousin remué de germain. bru.*

DES CHAPITRES.

aïeul: arriére petit-fils. oncle à la mode de Bretagne. 266

Chap. XXII. *Constantinoble. Constantinople.* 267

Chap. XXIII. *S'il faut dire* Prevost, Prévost, *ou* Provost : Prevosté, Prévosté, *ou* Provosté : Cas Prévostal, *ou* Prévostable : Connestablie, *ou* Connestablerie : Mairie *ou* Mairerie. 268

Chap. CXXIV. *Capitaine des Gardes: Capitaine aux Gardes. Chevau-leger : Cheval-leger. Chevaliers : Cavaliers. Cornette. Trompette.* 270

Chap. CXXV. *Répétition de la particule pas.* 271

Chap. CXXVI. *S'il faut dire* Je boiray, *ou* Je buray : en buvant, *ou* en boivant. 271

Chap. CXXVII. *Gracieux.* 272

Chap. XXVIII. *S'il faut dire* sous les armes, *ou* sur les armes : Sur peine, *ou* sous peine de la vie. 273

Chap. CXXIX. *S'il faut dire* paténe, *ou* platine. 273

Chap. CXXX. *Avorter. avorton. porter des enfans.* 273

Chap. CXXXI. *Iamais plus.* 274

Chap. CXXXII. *S'il faut dire* excluë, *ou* excluse. 275

Chap. CXXXIII. *S'il faut dire* sidre, *ou* sitre. 275

Chap. XXXIV. *Araigne, areigne, araignée, arignée, iragnée, iranteigne.* 276

Chap. CXXXV. *S'il faut dire* Jour ouvrier, *ou* Jour ouvrable. 276

TABLE

CHAP. CXXXVI. *S'il faut dire* le paulet, la paulette, la palote, *ou* le droit annuel. 277

CHAP. CXXXVII. *Autour, alentour.* 277

CHAP. CXXXVIII. *Potier, Potier d'étain. Tailleur, Tailleur de pierres. Mouchoir, mouchoir à moucher.* 278

CHAP. CXXXIX. *Il y a marché. Il y a bal.* 279

CHAP. CXL. *S'il faut dire* balayer, *ou* balier : néier, *ou* noyer : nettéier, nettoyer, nettir *ou* nettier : fier *ou* féier du blé. 279

CHAP. CXLI. *Coteau, coteh.* 281

CHAP. CXLII. *S'il faut dire* épingle, *ou* éplingue : aiguille, *ou* aigule : aiguillon, *ou* aigulon : aiguilletier, *ou* aiguletier : efcurie, *ou* efcuirie. 282

CHAP. CXLIII. *Eloigner quelque chofe, pour s'éloigner de quelque chofe.* 283

CHAP. CXLIV. *De quelques mots qu'on prononce par* a, *& de quelques autres qu'on prononce par* e. 284

CHAP. CXLV. *De la prononciation du D aux mots qui commencent par* ad, *& de celle du B en ceux qui commencent par* ob. 287

CHAP. CXLVI. *Noms qui n'ont point de fingulier. Noms qui n'ont point de plurier.* 288

CHAP. CXLVII. *S'il faut dire* indannité, *ou* indamnité. 297

CHAP. CXLVIII. *Plaift-il.* 298

CHAP. CXLIX. *Vous avez bien-toft fait. Vous avez eu bien toft fait.* 299

CHAP. CL. *Mots qui commencent par* in, *prépofition dérogative.* 299

DES CHAPITRES.

CHAP. CLI. *Offenſeur.* 301

CHAP. CLII. *Addition au Chapitre précédent. Offenſeur. invcincu. inſidieux. plumeux. eſclavitude. eſclavage.* 301

CHAP. CLIII. *Rabaiſſement, rabais.* 303

CHAP. CLIV. *Tabac, tobac. tabakiére, tabatiére.* 304

CHAP. CLV. *S'il faut dire* Frontevaux, *ou* Fontevraud : Noirmoutier, Nermoutier *ou* Narmoutier : Guimené, *ou* Guémené : Morevêr, *ou* Mont-revel : Cramail, *ou* Carmain : Curſol, *ou* Cruſſol : Saucourt, *ou* Soyecourt : Guiche, *ou* Guiſſen : d'Arpajou, *ou* d'Arpajon : de la Trimouille, *ou* de la Trémouille : Pié du Fou, *ou* Puy du Fau : Cologon, *ou* Coëtlogon : Commartin, *ou* Caumartin : De Souche, *ou* Des-Ouſches : de Mercure, *ou* de Mercœur. 305

CHAP. CLVI. *S'il faut dire* chatte, *ou* chartre. 307

CHAP. CLVII. *Si l'on peut dire* tranſlater *&* tranſlateur, tourner *&* tourneur, *pour dire* traduire *&* traducteur. 308

CHAP. CLVIII. *Des noms propres.* 309

CHAP. CLIX. *S'il faut dire* eucariſtie, *ou* eſcariſtie : automates, *ou* aſtomates : autographe, *ou* aſtographe. 362

CHAP. CLX. *Si l'article indéfini reçoit après ſoi le pronom rélatif. Si un nom qui n'a point d'article, peut avoir après ſoi le pronom rélatif.* 363

CHAP. CLXI. *Promener. Laver. Laver la main.* 366

TABLE

CHAP. CLXII. *S'il faut dire* après soupé, *ou* après souper : le disné, *ou* le disner : le demeslé, le procédé, *ou* le demesler, le procéder. 368

CHAP. CLXIII. *Librairie.* 370

CHAP CLXIV. *Noms indéclinables.* 371

CHAP. CLXV. *S'il faut dire* sel armoniac, *ou* ammoniac. 373

CHAP. CLXVI. *S'il faut dire* arbaleste, *ou* arbalestre : Arbalestier, *ou* Arbalestrier. 374

CHAP. CLXVII. *S'il faut dire* portecole, protocole, *ou* protecole : Protonotaire, *ou* Protenotaire. 375

CHAP. CLXVIII. *S'il faut dire*, le chaignon, *ou* le chignon du cou. 376

CHAP. CLXIX. *Cypre, Chypre.* 376

CHAP. CLXX. *Oeil, euil. orgueil. heur, hureux, valeur, valureux.* 377

CHAP. CLXXI. *S'il faut dire* sesant *ou* faisant, *au participe du verbe* faire. 379

CHAP. CLXXII. *Astronomie. Astrologie.* 379

CHAP. CLXXIII. *Fleuve, Riviére.* 380

CHAP. CLXXIV. *S'il faut dire* trouver, *ou* treuver. 380

CHAP. CLXXV. *S'il faut dire* pommes de caspendu, *ou* de court-pendu. 382

CHAP. CLXXVI. *N'ont-ils pas fait ? Ont-ils pas fait ? Ie conte pour rien : Ie ne conte pour rien.* 383

CHAP. CLXXVII. *Carmes Deschaux, Carmes Deschauffez.* 383

CHAP. CLXXVIII. *S'il faut dire* vous médisez, *ou* vous médites : Il l'interdisit, *ou* Il l'interdit : Il survescut, *ou* il survesquit. 384

DES CHAPITRES.

CHAP. CLXXIX. *S'il faut dire* matériaux, *ou* matéreaux. 385

CHAP. CLXXX. *Bienfaiteur, Bienfaicteur, Bienfacteur.* 385

CHAP. CLXXXI. *Cadeau. Banquet. Coterie.* 386

CHAP. CLXXXII. *S'il faut dire* bulins, *ou* boulins de coulombier. 387

CHAP. CLXXXIII. *Arrérages. Arriérages.* 387

CHAP. CLXXXIV. *Du* CH *François aux mots qui viennent du Latin.* 388

CHAP. CLXXXV. *S'il faut dire* analyse, *ou* analysie. 389

CHAP. CLXXXVI. *Apréfent. mefmement. partant. audemeurant.* 389

CHAP. CLXXXVII. *S'il faut dire* tuer, *ou* éteindre un flambeau. 390

CHAP. CLXXXVIII. *S'il faut dire* naviger, *ou* naviguer : Norvégue *ou* Norvége : Mer Caspie, *ou* Mer Caspienne : La Parthie, *ou* la Parthienne : Les Perses, *ou* les Persiens : l'Alzace, *ou* l'Alsace : La Valaquie, *ou* la Valachie. 391

CHAP. CLXXXIX. *S'il faut dire* femme disposte, *ou* femme dispose. 392

CHAP. CLXXXX. *S'il faut dire* bignets, beignets, *ou* bugnets. 393

CHAP. CLXXXXI. *S'il faut dire* bîgle, *ou* bîcle. 393

CHAP. CLXXXXII. *S'il faut dire* garenne, *ou* garanne : garennier, *ou* garannier. 393

CHAP. CLXXXXIII. *Monsieur, Madame.* 394

CHAP. CLXXXXIV. *Victorieux, impatient, ambitieux,* avecque le génitif. 396

TABLE

CHAP. CLXXXXV. *Monstrueux, Monstreux.* 398

CHAP. CLXXXXVI. *Tant seulement.* 398

CHAP. CLXXXXVII. *Pallemail.* 399

CHAP. CLXXXXVIII. *Soupirer.* 399

CHAP. CLXXXXIX. *S'il faut dire* devot, *ou* dévot : peché, *ou* péché : depart, *ou* départ : defaut, *ou* défaut : premier, *ou* prémier : Breda, *ou* Bréda : Calepin, *ou* Calépin : acquerir, *ou* acquérir : metayer, *ou* métayer : refuge, *ou* réfuge : eau benite, *ou* eau bénite. 401

CHAP. CC. *Des mots terminez en* esse. 402

CHAP. CCI. *S'il faut dire* jullet, *ou* jullep : sirop, sirot, *ou* sirô : vinaigre rosat, *ou* vinaigre rosar : caillo-rosat, *ou* caillo-rozat. 403

CHAP. CCII. *S'il faut dire* la Maison de Médicis, *ou* la Maison de Médici. 404

CHAP. CCIII. *S'il faut dire* la Fabrique, *ou* la Fabrice de l'Eglise : Eglise Collégiale, *ou* Eglise Collegiate. 404

CHAP. CCIV. *S'il faut prononcer* éloigner, *ou* élogner ; témoigner, *ou* témogner : roignon, *ou* rognon. 405

CHAP. CCV. *De la première personne du présent de l'indicatif, & de celle de l'imparfait.* 406

CHAP. CCVI. *S'il faut dire* Flandre, *ou* Flandres : Athénes, *ou* Athéne : Thébes, *ou* Thébe : Mycénes, *ou* Mycéne : Pergames, *ou* Pergame. 409

CHAP. CCVII. *Philippes ; Charles, Iaques, Iules.* 413

CHAP. CCVIII. *S'il faut dire* l'Archipel, *ou*

DES CHAPITRES.

l'Archipélague. 414
Chap. CCIX. *Comme il est. Comme je suis.* 414
Chap. CCX. *Avecque toute l'estime & toute la passion possible.* 414
Chap. CCXI. *Cordon-Bleu.* 415
Chap. CCXII. *S'il faut dire* Ptolomée, *ou* Ptolémée. 416
Chap. CCXIII. *Consommer, Consumer.* 416
Chap. CCXIV. *S'il faut écrire* sep de vigne, *ou* cep de vigne : sion, *ou* cyon d'arbre. 419
Chap. CCXV. *A nage, à la nage. Cinq escus piéce, Cinq escus la piéce.* 419
Chap. CCXVI. *Meurier, murier : Meure, mure. Saumur, Saumeur. Seur, sûr. Preude, prude.* 420
Chap. CCXVII. *S'il faut dire* revencher, *ou* revenger. 421
Chap. CCXVIII. *S'il faut dire* Vaudeville, *ou* Vaudevire. 421
Chap. CCXIX. *Ayeux, aieuls.* 422
Chap. CCXX. *Enfin, à la-fin.* 423
Chap. CCXXI. *S'il faut dire* peigne, *ou* pigne. 424
Chap. CCXXII. *S'il faut dire* gisier, gesier, *ou* jusier. 424
Chap. CCXXIII. *S'il faut dire* marsepain, *ou* massepain. 425
Chap. CCXXIV. *Quant à moi. De moi. Pour moi. Quant & moi. Quant & quant moi.* 426
Chap. CCXXV. *Courir, contre, recourir.* 429
Chap. CCXXVI. *De certains termes d'Imprimerie.* 431.

TABLE

CHAP. CCXXVII. *Ne plus ne moins.* 433
CHAP. CCXXIII. *Assener. Diversion.* 434
CHAP. CCXXIX. *Inventeurs de quelques mots François.* 435
CHAP. CCXXX. *Iustification de ce qui a esté dit au chapitre précédent touchant le mot d'urbanité, & celui de Profateur.* 442
CHAP. CCXXXI. *Lettre de change. Lettre d'échange.* 459
CHAP. CCXXXII. *Pré : Prée : Prairie.* 460
CHAP CCXXXIII. *Tomber, tumber. Tombereau, tumbereau.* 460
CHAP. CCXXXIV. *Pié à terre, Piet à terre. Donner des deux.* 461
CHAP. CCXXXV. *S'il faut dire Ancepessade, ou Lancepessade : Colonel, ou Coronel : Corporal, Coporal, ou Caporal.* 461
CHAP. CCXXXVI. *Recouvert pour recouvré.* 463
CHAP. CCXXXVII. *Fluxion, défluxion.* 465
CHAP. CCXXXVII. *Agneau, anneau.* 465
CHAP. CCXXXIX. *Si & aussi, comparatifs, suivis de comme.* 466
CHAP. CCXL. *Archon, archonte.* 467
CHAP. CCXLI. *Gangreine, cangreine. Cannif, gannif. Second, segond. Secret, segret. Secretaire, Segretaire.* 468
CHAP. CCXLII. *Pluriers de quelques noms terminez en al & en ail.* 469
CHAP. CCXLIII. *De la terminaison al, & de celle d'ail.* 471
CHAP. CCXLIV. *S'il faut dire Eglise Paroxiale, Parochiale, ou Paroissiale.* 471
CHAP. CCXLV. *Navets, navaux: bette, poirée: lentilles,*

DES CHAPITRES.

lentilles, nentilles. 472

CHAP. CCXLVI. Genevois, Gennois. Berruiers, Hannuiers, Beauvaisins. Metins. Angoumoisins. Fertenois. 472

CHAP. CCXLVII. Planter des lauriers. Arborer des lauriers. 473

CHAP. CCXLVIII. Pulmonique, poulmonique, poumonique. Hypocondre, hypocondriaque. 475

CHAP. CCXLIX. Académicien, Académiste, Académique. 476

CHAP. CCL. S'il faut dire corroie, conroie, ou courroi : Corroieur, Conroieur, ou Courroieur. 476

CHAP. CCLI. Choir. 477

CHAP. CCLII Capes, Capres. 478

CHAP. CCLIII. Remarques curieuses touchant les mots de nombre. 478

CHAP. CCLIV. Laquais, Laquay. 488

CHAP. CCLV. Cassonnade, castonvade. 488

CHAP. CCLVI. Les Dames ne sortent point du logis, que pour aller en visite. 489

CHAP. CCLVII. S'il faut dire cauchemar, ou cauchemarre. 489

CHAP. CCLVIII. Des prépositions de & du devant les noms de famille. 490

CHAP. CCLIX. Quasi, presque. 491

CHAP. CCLX. De guéres. 492

CHAP. CCLXI. Ie vous ay dit de faire cela. Io vous demande de faire cela. 493

CHAP. CCLXII. Stomachal. omachal. Stampe, estampe. 493

CHAP. CCLXIII. S'il faut dire la Mexique, ou

Tome I. i

TABLE.

le Mexique. 494

Chap. CCLXIV. *S'il faut dire Bail emphyteutique, ou emphytéotique.* 495

Chap. CCLXV. *Sortir de la vie.* 495

Chap. CCLXVI. *Il dit.* 496

Chap. CCLXVII. *Couturier, Couturière.* 496

Chap. CCLXVII. *Ie le vous promets. Ie le vous diray.* 497

Chap. CCLXVIII. *Possible, paraventure, daventure.* 497

Chap. CCLXIX. *Ouvrier, meurtrier, trissylabes.* 498

Chap. CCLXX. *Grand' au lieu de grande.* 502

Chap. CCLXXI. *Libéral arbitre.* 504

Chap. CCLXXII. *I'ay reçû la vostre. I'ay reçû l'honneur de la vostre. Le prémier du courant ; du passé. I'ay accusé la reception de vostre prémière lettre. Ie vous écris celle-cy.* 506

Chap. CCLXXIII. *Environ de.* 506

Chap. CCLXXIV. *Taux, Taxe, Taxation.* 507

Chap. CCLXXV. *Iument. Cavalle.* 507

Chap. CCLXXVI. *Landit, Landy.* 508

Chap. CCLXXVII. *S'il faut dire vénéneux, ou venimeux.* 508

Chap. CCLXXVIII. *Zéphyr, Zéphyre.* 509

Chap. CCLXXIX. *En enhaut. En embas. Il s'en est enallé. Il s'est enallé.* 509

Chap. CCLXXX. *Consulte. procure. donaison. conteste.* 510

Chap. CCLXXXI. *S'il faut dire l'Enfermier, ou l'Infirmier.* 510

Chap. CCLXXXII. *Préterits des verbes entrer,*

DES CHAPITRES.

sortir, monter, descendre. 511

CHAP. CCLXXXIII. *Supérerogation, surérogation. Superintendant, Surintendant.* 512

CHAP. CCLXXXIV. *S'il faut dire* lês, *ou* légat. 512

CHAP. CCLXXXV. *Qu'il ne faut point changer certaines façons de parler reçues.* 513

CHAP. CCLXXXVI. *S'il faut dire* Sacristain, *ou* Segretain : Sacristine, *ou* Sacristaine. 514

CHAP. CCLXXXVII. *Personne.* 514

CHAP. CCLXXXVIII. *Assuré secours. Redouté Monarque.* 515

CHAP. CCLXXXIX. *S'il faut dire* vinrent, *ou* vindrent : tinrent *ou* tindrent. 518

CHAP CCLXXXX. *Prochain. Voisin.* 518

CHAP CCLXXXXI. *Cable, Chable.* 519

CHAP. CCLXXXXII. *Vne cueillêr, une cueillerée.* 520

CHAP. CCLXXXXIII. *Il est dommage.* 520

CHAP. CCLXXXXIV. *S'il faut dire* le Refectoir, *ou* le Refectoire. 522

CHAP. CCLXXXXV. *Le poignard à la gorge. Le poignard sur la gorge.* 522

CHAP. CCLXXXXVI. *Cavalier, Chevalier.* 522

CHAP. CCLXXXXVII. Segretaire, *pour* Confident. 523

CCLXXXXVIII. *Sus, dessus. Sous, dessous. Dans, dedans. Hors, dehors.* 524

CHAP. CCLXXXXIX. *Des articles devant les noms propres.* 526

CHAP. CCC. *Des noms de Fleuves.* 530

CHAP. CCCI. *Petite-vérole. Vérole.* 532

TABLE

CHAP. CCCII. Onz a. 532
CHAP. CCCIII. Labour, labeur. 533
CHAP. CCCIV. Baptismal, baptistére. 533
CHAP. CCCV. Missive, épitre. 534
CHAP. CCCVI. S'il faut dire levée de bouclier, ou de boucliers 534
CHAP. CCCVII. Juif, monosyllabe. 535
CHAP. CCCVIII. De la conjugaison du verbe haïr. 536
CHAP. CCCIX. Emmy la place. Emmy la rue. 537
CHAP. CCCX. Patrie. 537
CHAP. CCCXI. S'il faut dire méthridat, ou mithridat. 538
CHAP. CCCXII. Venusté. 538
CHAP. CCCXIII. Iustification du Chapitre précédent, contre la critique de l'Auteur des Doutes. 540
CHAP. CCCXIV. S'il faut dire sarbacane, sarbatane, serbatane, ou sarbataine. 543
CHAP. CCCXV. S'il faut prononcer Rome, Romme, ou Roume : lionne, ou lioune. S'il faut écrire la ville de Lion, ou la ville de Lyon. 544
CHAP. CCCXVI. Suisses, Souisses. 545
CHAP. CCCXVII. Iesu-Chrit, Christ, Philippe, Felippe. Christophle, Chretophle. 545
CHAP. CCCXVIII. Ie ne saurois. 546
CHAP. CCCXIX. Pédan, Pédant, Pédante. 547
CHAP. CCCXX. De la prononciation des mots terminez en ion. 548
CHAP. CCCXXI. Réforme, réformation. 548
CHAP. CCCXXII. Yvrer, enyvrer. Desyvrer,

DES CHAPITRES.

desennyvrer. 548
CHAP. CCXCXIII. *Ponceau.* 549
CHAP. CCCXXIV. *S'il faut dire* charanson, *ou* charanton : calande, *ou* calandre : grelet, grillon, *ou* gresillon. 549
CHAP. CCCXXV. *S'il faut dire* squinance, squinancie, *ou* esquinancie. 550
CHAP. CCCXXVI. Humble, *pour* bas. 551
CHAP. CCCXXVII. *Tandis. cependantque. auparavantque. alorsque. lorsque.* 551
CHAP. CCCXXVIII. *Enone. Latone. Amazone. Pomone. Ancone. Bellonne.* 554
CHAP. CCCXXIX. Amynte, Alexis, Daphnis, Iole, Alcée, Mélicerte, *noms de femme.* 555
CHAP. CCCXXX. *Vaillant, valant.* 557
CHAP. CCCXXXI. *Toute sorte. Toutes sortes.* 558
CHAP. CCCXXXII. *S'il faut écrire* de sang froid, *ou* de sens froid : de sang rassis, *ou* de sens rassis. 559
CHAP. CCCXXXIII. *Ante, anture.* 560
CHAP. CCCXXXIV. *Fér de cheval. Fér à cheval.* 560
CHAP. CCCXXXV. *A coups de baston ; à coups d'épée ; à coups de fléche ; à coups de pique ; à coups de canon ; à coups de mousquet ; à coups de pistolet.* 560
CHAP. CCCXXXVI. Feu, *pour* deffunct. 561
CHAP CCCXXXVII. *Borgne, borgnesse. Yvrogne, yvrognesse*, &c. 564
CHAP CCCXXXVIII *Avant, auparavant. Devant, pardevant.* 565

ĩ iij

TABLE

CHAP. CCCXXXIX. *En la mesme contrée des Balances d'Astrée.* 565

CHAP. CCCXL. *Charmes, apas.* 566

CHAP. CCCXLI. *Faire estat. Faire office.* 567

CHAP. CCCXLII. *S'il faut dire Fort-l'Evesque, For-l'Evesque, ou Four-l'Evesque.* 568

CHAP. CCCXLIII. *S'il faut écrire Faubourg, ou Fôbourg. Le Faubourg.* 569

CHAP. CCCXLIV. *Mener, emmener, amener, ramener, remener, remmener.* 570

CHAP. CCCXLV. *Reconduire. ramasser.* 572

CHAP. CCCXLVI. *Maine, Mayenne, Maine.* 572

CHAP. CCCXLVII. *Nouvelles, Novelles.* 574

CHAP. CCCXLVIII. *Armes, Armoiries.* 574

CHAP. CCCXLIX. *Surface, Superficie.* 574

CHAP. CCCL. *S'il faut écrire cet homme, ou cest homme : cette femme, ou ceste femme : cettui, ou cestui : cettui-cy, ou cestui-cy.* 575

CHAP. CCCLI. *A celle fin que. Pour afin que. Pour à celle fin que. Encore bien que.* 577

CHAP. CCCLII. *S'il faut dire j'assailliray, ou j'assaudray.* 578

CHAP. CCCLIII. *D'où vient que du verbe démontrer, on a dit démonstration, & non pas démontration.* 578

CHAP. CCCLIV. *Es mains : és prisons : és Loix : és Arts.* 580

CHAP. CCCLV. *Bestail & bestial. Brutalité & bestialité.* 581

DES CHAPITRES.

CHAP. CCCLVI. *Garniment ; garnement.* 581
CHAP. CCCLVII. *Assassin, assassinateur, assassinat, assassiner.* 582
CHAP. CCCLVIII. *De la prononciation de la diphthongue oi.* 582
CHAP. CCCLIX. *Vn singulier avec vn plurier.* 595

Fin de la Table des Chapitres.

Ciceron dans son Livre
de l'Orateur.

Usum loquendi populo concessi, scientiam mihi reservavi.

OBSERVATIONS

OBSERVATIONS
SVR
LA LANGVE FRANÇOISE.

S'il faut dire acatique, *ou* aquatique?

CHAPITRE PREMIER.

IL faut dire *acatique*. Les anciens Romains prononceoient le Q comme le C: ce qui a esté remarqué par tous les Grammairiens: & ils prononceoient le C, comme nous prononceons le K. Ils disoient *ki, ka, kod*, & non pas *qui, qua, quod*: témoin le jeu de parole de *quoque* & de *coce*, en ces mots de Ciceron au fils d'vn cuisinier, *Ego quoque tibi jure favebo: Tu quoque aderas huic causæ*. Nos vieux François ont suivi cette prononciation, comme il paroist par ces mots *cancan, casi, kidan, à kla*. De là vient que dans tous ceux qu'ils ont tirez du Latin, ils ont tousjours changé le Qu en C: qu'ils prononceoient, à l'imitation des Latins,

Tome I. A

comme un K. De *aquaticus*, ils ont donc dit ACATIQVE : de *queſtio*, KESTION : de *quadrageſima*, CARESME : de *quaſſare*, CASSER : de *quare*, CAR : de *quatuor, quadra, quadranus, quadratus, quadrellus*, CATRE, CADRE, CADRAN, CARRÉ, CARREAV : de *qualis, quantùm, quando*, KEL, CANT, CAND : de *quarere, conquarere, conquarens*, KERIR, CONKERIR, CONKERANT : de *Quintus Curtius* & de *Quintilianus*, QVINTE CVRCE & KINTILIEN. Ils ont dit demeſme *kinteſſenſe, ékité, ékitable, ékipolant, ékilibre, ékivalant, ékinoxe*, &c. Et de tous les mots François dérivez du Latin, je ne ſache qu'*équateur, équation, quadrageſime, quinquageſime, équanimité, équeſtre, Vbiquiſte*, où l'V ſe prononce apres le Q. Car pour celui de *Quirinal*, outre que pluſieurs diſent *Kirinal*, nous l'avons pris des Italiens, & non pas des Latins. La raiſon de cette diverſité, eſt, que ces mots ne ſont pas anciens en noſtre Langue, & qu'ils y ont eſté introduis par les Savans depuis le changement de l'ancienne prononciation. Ce changement aureſte ; ce que peu de perſonnes ſavent ; arriva vers l'année 1550. comme je l'apprens de Freigius en la Vie de Ramus. Quoyque cet Eſcrivain ſe ſoit trompé en ce qu'il a cru que la prononciation moderne de l'V apres le Q, fuſt la veritable prononciation des anciens Romains, ſes paroles ne laiſſent pas d'eſtre tres-curieuſes : & elles meritent d'eſtre rapportées en ce lieu. Les voicy, *Sub annum milleſimum quingenteſimum quinquageſimum, cùm Profeſſores Regÿ ſinceriorem*

LANGVE FRANÇOISE.

Latinæ linguæ pronuntiationem sensim introducere cœpissent, molestè ferebant cùm alii, tum præsertim Sorbonici ; inveteratam loquendi consuetudinem Gallorum improbari : ut quæ pueri didicissent, senes perdenda fateri cogerentur. Imprimis verò de sono ipsius literæ Q ambigebatur: Regiis sit, uti debet, cum sequente V pronuntiantibus, quisquis, quamquam: Sorbonici verò, consuetudine vernacula, κiskis, κankam. *Iam cùm sacris addictum hominem ob genuinam pronuntiationem amplissimis proventibus Sorbonici spoliandum curassent, & lite coram Senatu Parisiensi contestata, ne miser ille ob Grammaticam hæresin, ut illi vocabant, Theologicis fructibus jure excideret, periculum esset ; Professores Regii, & inter hos Petrus Ramus, facto agmine in Curiam convolant, & judicii insolentiam præfati, quòd Iureconsulti de legibus regiis disputare soliti, ad Grammaticorum leges dijudicandas sese demisissent, Iudices ita commoverunt, ut sententiis suis non modò sacerdotem absolverent, sed & impunitatem de Grammatica pronuntiatione disputandi tacito assensu in perpetuum stabilirent. Ergo* κis, *&* κalis, *&* κantus, *& michi, & similes Gottismi & Barbarismi erant in Parisiensi Academia ante Regios Professores usitati. Quos barbarismos si collega aliquis imitari nollet, acerbè & contumeliosè accipiebatur, quòd Collegii consuetudinem violare diceretur. E Schola Regia tum primùm quis, qualis, quantus, mihi, Latinè & Romanè sonuerunt : & pudor fuit Regiis Professoribus, tamquam Regis ipsius voci, reclamare.* Il y a encore de vieux Preſtres en Picardie & en Normandie qui diſent *ki, ka, kod* : & Monſieur Mentel, Médecin de Paris, qui n'eſt mort qu'en 1671. prononceoit tousjours de la ſorte. Il me reſte à obſerver, que la prononciation de *qui, qua, quod*, nous eſt venuë d'Italie, où elle a commancé il y a prés de quatre cens ans : car auparavant on diſoit *chello* & *cheſto*, aulieu de *quello* & de *queſto*. Voyez mes Origines de la Langue Italienne au mot *quello*.

Il eſt auſſi à remarquer, apropos de noſtre ancienne prononciation de *qui, qua, quod*, que nous prononceons demeſmo le *gui* & le *gue* François. Nous diſons *gherre* & *gheſpe*, & non pas *guerre* & *gueſpe* : *ghi, ghinder, ghirlande, ghiſe* ; & non pas *gui, guinder, guirlande,* & *guiſe*. Cette reigle eſt générale, à la reſerve de *Guiſe*, nom de Ville, qu'on prononce *Guiſe*. *La ville de Guiſe: Le Duc de Guiſe.*

S'il faut dire extrémement, *ou* extrémément; certainement, *ou* certainément; profondement, *ou* profondément.

CHAPITRE II.

Monſieur de Vaugelas, dans ſes Remarques de la Langue Françoiſe, a fait un Chapitre des adverbes terminez en *ment*, où il a fort bien decidé qu'il faloit dire *communément, expreſſément, conformément* : mais il s'est trompé en ce qu'il a dit qu'il faloit auſſi dire *extrémément*. Il eſt ſans doute qu'il faut dire *extrémement*. Il faut dire auſſi, pour le marquer en paſſant, *certainement*, & non pas *certainément*, comme diſent les Angevins. Il faut dire au contraire *profondément*, & non pas *profondement*. M. de Girac, qui dans ſa Réplique à M. Coſtar le reprent d'avoir dit *profondément* dans la Deffenſe de M. de Voiture qu'il m'a fait l'honneur de m'adreſſer, doit eſtre lui-meſme repris de ſa répréhenſion. Mais apropos de ces adverbes terminez en *ment*, il eſt à remarquer qu'ils ſont compoſez de l'adjectif féminin, & du ſubſtantif *mente*, ablatif de *mens*; & que ces adjectifs & ce ſubſtantif ſe trouvent ſeparément dans pluſieurs Auteurs modernes; & meſme dans quelques-vns des Anciens. Ovide dans l'Elégie 2. du livre 3. des Amours : ——*Sacro de carcere miſſis Inſiſtam, forti mente vehendus equis.* Sénéque dans la Thébaïde Acte 1. Scéne 1. *Peccas honeſta mente.* Valerius Flaccus au livre 1. ——*ire per altum Magna mente volant.* L'Auteur du Poëme de *Iudicio*, attribué fauſſement à Tertullien : *Quique Deum metuit ſincera mente tonantem.* Saint Jerôme dans vne de ſes Lettres à Théophile d'Alexandrie : *Qui tenebrarum horrore circumdati ſunt, nec naturam rerum clara mente perſpiciunt.* Et dans vne autre à Marcella : *Tanta forſan mente reprehendis cur non ſequamur ordinem Scripturarum.* Et ſur le premier chapitre de Malachie : *Ad vos igitur, ô Sacerdotes, qui deſpicitis nomen meum, iſte ſermo*

*dirigitur; qui reversi de Babylone, metu præ-
terita servitutis debueratis ad Dominum plena
mente converti.* Saint Augustin dans son
Sermon des Saints, qui est le dix-neuviéme : *Fiat impetrabile, quod fida mente posci-
mus.* Et dans l'Epître 24. à ceux de Madau-
re : *Quis hæc possit serenissima & simplicissima
mente contueri ?* Cassiodore liv. iv. épitre 20.
*Idem studium vestrum Reip. grata mente de-
betis.* Et livre v. epistre 13. *Præsertim cùm in
dispendio pauperum detestabili mente versetur.*
Et livre x. épître 18. *Remedium, quod pro
vobis pia mente transmisimus.* Et xiii. 2. *Tri-
butum possessores devota mente persolvunt.* Dans
les Capitulaires de Charles le Chauve page
373. *Vt ex eius ore audiamus, quod à Christia-
nissimo Rege, fideli & unanimi in seruitio il-
lius populo, unicuique, in suo ordine, convenit
audire, ac devota mente suscipere.* Grégoire
le Grand est tout plein de ces façons de
parler.

S'il faut dire Droit Canon, *ou* Droit
Canonique : Les Instituts, les
Institutes, *ou* les Institutions
de Iustinien.

CHAPITRE III.

Messieurs de Port Royal se sont avisez
depuis dix ou douze ans de dire *Droit
Canonique*; acause qu'en Latin on dit *Ius*

Canonicum: & en cela ils ont esté suivis, non seulement par leurs Sectateurs, mais encore par quelques-vns de leurs Aduersaires. Auec le respect que je leur dois, je soustiens qu'il faut dire *Droit Canon*, comme on l'auoit tousjours dit auparauant, & comme tout le peuple le dit encore présentement. Si leur raison estoit receuë, il faudroit dire aussi *un Canonique*, & non pas *vn Chanoine*; *vn Physique* & *vn Logique*, & non pas *vn Physicien* & *vn Logicien*. Il est vray que nostre Langue vient du Latin: mais elle vient du Latin barbare: & si on vouloit la reformer selon les mots du siécle d'Auguste, il faudroit la refaire toute entiere. Il faudroit dire *éque*, & non pas *équitable*. Il faudroit dire auecque l'Escolier Limousin, *L'alme, inclite & célébre Académie que l'on vocite Lutéce*, &c. Pour reuenir à nostre question: Du substantif *canon canonis*, les Auteurs de la basse Latinité ont fait l'adjectif *canonius, canonia, canonium*. Or comme de *patrimonium* nous avons fait *patrimoine*, de *Canonius* nous avons fait prémiérement *Canoine*; comme on prononce encore en Picardie: & ensuite *Chanoine*. De *Ius Canonium*, nous avons dit de mesme prémiérement *Droit Canoin*, & ensuite *Droit Canon*. Nous pouuons aussi auoir fait *Droit Canon* de *Ius Canonicum*, de la mesme façon que nous avons fait *Cyr*, nom propre d'homme, de *Cyricus*; & *Clér*, de *Clericus*.

Il est certain que dans le discours familier on ne doit jamais dire *les Institutions de Iustinien*, quoyqu'on dise en Latin *Institutiones*

Iustiniani. J'ay dit dans le discours familier; car dans vne traduction de cet ouvrage on pouroit dire *Institutions de Iustinien*, comme a fait M. Pellisson, & comme avoient fait avant luy Nicole de l'Escut & Guy de la Roche : Car j'aprens de la Bibliothéque de Du-Verdier, qu'ils ont intitulé leur version des Institutes de Justinien, *Institutions Imperiales de Iustinian*. Le meilleur pourtant & le plus sûr, est de dire tousjours *Instituts* ou *Institutes*. C'est ainsi que nos Anciens ont apelé ce livre; du Latin *Instituta*. Les Grecs l'ont appelé de mesme Ἰνστιτοῦτα. Justinien dans sa Novelle 18. ἐν ταῖς ἡμετέραις Ἰνστιτούτοις ϗ Διάξοις. Voyez Meursius dans son Glossaire au mot Ἰνστιτοῦτα. D'*Instituta*, on a fait *Institutarius*, d'où nous avons dit *Institutaire*, pour signifier le Professeur qui enseigne les Instituts ou les Institutes de Justinien. Voyons maintenant qui est le meilleur d'*Instituts* ou d'*Institutes*. Selon moy ils sont tous deux également bons, estant tous deux également en vsage. Neanmoins, comme de *statuta* nous avons fait *statuts*, il semble qu'*Instituts* soit le plus naturel. Ajoustez à cette raison d'analogie, qu'on disoit à Paris il n'y a pas encore cinq ou six ans, *la Maison de l'Institut*, en parlant de la Maison des Peres de l'Oratoire, qu'on appelle aujourd'huy *la Maison de l'Institution*. L'ancien mot estoit pourtant *Institutes*, comme il paroist par ce vers d'vn ancien, allegué dans la Bibliothéque de Du-Verdier à la page 775. *Pour Institutes romancer* : & par vne ancienne version des Instituts qui m'a esté communiquée par le savant & l'obligeant M. Nublé : où ce livre est tousjours appelé *Institutes*. Dans le titre : *Ci coumencent Institutes en François*. Dans la Préface : *Si lor commandâmes especialement que il ordenaces nos Institutes*, &c. *Nous avons donc commandé que ces Institutes soient parties en iiii. livres*, &c. *Si que les Institutes soient le premier fondement de toute la science des lois*, &c. *Et li devant dit sage homme nos présenterent les Institutes, quant il les orent ordenées.* Le volume, pour le marquer en passant, où se trouve cette version, est in folio & en vélin : & il contient, outre la version des Institutes de Justinien, celle des trois derniers livres de son Code, celle de ses Novelles, & celle des Constitutions des Fiefs. A la fin de la version des Constitutions, on y lit ces vers,

En l'an de grace mil cc. iiiixx. & xii.
Le jour de Feste Saint Michel,
Le translata Mestre Michel:
Et Perrot de la Magdeleine
De l'escriture en ot la peine.

Mais il y a beaucoup d'apparence que cette datte ne se rapporte qu'aux livres des Fiefs. Car outre que ces livres ne sont point compris dans la table générale, tant des livres & des titres des Institutes, que des livres du Code & des Novelles, qui est au commencement du volume ; ces livres paroissent écrits d'vne autre main que les précédens. De sorte que la version des autres traitez est encore vray-semblablement plus ancienne que celle de ces livres des Fiefs,

Revenons à nostre question : Si on veut préférer *Institutes* à *Instituts*, il faut se souvenir qu'il est féminin. Il est au reste à remarquer, que ce livre de Justinien doit estre tousjours exprimé par le nombre plurier, & non pas par le singulier, comme l'a exprimé Rabelais dans la Préface du livre second de son Pantagruel : *Qui s'entendent beaucoup moins en ces petites joyeusetez, que ne fait Raclet en l'Institute.* C'estoit neanmoins comme on parloit du temps de Rabelais, ainsi qu'il paroist par une vieille édition en lettre Gothique des Institutes de Justinien en vers François, & qui commence par ces mots, *C'est le livre des Institutions des Droits ; appelé Institute ; translaté de Latin en François, & corrigé en diligence par plusieurs Docteurs & Souverains Légistes.* Remarquez en passant, que l'Auteur de cette version appelle *Institutions* ce livre de Justinien, comme l'a appelé M. Pellisson.

S'il faut dire plurier ou pluriel.

CHAPITRE IV.

Monsieur de Vaugelas a traité cette question, & voicy ce qu'il en a dit. *Ie mets tousjours* pluriel *avec une* l, *quoyque tous les Grammairiens François ayent tousjours escrit* plurier *avec une* r *: aumoins jusqu'icy je n'en ay pas vû un seul qui ne l'ait escrit ainsi. La raison sur laquelle je me fonde, est, que venant* du Latin pluralis, où il y a une l en la derniere syllabe, il faut necessairement qu'il la retienne en la mesme syllabe au François : parceque je pose en fait, que nous n'avons pas un seul mot pris du Latin, soit adjectif ou substantif, qui ne retienne l'l, quand elle se trouve en la derniere ou penultiéme syllabe Latine, où il y ait une l. Pour verifier cela, je pense avoir jetté les yeux sur tous les mots Latins, où il y a une l à la derniere ou penultiéme syllabe, & dont nous avons fait des mots François : mais je n'en ay pas rencontré un seul qui en nostre Langue ne garde l'l, qui est dans la Latine. Il seroit ennuieux de les mettre tous icy. J'en ay comté jusques à cent, ou environ. Ce qui a trompé nos Grammairiens, c'est sans doute qu'on dit singulier *avec une r à la fin* : & ils ont crû qu'il faloit escrire & prononcer pluriet tout de mesme ; ne songeant pas que singulier *vient de* singularis, *où il y a une r à la fin*, & que pluriel *vient de* pluralis, *où il y a une l*, & non pas une r, *en la derniere syllabe*. Monsieur de Vaugelas s'est trompé, & dans sa décision, & dans les raisons de sa décision. Prémiérement il n'est point vray, que tous les Grammairiens ayent dit *plurier*. Vous trouverez *pluriel* dans le Traité de la Grammaire Françoise, imprimé à Paris par Robert Estienne en 1569. & qui est de Robert Estienne : dans le Traité de Henri Estienne de la Conformité du Langage François avec le Grec, page 37. dans son livre de la Précellence du Langage François, & dans son Dialogue du nouveau Langage François Italianisé ; dans le Tresor de Nicod, aux mots *anchoix*, *cappres* & *chartres*, & autres: dans les Commentaires de Méziriac sur les Epiſtres d'Ovide, page 179. dans les Sentimens de l'Académie sur le Cid, page 130. & dans l'Eſſay d'vne parfaite Grammaire de la Langue Françoiſe ; où le Pere Laurent Chifflet, Jeſuite, qui eſt l'Auteur de cette Grammaire, a fait, à la page 213. vne grande Obſervation contre M. de Vaugelas, pour montrer qu'il faut dire *plurier*. Il n'eſt point vray non plus que *pluriel* ait eſté fait de *pluralis*. De *pluralis*, on auroit dit, ou *plurel*, comme *tel* de *talis*, *mortel* de *mortalis*: ou *plural*, comme *fatal* de *fatalis*, *moral* de *moralis*. *Pluriel* a eſté fait de *plurialis*, que les Auteurs de la baſſe Latinité ont dit au lieu de *pluralis*, & qu'ils ont formé de *pluria*, qui eſtoit l'ancien mot Latin, comme le témoigne Aulugelle au chapitre dernier du livre cinquième de ſes Nuits Attiques. *Pluria*, *plurialis*, PLVRIEL: comme *eſſentia*, *eſſentialis*, ESSENTIEL; *ſubſtantia*, *ſubſtantialis*, SVBSTANTIEL. Je croy auſſi, contre l'avis de M. de Vaugelas, que *plurier* eſt meilleur que *pluriel*.

Ie prouverai par bons témoins,

Que tous pluriers n'en ſont pas moins,

dit Marot dans l'Epigramme à ſes Diſciples. M. de Vaugelas ayant produit cette Epigramme, y a fait mettre *pluriels*: mais dans toutes les éditions de Marot il y a conſtamment *pluriers*. Et c'eſt encore comme parle le meſme Marot dans ſa Préface ſur les Oeuvres de Villon. Maigret & Ramus dans leurs Grammaires Françoiſes, & Peletier dans ſon Dialogue

logue de l'Orthographe, ont dit auſſi *plurier*. M. de Balzac l'a dit auſſi en ſon Entretien 13. & l'Auteur de la Grammaire Générale & Raiſonnée, à la page 56. Et ce que M. de Vaugelas dit en ſa remarque, que tous les Grammairiens généralement ont eſcrit *plurier*, ſuffiroit pour prouver contre lui qu'il faut ainſi parler: puiſque par ſes propres maximes il faut parler ſelon l'uſage, & que l'uſage à l'égard de ce mot Grammatical ne peut eſtre contraire au ſentiment de tous les Grammairiens. Mais quoyque j'eſtime *plurier* meilleur que *pluriel*, je ne condamne pourtant pas *pluriel*: ce mot enſuite de la remarque de M. de Vaugelas, ayant eſté employé par pluſieurs Ecrivains célébres, & n'eſtant guére moins uſité aujourd'huy que *plurier*. *Plurier* aureſte a eſté fait du Latin barbare *plurarius*; qu'on a dit aulieu de *pluralis*; comme *singularius*, aulieu de *singularis*. Et *plurarius* a eſté fait de *pluralis*; qu'on a dit pour *pluralis*; comme *jugaris*, (qui ſe trouve dans les Gloſes Anciennes) pour *jugalis*.

S'il faut dire arondelle, hérondelle, *ou* hirondelle.

CHAPITRE V.

Voicy encore une remarque de M. de Vaugelas. *On dit* arondelle, hirondelle, & hérondelle: *mais* hérondelle *avec e eſt la meilleur & le plus usité des trois.* Après hérondelle, *le meilleur est* hirondelle. ¶ Monsieur de Vaugelas s'est toutafait trompé en ce jugement de degré de bonté touchant ces trois mots : & M. de la Mote le Vayer a û raison de luy reprocher qu'il avoit choisi le pire. Hérondelle ne vaut rien dutout. Il n'y a que le petit peuple de Paris qui parle de la sorte. Aronde estoit l'ancien mot François. Marot dans la Complainte sur la mort de Louïse de Savoye, mere de François I.

Sur arbre sec s'en complaint Philomène.
L'aronde en fait cris piteux & tranchans, &c.
Vien le Dieu Pan, vien plutost que l'aronde.

Et dans un de ses Rondeaux :

Plus qu'en autre lieu de la ronde
Mon cœur vole comme l'aronde.

Les Menuisiers disent encore aujourd'huy *en queuë d'aronde,* aulieu *d'en queuë d'hirondelle.* D'aronde on a fait ensuite le diminutif *arondelle.* On appeloit autrefois à Paris *la ruë d'arondelle,* celle qu'on appelle aujourd'huy *de l'hirondelle,* comme je l'apprens d'un Contract passé sous le seel du Chastelet de Paris le 27. Septembre 1397. & produit par André Du-Chesne dans ses Notes sur Alain Chartier. *Loys de Sancerre, Chevalier, Connestable de France, vendit, ceda & transporta à Révérend Pere en Dieu Monseigneur Guerrant d'Athies, Archevesque de Bezançon, Conseiller du Roy, acheteur pour lui, ses hoirs, & pour ceux qui de lui auroient cause ou temps à venir, pour & parmi le prix & somme de trois mille livres tournois, un escu d'or à la*

Couronne, pour vint-deux sols six deniers tournois la piéce, une maison, hostel, jardins & préaux, séant à Paris outre le Pont, faisant le coin de la ruë d'*Arondelle* & de la ruë *Guy le Comte*; (C'est celle que nous appelons *Gilles-le-Cœur*) l'une des portes dudit hostel faisant issuë en ladite ruë d'*Arondelle*, & l'autre en celle de *Guy le Comte*, Ronsard dans l'Ode 20. du livre 5. Du-Bartas dans sa Semaine au livre 5. Baïf au livre 1. de ses Passe-temps, page 4. & Belleau dans son Poëme de l'Hirondelle, ont aussi dit *arondelle*. Mais présentement tous ceux qui parlent bien, disent *hirondelle*. Et il y a déja assez long-tems que ce mot est en usage. Saint Gelais, qui a vescu sous François I. & sous Henri II. s'en est servi dans une de ses Chansons.

J'oy l'hirondelle,
Qui son chant
Renouvelle.

Rabelais & Belon qui vivoient au mesme temps, ont aussi dit *hirondelle* : celui-cy dans son Ornithologie; & l'autre au chap. 3. du livre 4. de son Pantagruel. C'est donc comme il faut parler. Et afin qu'on ne m'oppose point le témoignage de Mademoiselle de Scudéry, qui dans sa Prose & dans ses Vers a dit *arondelle*, je me sens obligé de remarquer icy, qu'elle a changé d'avis, & qu'elle dit présentement *hirondelle*.

S'il faut dire je vay, je vais, je va, *ou* je vas.

CHAPITRE VI.

Monsieur de Vaugelas s'est encore trompé dans la décision de cette question. Il veut qu'on dise *je va*: & il soustient qu'on parle ainsi à la Cour. Il faut dire *je vais*: & c'est comme on parle à la Cour. *Vais* est de la prémiere personne; *vas* de la segonde: & *va*, qui est bref, de la troisiéme. *Ie vais, tu vas, il va.* C'est ainsi que ce verbe se doit conjuguer: Et non pas *je va, tu vas, il vat*, comme le conjuguent les Bourguignons, selon le témoignage de Béze page 37. du livre qu'il a fait *de Francica Lingua recta pronuntiatione*; & comme le conjugent aussi les Bretons. Anciennement on disoit *je vay*, comme *je fay, je tay*. Voyez Ramus dans sa Grammaire Françoise pag. 84. Et il n'y a pas encore long temps qu'on parloit de la sorte. M. Gombaud dans le prémier de ses Sonnets Chrêtiens:

Mais si de ta grandeur je pense m'approcher,
Dans cét excés de gloire, où je te vay chercher,
Mes yeux sont ébloüis de clartez nompareilles.

Mais comme aulieu de *je fay*, on a dit *je fais*; aulieu de *je vay*, on a dit demesme *je vais*. C'est comme parlent tousjours M. de Balzac, M. de Racan, & M. Costar. Et

Messieurs de Port Royal, qui disoient autrefois *je va*, trompez par la remarque de M. de Vaugelas, s'en sont depuis corrigez, & disent aussi présentement *je vais*. M. de Vaugelas lui-mesme, qui veut qu'on dise *je va*, a dit le plus souvent *je vais*. Page 539. de la prémiere édition de ses Remarques : *Ce verbe est fort anomal. Il ne se conjugue qu'aux temps que je vais marquer.* Page 330. *Il n'y a gueres de personnes qui ayent tant soit peu de soin d'apprendre à bien parler & à bien escrire, qui ne sachent ce que je vais remarquer.* Page 114. *Pour ce qui est des articles devant les noms, on observoit autrefois la reigle que je vais dire.* Aprés *je vais*, *je vas* est le meilleur : & le Pere Bouhours l'a mesme preferé aux autres.

Ie brille, je vas viste, & j'agis promtement. C'est à la page 407. de la prémiere édition de ses Entretiens. Les Anciens ont dit aussi *je voi*, *je vois*, & *je voas* : mais ces mots ne sont plus en usage il y a long-temps.

S'il faut dire Ie vous prens tous à témoin, *ou* à témoins.

CHAPITRE V.II.

L'Auteur des Remarques a fort bien decidé qu'il faut dire *Ie vous prens tous à témoin*, au singulier ; & non pas *à témoins*, au pluriel : comme on dit, *Ie les ay pris à* garand ; Ie les ay pris à partie : & que ces façons de parler sont adverbiales. Cependant Messieurs de l'Académie ont dit dans leurs Sentimens sur le Cid page 165. en parlant de M. Corneille, *Il prend hors de propos les Cieux à témoins en ce lieu*. Et Marot dans le Dialogue des deux Amoureux :

Dont n'en veux prendre qu'à témoins
Deux pots à pisser pour le moins.

Cretin dans la Déploration sur le trépas d'Olxergan, a dit *prendre témoins*.

Et prens témoins tous les Musiciens, se
Iamais en fut une autre plus parfait.

Ce qui est encore plus mal que *prendre à témoins*.

S'il faut dire Missel, *ou* Messel; oüir Messe, *ou* oüir la Messe.

CHAPITRE VIII.

MArot dans son Temple de Cupidon a dit *Messel*.

Ovidius, Maistre Alain Charretier,
Pétrarque aussi, le Romant de la Rose,
Sont les Messels, Breviaire & Psautier,
Qu'en ce saint Temple on lit en rime & prose.

Et c'est aussi comme ce mot se trouve écrit dans le Regître du Parlement du 8. Aoust 1413. touchant l'élection de Henri de Marle en l'office de Chancelier de France, produit par M. Ribier dans son traité des Chanceliers

& des Gardes des Sceaux de France : Et a esté tenuë cette forme à ladite élection. Le Roi nostre Sire entra aprés la Messe finie en la Chambre du Conseil, entre neuf & dix heures. Survindrent Messieurs les Ducs de Berri & de Bourgogne. Et iceux venus, par le commandement du Roi se départirent, & allérent hors de la Chambre tous, hors le Roi, & lesdits Ducs, & moi, Nicolas de Baye, Greffier de cette Cour, & l'un des Secretaires du Roi, qui fus appelé : & me furent baillez le Messel, & la Vraye-Croix richement envaisselée, pour faire jurer au Scrutin ceux qui estiroient, sur lesdits Evangiles & Vraye-Croix.

Il faut dire *Missel*, comme l'a dit M. de Balzac dans son Discours de la Langue de l'Eglise & du Latin de la Messe. C'est comme tous nos Escrivains modernes ont tousjours parlé; à la reserve du savant M. l'Abbé Voisin, qui dans sa Traduction du Missel s'est avisé de dire *Messel*, acause qu'on dit *Messe*. Par cette raison il faudroit dire *croixfix*, & non pas *crucifix*; *livraire*, & non pas *libraire*; *parfection*, & non pas *perfection* : car on dit *croix*, *livre*, & *parfait*. *Messe* a esté fait de *Missa*, & *Missel* de *Missale*. En *Messe* l'I a esté changé en E : en *Missel* il n'a point reçu de changement. Mais apropos du mot de *Messe*, on m'a souvent demandé s'il faloit dire *oüir Messe*, oubien *oüir la Messe*; & j'ay tousjours répondu qu'*oüir la Messe* me sembloit le mieux dit. Je ne voudrois pourtant pas blasmer ceux qui disent *oüir Messe*. Rabelais l'a dit, page 33. de ses Epistres à Godefroi d'Eſtiſſac, Eveſque de Mallezais : *Le jour de la Converſion S. Paul, Noſtre Saint Pere alla oüir Meſſe à Saint Paul, & fit banquet à tous les Cardinaux.* Et Antoine Loiſel en ſa Lettre au Préſident Fauchet, imprimée devant le Poëme d'Hélinand : *L'Eveſque de Beauvais l'ayant un jour eſté voir à Froid-mont ; lui diſt ſur le ſoir qu'il vouloit oüir Meſſe le lendemain de bonne heure.* Le Gazetier le dit tousjours. Et cette façon de parler eſt conforme à cette autre, *chanter Meſſe* ; qui eſt trés Françoiſe & trés uſitée, quoyque vieille. Nous diſons auſſi, *entendre Veſpres ; Complies ; Matines : dire Veſpres ; Complies ; Matines.* Mais il eſt à remarquer, qu'on ne donne point d'article à ces mots au nominatif. On dit *Veſpres ſont dites ; Complies ; Matines :* & non pas, *Les Veſpres ſont dites ; Les Complies ; Les Matines:* & on en donne à celui de *Meſſe*. On dit, *La Meſſe eſt dite ; La Meſſe eſt commancée :* & non pas *Meſſe eſt dite ; Meſſe eſt commancée:* qui eſt une raiſon convaincante pour montrer qu'*oüir la Meſſe*, eſt beaucoup meilleur qu'*oüir Meſſe*.

S'il faut dire létrin, lutrin, *ou* lieutrin: benoiſtier, benaiſtier, *ou* beniſtier: goupillon, *ou* gouſpillon.

CHAPITRE IX.

IL ſemble que Nicod ait preferé *lieutrin* à *létrin* & à *lutrin*, n'ayant point fait de mention de *lutrin* dans l'ordre alphabétique de ſon Dictionnaire, & au mot *letrin* ayant renvoyé le Lecteur à *lieutrin*, où il dit ſeulement que quelques-uns diſent *lutrin*. Pour moi, je n'ay jamais oüi dire *lieutrin*; & meſme je ne l'ay jamais lû que dans Nicod. Ce mot n'eſtant point en uſage, la queſtion n'eſt donc plus qu'entre *létrin* & *lutrin*. *Létrin* eſt l'ancien mot François. Rabelais livre 3. chap. 41. *Perrin Dandin, homme honnorable, bon laboureur, & bien chantant au létrin*. Et l'origine favoriſe cette prononciation; ce mot ayant eſté fait de *lectrinum*, diminutif de *lectrum*, qui ſe trouve en la ſignification de pupitre dans les Gloſes d'Iſidore, page 684. *lectrum. analogium, ſuper quo legitur*. Voſſius, qui dans ſon livre *de Vitiis Sermonis*, lit en ce lieu d'Iſidore *lectorium*, aulieu de *lectrum*, ſe trompe manifeſtement. De λέγω, en la ſignification de lire, on a dit λέκτρον, pour le lieu où on lit. D'ἀναλέγειν, on a dit de meſme ἀναλογεῖον. Voyez le Gloſſaire de Meurſius. De *lego*, on a dit auſſi *legium* & *lecto-*

rium. Legium se trouve dans Leo Marsicanus, & *lectorium* dans Anastase le Bibliothécaire. Voyez mes Origines de la Langue Françoise au mot *lutrin*. Or comme d'ἀναλογίων les Latins ont fait *analogium*, qui se trouve, outre l'endroit d'Isidore cy-dessus allégué, dans Stephanus en son Traité *de Sacramento altaris*, & dans Valafridus Strabo livre 6. de λέκτρων ils ont fait de mesme *lectrum* : & de là le diminutif *lectrinum*. Mais pour revenir au mot *letrin*, & pour faire voir encore plus clairement qu'on prononceoit anciennement de la sorte, c'est que Guillaume le Maire, Evesque d'Angers, page 551. de l'Histoire de sa Vie, publiée depuis peu par Dom d'Achery, Religieux de S. Germain des Prez, a rendu ce mot par celui de *leterinum*. *Tunc erat luminare novum & recenter factum circa corpus, circumquaque chorum, & circa leterinum, seu pulpitum*. Aulieu de *letrin*, on a dit ensuite *lutrin*. Et c'est comme on parle présentement. Voyez le Lutrin de M. Dés Préaux. Il est aureste à remarquer, que Villon a dit *lectri*.

Deux pauvres Clercs, parlans Latin ;
Paisibles enfans sans escri ;
Humbles ; bien chantans au lectri.

C'est dans son Grand Testament : où Marot a fait cette Note : LECTRI : *Lectrain*.

Plusieurs à Paris disent *benitier*, acause qu'on dit *de l'eau benite*. Nos Anciens disoient *benoistier*. Marot dans son Temple de Cupidon :

Le benoistier fut fait en un grand plain.

C'est aussi de la sorte que Nicod a écrit ce mot. Depuis on a dit *benaistier* : & on le dit encore présentement dans toutes les Provinces de France : mais en prononceant doucement la segonde syllabe : & c'est selon moi comme il faut parler. Mais comme plusieurs Parisiens disent *benitier*, on ne peut pas dire que ce mot soit mauvais. Pour ce qui est de celui d'*eau-benitier*, dont M. Le Laboureur s'est servi dans la Vie du Mareschal de Castelnau, peu de persones s'en servent, & je ne voudrois pas m'en servir.

Il faut dire *goupillon*, comme on dit à Paris, & non pas *gouspillon*, comme on dit en Normandie, & en quelques autres Provinces. Voyez mes Origines de la Langue Françoise au mot *goupil*.

Si l'on peut dire Philoméne, *pour* Philoméle.

CHAPITRE X.

Nos anciens Poëtes l'ont dit. Cretin dans son Pastoral :

  Sus Philoméne,
  Qu'on nous améne, &c.

Marot dans la Complainte sur la mort de Loüise de Savoie :

  Sur arbre sec s'en complaint Philoméne.
  L'aronde en fait cris piteux & tranchans.
  La tourterelle en gemit, & en méne
  Semblable dueil ; & j'accorde à leurs chans.

Nous ne difons plus que *Philoméle*, conformément au Grec Φιλομήλη, & au Latin *Philomela*. Je ne voudrois pourtant pas perdre une belle pensée, ny une belle expression, en évitant de dire *Philoméne*; ce mot eſtant fort doux, & eſtant appuyé, outre l'autorité de nos Anciens, de celle des Italiens, nos voiſins, qui difent *Filomena*. Pétrarque :

E garrir Progne, e pianger Filomena:

& qui le diſent, non ſeulement en vers, mais auſſi en proſe. Ce mot au reſte a eſté fait, par contraction, de *Philomelina*, diminutif de *Philomela*.

S'il faut dire Arſenal, ou Arſenac.

CHAPITRE XI.

Monſieur Maynard a dit *Arſenal*.

 J'admire le Cardinal.
 Il préfére au luth des Muſes
 Les flutes de l'Arſenal.

C'eſt dans une de ſes Odes à Flote. Et il l'a meſme préféré à *Arſenac* : car ayant dit dans une de ſes Epigrammes,

 Quand liray-je dans l'Almanac,
 Que la paix fera des marmites
 De tout le fer de l'Arſenac?

il a depuis corrigé cet endroit; & a mis,

 Quand fera-ce, grand Cardinal,
 Que la Paix fera des marmites
 De tout le fer de l'Arſenal?

Il eſt ſans doute que ſelon l'étymologie il faudroit

faudroit dire *Arsenal*; ce mot, comme je l'ay remarqué dans mes Origines de la Langue Françoise, ayant esté fait de l'Italien *arsenale*. Neanmoins nonobstant cette raison d'étymologie, on dit aujourd'huy plus communément *Arsenac*. M. de Balzac l'a dit dans une de ses Lettres à M. de Monchal, Archevesque de Thoulouse, qui est l'onziéme du livre vi. *J'ay trop bonne opinion de tant de dignes Prélats qui sont en vos assemblées, pour m'imaginer qu'ils voulussent armer les Rois, ou contre un pénitent, ou contre un homme de bien, offensé; & que dans l'interest de leur Ordre ils ne se contentassent pas d'employer les foudres du Vatican, mais fissent encore leur possible pour évoquer ceux de l'Arsenac.* Peu de gens prononcent autrement. M. de Vaugelas qui dit qu'*Arsenal* est le plus usité, se trompe. Il y a mesme déja long-temps qu'on prononce *Arsenac*. Rabelais liv. iv chap. 25 *Tout le peuple de l'Isle estoient Charpentiers, & tous artisans, tels que voyez en l'Arsenac de Venise.* Et liv. v. chap. 19. *Descendans au port, trouvasmes en barbe grand nombre d'Archiers & gens de guerre, lesquels gardoient l'Arsenac.* Je croi donc contre l'opinion de M. de Vaugelas, qu'il faut plustost dire *Arsenac* qu'*Arsenal*; & particuliérement dans le discours familier. J'avoüe pourtant qu'*Arsenaux* au plurier est plus usité qu'*Arsenacs*: mais avecque le temps *Arsenacs* l'emportera sur *Arsenaux*: & j'apprens que M. de Gomberville dans son Polexandre l'a préféré à *Arsenaux*.

Tome I.   C

S'il faut dire trou de chou, *ou* tronc de chou.

CHAPITRE XII.

Nicod prétent que *trou de chou* a esté dit par corruption pour *tronc de chou*: & j'ay connu plusieurs Savans qui disoient tousjours *tronc de chou*, & reprenoient ceux qui disoient *trou de chou*. Il faut dire *trou de chou*. Rabelais livre v. chap. 18. *En sa dextre tenoit un gros trou de chou*. Et *trou* en cette façon de parler ne vient pas de *truncus*, comme prétent Nicod, mais de *thursus*, ou *tursus*, qu'on a dit pour *thyrsus*, comme *lacruma* pour *lacryma*. Les Gloses Anciennes: *tursus*, καυλός. Rabelais liv. 1. chap. 24. a dit de mesme *trou de lentisque*. Villon a pourtant dit *un trougnon de chou*.

D'un trougnon de chou, un naveau.

Et ce mot *trougnon*, ou *trongnon*, vient de *truncus*. Truncus, trunci, truncinus, truncinius, truncinio trucinionis, trucinione, TRONGNON, TROUGNON. Mais *trougnon* n'est plus en usage.

Sens dessus dessous. Sens devant derriere.

CHAPITRE XIII.

Monsieur de Vaugelas veut qu'on écrive *sans dessus dessous* : comme qui diroit, (ce sont ses paroles) que la confusion est telle en la chose dont on parle, & l'ordre tellement renversé, qu'on n'y reconnoist plus ce qui devroit estre dessus ou dessous. D'autres écrivent *c'en dessus dessous*, croyant que ce mot a esté dit, par corruption, aulieu de *ce qu'en dessus est en dessous*, acause de cét endroit de Philippes de Commines liv. v. chap. 9. *De tous costez ay veu la Maison de Bourgogne honnorée, & puis tout en un coup cheir ce que dessus dessous* : & de cet autre de Henri Estienne, en son livre, intitulé *Hypomneses de Gallica Lingua, peregrinis eam discentibus necessaria*, pag. 101. *Sic vulgò,* sandessusdessous, *quasi unicam vocem pronuntiamus, cùm significare volumus,* ce que dessus dessous. *atque adeo hæ quatuor vocula in illud vocabulum per syncopen & depravationem coaluerunt. Tale est autem* sandevantderriére, *pro* ce que devant derriere. ¶ Il faut écrire *sens dessus dessous ; sens devant derriere* : comme on écrit *en tout sens ; de ce sens là*. Sens : c'estadire visage, situation, biais, posture. J'ay fait il y a long-temps cette remarque dans mes Origines de la Langue Françoise. Depuis j'ay trouvé que Pasquier dans une de ses Lettres à Ramus avoit û la mesme pensée. Ses paroles sont considerables. Les voicy. *Au regard de ce que me mandez, que ne pouvez bonnement gouter cette locution Françoise sens dessus dessous, dont vous écrivant j'ay usé, vous n'estes pas le prémier qui en a fait quelque scrupule : car je voy plusieurs de ceux qui sont en réputation de bien dire, avoir douté d'en user dans leurs Traductions ; & au lieu d'icelle, avoir mis, tantost ce dessus dessous, tantost ce que dessus dessous. Toutefois j'espere vous lever fort aisémens ce doute, s'il vous plaist de considérer combien ce mot de sens nous est heureusement familier, quand nous disons que quelque chose est de tel ou de tel sens. De cette parole est venu que nous avons aussi dit qu'une chose est sens dessus dessous, & encore sens devant derrière, pour donner à entendre que ce qui devoit estre dessus, est dessous ; & devant, ce qui est derrière. Ie croy que par cette petite démonstration avez occasion d'estre satisfait. Quant est de moy, je vous assure que non seulement je ne la rejette, mais au contraire j'estime que c'est une manière de parler fort riche, & qui n'a esté rejettée que par ceux qui n'approfondirent jamais les richesses de nostre Langue.* Le Pere Chifflet dans son Essay d'une parfaite Grammaire, dit la mesme chose. TOVT ESTOIT RENVERSÉ SENS DESSVS DESSOVS. *C'est ainsi qu'il faut écrire cet adverbe, composé de trois mots. Sens, est un mot du vieux Gaulois, qui signifie costé. Comme en cette phrase du vieux langage, qui est en-*

core en usage parmy le commun peuple de quelques nations, Tournez vous d'un autre sens: c'est à dire d'un autre costé. Ainsi sens-dessus-dessous signifie, quand la chose renversée ce qui estoit au costé d'en haut, se trouve au dessous. Comme, renverser un coffre sen-dessus-dessous. Il ne faut donc pas écrire, c'en dessus dessous. Car quant à ce dernier, il n'est pas vray que le coffre renversé n'ait ny dessus ny dessous : mais il a un nouveau dessous, qui estoit dessus : ce qui est bien exprimé par ces paroles, sens-dessus-dessous.

―――――――――――――――

Si on peut dire Lutéristes. *S'il faut dire* Jesuites, *ou* Jesuistes : Jacobins, *ou* Jacopins : Capucins, *ou* Capuchins: Carmelites, *ou* Carmelines : Vrsulines, *ou* Vrselines.

CHAPITRE XIV.

ON disoit anciennement *Lutéristes.* Marot dans son Epistre à M. Bouchart, Docteur en Théologie : —— *Point ne suis Lutériste,*
   Ne Zuinglien, & moins Anababtiste.
Et dans son Enfêr :
   Clement n'est point le nom de Lutériste.
Ronsard dans la continuation du Discours des miseres de son temps :
   Les uns sont Zuingliens, les autres Luteristes.
Budée dans une de ses Lettres Grecques à Rabelais, lors Cordelier : Ἰὰ τῶν Λυθηϊστῶν

δόγμαΊα. On dit préſentement *Luterien* : & ce ſeroit tres-mal parler que de dire *Luteriſtes*.

On diſoit auſſi anciennement *Iéſuiſtes*, comme on dit *Caſuiſtes*. Rabelais liv. iv. chap. 18. *Au lendemain rencontraſmes à Poge-neuf orques chargées de Moines ; Iacobins, Iéſuiſtes, Capucins, &c.* On dit préſentement *Iéſuites*, conformément à l'Italien *Gieſuita*. Et c'eſt auſſi comme M. de Voiture a decidé qu'il faloit dire. Voyez ſa Lettre à M. Coſtar, page 296. des Entretiens de M. Coſtar. Il y a meſme déja long-temps qu'on parle de la ſorte. Paſquier livre ix. de ſes Recherches, chap. 26. *Quand en l'an 1564. je plaiday la cauſe de l'Vniverſité de Paris contre les Iéſuiſtes, depuis appellez Iéſuites* : & livre xvi. de ſes Lettres, lettre 1ʳᵉ page 670. *Les Iéſuites, que nous appellions lors Iéſuiſtes.*

Les Dominicains ont eſté appelez *Iacobins*, ou *Iacopins*, de l'Egliſe qu'ils ont à Paris dediée à Saint Jaques, De *Iacobinus*, diminutif de *Iacobus*, on a fait *Iacobin*. De *Iacopinus*, diminutif de *Iacopus*, on a fait *Iacopin*: & *Iacopus* a eſté dit pour *Iacobus*. Les Florentins prononcent encore *Iacopo*. Et pluſieurs François prononcent auſſi *Iacop*, au lieu de *Iacob*. Villon dans ſon Grand Teſtament :

Auquel doint Dieu l'heur de Iacop ;
De Salomon l'honneur & gloire.
Quant de proueſſe, il en a trop.

Les Latins prononçoient de meſme *optinuit*, au lieu d'*obtinuit*. Quintilien livre 1. chapitre

7. *Cùm dico, obtinuit, secundam B literam ratio poscit, aures magis audiunt P.* Coquillard dans son Plaidoyé page 66. a dit *Iacopin*. Et Villon dans son Grand Testament:

Grand bien leur fissent mains lopins
Aux pauvres filles avenantes,
Qui se perdent aux Iacopins.

Et on prononce de la sorte dans l'Anjou & dans plusieurs autres Provinces. Nous disons à Paris *Iacobins* : & c'est ainsi qu'il faut parler.

Il faut aussi dire *Capucins* & *Carmelites*, comme on prononce à Paris, & non pas *Capuchins* & *Carmelines*, comme on dit en plusieurs Provinces. Le Cardinal d'Ossat, qui dans ses Lettres a tousjours dit *Capuchins*, n'est donc pas en cela à imiter.

A l'égard d'*Vrsulines*, & d'*Vrselines*, l'usage est partagé à Paris & à la Cour; & ainsi on peut dire l'un & l'autre. *Vrselines* est plus usité parmy le peuple & parmy les Dames; & je prévoy qu'il l'emportera bien-tost sur *Vrsulines*, nonobstant l'étymologie.

S'il faut dire, Ils sont tout estonnez, ou Ils sont tous estonnez.

CHAPITRE XV.

C'Est une faute, dit M. de Vaugelas, que presque tout le monde fait, de dire *tous*, aulieu de *tout*. Par exemple, il faut dire, Ils sont tout estonnez, & non pas, tous eſtonnez : *parceque tout en cét endroit n'eſt pas un nom, mais un adverbe, & par conſequent indéclinable.* De toutes les remarques de M. de Vaugelas, il n'y en a point qui ait reçu plus d'approbation que celle-cy. Elle a eſté admirée dans les Provinces. Elle a eſté citée mille fois dans l'Académie. Elle a eſté copiée par Dupleix, dans le livre qu'il a fait de la Langue Françoiſe. Elle a eſté ſuivie par M. d'Andilly dans tous ſes Ouvrages, & par M. de Balzac en cét endroit d'une de ſes Lettres, qui eſt la 17. du livre 17. *A la-fin aprés dix mois tout entiers de delais & de remiſes.* Cependant, elle eſt trés fauſſe : & il eſt ſans doute qu'on peut fort bien dire dans le ſens de M. de Vaugelas, *Ils ſont tous eſtonnez.* En voicy les raiſons. Prémiérement, c'eſt ainſi qu'on a touſjours parlé. Marot en ſes Eſtreines :

Vn jour Venus ſon Adonis ſuivoit
Parmy jardins, pleins d'épines & branches,
Les piez tous nus, & les deux bras ſans manches.

Et dans ſa Traduction de la prémiére Eglogue de Virgile :

Doncque plutoſt cers légers & cornus
Vivront en l'air, & les poiſſons tous nus
Seront laiſſez de leurs fleuves taris.

Et enſuite :

Finalement viendront tous égarez
Vers les Anglois du monde ſéparez.

Et dans ſon Epiſtre à François I. du temps de ſon exil à Ferrare :

O pauvres gens de ſavoir tous étiques.

Montagne au chapitre des noms : *Ie ſay bon gré à Iaques Amyot d'avoir laiſſé dans le cours d'une oraiſon Françoiſe les noms Latins tous entiers.* M. Corneille dans le Cid :

Et tous honteux d'avoir tant balancé,
Ne ſoyons plus en peine.

M. de S. Amant dans ſon Elégie à Phyllis:

Ces lieux de vos regards tous gays, tous
embellis,
Sembloient dire à nos yeux, nous avons
vû Phyllis.

J'ay dit auſſi dans mon Idylle du Peſcheur:

A l'éclat de ſes yeux les rochers d alentour,
Tous durs, tous froids qu'ils ſont, furent
touchez d'amour.

Et je ne puis comprendre pourquoy M. de Vaugelas, qui fait profeſſion, & avecque raiſon, de déférer abſolument à l'Uſage, a voulu en cette occaſion s'oppoſer à un uſage, qui de ſa propre confeſſion eſt preſque univerſel. D'ailleurs, il eſt conſtant, & M. de Vaugelas en demeure auſſi d'accord, que *tout* en l'exemple allégué, *Ils ſont tout eſtonnez,* ſe décline au féminin ; & qu'on dit, *Elles ſont toutes eſtonnées* : ce qui fait voir qu'on peut auſſi le décliner au maſculin : & je croy meſme qu'il ſeroit mieux de le decliner : car pourquoy cette différence du maſculin & du féminin ? *Tout* n'eſt donc pas là un adverbe, comme le prétent M. de Vaugelas ; mais un de ces noms qui tiennent lieu d'adverbes. *Ils ſont tous eſtonnez,* c'eſt ce qu'on diroit en Latin *toti ſtupent.* Et c'eſt du Latin que nous avons emprunté cette façon de parler.

Térence a dit de mesme, *totus tremo, horreóque, postquàm aspexi hanc. Totus displiceo mihi.* Et Plaute : *totus doleo : totus gaudeo: totus timeo.* A l'égard du passage de M. de Balzac, *Après dix mois tout entiers*, c'est ce que nous dirions en Latin, *totis decem solidis mensibus. Sex ego te totos hos menses quietum reddam*, a dit élégamment Térence. Ce qui fait voir aussi qu'il seroit mieux de dire *Après dix mois tous entiers*. Et je croi mesme, qu'*Après dix mois tout entiers*, est trés mal dit. Pour ce qui est des exemples suivans qu'allègue M. de Vaugelas, *Ils sont tout autres que vous ne les avez vûs : Les derniéres figues que vous m'envoyastes, estoient tout autres que les premiéres*, ils n'ont rien de commun avecque le précédent, *Ils sont tous estonnez : tout* en ceux-là estant sans contredit adverbe, & par consequent indéclinable. *Tout autres*, c'est ce que les Latins diroient *omnino alii*. Mais ce n'est, ajouste M. de Vaugelas, qu'avec *autres*, féminin plurier, qu'il faut dire *tout* : car avec *autre*, singulier du mesme genre, il faut dire *toute* : comme, *l'ay vû l'étoffe que vous dites ; elle est toute autre que celle-cy.* M. de Vaugelas se trompe encore en cet endroit. Car on dit aussi, *Elle est toute semblable*, & non pas *Elle est tout semblable*. Mais *toute* en ces endroits signifie *ex omni parte*. *Elle est toute autre ; Elle est toute semblable*, c'est ce qu'on diroit en Latin, *omnino alia, penitus diversa ; ex omni parte similis.* M. de Vaugelas se trompe une troisiéme fois, en ce qu'il afsure qu'il n'y a que ce seul mot *autres*, féminin, qui soit excepté de sa reigle, & que par tout ailleurs, tant au singulier qu'au plurier, il faut que l'adverbe *tout*, lorsqu'il se trouve avec un adjectif féminin, se change en l'adjectif *toute* & *toutes* : comme, *Elle est toute telle qu'elle estoit* ; *Elles sont toutes telles que vous les avez veuës*. Car il est certain que *tout*, accompagné d'un adjectif féminin, se met encore avec *aussi*. On dit, *Ces fleurs sont tout aussi fraisches* ; *tout aussi belles que le jour qu'elles furent cueillies*. On le met encore en cét exemple, *Elles seront tout estonnées que telle chose arrivera*. Tant il est difficile de faire des Reigles ! *Omnis definitio periculosa*.

S'il faut dire Champs Elysiens, *ou* Champs Elysées. *Si on peut dire* Champ Elysée, *au singulier*.

CHAPITRE XVI.

Nos anciens Auteurs ont dit indifféremment, & en prose & en vers, *Champs Elysiens*, & *Champs Elysées*. Cretin dans la Déploration d'Olkergan :

Le cours des eaux si doux son sonnera,
Que ton oüie estre soupçonnera
Sortie au Champ Elysée, & ravie.

Marot dans le Cantique à la Deesse Santé
Vien, fusses-tu aux Champs Elysiens.

Et dans la Complainte sur la mort de Louïse de Savoye, mere de François I.

> Elle est aux Champs Elysiens receüe.

Et dans son Enfer:

> Si tu dis vray, je te jure & promets
> Par le haut Ciel, où je n'iray jamais,
> Que des Enfers sortiras les brisées,
> Pour t'en aller aux beaux Champs Elysées.

Et dans sa Complainte sur la mort du Général Prud'homme:

> Fils, (ce dit-elle) en nos Champs Elysées
> N'a pas long-temps, par les droites brisées,
> Est devers nous un Esprit arrivé, &c.
> Lui là venu, ils cessérent leurs chants.
> Et il leur dit: ô l'eslite des Champs Elysiens.

Et dans l'Epigramme sur Albert:

> Quand Orphëus reviendroit d'Elysée.

Et dans l'Epitaphe de Jean Serre:

> Avec tout cela je respons,
> Qu'en voyant sa grace niaise,
> On n'estoit pas moins gay ny aise,
> Qu'on est aux Champs Elysiens.

Rabelais livre 1. chap. 13. *Et ne pensez que la béatitude des Heros & Sémidieux, qui sont par les Champs Elysiens.* Et livre 2. chap. 30. *Et là commancea à parler; disant, qu'il avoit vû les Diables, avoit parlé à Lucifèr familiérement, & fait grand' chére en Enfèr, & par les Champs Elysées.* Et livre 5. chap. 6. *Diables, s'écria Panurge, tant vous avez d'aise en ce monde. En l'autre, répondit Edituë, nous en aurons bien davantage. Les Champs Elysiens ne nous manqueront pour le moins.*

Jodelle

LANGVE FRANÇOISE. 37

Jodelle dans le 1. Sonnet de ses Contr'amours:
Vous, que la mort n'a point d'amour privez,
Et qui au frais de l'Ombre Elysienne,
En rechantant vostre amour ancienne
De vos moitiez les ombres ressuivez.

Du Bellay en ses Regrets, Sonnet 119.
Sceve, je me trouvay comme le fils d'Anchise,
Entrant dans l'Elysée, & sortant des Enfers.

Pasquier livre vii. de ses Recherches, chap. 13. parlant de Marot: *Et c'est pourquoy en la Plainte qu'il fist sur la mort du Général Prud'homme, il dit qu'aux Champs Elysiens,* &c. Nos Auteurs modernes ont dit aussi indifféremment, & en prose & en vers, *Champs Elysiens, & Champs Elysées.* M. de Balzac dans sa Dissertation Critique, intitulée Deffense des deux vers attaquez: *Il trouva estrange depuis peu de voir l'Ombre du Marquis de Pisani dans le Ciel, qui devoit estre à son avis aux Champs Elysiens.* Et dans le Romain à M. la Marquise de Rambouïller: *Le voicy, Madame, qui ne vient pas des Champs Elysées, & d'une demeure fabuleuse.* M. de Marolles, Abbé de Villeloin, dans sa Traduction des Géorgiques de Virgile:
Quoyque la Gréce die en faveur des délices
Des Champs Elysiens, fermez à tous les vices.

M. de Segrais dans celle de l'Enéide, livre v. page 210.
L'ame pour ses vertus du Ciel favorisée,
Iouït du doux repos de la Plaine Elysée.

Je croi donc qu'on peut dire indifféremment l'un & l'autre, & en prose, & en vers. Je dis pourtant tousjours, *Champs Elysées*; ce mot

Tome I. D

ine semblant beaucoup plus doux, & un peu plus usité que *Champs Elysiens*. Mais je ne croi pas qu'on puisse dire *Champs Elysez*, comme a fait Ronsard dans l'Ode 12. du livre v.

Et je doi bien-tost en cendre
Aux Champs Elysez descendre.

quoyqu'en cela il ait esté suivi par Motin dans une Epigramme imprimée dans le Cabinet des Vers Satiriques, à la page 64.

Si les esprits sont amusez
A joüer aux Champs Elysez :

& quoyque Passerat dans ses Stances sur la différence de l'Amour & de la Jalousie, ait dit demesme *Prométhé*, pour *Prométhée*.

C'est une ardeur, un feu que Prométhé
Iadis avoit du Soleil emprunté.

Mais pour *Elysée* au singulier ; ainsi que Du Bellay, Marot & Cretin l'ont employé ; je ne doute point qu'on ne le puisse dire ; les Grecs ayant dit ἐλύσιος au mesme nombre, & les Latins *elysius*.

S'il faut dire arboriste, arboliste, herboriste, *ou* herboliste : arboriser, arboliser, herboriser, *ou* herboliser.

CHAPITRE XVII.

Tous ces mots sont en usage. Ronsard dans la Préface de sa Franciade a dit *arboriste*. Tantost il est Philosophe ; (Il parle du Poëte Heroïque) tantost Médecin, Arboriste,

Anatomiste & Iurisconsulte. Rabelais a dit aussi *arboriser. Ensemble des marrochons, des pioches, cerfoüettes, bêches, tranches, & autres instrumens requis à bien arboriser.* C'est au chapitre 23. du livre 1. Et au chapitre suivant : *Aulieu d'arboriser, visitoient les boutiques des Drogueurs, Herbiers & Apothicaires.* Oudin dans son Dictionnaire Italien a écrit *Herboriste*, & Nicod dans son Dictionnaire François au mot *hanebane*, & le Pere Bouhours dans ses Entretiens, page 419. de la seconde édition. Je croi que l'ancien mot estoit *herboliste*. Les Grecs de βοτάνη, qui signifie herbe, ayant dit βοτανική, pour la science des simples : les Latins du mot *herba* ayant dit de mesme *herbarius*, pour celui qui pratique cette science, & les Italiens *erbolaio, erbolista & erborista*, & les Espagnols *herbalario*, & les Flamens *herbariste*, il n'y a point d'apparence que nous ayions dénommé la mesme chose du mot d'*arbor* plustost que de celui d'*herba*. Je croi donc, que du diminutif *herbola*, qu'on a dit pour *herbula* ; comme *servolus* pour *servulus* ; nous avons fait prémiérement *herboliste* ; & ensuite *arboliste*, en changeant l'E en A ; comme en *parfait* de *perfectus* : & que d'*arboliste* les hommes de Lettres ont fait, prémiérement aussi, *arboriste* ; (s'imaginant qu'*arboliste* avoit esté formé d'*arbor* ;) & que d'*arboriste* le peuple a fait *erboriste*. Cette raison d'étymologie, jointe à la douceur de la prononciation & à l'autorité de plusieurs personnes du métier, qui disent tousjours *herboliste & herboliser*, fait que je préfére ces mots, non seulement à *arboriste* & à *arboriser*, mais encore à *herboriste* & à *herboriser*.

S'il faut dire Oiseleur, *ou* Oiselier: Horlogeur, *ou* Horloger: Foussier, *ou* Fossoyeur.

CHAPITRE XVIII.

ON dit *Oiseleur* & *Oiselier*, mais en differente signification. *Oiseleur*, est celui qui prent les oiseaux ; *Oiselier*, celui qui les vent.

Pour *Horloger* & *Horlogeur*, ils signifient la mesme chose. Mais *Horlogeur* n'est pas du bel usage. Il n'est guere usité que par ceux du métier.

On dit *Foussier* en Anjou: mais à Paris on dit *Fossoyeur*. C'est donc ainsi qu'il faut parler. Ce mot au reste qui signifioit autrefois en général celui qui fait des fossez & des fosses, ne se dit plus que de celui qui fait des fosses pour enterrer les morts, appelé *fossarius* par l'Auteur de la Lettre *de septem ordinibus Ecclesiæ*, attribuée faussement à Saint Jerôme. *Primus igitur in Clericis Fossariorum ordo est, qui in similitudinem Tobiæ sancti, sepelire mortuos admonentur*. De *fossarius* les Angevins ont dit *foussier*, comme les Parisiens *fossoyeur* de *fossator*.

S'il faut dire velous *, ou* velours : damas, *ou* damarre : sarge, *ou* serge.

CHAPITRE XIX.

Nos Escrivains, tant anciens que modernes, ont dit *velous* & *velours* indifféremment. Alain Chartier page 108. de son Histoire de Charles VII *leurs chevaux couvers d'orfaverie blanche. Les autres de drap d'or & de velours.* Coquillart dans le Monologue de la Bote de foin :
Arriere, satin, camelot,
Puisque le veloux vient en place.
Et dans celui des Perruques :
Vn outrecuidé, un folastre
Aura un pourpoint de velours.
Marot dans le Coc à l'asne :
Croyez qu'en dépit des Ialous
On porte souliers de velous.
Et dans un de ses Rondeaux :
Sans ébranler drap, satin & velours.
Sigognes dans une de ses Epigrammes :
Margot feignit d'estre de feste
Afin de tromper son Ialous ;
Et fist tant par humble requeste
Qu'elle eut des souliers de velous.
L'Auteur de la Chanson sur la Guinbarde :
Robin s'en va à Tours
Acheter du velours.
M. Scarron :

Estendus à la chévre morte
Dans leurs carroſſes de velours,
Qui font tant de pouſſiére au Cours.

Selon l'étymologie il faudroit dire *velous*, ce mot ayant eſté fait du Latin *vellutum*, d'où les Italiens ont auſſi fait *velluto*. On dit encore aujourd'huy *veloutier* & *velouté* : ce qui fait voir clairement que *velous* eſtoit l'ancien mot. Voyez mes Origines Françoiſes au mot *velours*, & mes Italiennes au mot *velluto*. Mais c'eſt l'uſage qu'il faut ſuivre en matiére de Langues, & non pas l'étymologie : & l'uſage eſt aujourd'huy pour *velours*. C'eſt ainſi que parlent les Dames de la Cour & de la Ville, qui parlent le mieux.

Pour ce qui eſt de *damas* & de *damarre*, il eſt ſans doute qu'il faut dire *damas*. C'eſt comme tout le monde parle & à la Cour & à Paris. Et c'eſt auſſi comme il faut parler ſelon l'étymologie, cette étoffe ayant pris ſon nom de la ville de Damas, d'où elle nous eſt venuë. Il faut dire auſſi, pour le dire en paſſant, *prunes de damas*, comme on dit à Paris, & non pas *de damarre*, comme on dit en pluſieurs Provinces. Voyez mes Origines Italiennes au mot *ſuſino*, & mes Françoiſes au mot *damas*.

A l'égard de *ſarge* & de *ſerge*, M. de Vaugelas préfére le premier au ſecond, prétendant que toute la Cour dit *ſarge*, & toute la Ville *ſerge*. Il ſe trompe. On dit indifféremment *ſarge* & *ſerge* & à la Cour & à la Ville : & on dit meſme *ſerge* plus ſouvent que *ſarge*. Et c'eſt pour cela que contre l'avis de

LANGVE FRANÇOISE. 43

M. de Vaugelas je préfére *serge* à *sarge*. L'étymologie d'ailleurs favorise cette prononciation; ce mot ayant esté fait de *serica*, ou de *sericia*, comme je l'ay remarqué dans mes Origines de la Langue Italienne au mot *sargia*. J'avoüe pourtant que *sarge* estoit l'ancien mot François. Jean Marot en son Voyage de Venise, feüillet 93. *Sarges Sarrasines*. Clément Marot dans son Chant Royal sur la Conception:

Pas n'eut un Ciel fait à frange & figure
De fins damas, sargettes, ou tamis.

Rabelais livre 1. chap. 56. a dit aussi *sarge*. Les Espagnols disent de mesme *sarga*, les Gascons *sargue*, & les Italiens *sargia*.

S'il faut dire vieil, ou vieux.

CHAPITRE XX.

MOnsieur de Vaugelas veut qu'on dise *vieux* devant une consone & à la fin des mots, & *vieil* devant une voyelle. Henri Estienne avoit deja fait cette remarque à l'égard des mots qui commancent par une voyelle, & de ceux qui commancent par une consone. *Ex satullus fecerunt satoul, quod posteà in monosyllabum saoul συνεκόπη. Ex vetulus autem vetul, aut potiùs vietul: quod postmodò in vieul, & tandem in vieu, abjectâ literâ L, mutatum fuit. Et hæc quidem est vulgi pronunciatio ; aliquando & vieux proferentis; quum videlicet sequitur vocalis. Sed qui è vulgo non sunt, & emendatiùs loqui existimantur, dicunt* vieil. *Quæ terminatio cum fæminino* vieille *convenit.* C'est dans son Livre intitulé *Hypomneses de Gallica Lingua, peregrinis eam discentibus necessaria*, à la page 145. L'observation de Henri Estienne n'est pas véritable. Ceux de nos Anciens qui ont le mieux parlé, ont dit *vieil* devant une consone, aussi bien que devant une voyelle. Marot dans une de ses Epigrammes :

Veux-tu, vieille ridée, entendre
Pourquoy je ne te puis aimer.
Amour, l'enfant mol, jeune & tendre,
Tousjours le vieil sang trouve amer.
Le vin nouveau fait animer
Plus l'esprit que vieille boisson.
Et puis, l'on n'oit bien estimer
Que jeune chair & vieil poisson.

Ronsard liv. 1. de sa Franciade :

Maint chesne vieil, touffu, à large bras.

Et dans un de ses Sonnets sur Jodelle & sur Garnier :

Le vieil Cothurne d'Euripide.

Du Bellay Sonnet 60. de son Olive :

Enfonce l'arc du vieil Thébain Archer.

Et ailleurs :

Contre-faire bien la mine
D'un vieil singe courtisan.

Il est vray qu'on a dit depuis *vieil* devant une *voyelle*, & *vieux* devant une consone. Mais il est vray aussi qu'aprésent, contre l'avis de M. de Vaugelas, on dit tousjours *vieux*, comme l'a remarqué M. de Marolles dans sa Lettre sur la Traduction de M. d'Andilly, du segond & du quatriéme de l'Enéide. J'ajouste à l'autorité de M. de Marolles celle de M. de Balzac, qui dit aussi tousjours *vieux*, aussibien devant les voyelles que devant les consones. M. Maynard en use aussi tousjours de la sorte. Page 277. du nouveau Recueil de ses Poësies:

A Flote, le vieux Esclave, &c. Et page 278.
Vn Rimeur vieux & Gascon, &c.

Il y a pourtant de certains endroits, où non seulement on peut dire *vieil*, mais où il le faut dire : comme en ces façons de parler, dépoüiller le *vieil* homme ; dépoüiller le *vieil* Adam.

S'il faut dire moruë, *ou* moluë : chauveté, calvitie, *ou* pelade.

CHAPITRE XXI.

Nicod & Rondelet ont dit *moruë* & *moluë*. L'usage du peuple est pour *moruë* C'est aussi comme parlent les Ecrivains modernes. Berthelot dans son Combat contre Renier :

Aussi-tost de colére blesme
Berthelot le charge en ce lieu,
D'aussi bon cœur que le caresme,
Sortant du service de Dieu,
Vn petit Cordelier se ruë
Sur une piece de moruë.

C'est donc, sans contestation, comme il faut parler.

Nos Anciens disoient *chauveté*. Vous trouverez ce mot dans Nicod. Et Du-Verdier a traduit le Φαλάκρας ἐγκώμιον de Synesius, par *la louange de la Chauveté*. Nous dirions présentement *calvitie*, pluſtoſt que *chauveté*. *Pelade* ſe dit; mais par mépris; comme en parlant des verolez, à qui les cheveux ſont tombez.

Des participes paſſifs dans les prétérits.

CHAPITRE XXII.

La plus difficile & la plus importante queſtion de noſtre Langue, eſt celle qui regarde l'uſage des participes paſſifs dans les prétérits. M. de Vaugelas l'a traitée amplement: & après en avoir donné pluſieurs préceptes, il les a tous reduis à ces dix exemples:
1. *J'ay receu vos lettres.* 2. *Les lettres que j'ay receuës.* 3. *Les habitans nous ont rendu maiſtres de la Ville.* 4. *Le commerce (parlant d'une Ville) l'a rendu puiſſante.* 5. *Nous nous ſommes rendus maiſtres.* 6. *Nous nous ſommes rendus puiſſans.* 7. *La deſobeïſſance s'eſt trouvé montée au plus haut point.* 8. *Ie l'ay fait peindre. Ie les ay fait peindre.* 9. *Elle s'eſt fait peindre. Ils ſe ſont fait peindre.* 10. *C'eſt une fortification que j'ay appris à faire.*

Examinons par ordre tous ces exemples.

1. J'AY RECEV VOS LETTRES. Ce premier ne reçoit aucune difficulté en noſtre Langue,

j'ay dit en noſtre Langue ; car en Italien on dit indifféremment *ò ricevuto*, & *ò ricevute le voſtre lettere*.

2. LES LETTRES QVE I'AY RECEVES. Ce ſecond a eſté autrefois fort conteſté, & du temps de François I. la pluſpart des Eſcrivains uſſent dit, *les lettres que j'ay receu*. Saint Gelais a dit dans ſes vers contre un médiſant,

    Et s'il eſt ſi homme de bien,
    Comme il veut par tout eſtre vû,
    Qu'il parle de ſon bec au mien ;
    Car j'ay ma réponſe prévû.

Rabelais ne parle jamais autrement. Livre 1. chap. 24. *galantement s'exerceans le corps, comme ils avoient les ames auparavant exercé*. Et cette façon de parler eſtoit tellement uſitée en ce temps-là, que Marot fut repris de ne la pas ſuivre : ce qui l'obligea de s'en juſtifier par cette Epigramme, adreſſée à ſes Diſciples :

    Enfans, oyez une leçon.
    Noſtre Langue a cette façon,
    Que le terme qui va devant
    Volontiers regit le ſuivant.
    Les vieux exemples je ſuivrai
    Pour le mieux ; car à dire vrai,
    La Chanſon fut bien ordonnée,
    Qui dit, M'amour vous ay donnée;
    Et du bateau eſt eſtonné,
    Qui dit, M'amour vous ay donné.
    Voilà la force que poſſéde
    Le féminin, quand il précéde.
    Or prouverai par bons témoins
    Que tous pluriers n'en ſont pas moins.

Il faut dire, en termes parfaits,
Dieu en ce monde nous a faits.
Faut dire, en paroles parfaites,
Dieu en ce monde les a faites.
Et ne faut point dire, en effet,
Dieu en ce monde les a fait.
Ne nous a fait, pareillement :
Mais, nous a faits, tout rondement.
L'Italien, dont la faconde
Passe le vulgaire du monde,
Son langage a ainsi basti,
En disant, Dio noi à fatti.
Parquoy, quand me suis avisé,
Ou mes Iuges ont mal visé,
Ou en cela n'ont grand' science,
Ou ils ont dure conscience.

Je remarquerai ici en passant, que les Italiens disent *Dio ci à fatti*, & non pas *Dio noi à fatti*. Mais pour revenir à nostre question, Ramus l'a decidée de la mesme façon que Marot. Voicy comme il en parle au chapitre 10. de sa Grammaire Françoise : *Après le verbe* avoir, *le participe passif est mis pour l'infini, si le substantif précéde. Comme,* Ce sont les graces que Dieu vous a données, *pour* a donné. *Que si le substantif suit, le verbe infini sera pratiqué. Comme,* Dieu vous a donné ses graces : *non pas,* vous a données. *Quelques Grammairiens toutefois estiment en ce participe* donnée, *pour le verbe* donné, *une lourde incongruité. Mais l'usage les combat.* Et à ce propos je ne veux oublier un Poëme de Clément Marot, que Estienne Pasquier, Advocat en Parlement, duquel le
célébre

célebre renom est honnorable en vostre Escole, pour y avoir exercé ses jeunes ans, nous proposa un jour que nous estions en cette question. Marot doncques estant repris de telle maniére de parler, se deffend ainsi gentiment.

Enfans, oyez une leçon, &c.
Voilà que dit Marot pour sa deffense, nous alleguant l'usaige, tant des François que des Italiens. Et semble que ce qu'alleguent nos repreneurs pour le contraire, soit bien foible. C'est que selon l'avis d'Aristote, les mots transposez doivent signifier une mesme chose. Car nous avons ja demonstré, que le François a certaine ordre en son oraison, qui ne se peut aucunement changer. Partant, combien que M'amour vous ay donné, Dieu en ce monde les a fait, & semblables syntaxes, se pourroient debatre, veuque elles sont basties selon la vraye raison & reigle de Grammaire, toutefois tant s'en faut que je marque en cette façon de parler aucune lourde incongruité, comme font ces Grammairiens, que de ma part je donne mon suffrage à Marot; me souvenant de la souveraineté du peuple, que nous ont enseignée Varron & Ciceron. Voire, je repute icy un singulier Francisme: duquel aussi ces mesmes Grammairiens ornent leur langage. Voire, en parlant de cette oraison. Les François, dient ils, l'ont introduite. Ainsi, comme devant, telle doctrine est réfutée par les Docteurs mesmes. Il paroist par ces derniéres paroles de Ramus, que de son temps quelques Grammairiens avoient escrit contre l'opinion de Marot. M. de Vaugelas, après Ramus, a estably

cette opinion dans l'exemple que nous examinons. Après M. de Vaugelas, l'Auteur de la Grammaire Générale, (j'apprens que c'est Monsieur Arnaud) l'a confirmée : & il a tasché de plus d'en rendre la raison. Voicy ses paroles. *L'accusatif qui regit le prétérit, ne cause point de changement dans le participe, lorsqu'il le suit, comme c'est le plus ordinaire. C'est pourquoy il faut dire,* Il a aimé Dieu ; Il a aimé l'Eglise ; Il a aimé les livres ; Il a aimé les sciences : *& non point,* Il a aimée l'Eglise, *ou* aimez les livres, *ou* aimées les sciences. *Mais quand cet accusatif précéde le verbe auxiliaire, (ce qui n'arrive gueres en prose que dans l'accusatif du relatif, ou du pronom :) Ou mesme quand il est après le verbe auxiliaire, mais avant le participe, (ce qui n'arrive gueres qu'en vers) alors le participe se doit accorder en genre & en nombre avec cet accusatif. Ainsi il faut dire,* La lettre que j'ay escrite : Les livres que j'ay leus : Les sciences que j'ay apprises. *Car,* que *est pour* laquelle *dans le premier exemple ; pour* lesquels *dans le segond ; & pour* lesquelles *dans le troisiéme. On dit de mesme en vers,* La valeur d'Alexandre a la terre conquise : *& non pas* conquis : *parceque l'accusatif* la terre *précéde le participe, quoyqu'il suive le verbe auxiliaire. Il n'est pas aisé de rendre raison de ces façons de parler. Voicy ce qui m'en est venu dans l'esprit : Tous les verbes de nostre Langue ont deux participes ; l'un en* ant, *& l'autre en* e, i, u, *selon les diverses conjugaisons ; sans parler des irréguliers ; ai-*

mant, aimé, écrivant, écri, rendant, rendu. Or on peut considerer deux choses dans les participes : l'une, d'estre vrais noms adjectifs, susceptibles de genres, de nombres & de cas; l'autre, d'avoir, quand ils sont actifs, le mesme regime que le verbe : amans virtutem. Quand la prémiére condition manque, on dit alors que les participes actifs sont plustost des noms que des participes. Cela estant supposé, je dis que nos deux participes, aimant & aimé, entant qu'ils ont le mesme regime que le verbe, sont plustost des gérondifs que des participes. Car M. de Vaugelas a déja remarqué que le participe en ant, lorsqu'il a le regime du verbe, n'a point de féminin, & qu'on ne dit point par exemple, J'ay vû une femme lisante l'Escriture, mais lisant l'Escriture. Que si on le met quelquefois au plurier, J'ay vû des hommes lisans l'Escriture, je croi que cela est venu d'une faute, dont on ne s'est pas aperçu, acause que le son de lisant & de lisans est presque tousjours le mesme ; le t, ny l's, ne se prononçant point d'ordinaire. Et je pense aussi que lisant l'Escriture, est pour en lisant l'Escriture : in tò legere Scripturam. Desorte que ce gerondif en ant signifie l'action du verbe, demesme que l'infinitif. Or je croi qu'on doit dire la mesme chose de l'autre participe aimé. Savoir, que quand il regit le cas du verbe, il est gérondif, & incapable de divers genres & de divers nombres ; & qu'alors il est actif, & ne différe du participe, ou plustost du gérondif en ant, qu'en deux choses: l'une, en ce que le gérondif en ant est du présent, & le gérondif en e, i, u, du passé: l'autre, en ce que le gérondif en ant subsiste tout seul, ou plustost en sous-entendant la particule en, aulieu que l'autre est tousjours accompagné du verbe auxiliaire avoir, ou de celui d'estre, qui tient sa place en quelques rencontres. J'ay aimé Dieu, &c. Mais ce dernier participe, outre cet usage d'estre gérondif actif, en a un autre, qui est, d'estre participe passif: & alors il a les deux genres & les deux nombres, selon lesquels il s'accorde avec le substantif, & n'a point de regime. Et c'est selon cet usage qu'il fait tous les temps passifs avec le verbe estre. Il est aimé; elle est aimée; ils sont aimez; elles sont aimées. Ainsi, pour resoudre la difficulté proposée, je dis, que dans ces façons de parler, J'ay aimé la chasse, J'ay aimé les livres, J'ay aimé les sciences, c'est qu'alors le mot aimé ayant le regime du verbe, est gérondif, & n'a point de genre ny de nombre. Mais dans ces autres façons de parler, La chasse qu'il a aimée, Les ennemis qu'il a aimée, Les ennemis qu'il a vaincus, ou Il a défait les ennemis, Il les a vaincus, les mots aimé, vaincu, ne sont pas considerez alors comme gouvernant quelque chose, mais comme estant regis eux-mesmes par le verbe avoir: comme qui diroit, quam habeo amatam; quos habeo victos. Et c'est pourquoy estant pris alors pour des participes passifs qui ont des genres & des nombres, il les faut accorder en genre & en nombre avec les noms substantifs, ou les pronoms ausquels ils se rapportent, &c.

Après les décisions de Marot, de Ramus,

LANGVE FRANÇOISE.

de M. de Vaugelas, & de l'Auteur de la Grammaire Générale, cet exemple *Les lettres que j'ay receues*, ne devoit plus recevoir de difficulté. Cependant M. Patru & le Père Rapin, qui sont deux grands Auteurs de nostre Langue, prétendent qu'il faut dire *que j'ay reçu*, quand il suit quelqu'autre mot. Par exemple: *Les lettres que j'ay reçu depuis deux jours*. Je ne suis pas de leur avis. Je ne suis pas non plus de l'avis de ceux qui veulent qu'on dise, *La fin qu'ils se sont proposez*: qui est un exemple qu'ils prétendent que l'Usage a establi contre la Grammaire. Mais pour revenir à nostre reigle du nom qui va devant le prétérit, elle reçoit une exception: qui est, que lorsque le substantif, qui régit le verbe, pour parler avec M. de Vaugelas, ou qui en est régi, pour parler avec Dupleix, est après le verbe, le prétérit participe n'est point assujeti au genre ny au nombre du substantif. Ainsi, comme l'a fort bien observé l'Auteur des Remarques, il faut dire, *La peine que m'a donné cette affaire*: *Les inquietudes que m'a donné cette affaire*: & non pas, *La peine que m'a donnée*; *Les inquietudes que m'a données*. Il en est de mesme des exemples suivans. Marot dans l'Epitre pour la petite Princesse de Navarre:

— Et audit lieu
M'a suivie mon Escurieu.

Et dans l'Epitaphe de Jean Cotereau:
— Puis mourant, dit adieu
A ses enfans, qui sur lui ont posée
Cette epitaphe, & la tombe arrosée.

E iij

M. Charpentier dans sa Traduction de l'Epigramme d'Ausone sur Didon :

Pauvre Didon, où t'a reduite
De deux Amans le triste sort ?
L'un en mourant, cause ta fuite :
L'autre en fuyant, cause ta mort.

Il faut dire *m'a suivi, ont posé, t'a reduit*.

Voicy une autre exception à la mesme reigle, & qui est d'autant plus remarquable, qu'elle n'a esté remarquée de personne. L'usage veut qu'on dise, *Vous ne sauriez croire la joye que cela m'a donné*, & non pas, *m'a donnée* ; quoyque le substantif soit devant le verbe, & quoyqu'on dise, *Vous ne sauriez croire la joye que cet accident m'a donnée*. C'est une des bizarreries de nostre Langue, dont il est difficile de rendre raison.

Nous avons encore plusieurs autres façons de parler qui paroissent contraires à cette reigle. Quoyqu'elles ne le soient pas en effet, je ne laisseray pas d'en faire icy mention, afin de ne rien oublier de tout ce qui peut regarder l'usage des participes passifs dans les prétérits, qui est, comme nous l'avons dit, la matiere la plus importante & la plus difficile de nostre Langue. On dit, *Il n'y a sorte de soin qu'il n'ait pris*, & non pas, *qu'il n'ait prise* : parceque l'on ne considére pas *sorte*, mais *soin*. Et c'est comme si on disoit, *Il n'y a soin qu'il n'ait pris*. Il en est de mesme de *chose*. Il faut dire, *Il y a quelque chose dans ce livre qui merite d'estre censuré* : *chose* en cet endroit estant neutre. C'est une *chose*, *Il y a quelque chose*, c'est ce qu'on disoit en Latin, *Est aliquid.* Il faut dire aussi, *Ie ne croi pas que personne puisse dire que je l'ay trompé* : car *personne* est là masculin. On dit de mesme, *Elle s'est fait fort*, *Elle est demeurée court* : *fort* & *court* estant là comme adverbes, & par consequent indeclinables. Et c'est pourquoy il faut dire, *De la façon que j'ay dit*; & non pas, *que j'ay dite*. Car *de la façon que j'ay dit*, est pour *comme j'ay dit*. Toutes ces maniéres de parler ont esté fort bien remarquées par M. de Vaugelas en differens endroits de ses Remarques. Le mesme M. de Vaugelas veut qu'on dise aussi, *C'est une des plus belles actions qu'il ait jamais faites* : ce qu'il confirme par plusieurs reigles de Grammaire. Mais nonobstant toutes ces reigles, je croi qu'on pourroit dire, *qu'il ait jamais faite* : car on dit ; *C'est un des meilleurs mots qu'il ait jamais dit* ; *C'est un des meilleurs chevaux qu'il ait jamais monté.* Passons au troisiéme exemple.

3. LES HABITANS NOVS ONT RENDV MAISTRES DE LA VILLE. Je croi qu'il faut dire ; & c'est aussi l'avis de Dupleix ; *nous ont rendus maistres* : comme on dit, en parlant d'une femme, *Ie l'ay renduë la plus accomplie personne du monde* ; *Elle s'est renduë Catholique.* Car c'est ainsi qu'il faut parler, comme nous le ferons voir en l'article suivant. La raison de M. de Vaugelas n'est pas une raison. Il dit que *maistres* qui suit, marque assez le plurier, sans qu'il soit besoin que le participe le marque encore. Par cette raison il faudroit dire aussi, contre sa décision, *Nous nous*

sommes rendu maistres, Nous nous sommes rendu puissans ; maistres, & puissans marquant aussi suffisamment le plurier. Ce qui a fait croire qu'il faloit dire *nous ont rendu maistres,* c'est que l'S en *rendus*, suivi d'une consone, ne se prononce point.

4. LE COMMERCE L'A RENDV PVISSANTE. Il en est de mesme de cet exemple. Il faut dire ; & c'est aussi l'avis de Dupleix, & celui de M. le Vayer ; *l'a rendue puissante.* Cependant l'opinion de M. de Vaugelas a esté suivie par Messieurs de Port Royal. *Lorsque le relatif,* dit l'Auteur de la Grammaire Générale, *ou le pronom que regit le préterit du verbe, le precéde, si ce preterit gouverne encore une autre chose apres soi, il redevient gérondif, & indéclinable.* Car au lieu qu'il faut dire, Cette Ville que le commerce a enrichie, il faut dire, Cette Ville que le commerce a rendu puissante, *& non pas,* rendue puissante: *parce qu'alors* rendu *régit* puissante, *& ainsi est gérondif.* Et ensuite, après avoir remarqué qu'il faut dire *Elle s'est rendu Catholique,* il ajouste : *Ie say bien que ce dernier exemple est contesté par M. de Vaugelas ; ou plustost par Malherbe ; dont il avoue neanmoins que le sentiment en cela n'est pas reçu de tout le monde : & avec raison. Car puisqu'il faut dire par l'aveu de Malherbe,* Elle s'est rendu la maistresse, *pourquoy faudroit-il dire,* Elle s'est rendue Catholique ? *C'est, dit-il, que* maistresse *est un substantif, &* Catholique *un adjectif. Mais* guerie *n'est pas moins un adjectif que* Catholique, *& neanmoins il avoue qu'il*

ne faut pas dire, Elle s'est trouvé guérie. ¶ Malherbe a û raison de dire, *Elle s'est rendue Catholique.* C'est ainsi qu'on parle : & c'est ainsi qu'il faut parler. Les Italiens disent de-mesme *s'è fatta Catolica*, & non pas *s'è fatto*. Mais il s'est trompé, en disant *Elle s'est rendu la maistresse* ; s'il est vray qu'il l'ait dit. Il faut dire, *Elle s'est renduë la maistresse.* L'E en *renduë* ne se prononce comme point : & ce qui a fait croire qu'il faloit dire *rendu la maistresse*, *rendu Catholique.* J'avoüe pourtant qu'on dit, *Elle s'est fait belle* ; *Elle s'est fait riche* ; & non pas, *Elle s'est faite belle* ; *Elle s'est faite riche.* Et en ces exemples l'Usage l'emporte sur la Reigle.

5. NOVS NOVS SOMMES RENDVS MAISTRES.

6. NOVS NOVS SOMMES RENDVS PVISSANS. Ces deux exemples sont sans contestation.

7. LA DESOBEISSANCE S'EST TROVVÉ MONTÉE. Je suis pour *s'est trouvée montée* : & c'est aussi le sentiment de Dupleix, & celui de M. Guyet & de M. la Mote le Vayer. La rencontre des deux participes féminins, terminez en *ée*, a trompé Malherbe, de qui M. de Vaugelas a emprunté cet exemple. On dit, *Elle s'est trouvée morte* : *mortua reperta est*: & non pas, *Elle s'est trouvé morte.*

8. JE L'AY FAIT PEINDRE. ILS SE SONT FAIT PEINDRE. C'est ainsi qu'on parle. On dit aussi,

9. ELLE S'EST FAIT PEINDRE. ILS SE SONT FAIT PEINDRE. *Elle s'est fait regarder. Elle s'est fait admirer. Ils se sont fait entendre.* On dit demesme,

10. C'EST VNE FORTIFICATION QVE I'AY APPRIS A FAIRE.

M. de Vaugelas, pour rendre raison de ces façons de parler, dit que l'infinitif a cette proprieté d'empefcher le verbe qui va devant, de fe rapporter au genre dont il est régi & precedé. C'eftpourquoy il veut qu'on dife, *Ma sœur est allé visiter ma mere.* Et M. Chapelain & M. Patru, qui font deux grands Maiftres de noftre Langue, font en cela de fon avis. Mais plufieurs autres perfonnes, qui font auffi trés-intelligentes dans la Langue, fouftiennent aucontraire qu'il faut dire, *Ma sœur est allée visiter ma mere ; Les Députez sont venus remercier le Roi.* Quoyqu'il en foit; car je ne fay quel parti prendre dans une chofe fi problématique ; il eft fans doute que lorfqu'il y a ou un mot, ou plufieurs, entre le prétérit & l'infinitif, l'infinitif n'a pas cette proprieté que dit M. de Vaugelas. Car qui doute qu'il ne faille dire, *La Princesse est venue aujourdhuy se faire peindre: Les Députez sont venus en corps remercier le Roi: Ces peuples se sont accoustumez dés leur bas-âge à souffrir les incommoditez de la guerre : Elle s'est accoustumée peu à peu à se passer de Galands?*

S'il faut dire faisanneaux *, ou* faisandeaux.

CHAPITRE XXIII.

Nicod a dit *faisanneaux*, & quelques-uns le disent encore présentement. C'est en effet comme il faudroit dire selon l'analogie : car ce mot est un diminutif de *faisan*. Mais l'usage est pour *faisandeaux*. C'est donc comme il faut parler. Et il y a mesme déja long temps qu'on parle de la sorte ; ce mot se trouvant dans Rabelais livre 4. chap. 59. On a prononcé *faisand*, aulieu de *faisan*; ce qui a fait qu'on a dit *faisandeau*. Du mesme mot *faisand*, on a fait aussi le verbe *faisander*. Ainsi on dit, La volaille qui vit dans les bois, *se faisande*, & non pas, *se faisanne*.

S'il faut dire dévolu, *ou* dévolut : précipu, *ou* préciput.

CHAPITRE XXIV.

IL faut dire *dévolu* sans T, quoyque ce mot vienne de *devolutum*. J'ay dit dans mon Epistre au Docteur Pâris,

Prieur des Prieurez de l'Elve;
De l'Espinoy; de Maribaud;
De Saint Thomas; de Saint Liébaud;
Des dix Martyrs; des douze Apostres;
De Sainte Luce; & de tous autres
Sur lesquels il a resolu
De prendre un jour un dévolu.

Il faut dire aucontraire *préciput* avec un T; quoyque ce mot vienne de *præcipuum*. C'est ainsi qu'on parle présentement.

Gens.

CHAPITRE XXV.

Monsieur de Vaugelas a remarqué, que *gens* estoit tousjours masculin dans toutes ses significations; excepté dans celle de *personnes*, dans laquelle il est féminin, si l'adjectif le précede; & masculin, si l'adjectif le suit. Ainsi on dit, *I'ay vû des gens bien faits; bien résolus*. On dit aucontraire, *Voilà de belles gens; Ce sont de sottes gens; de fines gens; de bonnes gens*. Il a aussi remarqué, que cette reigle souffroit une exception, qui est, qu'après l'adjectif *tout*, ce mot de *gens* estoit tousjours masculin : comme il paroist par ces exemples, *Tous les gens de bien; Tous les honnestes gens*. Ces choses sont trés-bien remarquées : & M. Desmarests, qui dans sa Réponse à l'Apologie des Religieuses de Port Royal, a fait *gens* féminin après l'adjectif *tout*; *Toutes les honnestes gens*

LANGVE FRANÇOISE. 61

gens *disent que l'on*, *pour éviter la cacophonie*; s'est sans doute trompé : en quoy il est d'autant moins excusable, qu'il reprent en cét endroit Messieurs de Port Royal de n'avoir pas parlé correctement. Villon a pourtant dit aussi, *Ie crie à toutes gens mercis.* Et Béze: *Toutes gens louez le Seigneur.*

J'ajouste aux Remarques de M. de Vaugelas, que ce mot, en la signification de *nation*, se disoit autrefois au singulier, & qu'il s'y disoit mesme il n'y a pas long-temps. Malherbe dans une de ses Odes :

 O combien lors aura de veuves
 La gent qui porte le turban!

Le Cardinal Du Perron dans sa Traduction du prémier de l'Enéïde :

 Car elle avoit appris de la bouche des Parques,
 Que du haut sang Troyen, semence des Monarques,
 Descendroit une gent, invincible aux combats, &c.
 Tant c'estoit un grand faix de fonder l'origine
 De l'Empire Romain, & de la Gent Latine, &c.
 Et moi, Reine des Dieux, qui marche épouse & sœur
 Du puissant Iupitèr, des foudres possesseur;
 Contre une seule gent, le rebut de la terre,
 Ie fais depuis tant d'ans incessamment la guerre.

Mais aujourd'huy il n'est plus guére en usage qu'au plurier ; si ce n'est en vers burlesques. *La gent à grégue retrouffée*, a dit plaifamment M. Scarron, en parlant des Pages. Il y a pourtant tel lieu dans des vers férieux où il a bonne grace au fingulier : comme en cet endroit du livre 5. de l'Enéïde de M. de Segrais,

De cette gent farouche adoucira les mœurs.
Je croy aurefte, comme je l'ay remarqué dans mes Obfervations fur les Poëfies de Malherbe, qu'on a ceffé de dire *la gent*, acaufe de l'équivoque de *l'agent*.

J'ajoufte encore aux Remarques de M. de Vaugelas, que *gens* ne fe dit point d'un nombre préfis. On dit *beaucoup de gens ; beaucoup de jeunes gens* : mais on ne dit point *dix gens ; dix jeunes gens*. Il faut en ce cas ufer du mot d'*hommes*, & dire, *dix hommes ; dix jeunes hommes*. M. d'Ablancourt n'a pas fû cette fineffe de Langue, ou s'il la fue, il ne s'en eft pas fouvenu ; ayant dit en fon Marmol, tome 2. page 79. *Ali, qui fe douta de ce que c'eftoit, prit fon ami, nommé Yahya, & dix autres jeunes gens de leur faction.* Mais peuteftre que le mot d'*autres*, qui eft entre celui de *dix* & celui de *jeunes*, fait que cette façon de parler n'eft pas mauvaife Quoyqu'il en foit, c'eft mal parler que de dire *dix gens*. On dit pourtant fort bien *mille gens*: le mot de *mille* en cét endroit, n'eftant pas un nombre préfis, mais un nombre indéfini. Par cette raifon, on pourroit dire demefme *cent gens*. Il faut pourtant éviter de le dire, acaufe de la cacophonie. Mais quoyqu'on dife *mille gens*, on ne dit pas *deux mille* gens, trois mille gens, &c. Ces nombres estant des nombres préfis.

Il reste à remarquer, qu'on dit, *C'est un honneste homme*, mais qu'on ne dit point, en parlant indéfiniment, *Ce sont d'honnestes hommes*. Il faut dire, *Ce sont d'honnestes gens*. J'ay dit en parlant indéfiniment : car en parlant d'un nombre préfis, il faut user du mot d'*homme*, selon nostre remarque précédente, & dire, par exemple, *Deux honnestes hommes vinrent hier chez moi*.

S'il faut dire suppos, ou supports d'armes.

CHAPITRE XXVI.

LEs Auteurs écrivent *supports*; & c'est comme il faudroit dire selon l'étymologie. La Colombiére au chapitre 41. de sa Science Heroïque : *Ce que nous appellons supports, n'est autre chose que certains animaux, quadrupédes, oiseaux, ou reptiles : comme, lions, léopards, chiens, licornes, aigles, griffons, dragons, & plusieurs autres, qu'on représente aux deux costez de l'escu d'armes, comme s'ils estoient commis à la garde d'icelui ; le supportans & élevans le plus haut qu'ils peuvent, avec leurs membres, griffes, ou pates de devant ; avec une posture fiére & hardie, pour donner du respect & de la terreur à ceux qui verront des armoiries si bien gardées.* Mais l'usage est pour *suppos*. C'est donc comme il faut parler. Et puisqu'on dit *suppos*, il faut aussi écrire *suppos*. Car pourquoy écrire autrement qu'on ne prononce ? puisque l'écriture n'a esté inventée que pour répresenter la parole.

S'il faut dire Haute-contre, *ou* Haute-conte : Basse-contre, *ou* Basse-conte.

CHAPITRE XXVII.

DU Bartas livre 5. de sa Semaine, a dit *Haute-contre* & *Basse-contre*.

Il me semble qu'encor j'oy dans un verd buisson
D'un savant rossignol la tremblante chanson ;
Qui tenant or' la taille, ore la haute-contre,
Or' le mignard dessus, ore la basse-contre.

Marot a dit de mesme *basse-contre*.

Dieu pardoint au pauvre Vermont,
Il chantoit bien la basse-contre :
Et les maris la malencontre,
Quand les femmes font le dessus.

Nicod dans son Dictionnaire, & M. de Moliere dans sa Comédie du Bourgeois Gentilhomme, ont dit aussi *haute-contre*. Et cette prononciation est conforme à l'étymologie ; *haute-contre* estant la partie de Musique qui est contre le dessus ; comme *basse-contre*, celle qui est contre la taille : *bassi tenor*. L'usage des honnestes gens est conforme en cela à l'étymologie. C'est donc comme il faut parler, sans s'arrester à la distinction de ceux qui veulent qu'on dise *haute-contre* & *basse-contre*; en parlant des parties de Musique; & *Haute-conte* & *Basse-conte*, en parlant de ceux qui chantent ces parties. Il est au reste à remarquer qu'on dit *une Basse*, au féminin, en parlant du Musicien qui chante la basse.

Ployer, plier.

CHAPITRE XXVIII.

Voicy une remarque toute entiere de M. de Vaugelas.

Aujourd'huy l'on confond bien souvent les deux, qui neantmoins ont deux significations fort differentes: car tout le monde sait que plier *veut dire faire des plis: comme,* plier du papier, plier du linge: *&* ployer *signifie ceder, obeir, & en quelque façon succomber: comme,* ployer sous le faix; une branche qui ploye à force d'estre chargée. *Et certainement qui appelleroit cela* plier, *& diroit* plier sous le faix, *parleroit & escriroit fort mal; quoyque plusieurs fassent cette faute, trompez, à mon avis, par la prononciation de la Cour, qui prononce la diphthongue* oi *ou* oy, *comme la diphthongue* ai, *pour une plus grande douceur; & dit* player *pour* ployer: *& de* player, *on a aisément passé à* plier. *Neantmoins cet abus n'est pas tellement establi qu'on puisse dire que c'est l'usage; auquel il faudroit céder* si la chose en estoit venue à ce point. Il n'y a qu'une seule façon de parler, où il semble que l'usage l'a emporté ; qui est, quand on dit en terme de guerre, par exemple, que l'Infanterie, ou la Cavalerie a plié : car c'est ainsi que presque tout le monde parle & escrit aujourd'huy. La raison toutefois veut que l'on die la Cavalerie a ployé, & non pas plié : parceque c'est une façon de parler figurée, qui se rapporte à celle de ployer sous le faix, quand on a de la peine à soustenir une trop grande charge. Mais hors de cette seule phrase, il faut tousjours dire ployer, dans la signification qu'il a. Ainsi il faut dire, Il vaut mieux ployer que rompre ; & non pas, Il vaut mieux plier : faire ployer une espée ; & non pas, faire plier une espée : ployer les genoux ; & non pas, plier les genoux.

Cette remarque est nulle de toute nullité. Il faut tousjours dire *plier*, en quelque signification que ce soit, & jamais *ployer*. Comme on dit, *la Cavalerie* ; *l'Infanterie a plié*, on dit de mesme *plier sous le faix* ; *plier les genoux* ; *une planche qui plie* ; *il vaut mieux plier que rompre* ; *faire plier une espée* ; *une espée qui plie* ; *plier une branche d'arbre*. M. de Voiture dans son Epistre à M. le Prince sur son retour d'Allemagne :

 Quelque jour ce nom redouté,
 Sous qui la fiere Espagne plie.

Il est vray que Malherbe a dit *ployer les genoux*.

 Envain pour satisfaire à nos lasches envies,

Nous passons près des Rois tout le temps de nos vies

A souffrir des mépris & ployer les genoux:
& faire ployer les Rebelles.

L'exemple de leur race à jamais abolie,
Devoit sous ta merci tes Rebelles ployer.

Mais en cela il n'est pas suivi. On dit aujourdhuy *plier les genoux*. M. de Balzac dans son Prince, page 56. de l'édition in 4. *Nous sçavons qu'ils n'ont point û honte de se trouver au lever d'un favori d'Angleterre, & de plier les genoux devant une puissance étrangére.* Et il y a mesme déja long-temps qu'on le dit. Nicod dans son Dictionnaire : *Plier les genoux. Genua submittere.* Du Bartas dans sa Semaine, parlant de l'adresse des chevaux:

Tel plie le genou, quand son maistre le monte.

On dit aussi présentement *plier quelque chose*, pour dire la faire plier. Et il y a aussi longtemps qu'on parle de la sorte. Nicod au lieu allegué : PLIER, *aussi, est courber, fléchir; flectere. Selon quoi, l'on dit* plier une branche d'arbre; un baston; une verge. *D'où procéde le proverbe commun,* Il vaut mieux plier que rompre; *qui se dit à ceux qui ne veulent baisser la teste sous le commandement de qui les peut chastier.* Mais en cette signification l'on dit aussi ployer ; *incurvare.* Par ces derniéres paroles de Nicod, il paroist qu'on disoit autrefois *plier* & *ployer* indifféremment, dans la signification de céder ou de faire céder. On a dit de mesme *plier* & *ployer* indifféremment dans celle de faire des plis. Maret dans une de ses Elégies ; qui est la 16.

Dont je maintien la plume bien heurée,
Qui écrivit lettre tant desirée.
Bienheureuse est la main qui la ployà,
Et qui vers moi de grace l'envoya.

Et cette prononciation paroist aujourdhuy manifestement dans le composé *déployer*. *Tambour batant, & Enseignes déployées*. Mais on ne dit plus que *plier*. M. de Vaugelas se trompe encore, en ce qu'il ajouste, qu'on a prononcé à la Cour *player* ou *ployer*, & que de *player* on a aisément passé à *plier*. C'est tout le contraire. De *plicare* on a dit prémiérement *plier*, comme *lier* de *ligare*. Aulieu de *plier* on a prononcé ensuite *pléer*; d'où l'on a fait *ployer*, selon le changement ordinaire de l'E en Oi : comme en *avoine*, d'*avena* ; en *Roine*, de *Regina* ; en *devoir*, de *debere*, &c. Ainsi d'*inviare* nous avons dit prémiérement *envéer* ; comme les Païsans le disent encore présentement ; & ensuite *envoyer*. Aureste, on n'a jamais dit à la Cour *player*, pour dire *plier*. *Player*, c'est faire une *playe*, *plagare* : qui est un mot dont Joachin Du-Bellay s'est servi, à l'imitation des Italiens, qui disent *piagare* en cette signification. Mais on y a dit *pléer*. Et c'est comme la pluspart des Dames & des Cavaliers prononcent présentement. *Pléez moi ce papier* ; *Pléez moi ce linge*. Ainsi cette prononciation ne peut pas estre blasmée. Neanmoins, comme *pliez moi* est plus régulier, & qu'il n'est pas moins usité, je croi qu'il doit estre préféré à *pléez moi*.

S'il faut dire aveine, *ou* avoine.

CHAPITRE XXIX.

CE que j'ay dit au chapitre précédent touchant le mot d'*avoine*, me fait souvenir de traiter en celui-cy la question de savoir s'il faut prononcer *avoine*, ou *aveine*. M. de Vaugelas veut qu'on prononce *avoine* avec toute la Cour, & non pas *aveine* avec toute la Ville. Il n'est pas vray que toute la Cour prononce *avoine*, ny tout Paris *aveine*. On dit en ces deux lieux *avoine* & *aveine* presque indifféremment. M. de Benserade, qui est un homme de Cour, a dit dans ses Stances pour son Pegase,

Iules, pour qui l'Estat se donne tant de peine,
Voulut aussi reigler mon foin & mon aveine.

M. de Voiture qui avoit passé toute sa vie à la Cour, a dit aussi dans sa Réponse pour Mademoiselle de Rambouillet,

Iamais on ne vit tant d'aveines.
De foin les granges seront pleines.

Et afin qu'on ne croye pas que ces deux Escrivains si polis ayent usé du mot d'*aveine*, contraints par la rime, je veux bien remarquer en cet endroit, que Monsieur de Balzac s'en est servi en prose. *Il aimoit mieux une petite piéce de terre où il n'y ust que de belles fleurs ; des simples exquis, & des plantes rares ; que de grandes campagnes de blé noir ; que des païs tous entiers, où il ne se recueil-*

list que de l'aveine & du gland. C'est dans un de ses Entretiens où il parle des Ouvrages du Casa. Le mesme M. de Balzac a pourtant dit ailleurs *avoine*. *Aulieu d'orge & d'avoine, dont les nostres font festin, ils n'estoient nourris que d'amendes, de dattes & de pistaches.* C'est dans la Lettre 21. du livre v. où il parle des chevaux de Théophylacte, Patriarche de Constantinople. On peut donc dire avecque ce Pere de l'Eloquence Françoise *aveine* & *avoine* indifféremment. Et c'est aussi comme en ont usé nos Anciens. Coquillart dans ses Droits Nouveaux a dit *aveine*.

    On eust estendu aux deux bouts,
    S'il eust esté sur une plaine,
    Vne droite hostée de choux,
    Et deux ou trois setiers d'aveine.

Rabelais dans son Pantagruel, & dans ses Lettres à Geoffroi d'Estissac, Evesque de Maillesais, a dit *avoine*. Ceux qui sont pour *aveine*, appuyent leur opinion par le Latin *avena*. Mais cette raison n'est nullement considerable, estant aussi naturel & aussi régulier de faire d'*avena*, *avoine*, qu'*aveine*, à cause du changement ordinaire de l'e en oi. Ainsi, comme nous l'avons dit au chapitre précédent, de *Regina* nous avons fait *Roine*: car c'est comme on prononçoit anciennement : Et ce n'est que du temps de nos aïeuls qu'on a commencé à dire *Reine*. Les habitans du Hainaut appellent encore aujourdhuy *Avoines* la Ville que nous appellons *Avesnes*. Mais pour revenir à nostre première question: quoyque selon moi *avoine* & *aveine* soient tous deux bons, je croi pourtant qu'*avoine* est le meilleur dans le discours familier. Car dans les compositions relevées; & particuliérement en vers; je dirois plustost *aveine* qu'*avoine*.

S'il faut dire regître, *ou* regiftre; regeste, *ou* regestre : enteriner : *ou* interiner: homologuer, *ou* émologuer.

CHAPITRE XXX.

Les Latins ont appelé *regesta* les livres où l'on écrivoit ce qui se fesoit dans les Tribunaux. Prudence dans son Poëme περὶ ςεφάνων;

Hic in regestis est liber cælestibus,
Monumenta servans laudis indelebilis.

Flavius Vopiscus en la Vie de l'Empereur Probus : *Usus sum regestis Scribarum porticus Porphyretica, actis etiam Senatus ac Populi.* Anastase le Bibliothécaire en celle de Nicolas I. *Sicut in epistolis regesto ipsius præsulis continetur insertis.* Regestum se trouve encore en cette mesme signification dans le Code Théodosien, & dans le Code Justinien. Et de là *Regerendarius*, pour celui qui fait ou qui garde les Regîtres. Voyez Cujas au chapitre 37. du livre xv. de ses Observations. De *regestum*, nous avons fait prémiérement *regeste*, quoyque M. de Voiture, dans une de ses Lettres à M. Costar, dise qu'il n'a jamais ouï parler de ce mot ; & ensuite *regestre* : comme d'*arcubalista*, *arbaleste* & *arbalestre*. Au lieu de *regestre*, on a dit depuis *regiſtre*, & enfin *regitre*. C'est comme on parle présentement. Et il y a déja long-temps que cette prononciation est reçue ; Marot en plusieurs endroits de ses Poësies ayant fait rimer *regitre* avec *épitre*. Dans son Epigramme sur Marguerite d'Alençon, sa sœur d'alliance :

Ie ne ſay Dizain, ne Chanſon,
Chant Royal, Balade, n'Epitre,
Qu'en ſa teſte elle n'enregitre
Fidellement, correct, & ſeur.
Ce ſera mon petit Regitre.
Elle n'aura plus nom ma ſœur.

Et dans son Epître aux Dames de Paris :

Quant au reſveur qui pour tels vieux regitres
Print tant de peine à faire des Epitres.

Et dans la Complainte pour le Général Prud'homme :

—— Voicy une noble ame,
Qui évitant d'ignorance le blâme,
Fut en ſon temps le copieux Regitre
Des beaux Eſprits, qui, polis, furent titre
Les bons facteurs de Gallique hemiſphére, &c.

Du substantif *regitre*, on a fait le verbe *regitrer*. C'est comme ce mot se dit dans les Tribunaux de Paris. *Enregitrer* est des Tribunaux de Province. Mais il ne laisse pas d'estre bon : Et j'ay remarqué qu'on s'en sert ordinairement à Paris dans les Chapitres des Eglises. Et dans la conversation ordinaire on dit mesme plus souvent à Paris *enregitrer*, que *regitrer*.

LANGVE FRANÇOISE.

Il faut dire *entériner*, & non pas *interiner*. Au lieu d'*integer*, on a dit dans les bas siécles de la Latinité *integerus*. D'*integerus*, on a fait ensuite *interus*, par contraction, comme le témoigne l'Italien *intero*. D'*interus*, *interi*, *interinare* : & de là le mot François *enteriner*: qui est comme qui diroit *accomplir*, *rendre entier*. Dans le vieux Stile des Notaires : *Et pour garentie a obligé sa maison par defaut d'entériner ce qu'il a promis*. C'estadire, faute d'accomplir ce qu'il a promis. Voyez mes Origines de la Langue Françoise.

Il faut dire aussi *homologuer*, conformément au Grec ὁμολογεῖν, & non pas *émologuer*. C'est comme on parle à Paris.

Iouir, croistre, tarder, tomber.

CHAPITRE XXXI.

LEs Gascons se servent du mot de *jouir* en la signification active. Vous trouverez dans Montagne: *Ny la santé que je jouy jusques à present.* ¶ *La lune est celle-mesme que vos aïeuls ont jouie.* ¶ *L'amitié est jouie, à mesure qu'elle est desirée.* ¶ *C'est la vraye solitude qui se peut jouir au milieu des Villes & des Cours des Rois : mais elle se peut jouir plus commodément à part.* ¶ *Ie reçoy ma santé les bras ouverts, & aiguise mon goust à la jouir.* Mais en cela ils ne sont pas à imiter : & c'est avecque raison que tous ces Gasconismes de Montagne ont esté blasmez par Estienne

Pasquier, dans une de ses Lettres à M. de Pelgé, Maistre des Comtes de Paris, qui est la prémiere du livre dix-huitiéme.

Malherbe a aussi employé activement *croistre* & *tarder*.

C'est à vous à gouster les délices du port.
Goustez-les, beaux Esprits, & donnez con-
noissance
En l'excés de vostre plaisir,
Qu'à des cœurs bien touchez tarder la jouis-
sance,
C'est infailliblement leur croistre le desir.

Voyez mes Observations sur cet endroit de Malherbe.

Desportes a employé demesme le mot *tomber*.

Les Aquilons mutins soufflans horriblement,
Tombent le chesne vieux qui fait plus de
deffense.

C'est dans le 51. Sonnet des Amours d'Hippolyte. Toutes ces façons de parler sont tres-vicieuses.

S'il faut dire becquée, *ou* béchée.

CHAPITRE XXXII.

L'Un & l'autre se trouve dans Nicod : & je croi aussi qu'on peut dire l'un & l'autre. A Paris on dit plus communément *becquée*, & *béchée* dans les Provinces. *Béchée* est plus selon l'analogie. De *beccata*, BÉCHÉE, comme *bouchée* de *buccata*. C'est aussi comme parlent la pluspart de nos Auteurs. Ronsard livre 5. Ode 16.

   J'entens, soit de jour, soit de nuit,
   De ces petits Amours le bruit,
   Béans pour avoir la béchée.

Belleau dans une de ses Odes, intitulée l'Arondelle :

   Puis cette amoureuse nichée
   Tousjours demande la béchée.

Et dans le second livre de la Bergerie :

   Comme des passereaux la béante nichée,
   Qui perd sa mere aux champs, attendant
   la béchée.

Rabelais livre 2. chap. 4. a dit aussi *béchée*. *Tu n'as pas trouvé tes petits beuvereaux de Paris, qui ne beuvent en plus qu'un pinson : & ne prénent leur béchée, sinon qu'on leur tape la queue à la mode des passereaux.*

Tyranne, Martyre.

CHAPITRE XXXIII.

Monsieur de la Ménardiere dans quelque endroit de ses Poësies, & M. de Boisrobert dans une de ses Chansons ont dit *tyranne*. Le Tasse dans sa Gérusalem a dit aussi *tiranna*. Il est vrai qu'il en a esté repris par Messieurs de l'Académie della Crusca : mais il est vrai aussi qu'il en a esté justifié par Camillo Pellegrino. Les Grecs ont dit de mesme τυράννις pour une femme qui regne avec tyrannie, & les Latins *tyranna*. Voyez M. de Saumaise sur l'Histoire Auguste, page 322. & M. de Balzac livre 6. lettre 57. Mais nonobstant toutes ces autoritez, je dirois tousjours *tyran*, en parlant d'une femme ; & jamais *tyranne*. Je dirois tousjours aussi *bourreau*. *Non je suis ta partie, & non pas ton bourreau*, a dit M. Corneille dans le Cid, sous le nom de Chiméne. Je dirois aussi *vainqueur*. Mais je dirois *martyre*, plustost que *martyr* : comme a dit M. de Furetiére :

Chloris, que vous estes sotte!
Pendez le Rosaire au croc.
Le Paradis vous est hoc
Sans faire tant la dévote.
S'il est vrai que vostre Espoux
Est impuissant & jaloux,
Cela vous doit bien suffire ;
Vous estes Vierge & Martyre.

Palais Cardinal. Hostel Seguier.

CHAPITRE XXXIV.

Lorsqu'on grava à Paris cette inscription de *Palais Cardinal* sur la porte du Palais du Cardinal de Richelieu ; qui est aujourdhuy le Palais Royal ; la pluspart de nos Grammairiens en furent choquez. M. de Balzac entr'autres s'en explica en ces termes dans une de ses Dissertations à Dom André de S. Denis, Religieux Fueillant: *Ce n'est pas moi, mon Révérend Pere, c'est la Dame Grammairienne que vous vistes en Saintonge, qui ne se peut accommoder avec le Palais Cardinal. Elle soustient que ce ne seroit pas une plus grande incongruité de dire le Palais Roi, & le Palais Empereur, pour le Palais Royal, & le Palais Impérial. Ce n'est, dit-elle, ny parler Grec, ny parler Latin, ny parler François. Et qui vit jamais dans le monde un Palais qui fust Cardinal, ou un Cardinal qui fust Palais? Ie n'ay garde de prendre parti, & de me déclarer en cette rencontre. Ie ne veux point de querelle avec la Dame, & encore moins avec le Public, qui seroit offensé contre moi, si je croiois qu'il se fist en France des incongruitez en lettres d'or, & par l'ordre des Supérieurs.* On ne trouva pas moins à dire en l'inscription d'Hostel Seguier. Cependant il est certain que ces façons de parler sont Françoises. Nous disons demesme l'Hostel Dieu; la rue S. Denis; la porte S. Martin; le Port S. Paul; le Cimetiere S. Iean; la Foire S. Germain; la chasse Sainte Geneviéve; l'Eglise Nostre Dame; l'Eglise S. Paul; le Palais Mazarin; la Veuve Savreux. Ie remets à un autre endroit à expliquer la raison de toutes ces façons de parler anciennes, & à dire pourquoy on n'a pas dit demesme l'épée Pierre; le livre Iean, pour dire l'épée de Pierre; le livre de Iean.

S'il faut dire écureuil, *ou* écurieu.

CHAPITRE XXXV.

MArot a dit *Escurieu.*
Or ; selon que j'avois envie,
Par eau jusque icy l'ay suivie,
Avecque mon bon perroquet,
Vestu de vert comme un bouquet
De marjolaine. Et au dit lieu
M'a suivie mon écurieu :
Lequel tout le long de l'année
Ne porte que robe tannée.

C'est dans l'Epistre pour la petite Princesse de Navarre. Et Du Bartas dans sa Semaine :
Là je voi l'escurieu, qui faisant ja du sage,
Sans contempler le Ciel, le temps futur pré-
sage.

Et Meigret dans sa Grammaire, page 5. *Ces écurieux enfermez en cage, qui courants tout le jour, n'avancent de rien.* Et Théophile :
Dans ce bois rempli d'écurieux.

Nicod a écrit aussi *escurieu.* L'usage est pour *écureuil.* Et c'est aussi comme parle Antoine de Baïf, dans son Eglogue 7.
A ma gente Nymphette un écureuil je donne.

LANGVE FRANÇOISE.

S'il faut dire amelette, *ou* omelette:
armoire, ormoire, omoire, *ou*
ermoire.

CHAPITRE XXXVI.

Rabelais livre iv. chap. 9. a dit *omelette.*
*En pareille alliance, l'un appelloit une
sienne, mon omelette. Elle le nommoit, mon
œuf: & estoient alliez comme une omelette
d'œus.* C'est aussi comme on parle en Saintonge. Le long de la riviére de Loire on prononce *amelette.* A Paris on dit *amelette* &
omelette. L'un & l'autre est bien dit, & conformément à l'étymologie. Mais cette étymologie est fort cachée ; & je croi estre le
seul qui l'aye découverte. La voicy. Les Italiens ont appelé *animelle*, cestadire petites
ames, certaines béatilles, comme foïes, cœurs,
roignons, gesiers, & autres parties des en-
trailles des animaux, dont on fait ordinairement des fricassées. Nous disons de mesme
en France *l'ame d'un fagot*, pour dire le dedans d'un fagot. Or comme une amelette,
ou omelette, n'est autre chose qu'une fri-
cassée d'œus ; d'où vient qu'on l'appelle ; d'à-
tata en Italien ; qui veut dire *fricass*
nimaletta, diminutif d'*anima*, nous avons
dit aussi *amelette*, pour signifier une fricas-
sée d'œus : car *amelette* parmy nous veut dire
petite ame : qui est un mot dont Ronsard

s'eſt ſervi dans la Traduction des vers de l'Empereur Hadrien. *Amelette Ronſardelette,* &c. De l'Italien *alma,* qui ſignifie *ame,* nous avons fait de la meſme ſorte le mot d'*omelette*. *Alma, almula, almuletta,* AVMELETTE. C'eſt ainſi que ce mot a eſté écrit prémierement; & dans l'édition du 4. livre de Rabelais de l'année 1553. au paſſage cy-deſſus allégué, il y a *haumelaicte*. Les Gaſcons écrivent & prononcent encore aujourdhuy *aumelette*. On a écrit enſuite *omelette*, l'*Au* ſe prononçant comme un O. Tous ceux qui ſe connoiſſent en étymologies, ne douteront point, je m'aſſure, que celle-cy ne ſoit tres-véritable. Ceux donc qui veulent qu'on diſe *amelette*, parceque, ſelon Tripaud, ce mot vient d'ἅμα λίαν, qui veut dire *délayer enſemble*; & ceux qui veulent qu'on prononce *omelette*, parceque, ſelon M. de la Mote le Vayer, ce mot vient d'*œus meſlez*, ſont mal fondez dans leur opinion. Or quoyqu'on diſe à Paris *amelette* & *aumelette*, on y dit pourtant; & à la Cour auſſi; un peu plus communément *omelette*. Le meilleur & le plus ſur eſt donc de dire *omelette*. Et c'eſt auſſi comme parlent les Céleſtins, grands artiſans de ces ſortes de fricaſſées.

Le peuple de Paris dit *ormoire* & *omoire*. Villon dans ſon petit Teſtament a dit *aumoire*. Nous diſons en Anjou *ermoire*. Il faut dire *armoire*. C'eſt ainſi que parlent tous les honneſtes gens & à Paris & à la Cour. Et cette prononciation approche davantage de l'étymologie *armarium*. Aulieu d'*armarium*, on a dit *almarium*, d'où a esté fait *omoire*. *Almarium*, *alméré*, *auméré*, *aumoire*, OMOIRE.

Si l'on peut dire jusque *&* jusques: encor, encore, *&* encores: mesme *&* mesmes: guére *&* guéres: naguére *&* naguéres: onc, oncque, *&* oncques: or', ore, *&* ores: avec, avecque, *&* avecques: presque, *&* presques: certe, *&* certes.

CHAPITRE XXXVII.

Monsieur de Vaugelas a prononcé hardiment qu'on n'écrivoit jamais *jusque*. *Car, où ce mot, dit-il, est suivi d'une consone, ou d'une voyelle. Si d'une consone, il faut dire* jusques: *comme* jusques-là. *Si d'une voyelle, il faut manger l'E, & dire* jusqu'à; jusqu'à la mort, jusqu'aux enfers, jusqu'à Pasques; *ou* jusques à. ¶ M. de Girac a dit la mesme chose dans sa Réponse à M. Costar; où il reprend aigrement M. Costar, pour avoir écrit *jusque* devant une consone. Et M. de Vaugelas & M. de Girac se sont tres-lourdement trompez en cette décision. *Iusque-là* est tres-bien dit: & mieux que *jusques-là*: l'S ne se prononçant point devant une consone. Il ne faut donc écrire *jusque* de nécessité que devant une voyelle; lorsqu'on ne veut point faire d'élision. Henri Estienne a fait il y a long-temps cette observation dans ses Hypomnêses de la Langue Françoise. ἄχει & μέχει idem valent quod nostrum jusque, quod ex usque est factum. Atque ut ἄχει vel μέχει ante consonantem, ita etiam jusque. Vt ἄχεις μέχεις ante vocalem, ita etiam jusques. Eodemque modo encore & encores dicimus. C'est à la page 72. Il dit la mesme chose à la page 197. Non dubitabit autem de eo quod dico; videlicet usum literarum S, euphoniæ causâ, iis quos dixi locis, aliquos adjecisse; quicumque recordabitur eorum quæ à me in præcedentibus de ea annotata fuerunt : nimirum nos, Græcorum exemplo, eam adverbio, seu præpositioni jusque, ex Latino usque factæ, solere addere, quum vocalis sequitur; dicentes jusques à ma maison ; & tamen jusque chez moi, absque S. Græcorum inquam exemplo; quippe qui eodem modo adverbiis ἄχει & μέχει, quæ illam ipsam significationem habent, litteram S, sequente vocali, adjiciunt. Pour ce qui est de *jusque* devant une voyelle, on peut aussi fort bien l'écrire sans élision, comme l'a écrit Marot en ces vers,

 Et pour autant, Sire, que suis à vous,
 De trois jours l'un viennent taster mon pous
 Messieurs Braillon, le Coc, Akaquia,
 Pour me garder d'aller jusque à quia,

& en plusieurs autres endroits de ses Poësies. Il n'y a que l'article *le* & *la* ; les pronoms *me*, *te*, *se*, *ce*, *que* ; les prépositions *ne*, *de*, & celle de *si* dévant *il* ; & la conjonction *que*, avecque ses composez *quoyque*, *puisque*, *combienque*, *presque*, *parceque*, *pourceque*, qui demandent nécessairement l'élifion. M. de Vaugelas auroit-il crû que *jufque* fuſt compoſé de *que*, comme *quoyque*, *puiſque*, &c.

ENCORE. Les Italiens diſent *ancora*, d'où nous avons fait *encore*. *Encore* eſt donc le véritable & l'ancien mot. Mais comme les Poëtes ont ſouvent beſoin d'accourcir ou d'allonger les mots, ils ont dit *encor* & *encores*. Les Proſateurs à leur imitation ſe ſont ſervis des meſmes mots. *Encores* n'eſt plus en uſage, ny en proſe ny en vers. Pour *encor*, il eſt touſjours uſité en vers. Il eſt vray que M. Gombaud qui eſtoit un grand Poëte & un grand Juge de la Poëſie, ne le pouvoit ſouffrir. Mais il eſt vray auſſi que tous nos autres Poëtes modernes ne font point de difficulté de s'en ſervir. Il y en a meſme pluſieurs ; comme M. Corneille & M. de Segrais ; qui s'en ſervent auſſi ſouvent que d'*encore*. Pour moi, je ne le puis ſouffrir à la fin du vers, ayant obſervé qu'il eſtoit extrémement dur en cet endroit. Mais je l'employe volontiers dans les autres endroits, & particuliérement à la céſure des grands vers, où je trouve qu'il a bonne grace.

MESME. Ce mot, comme je l'ay remarqué dans mes Obſervations ſur Malherbe, eſt tantoſt pronom, & tantoſt adverbe. Quand il eſt pronom, il vient de l'Italien *medeſimo*, qui a eſté fait du Latin *metipſiſſimus*, qu'on a dit par renverſement de mots, pour *ipſiſſimuſmet*. Voyez mes Origines. Il ſe décline alors, & fait indiſpenſablement *meſme* au ſingulier, & *meſmes* au pluriel : de la meſme façon qu'on dit en Italien *medesimo* ou *medesima*, au singulier, & *medesimi* ou *medesime*, au pluriel. Malherbe n'a pas sû cette reigle, ou s'il la sue, il s'est dispensé de la suivre, ayant dit *mesme* en la signification de *medesimi*, aulieu de *mesmes*.

Les Immortels eux-mesme en sont persécutez.
Et en cela il a esté suivi par quelques modernes; & entr'autres par le Révérend Pere le Moine, qui a dit dans le huitiéme livre de son excellent Poëme de S. Louïs,

D'autres sont élevez sans armes, & paisibles :
Qui braves contre eux mesme, & sur eux-mesme forts.

Marot a dit aucontraire *mesmes*, en la signification de *medesimo*, aulieu de *mesme*.

Prenez vous-en à vous-mesmes aussi,
Qui bien vouliez qu'ils fissent tous ainsi.

C'est dans l'Epître qu'il perdit à la Condannade. Ce qu'il a sans doute imité de ces vers de la derniere Balade de Villon,

Ie connois colorez & blesmes.
Ie connois mort, qui tout consomme.
Ie connois tout, fors que moi-mesmes.

Vous trouverez aussi *moi-mesmes* dans Alain Chartier, en son livre des Quatre Dames. Quand *mesme* est adverbe, il vient du Latin *maximè* : & c'est pourquoi il devroit s'écrire sans S à la fin. Nonobstant cette raison d'étymologie, nous disons pourtant *mesmes* pour *mesme*, non seulement en vers, mais aussi en prose. Marot dans son Epître à Madame d'Alençon, écrite du Camp d'Atigny, a dit *de mesmes:*

mefmes : ce qui eft remarquable.

— *avec le cœur de mefmes,*
Pour conquerir fceptres & diadefmes.

Ce qu'il a encore imité de Villon, qui a dit au lieu allégué,

Ie connois quand tout eft de mefmes.

GVERE. On a dit *guére* originairement : car ce mot ; ce que j'ay oublié de remarquer dans mes Origines ; a efté fait d'*avarè*, comme l'Italien *guari* d'*avariùs. Avarè, varè, guarè,* GVERE. *Avariùs, variùs, vari,* GVARI. Le premier A s'eft perdu, comme en l'Italien *vena*, d'*avena*, &c. *Avarè* eft le contraire de *largiter* ; qui fe prend fouvent, ainfi que le François *largement*, pour *abondamment* ; qui eft auffi le contraire de *guére*. *Guére* eft donc le véritable mot. On y a ajoufté une S, comme a *encore, mefme,* &c. *Guére* & *guéres* font aujourdhuy tous deux en ufage.

On dit demefme NAGVERE & NAGVERES.

DONC eft une abbréviation de *doncque*, comme *encor*, d'*encore*. De *denique* les Italiens ont fait *dunque*, d'où nous avons fait *doncque*. Voyez mes Origines de la Langue Italienne. Nous avons dit enfuite *doncques*, en y ajouftant une S, comme aux mots précédens. *Donc* & *doncque* font également ufitez. *Doncques* n'eft plus en ufage.

ONC, ONCQVE, & ONCQVES ont vieilli, auffibien qu'OR', ORE & ORES.

On difoit autrefois indifféremment AVEC, AVECQVE, & AVECQVES. Et M. de Vaugelas s'eft trompé, en fouftenant que jamais aucun de nos bons Auteurs ne s'eft donné la licence

Tome I. H

d'user du mot *avecques*. Ronsard & Du Bellay en sont tous pleins. J'en ay produit des passages dans mes Observations sur Malherbe.

On disoit aussi anciennement PRESQVE & PRESQVES. Marot dans son Temple : *Presques estant de merveille égaré*. On ne dit plus que *presque*.

Quant à CERTES, quoyqu'il vienne du Latin *certè*, & que par cette raison on le dust écrire sans S, nous ne le disons pourtant jamais de la sorte, ny en prose ny en vers : qui est une chose assez bizarre dans nostre Langue. Tous nos anciens Poëtes en ont ainsi usé, à la reserve de Michel Marot, qui dans une Epigramme à Antoine Couillard, Sieur du Pavillon, qui se trouve parmy les Oeuvres de Clément Marot, imprimées à Niort, a dit,

J'ay trouvé certe une chose bien rare
Au Cabinet de mon pere Clément.

Mais ce Michel Marot est un Auteur de peu d'autorité. Son pere Clément, & son grand pere Jean, ont tousjours dit *certes*. Nos anciens Prosateurs en ont usé de la sorte : ce qui me fait croire que *certe*, qui se trouve tout au commencement de la Grammaire de Ramus, est une faute d'impression.

Cupidité : convoitise : avidité.

CHAPITRE XXXVIII.

Monsieur de Vaugelas, apres avoir remarqué que Coëffeteau disoit tousjours *cupidité*, & jamais *convoitise* ; & que Malherbe disoit aussi *cupidité* ; conclut que ce mot ne vaut rien, & qu'il faut dire *convoitise* avec tous les bons Escrivains d'aujourdhuy. Messieurs de Port Royal, à qui on ne peut disputer la qualité d'excellens Escrivains, ont pourtant dit *cupidité* dans l'Apologie des Religieuses de Port Royal. Il est vray qu'ils en ont esté repris par M. Desmarets, dans la Réponse qu'il a faite à cette Apologie. Et pour en parler franchement, je ne tiens pas ce mot fort bon. Mais je ne tiens pas *convoitise* meilleur : & je ne voudrois me servir ny de l'un ny de l'autre ; si ce n'est dans des discours Théologiques. Je dirois *un desir* : ou *un grand desir*, comme a dit Malherbe.

N'ay-je pas le cœur aussi haut,
Et pour oser tout ce qu'il faut,
Vn aussi grand desir de gloire, &c.

On peut dire aussi *avide de gloire*, & *avidité de gloire*. Ces mots au reste de *cupidité* & d'*avidité* ne sont pas anciens en nostre Langue. Je ne say pas précisément le temps de la naissance du prémier. Pour *avidité*, il est du temps de Ronsard : & je croi mesme qu'il est de sa façon. Car ayant dit au livre segond de sa Franciade,

Incontinent que la soif fut éteinte,
Et de la faim l'avidité restreinte,

il a mis cette Note acosté de ces vers : L'AVIDITÉ. L'ardeur de manger. Ie ne sache point de mot François plus propre, encores qu'il soit mendié du Latin.

S'il faut prononcer j'ay u, ou j'ay éü :
Ouſt, ou Aôuſt : ailleurs, ou allieurs :
aïder, ou aidér.

CHAPITRE XXXIX.

IL y a long-temps que M. de Balzac a fait cette prémiere queſtion à M. Chapelain, comme nous l'apprenons par ces termes d'une de ſes Lettres au meſme M. Chapelain, qui eſt la ſegonde du livre 21. *Dites-moi, s'il vous plaiſt, lequel vous trouvez meilleur de la pointe du jour, ou du point du jour ; & ſi vous approuvez la prononciation de Paris, qui coupe en deux le monoſyllabe eu : J'ay eü, Il a eü.* ¶ M. Chapelain luy répondit ; je l'ay ſu de lui-meſme ; que cette prononciation eſtoit tres-vicieuſe, nonobſtant la Chanſon, qui dit,

Comteſſe de Curſol,
La, u, ré, mi, fa, ſol,
Ie veux mettre en muſique,
Que vous avez eü,
La, ſol, fa, mi, ré, u,
Plus d'Amans qu'Angelique.

Il n'y a que les Badaux de Paris qui prononcent de la ſorte. Tous les honneſtes gens, & à la Cour & à Paris, diſent *u* en une ſyllabe. Et c'eſt comme parlent tous nos bons Poëtes modernes. Les anciens parloient auſſi de-meſme. Coquillart dans le Debat des deux Dames :

Huy nous avons du plaisir encor eu,
Et sans avoir, Dieu mercy, tant couru.

Il faut de mesme prononcer *Ouſt*, en une syllabe, & non pas *Aôuſt*, en deux, comme le prononcent les mesmes Parisiens ; & particuliérement les Procureurs. J'ay autrefois ouï dire à M. le Premier Président de Belliévre, qu'il s'imaginoit entendre miauler des chats, quand il entendoit dire aux Procureurs en l'Audience, *La Noſtre-Dame de la my-Aôuſt.* Ce qui a trompé ceux qui prononcent de la sorte, c'est qu'ils n'ont pas sû que *aou* estoit une triphtongue, qui n'a qu'un simple son. Il y a long-temps au reste que ce mot est monosyllabe parmy nous ; Ramus en ayant fait une remarque au chapitre 5. de sa Grammaire Françoise. *Nous avons*, dit-il, *une diphtongue de a & u, que nous écrivons par* aoû : *comme en ce mot* Aouſt, *qui est en Latin* mensis Augustus. *C'est en ce seul mot : qui se prononce toutefois aujourdhuy par la simple voyelle* uſt : *& n'est ja besoin pour un mot de faire une reigle.* Panurge dans Rabelais, ayant dit à Frere Fredon, *Quelle est la saison de l'année quand plus lasches le faites ?* Frere Fredon lui répond, *Aouſt.* Ce qui fait voir que Rabelais a fait aussi ce mot monosyllabe : car il a introduit Frere Fredon répondant à Panurge par monosyllabes. Et pour montrer qu'il l'est en effet, c'est qu'on a dit *Ouſteron*, trisyllabe, pour dire un Moissonneur, & non pas *Aouſteron*, quadrisyllabe.

Les Badaux de Paris disent encore *allieurs* & *aider*, en trois syllabes. Il faut dire *ailleurs*

& *aidet*, dissylabes. Marot:

Bref, c'est pitié d'entre-nous Rimailleurs:
Car vous trouvez assez de rime ailleurs.

Malherbe:

Par tout ailleurs je suis en crainte.

M. de Sassy dans sa Traduction en vers du Te-Deum:

Guide aujourdhuy nos pas, aide nous à marcher.

Mors, mordu : tors, tordu : ponds, ponnu, pondu.

CHAPITRE XL.

ON disoit autrefois *Ie vous ay mords*, pour dire *Ie vous ay mordu*. Marot:
L'Epousé la premiere nuit
Asseuroit sa Dame farouche.
Mordez-moi, dit-il, s'il vous cuit;
Voilà mon doit en vostre bouche, &c.
Et bien, dit-il, tendre rosée,
Vous ay-je fait du mal ainsi?
Adonc répondit l'Epousée,
Ie ne vous ay pas mords aussi.

Meigret dans sa Grammaire, page 8. *Combien qu'on estime* mors *meilleur,* mordu *toutefois est selon la reigle.*

On ne le dit plus présentement. Mais on dit encore *tors*. *Ie lui ay tors le cou*. On commance pourtant à dire *tordu*; & apparemment il gagnera bien-tost le dessus. Pour *dis fil retors*, on ne le dit que de cette façon; & ce seroit tres-mal parler, que de dire *du fil retordu*.

Nous disons en Anjou, *La poulle à ponds*. Rabelais livre 1. chap. 6. a dit, *Castor & Pollux, de la coque d'un oeuf ponds & éclos par Léda*. Et livre 5. chapitre onziéme : *Les coques des deux oeufs jadis ponnus & éclos par Léda*. On dit à Paris, *La poulle a pondu, Vn oeuf pondu*. Et c'est comme il faut parler. *Pondre* se doit conjuguer comme *fondre*, *tondre* : & on dit *fondu*, *tondu*.

S'il faut dire S. Merri, *ou* S. Mederic. S. Nicolas du Chardonnet, *ou* S. Nicolas du Chardonneret. S. Germain de l'Ausserrois, *ou* S. Germain l'Ausserrois, *ou* de l'Auxerrois.

CHAPITRE XLI.

IL faut dire S. *Merri*. C'est ainsi que tout le monde parle. Les Parisiens prononçoient anciennement S. *Marri*. Marot dans son Epître au Roi, pour le délivrer de prison :

Roi des François, plein de toutes bontez ;
Quinze jours à ; je les ay bien contez ;
Et dés demain seront justement seize,
Que je fus fait confrere au Diocése
De Saint Marri, en l'Eglise Saint Pris.

C'est une affectation pédantesque de dire S. *Mederic*, parcequ'on dit en Latin *Mederi-*

cus. Par cette raison il faudroit dire *Chasteau-Theodoric*, & non pas *Chasteau-Thierri* : *Alberic*, & non pas *Aubri* : *Emeric*, & non pas *Emeri*, &c.

Il faut dire *S. Nicolas du Chardonnet*, conformément au Latin *de Cardueneto*. C'est ainsi que cette Eglise est appelée dans les titres Latins. *Chardonnet*, est un lieu planté de chardons. *Chardonneret*, est un oiseau. Vous trouverez *S. Nicolas du Chardonnet* dans les Lettres de Pasquier, livre 22. page 734.

Il faut dire avecque toute la Cour, *S. Germain de l'Ausserrois*, & non pas, avec une partie de l'Université, *S. Germain l'Ausserrois*, ny *S. Germain de l'Auxerrois*.

Coucher par écrit.

CHAPITRE XLII.

Ceux qui disent que cette façon de parler n'est ny Françoise, ny construite, se trompent. Tous nos anciens Auteurs s'en sont servis. Cretin dans la Lettre des Dames de Paris au Roy Charles VIII.

Est-il papier, encre, ne plume en main,
Pour bien coucher doux langaige & humain?

Marot en son Epigramme sur François I. & sur Laure :

O Laure, Laure, il t'a esté besoin
D'aimer l'honneur & d'estre vertueuse.
Car François Roy sans cela n'eust pris soin

LANGVE FRANÇOISE. 93

De t'honnorer de Tombe somptueuse:
Ne d'employer sa dextre valeureuse
A par escrit ta louange coucher.

M. de C. V.

Si je couchois, comme vous, par escrit,
Ie coucherois, comme vous, avec elle.

Nicod l'a aussi employée; & plus d'une fois, dans son Tresor de la Langue Françoise. Il me reste à montrer qu'elle est conforme aux reigles de la Grammaire. Coucher bien par écrit, c'est *res & verba in scriptis bene collocare.* Coucher vient de *collocare.* Voyez mes Origines Françoises au mot *coucher*, & mes Italiennes au mot *coricare.* Mais il est vrai que cette façon de parler n'est plus du bel usage.

L'année passée, l'année qui vient. L'année précédente, l'année suivante.

CHAPITRE XLIII.

NOs Historiens modernes font une faute dont il est apropos de les avertir, afin qu'ils s'en corrigent. En parlant du temps passé, ils disent, *On fit telle chose l'année passée; l'année qui vient on se disposoit de faire telle chose*: au lieu de dire, *l'année précédente, l'année suivante. L'année passée & l'année qui vient* ne se doivent dire par un Historien que lorsqu'il parle du temps auquel il écrit,

Prier à disner, prier de disner.

CHAPITRE XLIV.

IL y a quelque différence entre ces façons de parler. *Prier à disner* marque un dessein prémédité. *Prier de disner* est un terme de rencontre & d'occasion. C'estadire que si nous envoyons prier quelqu'un de venir disner chez nous, ou que nous l'en prions nous-mesmes, il faut dire que nous l'avons prié à disner. Mais s'il est chez nous, & que nous lui fassions la mesme prière, il faut dire alors que nous l'avons prié de disner.

Il ne fait, Il ne vient que sortir. Il ne fait, Il ne vient que de sortir.

CHAPITRE XLV.

IL ne fait que de sortir est mieux dit qu'*Il ne fait que sortir* : ou plustost, *Il ne fait que sortir*, est mal dit, pour signifier *Il ne fait que de sortir* : car il est bon, pour dire *Il ne fait autre chose que de sortir*, *Il sort sans cesse*. Mais si l'on marque l'endroit d'où l'on sort, on supprime alors élégamment le *de*. *Il ne fait que sortir de table*, est plus élégant que *Il ne fait que de sortir de table*.

LANGVE FRANÇOISE. 95

Que si on dit *Il ne vient*, au lieu de *Il ne fait*, on ne peut oster le *de*. Il faut dire, par exemple, *Il ne vient que de sortir de table*; & non pas, *Il ne vient que sortir de table*. Ce sont de petites délicatesses de langage, mais qui ne laissent pas de faire de grandes beautés dans le langage.

Pasquil, *Pasquin*.

CHAPITRE XLVI.

NOs Anciens disoient ordinairement *Pasquil*. Du Bellay dans la Satire de Pierre du Cuignet :

Mais quoy ? si Rome tant honnore,
Et un Pasquil, & un Marphore.

Rabelais dans ses Lettres à Geoffroi d'Estissac, Evesque de Maillezais, page 57. *Pasquil a fait depuis naguéres*, &c. Et dans son Pantagruel, au chapitre où il parle de la Bibliothéque de S. Victor : *Pasquilli, Doctoris marmorei, de capreolis cum cardoneta comedendis*, &c. Nous disons apresent *Pasquin* : & c'est aussi comme il faut parler; ce mot ayant esté fait de l'Italien *Pasquino* ; & l'Italien *Pasquino* ayant esté dit d'un Tailleur de ce nom. Voyez mes Origines Italiennes. De *Pasquino*, les Italiens ont fait *Pasquinata*, d'où nous avons dit *Pasquinade*.

Mien, tien, sien.

CHAPITRE XLVII.

Monsieur de Vaugelas a fort bien remarqué que ces trois pronoms possessifs ne se mettoient plus dans le beau stile, de la façon qu'on avoit accoustumé d'en user en ces exemples, *Vn mien frere, une tienne sœur, un sien ami.* Mais il n'en a pas dit la raison. Ie viens de la trouver dans la Grammaire Générale & Raisonnée. *Il y a de ces pronoms possessifs en nostre Langue,* dit l'Auteur de cette excellente Grammaire, *qui se mettent tousjours avec un nom sans article :* mon, ton, son, *& les pluriers* nos, vos. *D'autres, qui se mettent tousjours avec l'article, sans nom :* mien, tien, sien, *& les pluriers* nostres, vostres. *Et il y en a qui se mettent en toutes les deux maniéres :* nostre & vostre, *au singulier,* leur & leurs. *Ie n'en donne point d'exemples ; car cela est trop facile. Ie diray seulement que c'est la raison qui a fait rejetter cette vieille façon de parler,* un mien ami, un mien parent : *parceque* mien *ne doit estre mis qu'avec l'article* le, *& sans nom :* C'est le mien : Ce sont les nostres, &c.

De la formation des verbes détromper, dévouloir, défaire, démesler, desarmer, *& autres semblables.*

CHAPITRE XLVIII.

L'Auteur des Remarques, en parlant du verbe *détromper*, qu'il a vu venir à la Cour, & de celui de *dévouloir*, dont Malherbe semble estre l'auteur, dit que ces verbes, & autres semblables, comme *défaire, démesler, desarmer,* &c. sont composez du simple & de la particule *de*; mais à laquelle on ajouste une S, si le verbe commance par une voyelle: *armer, desarmer.* Il se trompe. Ces mots sont composez de la préposition *dis*: *disfacere*, DEFFAIRE: *disdicere*, DEDIRE. Ainsi de *misfacere* & de *miscredere*, nous avons fait *meffaire* & *mécroire*. On n'y ajouste donc point d'S, lorsque les verbes commancent par une voyelle, puisqu'elle y est déja: mais aucontraire on l'oste de ceux qui commancent par une consone: *disdicere, disdire,* DEDIRE. Il est vray qu'il y a d'autres verbes qui viennent de la particule *de*; mais ceux-là se prononcent par *de*, & non pas par *dé*: comme *demander, devaller,* &c.

Tome I.

S'il faut dire améthyste, *ou* amathyste:
Salamandre, Salemandre, *ou*
Salmandre.

CHAPITRE XLIX.

Rabelais livre 5. de son Pantagruel chap. 21. Du Bartas dans la 3. Journée de sa Semaine, & Belleau dans son livre des Pierres précieuses, ont dit *améthyste*; conformément au Latin *amethystus*, & au Grec ἀμέθυςος: & plusieurs le disent encore présentement. Mais nonobstant l'origine, la meilleure & la plus saine partie des Escrivains d'aujourdhuy disent *amathyste*; conformément à l'Italien & à l'Espagnol *amatista*. Et il y a plus de deux cens ans qu'on parle de la sorte. Villon dans son Grand Testament, feuillet 15.

Vermeille comme une amathyste.

Nicod a aussi dit *amathyste*; & il l'a mesme préféré à *améthyste*; ayant mis *amathyste* dans l'ordre alphabétique. On ne parle point autrement à la Cour. Et on croit; non sans apparence; que les Reines Catherine & Marie de Medicis, qui estoient Italiennes, & la feue Reine Anne d'Austriche, qui estoit Espagnole, ont beaucoup contribué à y confirmer cette prononciation; les Italiens & les Espagnols, comme nous l'avons remarqué, disant *amatista*.

Le peuple dit plus ordinairement *Salemandre*; ou *Salmandre*, comme l'écrit Nicod: *A la Salemandre, A la Salmandre*: & je voi plusieurs honnestes gens qui parlent de la sorte. C'est aussi comme a parlé Du Bellay dans la Satire de Pierre du Cuignet:

Si on me cuide mettre en cendre,
Ie ressemble la Salemandre.

Le Pere Bouhours dans ses Entretiens au traité des Devises, l'Auteur du livre intitulé *le Comte de Gabalis*, Rabelais 4. 64. Ronsard livre 2. de ses Amours, au Sonnet qui commance par *l'ay pour Maîtresse une étrange Gorgonne*, & Belleau sur ce Sonnet, ont dit *Salamandre*. L'un & l'autre est bon. Je dirois *Salmandre* dans le discours familier, & *Salamandre* dans des compositions relevées.

―――――――――――――

S'il faut dire guitâre, guiterre, *ou* guiterne: luth, *ou* luc: téorbe, tiorbe, *ou* tuorbe.

CHAPITRE L.

DE *guitarrina*, diminutif de *guitarra*, on a dit *guitarna*, par contraction; d'où nous avons fait *guiterne*; qui se trouve dans le Dictionnaire de Nicod, & dans ces vers d'une des Satires de Renier, contre une vieille,

Plaque de lit, corne à lanterne,
Manche de luth, corps de guiterne.

Ce mot n'est plus du tout en usage; & je ne l'ay jamais oui dire qu'une fois, & à un homme, non seulement du peuple, mais de la lie du peuple. Pour *guitâre* & *guiterre*, ils sont tous deux trés usitez; & ils se trouvent tous deux indifféremment dans les bons Auteurs. Ronsard a tousjours dit *guiterre*. Dans une de ses Elégies à Jean Brinon:

Triste & pensif, je ne me couche à terre,
Tremblant de froid au bruit de ma guiterre.

Et dans l'Ode 16. du livre 3.

Ny sonner à son huis
De ma guiterre,
Ny pour elle les nuits
Dormir à terre.

Et dans les Plaisirs Rustiques:

Puis réveillé, ma guiterre je touche.

S. Gelais l'a dit aussi. Et c'est comme on prononçoit dans le siécle passé. Dans celui-cy on a dit plus communément *guitâre*. M. Sarasin dans des Vers à M. le Prince:

Choisi quelque excellente main
Pour une si belle avanture.
Pren la Lyre de Chapelain,
Ou la Guitâre de Voiture.

Et c'est aussi comme il faut dire selon l'étymologie; cet instrument nous estant venu d'Espagne, où on l'appelle *guitarra*; de l'Arabe *kithar*, ou *kithara*, qui se trouve dans les versions Arabes de l'Escriture, au chap. 4. verset 21. de la Genése, & au chapitre 5. verset 8. de l'Apocalypse; & qui a esté fait vray-semblablement du Grec κιθάρα. Car κιθάρα ne vient pas de l'Arabe. C'est un mot Grec d'origine, & qui a esté dit de κιθαρς; cestadire le thorax. Erotien : κιθαρς. ὁγρ' Δωριεῦσιν ὕλως ὁ θώραξ καλεῖται. Et cela, acause de la ressemblance qu'a une guitâre avec le thorax; tant par le rapport de ses cordes aux os, que par sa figure; & particuliérement par sa concavité, d'où κιθαρς a esté dit. Et il a esté formé de cette façon : κίω, κίθω, κιθάω, κιθάρω, κιθαρς. κίω, cestadire *capio*, *capax sum*, χορῶ, comme je le fais voir dans mes Origines de la Langue Gréque. Les Italiens disent aussi *ghitarra*. Par toutes ces raisons, je conclus que *guitâre* est préférable à *guiterre*.

Jean Marot, Clement Marot, Rabelais, Joachin Du Bellay, & Nicod, disent ordinairement *luc*. Villon a dit *luth*.

Paradis peint, où sont harpes & luths.
Et un Enfer, où Dannez sont boullus.

Et S. Gelais :

Si vous touchez épinettes ou luths,
Vous appaisez les Sujets d'Eolus.

Présentement on ne dit plus que *luth* : & un homme qui diroit *luc*, ne seroit pas entendu. C'est aussi comme il faut dire selon l'etymologie. Voyez mes Origines de la Langue Françoise au mot *luth*, & mes Origines de la Langue Italienne au mot *liuto*.

On dit plus communément *tuorbe*. Aprés *tuorbe*, *téorbe* est le plus usité. *Tiorbe* est donc le moins bon. Et cependant il devroit estre le meilleur, les Italiens, de qui nous avons emprunté ce mot, disant *tiorba*.

I iij

S'il faut écrire savoir, ou sçavoir.

CHAPITRE LI.

CE mot vient indubitablement de *sapére*, que les Auteurs de la Basse Latinité on dit en la mesme signification ; aulieu de *sápere* : & non pas de *scire*. Et c'estpourquoi il est sans doute qu'il faut écrire *savoir*, comme on écrit *sage*, *sagesse*, *sapience*, *saveur*, &c. J'ay fait cette remarque il y a long-temps dans mes Origines de la Langue Françoise. J'ay trouvé depuis que Peletier avoit û la mesme pensée dans son Traité de l'Orthographe. Voici l'endroit. *Tous les Escrivains François, pour se montrer beaucoup savoir, & pour garder à toute rigueur leur étymologie, ont tous obstinément écrit ce mot savoir par un C en la premiere ; pensant qu'il vint de scire : combienqu'il viegne regulierement, & au vray, de sapere : comme recevoir, devoir, de recipere, decipere : ainsi qu'on peut voir par l'Italien, qui dit mesmes sapere, en l'infinitif, pour savoir. Car c'est chose assez commune que nos mots François ont pris l'V consone pour le P, ou B Latin : comme de habêre,* AVOIR *; debêre,* DEVOIR *; rapere,* RAVIR *; cooperire,* COUVRIR *; febris,* FIEVRE *; Aprilis,* AVRIL. *Et de là se peut connoistre la faute de ceux qui en telle maniere de mots retiennent le P, ou B Latin. Car avec ce qu'il ne se prononçoit point, il y a une autre lettre* qui tient la place. Aucunefois le P Latin se tourne en B, pour l'affinité qu'ils ont ensemble : comme de apricus, ABRI : combien qu'il signifie tout le contraire de son origine. Et pourtant ceux me semblent vouloir estre trop sutils, qui écrivent Constantinople, pour Constantinoble. Car combien qu'en ce mot le B nous apporte, ce semble, autre origine que le vray, si est-ce qu'il le faut endurer avec la prolation : joint qu'il n'est point autrement mal appliqué. Nous avons donc fait *savoir* de *sapére*; *avoir*, d'*habére*; *devoir*, de *debére*, par le changement qui est ordinaire en nostre Langue du B en V consone, comme l'a fort bien remarqué Peletier, & par celui de l'E en Oi, qui n'est pas moins ordinaire. Ceux qui prétendent que *savoir* a esté fait de *scire*, & qui pour cela l'écrivent par un C, sont tres-ignorans de l'art étymologique. De *scire*, on feroit *scire*, comme nous avons fait *ouir* d'*audire*; *sentir*, de *sentire*; *guerir*, de *guarire*, &c. Il faut donc écrire *savoir*. Et c'est aussi comme la plufpart de nos vieux Auteurs l'ont tousjours écrit, & comme l'écrivent tousjours aujourdhuy M. Conrart & M. Nublé. Il me reste à montrer qu'on a dit *sápere* en la signification de *savoir*; & *sápere*, de la seconde conjugaison, au lieu de *sápere*, de la troisiéme. Voicy des passages qui le justifient. Plaute dans son Pseudolus, acte 1. scéne 5.

Desiste : rectè ego rem meam sapio, Callipho. Pline livre 7. chap. 51. *Et feri sapiunt vestigia palude confundere.* Il parle des sangliers. Adalberon dans son Poëme à Robert, Roi de France:

Alphabetum sapiat digito tantùm numerare.
Dans le Serment imprimé à la fin des Capitulaires de Charles le Chauve: *Et si sapuero qui hoc faciat, non celabo.* Voyez mes Origines Italiennes au mot *sapére*. De *sapére*, les Espagnols ont dit de mesme *saber*, & les Gascons *sabé*.

Orthographe, orthographier.
CHAPITRE LII.

Parcequ'on dit *orthographe*, & non pas *orthographie*, il semble qu'on devroit dire *orthographer*; comme on dit *paraphe* & *parapher*. Cependant il est certain qu'il faut dire *orthographier*, comme l'a dit Marot dans son Enfer:

Et ne fut onq bien orthographier
Ce qui servoit à me justifier:

& comme l'Auteur des Remarques l'a decidé. Cette raison de diversité vient de ce que les Latins ont dit *orthographía*, & *orthográphia*. Le prémier, pour conserver dans la prononciation l'accent Grec, ὀρθογραφία: le segond, acause que la pénultiéme d'ὀρθογραφία est bréve, & qu'ainsi l'accent se rejette sur l'antépenultiéme. D'*orthographía*, nous avons fait *orthographie*, qui se trouve dans le Traité de l'Illustration de la Langue Françoise de Du Bellay, & en plusieurs autres lieux. D'*ortho-*

gráphia, nous avons fait *orthographe*; comme *victoire* de *victoria*; *gloire*, de *gloria*; *superbe*, de *superbia*; *Sicile*, de *Sicilia*; *Cécile*, de *Cæcilia*; *Luce*, de *Lucia*; *Anastase*, d'*Anastasia*, &c. D'*orthographia* on a dit *orthographiare*, d'où vient nostre mot *orthographier*. Il n'en est pas de mesme de *parapher* : car il vient de *paragraphare* ; comme *paraphe*, de *paragraphus*. *Philosopher* a esté fait de mesme de *philosophare*.

S'il faut dire ectique *, ou* étique *:* ptisane *, ou* tisane *:* pseaume *, ou* seaume.

CHAPITRE LIII.

Monsieur Costar ayant dit en quelque endroit de la Suite de la Deffense de M. de Voiture, *Parmy tant de stiles, il y en peut avoir de trop enflez, aussibien que de trop bas; de trop boufis, comme de trop maigres, & de trop étiques* ; M. de Girac page 399. de sa Réplique, s'en est mocqué, en ces termes : *Le bon homme vouloit dire* ectiques. M. de Girac s'est trompé. Il faut dire *étique*, nonobstant l'étymologie de ἑκτικός. C'est comme on parle, & comme on a tousjours parlé. Cretin dans son Epistre à Honorat de la Jaille :

Ami, je suis ainsi confus qu'onc fus,
Voir tant errer étiques Hérétiques.

Et dans sa Déploration sur le trépas d'Olkergan :

Plustost de lui dussiez faire Cantique,
Que moi, qui suis en élégance étique:

Marot dans son Coc-à-l'asne:

Outre plus, une femme étique
Ne sauroit estre bonne bague.

Et dans son Epître au Roy, du temps de son exil à Ferrare:

O pauvres gens, de savoir tous étiques.

M. Maynard:

Les Amans de ce corps étique
Disent qu'à son genou qui pique
Il faut un bout, comme aux fleurets.

C'est une affectation pedantesque de dire *ectique*, comme M. de Girac prétent qu'on le doit dire; & comme Rabelais, & quelques autres doctes l'ont dit. Du Bartas 2. Journée:

Ainsi le sec excès cause une fiévre lente,
Qui tousjours sans tourment l'hectique retourmente.

Henri Estienne dans son Recueil des mots François dérivez du Grec: ECTIQVE, *ou plustost* hectique, (*pour lequel on prononce mal* étique) ἑκτικός.

Il faut dire aussi *tisane*, & non pas *ptisane*, quoyqu'on dise en Grec πτισάνη. Et il y a déja long-temps qu'on parle de la sorte. Marot dans son Epître pour le Capitaine Raisin:

Ainsi j'éléve envers Bacchus mon cœur,
Pour ce qu'il m'a privé de sa liqueur;
Me faisant boire en chambre bien serrée,
Fade tisane avecques eau ferrée.

On disoit anciennement *psalme*; & dans Marot ce mot se trouve tousjours écrit de la sorte. On a dit ensuite *pseaume*, & puis *seau-*

me. C'est comme le peuple parle présentement: *les sept séaumes.* La plusart des Ecclésiastiques disent *pséaume.* On appelle pourtant dans les Eglises Cathédrales *la Salette,* au lieu de *la Psalette,* le lieu où l'on instruit les enfans de Chœur. Mais quoyqu'on ne dise plus *psalme,* on dit tousjours *psalmiste* & *psalmodier.* Ceux qui disent *séaume,* disent *psautier:* & j'ay remarqué que ceux qui se piquent de bien parler, parlent de la sorte.

―――――――――――――――――

S'il faut dire litanie, *ou* létanie : cérémonie, *ou* cérimonie : homilie, *ou* homélie : Isaïe, *ou* Esaïe : amnistie, *ou* amnestie : épidimie, *ou* épidémie : Siréne, *ou* Séréne : cimetiére, cémetiére, *ou* cimitiére.

CHAPITRE LIV.

IL faut dire *litanie. Létanie* est toutafait barbare.

On disoit anciennement *cérimonie,* conformément au Latin & à l'Italien *cerimonia.* Cretin dans la Déploration sur le trépas d'Olkergan:

Musique, après cette douce harmonie,
Fit ordonner pour la cérimonie
Torches, flambeaux, &c.
Puis Orphéus en chant harmonieux,
Sans soi montrer fort cérimonieux, &c.

Et on le dit encore dans la Provence & dans le

Dauphiné. Il faut dire *cérémonie*.

L'usage est partagé entre *homilie* & *homélie*: mais non pas également; *homélie* estant plus usité qu'*homilie*. C'est comme parlent la pluspart de nos Auteurs, tant anciens que modernes. Villon dans la Balade sur son appel de la Sentence de mort qui fut rendue contre lui:

Que vous semble de mon appel,
Garnier? fis-je sens, ou folie?
Toute beste garde sa pel.
Qui la contraint, efforce, ou lie,
Se elle peut, elle se délie.
Quand donc, par plaisir volontaire,
Chanté me fut cette homélie,
Estoit-il lors temps de me taire?

Cretin dans son Poëme de l'Apparition du Mareschal de Chabannes, feuillet 78.

Plust ores au Createur
D'estre jamais par toi, n'autre Orateur,
De l'infortune écrite l'Homélie, &c.

Ronsard dans sa Réponse au Ministre Montdieu:

Tu as, pour renforcer l'erreur de sa folie,
A ton Genéve appris quelque vieille Homélie
De ton Calvin.

M. de Sassy & M. Herman dans leurs Traductions des Homélies de S. Jean Chrysostome, ont aussi dit *Homélies*. Je croi donc qu'*Homélie* est le meilleur. Mais on ne peut pas dire qu'*homilie* soit mauvais: car outre qu'il est assez usité, il approche davantage du Grec ὁμιλία, & du Latin *homilia*.

Plusieurs de nos Anciens ont dit *Esaïe*, a cause du Grec Ἠσαΐας. On ne dit plus qu'*Isaïe*,
conformément

conformément au Latin de la Vulgate *Isaias*. C'est comme parle M. d'Andilly dans sa Traduction des Confessions de S. Augustin livre 9. chap. 5. & M. de Sassy dans la sienne du Nouveau Testament, imprimé à Mons, au chapitre 3. & au chapitre 4. de S. Mathieu.

Rabelais livre 3. chap. 1. a dit *amnestie*. *Pardonnant tout le passé avec oubliance sempiternelle de toutes offenses précédentes, comme estoit l'amnestie des Athéniens.* Il faut dire *amnistie*, nonobstant l'étymologie ἀμνηϛία. Et cette prononciation nous est venue de celle de l'eta en iota, qui est ancienne parmy nous ; comme il paroist par ce mot de *fiévre essimére*, qui se trouve dans Villon, feuillet 23. aulieu d'*éphémére*.

Ainsi nous disons *épidimie*, & non pas *épidémie*. Mais quoyqu'on dise *épidimie*, on dit neanmoins plus ordinairement *épidémique*. Rabelais livre 2. chap. 3. a dit *épidimiale*.

Ronsard a tousjours dit *Séréne*.

Dessous l'aléchant plaisir
Des Sérénes de la vie.

C'est dans l'Ode 5. du livre 5. Et dans la 19. du 4.

De la Séréne antique
Ie verray le Tombeau.

Et dans le Poëme du Rossignol : *Sérénes des bocages*. Et c'est comme on parloit anciennement. Marot dans son Epigramme pour Mademoiselle de Talard :

Mais j'aime mieux du Roi estre grenouille,
Qu'estre, en effet, d'un autre la Seraine.

Ce qui favorise l'opinion de Belon, & de quelques autres qui croyent que l'oiseau que nous appelons *serin*, a esté ainsi appelé du mot *Siréne*, acause de l'excellence de son chant. On dit présentement *Sireine* : & ce seroit tresmal parler, que de parler autrement.

Il est sans doute qu'il faut dire *Sibylle*; & non pas *Sebille*, comme a dit Coquillart dans les Droits Nouveaux.

Quelque grande vieille Sebille.
Il n'y a plus que les Paysans qui prononcent de la sorte.

Les Angevins & les Manceaux disent *cémetiére* : & c'est comme Jaques le Peletier du Mans dans son Traité de l'Orthographe Françoise, & Henri Estienne en son Tresor de la Langue Grecque, au mot κοιμητήριον, & dans son Recueil des mots François dérivez du Grec, prétendent qu'il faut parler. Et c'est en effet comme il faudroit parler selon l'étymologie; ce mot ayant esté fait du Latin *cœmeterium*; qui est un mot d'origine Grecque, & non pas d'origine Gauloise, comme quelques-uns le prétendent, trompez par ce passage de Grégoire de Tours, au chapitre 73. du livre *de Gloria Confessorum* : *Cœmeterium apud Augustodunensem urbem Gallicâ linguâ vocitavit, eo quòd ibi fuerint multorum hominum cadavera sepulta.* L'Auteur de l'Hospital d'amours, Nicod, & Ronsard ont aussi dit *cémetiére.* D'autres disent *cimitiére.* Dans les Gestes de Guillaume le Maire, Evesque d'Angers, page 249. *Vsque ad cimiterium Sancti Samsonis.* Il faut dire *cimetiére.* C'est ainsi qu'on parle à Paris, *Le Cimetiére S. Iean, Le Cime-*

tière S. Innocent. C'est aussi comme a parlé Marot, ayant intitulé *Cimetiére* son livre d'Épitaphes. M. de Balzac dans son Barbon, qu'il m'a fait l'honneur de m'adresser, a dit aussi *cimetiére: Ce n'est pas un des cignes de nos canaux, c'est une orfraye de nos cimetiéres.* Ronsard dans son Elégie à Jean Brinon a dit *cémetaire:* qui est une prononciation barbare.

Le long, du long, au long.

CHAPITRE LV.

Monsieur de Vaugelas: *Les uns disent, le long de la riviere; les autres, du long de la riviere, & les autres, au long. Tous les trois estoient bons autrefois; mais aujourdhuy il n'y en a plus qu'un qui soit en usage: assavoir, le long de la riviére.* ¶ M. de Vaugelas devoit distinguer entre *du long*, préposition, qui n'est plus en usage; & *du long*, adverbe, qui se dit tousjours. Par exemple, Il faut dire, *On voit tout le long de cette riviére des arbres plantez à la ligne:* & non pas, *tout du long.* Mais on peut dire aussi, *L'eau de ce canal est aussi claire que celle d'une source, & vous y voyez tout du long des arbres plantez à la ligne.* Et *tout le long* ne vaudroit rien en cét endroit-là.

Atravers : autravers.

CHAPITRE LVI.

Mʀ de Vaugelas a décidé qu'*autravers* eſtoit beaucoup meilleur & plus uſité qu'*atravers* : & qu'ainſi il faut dire, *Il lui donna de l'épée autravers le corps*. Mais cela n'eſt pas vray, généralement parlant. Il y a des endroits, où non ſeulement *atravers* eſt meilleur qu'*autravers*, mais où *autravers* ne vaudroit rien du tout. Par exemple : Il faut dire *atravers champs, atravers les blez, atravers les vignes ; Il va atravers les choux ; Il lui donna d'un baſton atravers les jambes ; a-tor & atravers*. Mais il faut dire aucontraire, *J'ay paſſé autravers de l'Egliſe*. Pour ce qui eſt de l'exemple de M. de Vaugelas, *Il lui donna de l'épée autravers le corps*, il eſt tres-mal allégué : car il faut dire *autravers du corps*, ou *atravers le corps*. *Autravers du corps* eſt plus élégant. Mais apropos de ce mot *ator & atravers*, c'eſt ainſi qu'on prononce, & non pas *à-tort & atravers*. Mais on prononce à-tort & ſans cauſe.

Pas, & point.

CHAPITRE LVII.

Mr de Vaugelas en traitant de *pas* & de *point*, a remarqué qu'on ne mettoit jamais ny l'un ny l'autre devant *que*, lorsqu'il signifie *sinonque*. Par exemple, dit-il, il faut dire, *Ie ne joue qu'avec des gens de bien ; Ie ne mange qu'une fois le jour.* Il est certain que c'est ainsi qu'on parle. Et ce seroit parler barbarement, que de dire, *Ie ne joue point qu'avec des gens de bien, Ie ne mange point qu'une fois le jour.* Mais cela n'empesche pas que la remarque de M. de Vaugelas ne soit tres-imparfaite. Si après le *que*, en cette signification de *sinonque*, il y a un verbe au subjonctif, il y faut un *pas*, ou un *point*. Il faut dire, *Ie ne vous verray qu'aprés le caresme.* Mais il faut dire aussi, *Ie ne vous verray point que le caresme ne soit passé.* Il faut par la mesme raison mettre le *pas* & le *point* en toutes ces phrases, *Ie ne partiray point d'icy que vous ne soyez venu ; Ie ne diray pas un mot que vous ne me le commandiez ; Il ne sort point qu'on ne le vienne prendre.* J'ay dit qu'il faloit mettre le *pas* ou le *point*, si le verbe qui suivoit le *que*, estoit au subjonctif : car quand il est à l'indicatif ou à l'infinitif, il ne faut user ny du *pas*, ny du *point*. Exemples de l'indicatif : *Ie ne le voi que quand il me l'ordonne ; Ie n'emprunte* qu'autant que je puis rendre. Exemples de l'infinitif; *Il ne se léve que pour se coucher; Vous ne parlez que pour médire.*

M. de Vaugelas a fait une autre remarque touchant le *pas* & le *point*, qui n'est pas moins imparfaite que la précédente. On ne les met, dit-il, ny avant que l'on parle de quelque temps, ny aprés qu'on en a parlé. Comme: *Ie ne le verray de dix jours ; Il y a dix jours que je ne l'ay vû.* Il est sans doute que dans ces exemples il faut supprimer le *pas* & le *point*. Et c'est tres-mal parler, que de dire, comme dit le peuple de Paris, *Il y a long-temps que je ne l'ay point vû. Populum voco, tam togatos, quàm chlamydatos.* Mais en ces autres exemples que je vais rapporter, quoyqu'il s'y agisse de temps, ce seroit un barbarisme de n'y pas mettre le *point*. *Ie l'aimois dans ma première enfance, mais depuis l'âge de quinze ans je ne l'ay point aimé. Il y a plus de dix ans que je ne l'aime point. Ie ne sors point depuis huit jours. Il y a huit jours que je ne sors point.*

Sens-je, senté-je : Perds-je, perdé-je.

CHAPITRE LVIII.

Malherbe dans les Plaintes d'Alcandre pour la captivité de sa Maistresse, a dit,
*Mais parmy tout cet heur, ô dure destinée!
Que de tragiques soins, comme oiseaux de Phinée,*

Sens-je me dévorer!

Bertaut dans une de ses Complaintes a dit de-mesme,

Or sens-je combien de plaisirs
Sont amers à ma souvenance.

Et M. de S. Amant en son Melon :

Quelle odeur sens-je en cette chambre ?

Et M. Sarasin dans son Epitre en vieux langage à M. le Comte de Fiesque :

Ainsi l'entends-je : & sans doute toy-mesme,
De prime abord, l'as entendu de mesme.

Et Villon dans son Grand Testament, feuillet onziéme : *Si crains-je avoir dépendu*, &c. Et Messire Honoré d'Urfé : *En quoi sors-je du devoir ?* Et c'est ainsi qu'il faut parler, pour parler réguliérement, comme l'a fort judicieusement remarqué l'Auteur de la Grammaire Générale, en ces termes : *Si je dis j'aime, vous aimez, il aime, c'est, cela signifie l'affirmation. Mais si je dis, aimé-je ? aimez-vous ? aime-t'il ? est-ce ? cela signifie l'interrogation. D'où il s'ensuit, pour le marquer en passant, qu'il faut dire, sens-je ? lis-je ? & non pas, sentez-je ? lisez-je ? parcequ'il faut tousjours prendre la personne que vous voulez employer, qui est icy la prémiére, je sens, je lis, & transporter son pronom, pour en faire un interrogant*, &c. Et il faut prendre garde, que lorsque la prémiére personne du verbe finit par un e féminin, comme j'aime, je pense, alors cet e féminin se change en masculin dans l'interrogation, acause de je qui le suit, & dont l'E est encore féminin : parceque nostre Langue n'admet jamais deux e féminins desuite à la fin des mots. Ainſi il faut dire, aimé-je ? manqué-je ? Et au contraire, il faut dire, aime-tu? penſe-t-il ? manque-t-il ? & ſemblables. Toutes ces choſes, qui ſont tres-veritables, avoient déja eſté obſervées par mon avis dans les Remarques de M. de Vaugelas. Mais comme les Pariſiens diſent ſenté-je ? menté-je ? rompé-je ? dormé-je ? & que le langage des Provinces doit eſtre reiglé ſelon l'uſage de celui de Paris, la Capitale du Royaume & la demeure du Souverain, j'ay changé depuis peu d'opinion à l'égard de quelques-uns de ces mots, qui ſont ſi rudes de la façon que les diſent les Provinciaux, qu'on a peine à les prononcer : comme, romps-je, ments-je, ſers-je, dors-je; & qui d'ailleurs ſont équivoques: car romps-je, ments-je, ſers-je, dors-je, ſe prononcent comme ronge, mange, ſerge, d'orge. Mon avis eſt donc préſentement qu'il faut dire, à la Pariſienne, rompé-je, monté-je, ſervé-je, dormé-je. Les reigles de la Grammaire doivent céder en ces occaſions à la douceur de la prononciation. *Impetratum à conſuetudine, ut peccare ſuavitatis cauſâ liceret*, dit le Maiſtre de l'Éloquence Romaine. Mais pour ces mots, ſens-je, perds-je, entends-je, qui ne ſont pas difficiles à prononcer, & qui ne ſont point d'équivoque, je continue à les dire de cette ſorte avec les Provinciaux. Que ſi quelqu'un trouve cette diſtinction étrange, je le prie de conſiderer qu'elle eſt auſſi raiſonnable que l'opinion des Pariſiens, qui ſuivent la reigle aux mots croy-je, dois-je, puis-je, dis-je, ſuis-je, ay-je, fais-je, & ne la suivent pas aux autres dont nous venons de parler. Le meilleur pourtant est d'éviter tous ces mots de quelque façon qu'on les puisse dire. Il est aureste à remarquer que dans plusieurs lieux de France, & dans toute la Loraine, on prononce *aime-je, chante-je, mange-je*, avecque les deux e féminins desuite ; qui est une façon de prononcer tres-vicieuse, & tres-incommode.

Va croissant, Va faisant, &c.

CHAPITRE LIX.

Remarque de M. de Vaugelas : *Cette façon de parler avec le verbe* aller *& le gérondif, est vieille, & n'est plus en usage aujourdhuy, ny en prose, ny en vers : si ce n'est qu'il y ait un mouvement visible, auquel le mot d'*aller *puisse proprement convenir. Par exemple, si en marchant, une personne chante, on peut dire,* Elle va chantant. *Si elle dit ses priéres,* Elle va disant ses priéres. *Demesme d'une riviére, on dira fort bien,* Elle va serpentant; *parcequ'en effet elle va. Et ainsi des autres. Mais pour les choses où il n'y a point de mouvement local, il ne se dit plus. En quoi les vers ont plus perdu que la prose.* M. de Vaugelas me fesoit l'honneur de me communiquer ses Remarques devant que de les envoyer à son Imprimeur : mais il ne me fesoit pas tousjours celui de déférer à mes sentimens. Quand je lui renvoiay le caïer, où il avoit fait cette obſervation, je me ſouviens que je lui écrivis qu'elle n'eſtoit pas abſolument véritable, & que le mouvement, ou de progrés ou de ſucceſſion, ſuffiſoit en poëſie dans ces façons de parler, pour les rendre agreables. Deſportes a dit dans ſes Stances,

Mais pendant qu'en regrets tu te vas conſumant.

Et M. de Voiture dans un de ſes Rondeaux,

Pour vos beaux yeux, qui me vont conſumant.

Et dans la premiére de ſes Elegies :

Mais alafin ma douleur s'augmentant,
Ie vis le mal qui m'alloit tourmentant.

Et ailleurs :

Tandis qu'ils vont doublant mes peines rigoureuſes.

Et encore ailleurs :

Quand je ſonge aux beautez par qui je ſuis la proie
De tant d'ennuis qui me vont tourmentant.

J'ay appris de Monſieur Guyet, que Malherbe a eſté le premier qui a condanné cette façon de parler du verbe *aller* avec le gérondif. Malherbe cependant s'en eſt ſervi lui-meſme en pluſieurs endroits de ſes admirables Poëſies. Dans l'Ode à la Reine Mere, ſur ſon arrivée en France :

Ie ſay bien que ſa Carmagnole
Devant lui ſe repreſentant,
Telle qu'une plaintive Idole,
Va ſon couroux ſollicitant.

Et ailleurs :

A leur odeur l'Anglois ſe relaſchant,
Noſtre amitié va recherchant.

Et encore ailleurs :
Chére Beauté, que mon ame ravie
Comme son pole va regardant.

Mais il a bien fait pis. Il a employé en ces façons de parler le participe plurier, au lieu du gérondif.

Ainsi tes honneurs florissants
De jour en jour aillent croissants.

C'est dans l'Ode à Monsieur de Bellegarde. Cette faute est énorme ; & je ne puis assez m'estonner qu'elle ait esté commise par un homme aussi intelligent en nostre Langue, qu'estoit ce Prince de nostre Poësie Lyrique. Mais pour revenir à nostre premiere question, cette façon de parler du verbe *aller* avecque le gérondif, estoit autrefois tres familiére parmy nous, comme Marc Antoine Muret l'a remarqué sur ce vers du treiziéme Sonnet du livre premier des Amours de Pierre de Ronsard,

Pour aller trop tes beaux Soleils aimant.

ALLER AIMANT. *Phrase Grecque*, dit-il, *fort familiére à la Langue Françoise, pour dire simplement* aimer. J'allois devisant, j'allois joüant, *pour dire*, je devisois, je jouois. ¶ Et nous nous en servions, non seulement en vers, mais aussi en prose. Nos Moines, en preschant, disoient sans cesse, *Tertullien va disant dans son Manteau ; Clement Alexandrin va disant dans ses Tapisseries ; Saint Augustin va disant dans ses Sermons ; Saint Chrysostome va racontant dans ses Homélies ; Saint Gerôme va explicant.* Le mesme Muret au lieu allegué m'a appris que ces façons de parler estoient

Grecques. Après en avoir long-temps cherché des exemples dans les Auteurs Grecs, j'ay enfin trouvé celui-cy dans Lucien, en son traité de l'Histoire : ἤ τις ἱστορίαν γράψων ἴοι. *Si quelqu'un va écrivant l'Histoire*. Mais apparemment nous les avons plustost prises des Italiens que des Grecs : car les Italiens disent aussi sans cesse, *va raccontando, va dicendo, va discorrendo*, &c. Quoyqu'il en soit, comme en usant trop souvent de ces locutions; & particuliérement en poësie; nous en avons abusé : car nous les employions en poësie en toutes rencontres ; mesme en celles où elles fesoient un sens ridicule ; comme en ce vers du Cardinal Duperron,

Aujourdhuy du Seigneur l'étandard va marchant :

& dans cet autre de M. de Voiture,

Dans la prison qui vous va renfermant.

Comme, dis-je, nous avons abusé de ces façons de parler, il est arrivé qu'on les a abandonnées toutacoup dans la prose ; à la reserve des endroits où il y a un mouvement visible & local : comme en ces exemples, *La riviére va serpentant, Ces Bergéres vont cueillant des fleurs*. J'ay dit dans la prose ; car pour les vers, elles y sont encore reçues, lors mesme qu'il n'y a qu'un mouvement successif, ou progressif, comme il paroist par les exemples cy-dessus alléguez. Et comme elles y ont bonne grace, & qu'elles y sont commodes, les Poëtes doivent s'opposer à ceux qui les en veulent bannir.

Remarque curieuse touchant l'ortho-graphe.

CHAPITRE LX.

VOicy une remarque qui peut contribuer à la perfection de l'orthographe de nostre Langue. Les accens dans nostre Langue, comme dans la Grecque, se changent dans la variation des mots. Par exemple : *j'empésche* se prononce avecque l'accent aigu ou circonflexe sur la pénultiéme. Mais cet accent de cette pénultiéme passe à la derniére au mot *empesché*. Il en est de mesme de *voûte*. C'est ainsi qu'il faudroit écrire ce mot, parceque l'accent est sur la prémiére syllabe. Mais quoyqu'il faille écrire *voûte*, il faut écrire *vouté*: car c'est la derniére de ce mot qui est accentuée, & non pas la prémiére. Ainsi, quoyqu'il faille écrire *rôlle, âge, grâce, espâce*, il faut écrire *enrollé, agé, gracieux, spacieux*. Je dis davantage : une mesme syllabe dans un mesme mot est tantost accentuée, & tantost non accentuée. La prémiére en *vostre* est accentuée à la fin du discours, & elle ne l'est pas au commancement. Par exemple : quand on dit, *Où est vostre femme? est-elle icy?* la prémiére syllabe de *vostre* n'est point accentuée. Mais si on répont, *Et la vostre ?* cette mesme syllabe est accentuée : & alors il faut écrire *vôtre* avec un circonflexe sur la pénultiéme.

Tome I.   L

Superbe.

CHAPITRE LXI.

MOnsieur de Vaugelas ne peut souffrir que les Prédicateurs disent *la superbe*, pour dire *l'orgueil* : car il prétent que ce mot est tousjours adjectif, & jamais substantif. M. de Balzac au dixiéme Discours de son Socrate Chretien est du mesme avis. M. de Vaugelas & M. de Balzac n'ont pas raison. M. Desmarets, qui est un des premiers sujets de l'Académie, & un de nos meilleurs Escrivains, a dit dans sa Réponse à l'Apologie des Religieuses de Port Royal au chapitre 5. *Ce monstre de superbe qui a fait l'insolente Apologie.* Et tous nos Anciens ont parlé de la sorte. Les Prédicateurs peuvent donc continuer à dire *la superbe*, pour dire *l'orgueil* ; & *un esprit de superbe*, pour dire *un esprit d'orgueil*.

Ie n'en puis mais.

CHAPITRE LXII.

CEtte façon de parler est tres-naturelle & tres-Françoise. Il est vray qu'elle n'est plus du haut stile : mais il n'est pas vray, comme le veut M. de Vaugelas, qu'elle ne soit plus que du stile burlesque. Elle peut estre employée en profe, non feulement dans le difcours familier, mais auffi dans des lettres familieres, comme Malherbe l'y a employée. On peut auffi l'employer fort bien en vers, dans des Satires & dans des Comédies ; & particuliérement dans des Epigrammes ; comme en celle-cy, qui eft de M. Guyet :

 Icy gift mort de la vérole
 Vn Miniftre de la Parole.
 Seigneur, préfervez noftre peau
 De cette galle deshonnefte.
 Si le Pafteur a fait la befte,
 Qu'en peut mais le petit Troupeau ?

Et dans cette autre, qui eft d'un Auteur anonyme :

 Qu'on ne le blâme deformais,
 Pour cocu qu'on ne le diffame,
 Eh le pauvre homme n'en peut mais.
 Il ne l'eft que de par fa femme.

Ce mot de *mais* aurefte, vient du Latin *magis* ; & fignifie la mefme chofe que *magis*, ceftadire, *plus*, *davantage*. Villon dans fon Grand Teftament, fueillet 12.

 C'eft fon parler, ne moins ne mais.

Et enfuite :

 Si tu n'as tant que Iacques Cœur,
 Mieux vaut vivre fous gros bureaux
 Pauvre, qu'avoir efté Seigneur,
 Et pourir fous riches tombeaux.
 Qu'avoir efté Seigneur ? que dis ?
 Seigneur, helas ! ne l'eft il mais.

Et je n'en puis mais, eft une façon de parler elliptique, ou défectueufe : comme fi on disoit, Ie ne puis faire davantage en cela que ce que j'ay fait : ainsi ayant fait tout ce que j'ay pû pour empescher que cela n'arrivast, je ne suis pas cause que cela soit arrivé. Si cela est arrivé, il ne faut pas s'en prendre à moi; ne pouvant faire davantage que ce que j'ay fait pour l'empescher.

Nous avons demesme en nostre Langue plusieurs autres façons de parler elliptiques. Ainsi nous disons, *Allez, & ne mettez guére,* pour dire, & ne mettez guere de temps que vous ne reveniez. *Autant qu'il en pouroit dans une coque d'œuf* : c'estadire, qu'il en pouroit tenir.

Iaillir : verdir : jaunir : emporter le prix : remporter le butin.

CHAPITRE LXIII.

L'Auteur des Remarques a condanné le mot de *jaillir*: aulieu duquel il veut qu'on se serve du verbe composé *rejaillir*. Et il a repris un de nos plus fameux Auteurs, pour avoir dit, *Il a fait jaillir de l'ordure sur vous.* Il est vray que dans nostre Langue nous avons plusieurs verbes simples, qui ne sont plus usitez, & aulieu desquels on se sert des composez. On dit *affoler*, (vieux mot) *alligner, alliter, entasser, résumer, résulter, respecter, restaurer, retentir, rétrograder.* Et on ne dit point *foler, ligner, liter, tasser,* &c. Mais *jaillir* n'est pas de ce nombre. On dit *jaillir* & *rejaillir*. *Iaillir*, pour marquer une action simple, absolue & directe : & *rejaillir*, pour signifier le redoublement de cette mesme action. J'ay dit dans mon Idylle du Jardinier,

Et faire en cent façons, ou couler sur les plaines,
Ou jaillir dans les airs le crystal des fontaines.

rejaillir ne vaudroit rien en cet endroit, où il ne s'agit que d'exprimer une simple action, & non pas une action redoublée. On dit *des eaux jaillissantes*, & non pas, *rejaillissantes*. Les Latins ont dit demesme *aquæ salientes*, non pas, *resilientes*. *Iaillir*, c'est *jaculare*, d'où il a esté formé. *Iaculum*, *jaculare*, *jaclare*, IAILLIR. *Rejaillir*, c'est *rejaculare*. Ronsard a dit demesme,

Deçà, delà virant & tournoyant,
Comme l'éclair du Soleil flamboyant,
Ou du Croissant, fait jaillir sa lumiére
Sur l'eau tremblante au creux d'une chaudiére.

On dit aussi *verdir* & *reverdir* ; *jaunir* & *rejaunir*. J'ay dit dans mon Eglogue, intitulée *Christine*,

Sa présence embellit le crystal des fontaines,
Fait verdir les forests, & fait jaunir les plaines.

Reverdir & *jaunir* sont pourtant meilleurs que *verdir* & *jaunir*.

On dit demesme *emporter le prix*, & *remporter le prix*. Marot dans son Chant Pasto-

ral au Cardinal de Loraine :
>Chacun y va, pour voir qui maintenant
>Du jeu de flûte emportera le prix.

Malherbe dans l'Ode pour M. de Bellegarde:
>Quand le monstre infame d'Envie, &c.
>Iette les yeux dessus ta vie,
>Et te voit emporter le prix
>Des grands cœurs & des beaux Esprits.

Remporter le prix est aussi le meilleur. Mais il faut dire aucontraire, *emporter le butin*, & non pas *remporter le butin*, comme l'Autheur des Doutes sur la Langue Françoise l'a remarqué.

S'il faut dire Cadis, *ou* Calis : Gilbatar, Gilbaltar, Gilbartar, *ou* Gilbratar.

CHAPITRE LXIV.

ON dit & en France & en Espagne *Cadis* & *Calis* indifféremment. Malherbe a dit *Calis*.
>Vole viste, & de la contrée
>Par où le Iour fait son entrée
>Iusqu'au rivage de Calis,
>Conte. sur la terre & sur l'onde,
>Que l'honneur unique du monde
>C'est la Reine des Fleurs de Lis.
>
>Et borner de Tyr à Calis
>L'Empire de la Fleur de Lis.

M. de Voiture dans ses Lettres l'a dit aussi. *Cadis* est plus selon l'etymologie, ce mot ayant esté fait du Latin *Gades*, qui l'a esté du

Punique *gadir*, qui signifie *une haye*. Voyez mes Observations sur les Poësies de Malherbe. De *Gades*, on a dit *Calés*, en changeant le D en L, comme en *lacrima*, de δάκρυον: & de *Calés* on a fait ensuite *Calis*. Nicod: CALE'S, par l'accent en la finale, c'est une Ville assise sur la mer Océane, en la coste de France, opposite d'Angleterre. Caletum CA'LIS, par l'accent sur la prémiére, c'est, Gades, qu'on dit Calis, ou Calez: qui est une Isle assise en la mer Océane, ou l'estroit de Gilbartar. On peut aussi avoir dit *Cadis* directement de *Gadir*.

Gibaltar est plus selon l'étymologie ; ce lieu ayant esté ainsi appelé ou de l'Arabe *gébel*, ou *gibal*, qui signifie *montagne*, & d'un Capitaine Sarasin, nommé *Tarc*, ou *Taric*, si on en croit un Géographe Arabe cité par Scaliger en son livre *de Emendatione temporum*, page 584. ou, selon l'opinion du mesme Scaliger au chapitre 29. du livre second de ses Leçons sur Ausone, du mot Arabe *gibal*, ou *gébel*, qui signifie *montagne*, comme nous venons de dire, & de l'Hebreu ou de l'Arabe *Tars*, qui signifie la mesme chose que *Tartessus*, & d'où *Tartessus* a esté formé. Mais comme on dit plus communémens *Gibraltar*, j'estime que c'est ainsi qu'il faut parler.

S'il faut dire Salmigondin, Salmigondis, *ou* Salmigondi.

CHAPITRE LXV.

Rabelais livre 4. chapitre 59. & livre 5. chapitre 2. a dit *Salmigondin*. Plusieurs disent *salmigondis* ; qu'ils dérivent ridiculement de *sal mixtum undis*. Il faut dire *salmigondi*, selon l'étymologie *salgami-conditus. Salgami-conditus, salmiconditus*, SALMIGONDI : comme *mari* de *maritus* ; *infini*, d'*infinitus* ; *estourdi* ; de *stoliditus*, &c. Les Anciens ont appelé *salgamum*, des pommes, des poires, des figues, des raisins, des raves, des bêtes raves, des chous, des concombres, du pourpié, & autres choses semblables qu'ils gardoient confites avec du sel dans un pot, pour les manger en leur saison. Et ce mot se trouve en cette signification dans Columelle, dans Ausone, & dans le Code Justinien. On a appelé ensuite de ce mesme mot tous les assaisonnemens composez de diverses choses. Et c'est delà que nous avons dit *salmigondi*, pour dire un ragoust composé de différens morceaux : ce que nous apelons autrement *un pot pouri*. *Salmigondi* peut aussi avoir esté fait de *salmyriâ conditus*. ἁλμυρὶς, *halmyrius, halmyria, salmyria, salmyriâ conditus, salmiconditus*, SALMIGONDI. Le sel est la sausse de toutes les sausses, comme je l'ay dit dans mes Poësies Grecques : πάντων μὲν ὄψων ὄψον εἰσὶ οἱ ἅλες. Au lieu de *salmigondi*, on a dit ensuite *salmigondin*, en y ajoûtant une N, comme on a fait au mot *ainsi*, qu'on prononce *ainsin* dans plusieurs Provinces; & particuliérement dans celles d'Anjou & du Maine.

Faites-moi cette amitié. Je vous demande excuse.

CHAPITRE LXVI.

Faites-moi cette amitié, est tres bien dit : mais c'est un terme de familiarité.

Je vous demande excuse, ne vaut rien du tout. Il faut dire, *Je vous demande pardon*, & *Je vous fais excuse*.

S'il faut dire le point du jour, ou la pointe du jour.

CHAPITRE LXVII.

J'Apprens des Entretiens de M. de Voiture & de M. Costar, page 296. que M. Costar ayant fait cette question à M. de Voiture, M. de Voiture lui avoit répondu en ces termes : *Le point du jour, & la pointe du jour: masle ou femelle. Vous en userez comme il* vous plaira, & selon l'humeur où vous serez. M. de Balzac fit aussi autrefois la mesme question à M. Chapelain; comme je l'apprens d'une de ses Lettres, qui est la segonde du livre vint-&-unième. Et j'ay su depuis peu de M. Chapelain, qu'il avoit répondu que *le point du jour* estoit beaucoup meilleur, & qu'il ne faloit se servir de *la pointe du jour* que dans le discours familier, & en y ajoûtant le mot de *petite*. *A la petite pointe du jour*. J'ajoûte à l'autorité de M. Chapelain celle de Nicod, qui a tousjours dit *le point du jour*, & jamais *la pointe du jour*: & celle de Villon dans la Ballade pour un Gentilhomme nouvellement marié.

Au point du jour que l'Esprevier se bat, &c. Mais Rabelais livre 1. chap. 45. a dit *la pointe du jour*. Et quoyque je préfére *le point du jour* à *la pointe du jour*, je croi neanmoins que dans le discours familier on peut fort bien dire *la pointe du jour*, sans y ajouter le mot de *petite*.

Iuridiction, jurisdiction.

CHAPITRE LXVIII.

IL faut écrire & prononcer *Iuridiction*, & non pas *Iurisdiction*; quoyqu'on écrive & qu'on prononce *Iurisprudence* & *Iurisconsulte*.

Commander.

CHAPITRE LXIX.

CE verbe régit tantost le datif & tantost l'accusatif. Il régit le datif, quand on commande effectivement. Ainsi on dit, *On commanda aux Chevaux Légers de la Garde de pousser les ennemis.* Il régit l'accusatif, lorsqu'il s'agit d'habitude, ou d'un pouvoir ordinaire de commander. Car on dit, par exemple, *M. le Prince; M. de Turenne, commande l'Armée : Artaignan commande les Mousquetaires.* On dit demesme, en parlant d'une éminence ou d'une hauteur, *qu'elle commande la place*; & non pas, *à la place.* M. de Voiture dans une de ses Lettres a dit neanmoins, *I'aimerois mieux estre bien dans vostre esprit, que de commander à toute la terre.* Ce qui est tres-bien dit, quoyqu'il ne soit pas question en cet endroit d'un commandement réel & présent. Et ce seroit mal dit aucontraire, que de dire, *I'aimerois mieux estre bien dans vostre esprit, que de commander toute la terre.* Ainsi plaist à l'Usage. Je n'en say point d'autre raison.

Dom Iouan d'Autriche; Dom Iean d'Autriche.

CHAPITRE LXX.

ON dit d'ordinaire à la Cour *Dom Iouan d'Autriche.* Mais on peut fort bien dire aussi *Dom Iean d'Autriche.* M. d'Ablancourt tome 2. page 54. de son Marmol, a dit, *Jusqu'à ce que Dom Iean, premier Roi de Castille,* &c. Mais quand on n'ajouste point *d'Autriche,* il est mieux de dire *Dom Iouan,* que *Dom Iean.*

Il faut dire en parlant des Rois de Castille, & de ceux de Portugal, *Le Roi Iean,* & non pas *Le Roi Iouan.*

Où que, *pour* en quelque lieu que.

CHAPITRE LXXI.

CEtte façon de parler se trouve en plusieurs Auteurs tant anciens que modernes. Coquillart dans le Monologue des Perruques:

Et me nomme on où que je soie
Le Gendarme fameux cassé.

Marot dans l'Histoire de Léandre & d'Ero:

L'œil & le cœur de tous ceux qui la virent,
Où qu'elle allast, tout le jour la suivirent.

Malherbe

Malherbe dans son Ode au Roi Henri le Grand, sur l'hureux succés de son voyage de Sedan :

    Où que tes banniéres aillent ;
    Quoyque tes armes assaillent.

Le Président Maynard :

    Où que tu sois, quoyqu'on y face,
    Tu mets en jeu tes bisayeux.

L'Abbé de Monsuron dans un de ses Sonnets :

    Ie vis, où que je sois, avec toute assurance.

Et dans une de ses Chansons :

    Ne pensez pas qu'en vous quittant,
    Où que je sois jamais, je puisse estre content.

Et dans sa Réponse à M. Du Périer, célébre Avocat du Parlement d'Aix :

    Où que le sort te fasse aller.

Le mesme M. Du Périer dans son Ode à l'Abbé de Monsuron :

    La finesse d'un esprit fort
    Est de suivre le gré du sort
    Où que sa cruauté l'emporte.

M. Corneille dans son Imitation de Jesus-Chrit, livre 2. chap. 1.

    L'Homme n'a point icy de cité permanente.
    Où qu'il soit, quoyqu'il tente,
    Il est un malhureux Passant.

Et au chapitre dernier du livre prémier, parlant de l'Homme Chrétien :

    Où qu'il soit, quoyqu'il face, il redoute, il chérit
    Cet estre universel à qui rien ne perit.

Et dans sa Thébaïde, page 68.

    Où qu'il jette la vue, il voit briller des larmes.

M. de Brébœuf livre 6. de sa Pharsale:
Où qu'il porte les yeux, il y porte la mort.
Mais nonobstant toutes ces autoritez, je tiens cette façon de parler vicieuse ; & comme je ne voudrois pas m'en servir, je conseille aux autres de ne s'en point servir.

S'il faut dire les vacances, ou les vacations.

CHAPITRE LXXII.

ON dit à Paris *vacations*, en parlant de la cessation des Juridictions ; & *vacances*, en parlant de celle des Colléges. Coquillart dans ses Droits Nouveaux a dit *vacation*, au singulier.

 Or je mets un cas, qui est tel:
 Vn mari en vacation
 Voyant que le temps estoit bel,
 S'en alla en commission.

Il faut dire *vacations*, au plurier.

Poche, pochette.

CHAPITRE LXXIII.

Monsieur de la Moté le Vayer m'ayant oüi dire autrefois qu'il faloit dire *poches*, en parlant de chausses, & non pas *pochettes*, a refuté mon opinion en ces termes, qui sont de la troisiéme Journée de son Hexaméron Rustique : *Ménalque prit sujet cependant sur le mot de* pochette *, dont s'estoit servi Racémius, de le railler, pour n'avoir pas employé celui de* poche *, qu'il prétendoit estre en usage jusques dans les Romans. Ie laisse la* poche *aux Meusniers, lui répondit brusquement Racémius : & je vous soustiens deplus que les Dames & les Cavaliers ussent rougi autrefois s'ils ussent dit* poche *pour* pochette ; *le diminutif ayant quelque chose de plus convenable à leur condition.* Je ne say pas si les Dames & les Cavaliers ussent rougi autrefois en disant *poche* : mais je say bien qu'ils rougiroient présentement s'ils disoient *pochette*. Tout le monde dit *poche*, non seulement à la Cour, mais à Paris. Et de là vient qu'on appelle *poche* un petit violon, parcequ'on le porte dans la poche. Ainsi on dit *un pistolet de poche*, & non pas, *un pistolet de pochette*.

Noms de genre douteus.

CHAPITRE LXXIV.

Dans toutes les Langues il y a des noms de genre douteus. Voicy une liste de ceux qui le sont dans la nostre.

ABYSME. Ronsard l'a fait féminin.
 Là de la terre & là de l'onde
 Sont les racines, jusqu'au fond
 De l'abysme la plus profonde,
 De cet Orque le plus profond.

C'est dans l'Ode au Chancelier de l'Hopital, que Passerat préféroit au Duché de Milan. Nicod l'a fait masculin ; & c'est de ce genre-là qu'il est, incontestablement.

ACHROSTICHE. Masculin. S. Amant dans son Poëte Croté :

Il me souvient qu'un acrostiche,
Anagrammé par l'hémistiche, &c.

AFFAIRE. Il estoit autrefois masculin. Marot dans sa Lettre au Roi, pour le délivrer de prison :

Et m'excusez, si pour le mien affaire
Je ne suis point vers vous allé parler.

Et dans la Complainte sur la mort de Florimond Robertet :

En guerre, en paix, en affaires urgens,
Au gré des Rois, & profit de leurs gens.

Il est présentement féminin.

AGE. Malherbe l'a fait masculin & féminin.

Quoyque l'âge passé raconte.
Et maintenant encore en cet âge penchant.
Que d'hommes fortunez en leur âge premiére.
Font un visage d'or à cette âge ferrée.

Il est aujourdhuy plustost masculin que féminin.

AIDE. Il est masculin, quand il signifie Aide à maßon. Mais il est féminin, quand il signifie *secours* ; quoyque M. Sorel ait dit dans son Francion *aide divin*, & M. d'Andilly *un grand aide* dans sa Traduction de Climaque.

AIGLE. Dans le propre il est masle & fémelle. *Vn grand aigle*; *une grande aigle*: *à l'aigle noir*; *à l'aigle noire*. Du Bartas dans la prémiére Journée de sa Semaine:

Elle rencontre un nid de deux aigles jumelles.

Et dans la settiéme.

Ainsi l'aigle voléte autour de ses petits, &c.
Il laisse quelques jours, sans les paistre, écouler.

Dans le figuré, il est masculin en termes de de blason. *Vn aiglé becqué & membré*. Mais on dit *les Aigles Romaines* pour dire *l'Empire Romain*. J'ay dit en parlant de la Fauvette de Mademoiselle de Scudery,

Et qui sur l'aile de vos vers
Vole aujourdhuy par l'univers
Et plus haut & plus loin que les Aigles Romaines.

M. Mairet dans sa Sophonisbe l'a pourtant fait masculin dans cette signification figurée.

Clair Soleil, la terreur d'un injuste Senat,
Et dont l'Aigle Romain n'a pu souffrir l'éclat.

ALARME. Il est féminin sans contestation. *Vne fausse alarme*.

ALCOVE. M. d'Ablancourt dans son Marmol l'a fait féminin. Les Italiens disent de mesme *una alcova*, & les Espagnols *una alcoba*. M. Miton, qui est un des hommes de France qui sait le mieux la Langue Françoise, le croit pourtant masculin. Je le croy féminin.

AMOVR. Il estoit autrefois féminin. Villon dans son Grand Testament.

Qui alafois dit de bons mots,
Et chante bien, Ma douce amour.

Marot dans l'Epigramme à ses Disciples :
La Chanson fut bien ordonnée,
Qui dit, M'amour vous ay donnée.
Depuis il a esté des deux genres. Aujourdhuy dans la prose il n'est plus que masculin, soit qu'on parle de l'amour divin, ou de l'amour prophane : car en poësie il est tousjours hermaphrodite : mais neanmoins plustost masle que femelle. Le Pere Bouhours l'a fait féminin en prose. C'est dans ses Entretiens page 419. de la seconde édition. *Comme une marque publique que sa première amour seroit immortelle.* Je ne croy pas qu'en cela il soit à imiter.

ANAGRAMME. M. de Vaugelas veut qu'il soit tousjours féminin ; & je suis de son avis. C'est aussi de ce genre que l'a fait M. Colletet dans l'Epigramme contre les Anagrammatistes qu'il m'a fait l'honneur de m'adresser.

MÉNAGE, *sans comparaison*
J'aimerois mieux tirer l'oison,
Et mesme tirer à la rame,
Que d'aller chercher la raison
Dans les replis d'une Anagramme.

ANCRE. Le Pere Chiflet le fait du genre commun. Il n'est que du féminin.

APPROCHES. Féminin.

APSINTHE. Malherbe l'a fait masculin & féminin.

Tout le fiel & tout l'apsinthe.
Adoucir toutes nos apsinthes.

ARBRE. Les Angevins le font féminin. Il est masculin incontestablement.

ARMOIRE. Le Pere Chiflet, dans son Essay

d'une parfaite Grammaire Françoise, l'aime mieux masculin. Et c'est de ce genre que le font tousjours les Gascons. Il est absolument féminin.

ART. Amyot tout au commencement de la Vie de Scipion l'a fait féminin. *P. Cornelius Scipion, donnant dés son enfance un certain espoir de sa gentile nature & excellente vertu, commença d'estre instruit en toutes arts militaires.* Il est masculin. *Les arts liberaux.*

ARCHEVESCHÉ. Voyez *Evesché*.

AUTONNE. Il estoit anciennement masculin, conformément au Latin *autumnus*. On l'a fait depuis féminin. M. de Balzac tout au commencement de son Prince : *J'ay esté assez long-temps dans le monde, mais je n'ay vescu qu'autant que dura l'autonne passée.* C'est aussi de ce genre que l'a fait M. Godeau, Evesque de Vence, tome 2. de ses Poësies Chretiennes :

On conteroit plustost tous les sablons volans
Qu'enferme la Lybie en ses deserts brulans,
Et les épis dorez qu'en une riche autonne
Dans ses fertiles champs la Sicile moissonne.

M. de Voiture, M. Miton, & M. Chapelain le font tousjours masculin. Je le tiens hermaphrodite.

CARROSSE. *Carroce, ou bien carroche,* dit Nicod, est un mot Italien, puis n'agueres naturalisé en France. Les Italiens disent *carroccio, & carrozza* : de *carroccio*, nous avons fait *carrosse,* masculin, & de *carrozza, carrosse,* féminin. Théophile a dit,

Du bruit de sa carosse importune le Louvre.

Enroüé, comme de l'airain,
Où roulleroit une carroſſe.

Il n'y a plus que les Gaſcons & les payſans qui diſent *une carroſſe.*

CIMARRE. Féminin, conformément à l'Italien *gammurra* & *zimarra*, & à l'Eſpagnol *çamarra.* Les Eſpagnols diſent auſſi *çamarro*: ce qui, avecque l'étymologie du mot; qui eſt *amphimallum*; pourroit favoriſer l'opinion de ceux qui font *cimarre* maſculin. Touchant cette étymologie, voyez mes Origines de la Langue Italienne, au mot *gammurra.*

CIMETERRE. Ronſard dans ſa Franciade l'a fait féminin.

Perſée eſtoit ſur le haut de la roche,
Ayant au poin ſa cimeterre croche.

Il eſt maſculin.

CAVTION. Les Angevins & les Bretons le font maſculin. Il eſt féminin. *Ie ſuis ſa caution. Caution Bourgeoiſe. Bonne & ſuffiſante caution.*

CHOSE. Maſculin, *in obſcœnis.*

COMETE. Le genre de ce mot fut fort agité à la Cour durant l'apparition de la derniére Cométe; & quelqu'un dit plaiſamment qu'il faloit lui regarder ſous la queue, pour ſavoir ſi elle eſtoit maſle ou fémelle. Je ſuis de l'avis de ceux qui croient que ce mot eſt féminin: quoyque le Grec κομήτης, & le Latin *cometa* ſoient maſculins. C'eſt auſſi de ce genre que l'a fait Nicod.

COMTE'. Il eſtoit autrefois féminin. Marot ſur la mort de Robertet;

Tel fut conduit dedans Blois la Comté.

Il a esté ensuite masculin & féminin. Il est presentement tousjours masculin ; si ce n'est quand on dit *La Franche-Comté*, ou quand on dit *Comté Pairrie*. Voyez cy-dessous au mot *Duché*. Mais quand on parle de la Franche-Comté, & qu'on n'ajoute point le mot de *Franche*, il faut dire *Le Comté*.

COUPLE. Pasquier livre 18. de ses Lettres, page 38. parlant des Gasconismes de Montagne, dit qu'il a fait ce mot masculin. Plusieurs bons Auteurs cependant l'ont fait du mesme genre. Saint Gelais :

 Mémoire à mon Solliciteur,
 Qui prend à Paris mes pacquets,
 De m'envoyer par ce porteur
 Vn couple de bons perroquets.

Ronsard dans l'Epitaphe d'Anne de Lesrat, Angevine, parlant de ses freres :

 Desquels le noble couple
 Passe la flame double
 De ces Iumeaux divins.

Et Malherbe dans ses Stances sur le mariage du Roi Louis XIII. & de la Reine Anne d'Autriche :

 Hureux couple d'Amans, nostre grande
  Marie, &c.

Nicod & Pasquier l'ont fait féminin. J'ay dit aussi autrefois dans mon Epître au Docteur Pâris :

 Six pains de cire, & pour le moins
 Vne couple de faux témoins.

En ce temps-là tout le monde disoit *une couple de pigeons ; une couple de tourterelles,* comme plusieurs le disent encore présentement. Aujourdhuy on dit plus communément *un couple de pigeons ; un couple de tourterelles*. Les Chasseurs disent aussi *un couple de chiens*, non seulement de deux chiens attachez ensemble, mais aussi du lien qui les attache. Pour ce qui est d'*un couple d'Amans*, c'est ainsi que tout le monde parle, & je n'ay jamais oui dire à personne *une couple d'Amans*.

CYMBALES. Féminin. *Cymbales sonantes.*

DATE. On disoit anciennement *le date*, & *la date*. *Le date*, de *datum*; & *la date*, de *data*, en sousentendant *epistola*. On ne dit plus que *la date*. *De fraische ; de vieille date*.

DIALECTE. Je le tiens masculin : quoyque le Pere Labbe, page 277. de ses Etymologies, l'ait fait féminin ; après Henri Estienne, qui a intitulé un de ses livres, *Traité des Dialectes Françoises*.

DOT. Il faut dire *la dot*, & non pas *le dot*, comme dit M. de Vaugelas dans sa Traduction de Quinte-Curce, & M. d'Ablancourt dans tous ses livres. Nicod dit *le dost*, qui est encore bien plus mauvais que *le dot*. M. Patru dans ses Plaidoyez dit tousjours *la dote* par une E à la fin : & il soustient que c'est ainsi qu'il faut parler, n'y ayant aucun mot dans nostre Langue terminé en *ot*, qui ne soit masculin, à la reserve de *Margot*. M. Patru est un homme d'une grande autorité dans nostre Langue : & je ne doute point que son autorité ne puisse avecque le temps établir ce mot de *dote* : mais cependant je suis d'avis qu'on continue à dire *la dot*,

DOUTE. Amyot dans la Préface de son Plutarque, & Coëffeteau dans son Histoire Romaine l'ont fait féminin. C'est aussi dans ce genre que Malherbe l'a tousjours employé, & en prose & en vers. Livre 2. de ses Lettres lettre XI. *Ie l'ay tiré d'icy pour la doute que j'avois*, &c. Dans ses Poësies :

Nos doutes seront éclaircies. ¶

C'est la doute que j'ay que ce dernier effort. ¶

C'est la doute que j'ay qu'un malheur ne m'assaille.

M. Gombaud acte 5. scéne 1. de son Amarante, & acte 1. scéne 1. de ses Danaïdes, M. de Balzac tome 2. de ses Oeuvres page 152. & M. de Voiture page 144. de ses Lettres, en ont usé demesme. Et c'est en effet de ce genre qu'il devroit estre selon l'étymologie : car il vient du Latin barbare *dubita*, qu'on a dit pour *dubitatio* : comme *missa*, pour *missio* ; *promissa*, pour, *promissio* ; *consulta*, pour *consultatio*. Les Espagnols disent aussi *la duda*, qu'ils ont formé du mesme mot Latin *dubita*. M. de Balzac dans son Socrate Chretien, se moque au reste plaisamment d'un vieux Pédagogue de Cour, que l'an climatérique surprit, délibérant si *erreur* & *doute* estoient masculins ou féminins. Mais pour parler sérieusement de ce dernier mot, il n'est plus aujourdhuy que masculin.

DUCHÉ. Il est masculin & féminin ; & plustost masculin que féminin. Mais il n'est que féminin, lorsqu'il est joint à *Pairrie*. Vne Duché-Pairrie. Et la raison est, que ces mots

Duché, Pairrie, ne devant estre considérez que comme un seul mot, c'est le dernier, qui n'est que féminin, qui reigle le genre. Il en est de mesme de *Comté Pairrie*. Il faut dire *une Comté-Pairrie*, & non pas, *un Comté Pairrie*.

Echo. Masculin, dans la signification d'un son répercuté.

Ebène. Rabelais iv. 54. l'a fait masculin. *Indie seule porte le noir ébéne*. Il est féminin: & c'est de ce genre que le font tous les Ebénistes.

Emeravde. Antoine de Baïf, livre 6. de ses Poëmes, dans son Poëme à Philippe Desportes, l'a fait masculin, conformément au Latin *smaragdus*.

 Là l'émeraude verdoyant
 Icy le rubis flamboyant,
 Le Iacynthe & la Chrysolite.

Il est féminin, sans contestation.

Emplastre. Nicod l'a fait masculin: & c'est de ce genre qu'il estoit de son temps. Il est aujourdhuy féminin. On dit pourtant encore dans le figuré, en parlant d'un homme, *C'est un bon emplastre*.

Enfant. En parlant à une jeune fille, on dit depuis quelques années, *Ma belle enfant; Ma chére enfant*.

Epigramme. Le Pere Chiflet l'aime mieux masculin. C'est aussi de ce genre que l'a fait Marot.

 Anne, ma sœur, sur ces miens Epigrammes
 Iette les yeux doucement regardans.

Et Du Bellay dans l'Epître au Lecteur, qui est devant son Olive: *Quelques-uns voians* que je finiſſoy, ou m'efforçoy de finir mes Sonnets par cette grace qu'entre les autres Langues s'eſt fait propre l'Epigramme François. Et Henri Eſtienne dans la Préface de ſon Traité de la conformité du Langage François avec le Grec: *Ce Seigneur (Monſieur de Langeay Du Bellay) comme chacun ſait qu'il eſtoit fort amateur des Lettres, avoit convié deux diverſes fois quelques ſiens amis à diſner; avec promeſſe de leur donner d'un bon épigramme à l'entrée de table.* Et M. Saraſin dans ſes Eſtreines, écrites en vieux langage:

*Et meſmement deſſus mon eſcalier
S'eſt mis au guet un petit Ecolier,
Tenant en main Epigramme Latin,
Où me traitoit en Prince Palatin.*

M. de Vaugelas veut qu'il ſoit touſjours féminin; & c'eſt auſſi de ce genre que l'a touſjours fait M. Colletet dans ſon Traité de l'Epigramme. M. Saraſin l'a fait du meſme genre dans ſon Poëme de la Défaite des Boutsrimez:

*Au Sonnet difficile eſt l'Epigramme jointe:
Tous deux accouſtumez à frapper de la pointe.*

Il eſt des deux genres, comme l'a fort bien décidé M. de Balzac. *Pour une de haut gouſt* (Il parle des Epigrammes de l'Anthologie) *combien y en a-t'il d'inſipides & de froids? car je vous apprens qu'épigramme eſt maſle & fémelle.* C'eſt dans ſon Entretien cinquiéme, au chapitre troiſiéme. Mais quoyque ce mot ſoit des deux genres; quand on a commancé à le faire féminin au commencement d'une période, il n'eſt pas permis de le faire masculin à la fin de la mesme période, comme a fait M. de Balzac au passage que je viens de rapporter. Mais ce qu'il en a fait, ç'a esté par galanterie. Quoyque ce mot aurestc soit masculin & féminin, il est neanmoins plus communément féminin : & c'est en ce genre que je m'en voudrois tousjours servir.

Episode. Il est masculin & féminin : mais contre l'avis de M. de Vaugelas je le ferois plustost masculin que féminin. Et c'est aussi de ce genre que l'ont fait Messieurs de l'Académie dans leurs Sentimens sur le Cid.

Epithalame. Selon M. de Vaugelas il est des deux genres, mais plustost masculin que féminin. Je croi qu'il n'est que masculin.

Epitaphe. Ronsard dans la Dédicace de ses Epigrammes l'a fait masculin.

Le dernier honneur qu'on doit à l'homme mort,
C'est l'Epitaphe écrit tout à l'entour du bord
Du Tombeau par memoire.

M. de Vaugelas veut qu'il ne soit plus présentement que féminin. Il y a près de trente ans que Madame de Crecy de Longueval fit ce quatrain sur le bruit qui couroit de la mort de Madame la Duchesse de Monbason :

Cy gist Olympe, à ce qu'on dit.
S'il n'est pas vray, comme on souhaitte,
Son Epitaphe est tousjours faite:
On ne sait qui meurt ny qui vit.

En ce temps-là je n'avois jamais oui parler du mot d'*épitaphe* au genre féminin : & j'ay cru long-temps que c'estoit Madame de Crecy de Longueval qui l'avoit employé la prémiére en ce genre. Je me trompois. Marot s'en est servi au mesme genre dans l'Epitaphe de Jean Cotereau.

———— Puis mourant, dit adieu
A ses enfans, qui sur lui ont posée
Cette Epitaphe, & la tombée arrosée.

Il est des deux genres : mais plustost féminin. Et c'est de ce genre que M. Chapelain l'a employé dans son Testament.

EPITHETE. Les Anciens l'ont tousjours fait masculin. Du Bellay dans son Illustration de la Langue Françoise, chapitre neuviéme. *Quant aux épithétes qui sont en nos Poëtes François, la plus grand' part ou froids, ou ocieux.* M. de Vaugelas veut qu'il soit présentement plustost féminin que masculin : & pour cela il cite le livre intitulé *Epithétes Françoises*. Le Pere Chiflet est du mesme avis. Je croi qu'on le peut faire indifféremment masculin & féminin. M. de Balzac a dit *épithétes oisifs*. C'est dans son Barbon qu'il m'a fait l'honneur de m'adresser. M. de Vaugelas lui-mesme l'a fait masculin. *Epithéte mal placé.* C'est le titre qu'il a donné à une de ses remarques, page 156. de la premiére edition. Il a dit ailleurs *épithétes fréquens*. Messieurs de l'Académie dans leurs Sentimens sur le Cid, l'ont fait aussi du mesme genre. HAUTE, *n'est pas un épithéte propre en ce lieu.* C'est à la page 126.

EQUIVOQUE. Le mesme M. de Vaugelas veut qu'il soit tousjours féminin ; & je suis en cela de son avis ; quoyque Du Bellay dans son Illustration de la Langue Françoise, au chapitre 7. de la prémiére édition, l'ait fait masculin. Le Pere Chiflet l'aime mieux aussi féminin.

ERREVR. Marot l'a fait masculin.
Saurez par trop mieux m'excuser
D'un gros erreur, si fait l'avoie.
C'est dans son Epigramme au Poëte Cretin. Amyot l'a tousjours fait du mesme genre. Il est aujourdhuy féminin; & si declaré, comme dit M. de Vaugelas, que qui le fait d'un autre genre, fait un solécisme. Voyez cy-dessus au mot *doute*.

ESCRITOIRE. Rabelais livre 1. chap. 14. l'a fait masculin. *Et portoit ordinairement un gros escritoire, pesant plus de sept mille quintaux.* Les Gascons le font aussi de ce genre. Il est féminin.

ESPACE. Féminin, en terme d'Imprimerie. Ronsard livre 1. Ode 10. a dit, *Par le fil d'une longue espace.* Mais en cela il n'est pas à imiter.

ESTVDE. Dans la signification de *travail* masculin: dans celle de *cabinet*, féminin, selon le Pere Chiflet. Selon M. de Vaugelas, féminin dans l'une & l'autre signification. Je suis de l'avis de M. de Vaugelas.

EVENTAIL. Masculin, sans contestation. Les Picards disent *éventaille*, au féminin, aulieu d'*éventail*: ce qui a fait croire à quelques uns qu'ils disent *éventail*, au mesme genre.

EVESCHE'. Ronsard dans sa Réponse au Ministre Montdieu l'a fait féminin.

Or sus, mon frere en Christ, tu dis que je
suis Prestre.
J'atteste l'Eternel, que je le voudrois estre,
Et avoir tout le chef & le dos empesché
Dessous la pesanteur d'une bonne Evesché.
Il est présentement masculin. Il en est de mesme d'*Archevesché.*

EXEMPLE. M. de Vaugelas a fort bien decidé qu'il estoit féminin en la signification de patron, ou de modelle d'escriture, que les Maistres Escrivains donnent aux enfans pour leur aprendre à escrire ; & que dans l'autre signification il estoit masculin. *Voilà un bel exemple : Donner bon exemple.* Renier l'a pourtant fait aussi féminin dans cette derniere signification.

J'oy ce semble quelqu'un de ces nouveaux
Docteurs,
Qui d'estoc & de taille estrillent les Auteurs,
Dire que cette exemple est fort mal assortie.

FOUDRE. Il y a long-temps que Muret sur le 79. Sonnet du livre prémier des Amours de Ronsard, a remarqué que ce mot estoit masculin & féminin. En effet Ronsard l'a fait des deux genres. Il a dit dans l'Ode 7. du livre 1.

Muses, filles du grand Dieu,
Par qui la foudre est lancée.

Et dans la dixiéme du mesme livre :

Courage, mes filles, dit-elle ;
Et filles de ce Dieu puissant,
Qui seul en sa main immortelle
Soustient le foudre rougissant.

Malherbe, qui l'a fait masculin en ces vers,

 A peine il a vu le foudre
 Parti pour le mettre en poudre,

l'a fait féminin en ces autres,

 Cet assaut comparable à l'éclat d'une foudre. ¶

 Pren ta foudre, Loüis, & va comme un lion. ¶

 Phlégre qui les reçut, put encore la foudre. ¶

 Portant la foudre de nos Rois.

Dans le figuré il est tousjours masculin. *Vn foudre de guerre.* Dans le propre, on le fait aujourdhuy le plus souvent féminin. Et c'est de ce genre que l'a fait Villon dans son Epitaphe : *Nous préservant de l'infernale foudre.*

FOVRMI. Ronsard dans son Poëme de l'Aloüette l'a fait masculin.

 Mais tu vis par les sillons vers
 De petits fourmis & de vers.

Et Belleau dans le Poëme du Papillon :

 Tu lui diras que son Remi,
 A qui il a donné son fourmi, &c.

Nicod dans son Tresor l'a fait aussi du mesme genre. Mais Du Bartas dans sa Semaine de la Création du monde l'a fait féminin.

 Puissent avecque toi les Dardoises fourmis.

C'est en la cinquiéme Journée. Et en la 7.

 Paresseux, si tu veux apprendre ta leçon,
 Va-t'en à la formi, va-t'en au herisson.

Et Marot dans la Traduction de l'épigramme de Martial, *Dum Phaëtontaa*, &c.

 Dessous l'arbre, où l'ambre degoutte,
 La petite formis alla, &c.

LANGVE FRANÇOISE. 151

Tous nos Auteurs modernes le font aussi de ce genre : mais le peuple le fait tousjours masculin.

GARDEROBE. Pour une petite chambre, féminin. Pour une toile que les femmes & les petits enfans portent pour conserver leurs habits, masculin.

GENS. Nous avons remarqué cy-dessus, au chapitre 25. que ce mot, selon la remarque de Monsieur de Vaugelas, estoit masculin dans la signification de *domestiques*, de *Soldats*, d'*Officiers de Iustice* : mais que dans celle de *personnes*, il estoit féminin, si l'adjectif le précédoit, & masculin, s'il le suivoit. Ainsi on dit, *Voilà des gens bien faits; bien resolus ; Ce sont des gens bien sots*. Et on dit au contraire, *Voilà de belles gens ; Ce sont de sottes gens*. Nous avons aussi remarqué, que cette reigle souffroit une exception : qui est qu'après l'adjectif *tout*, ce mot de *gens*, mesme dans la signification de *personne*, estoit masculin. *Tous les gens de bien ; Tous les honnestes gens*. J'ajoute à toutes ces remarques, que *gens* en un mesme endroit est quelquefois masculin & féminin tout ensemble : Comme en cet exemple : *Ce sont de sottes gens : Ils ne savent rien. Ils ne sauroient dire un mot*.

GREFFE. Féminin, quand il signifie un cyon d'arbre pour enter.

HESMISTICHE. Masculin, incontestablement.

HORLOGE. Les Normands le font masculin. *La Ruë du gros horloge*. Et c'est aussi de ce genre que le font les Gascons & les Provençaux. Il est féminin.

HOROSCOPE. Masculin, indubitablement.

HVILE. Charles Fonteine, Parisien, page 245. de son Quintil Censeur, (car ce Charles Fonteine est auteur de ce livre) l'a fait masculin. Et c'est aussi de ce genre que le font les Gascons. Il est constamment féminin. *De bonne huile. Les saintes huiles.*

HYMNE. Binet dans la Vie de Ronsard l'a fait masculin. *Bien fit-il sortir alors ses Hymnes, pleins de doctrine & de majesté poëtique.* Et Richelet sur l'Ode 5. du livre 5. des Odes de Ronsard : *Par ce bel Hymne*, &c. Pasquier livre 1. de ses Recherches, chap. 7. l'a fait féminin. *En cette belle Hymne que Ronsard fit sur la mort de la Reine de Navarre.* Messieurs de Port-Royal dans l'avis au Lecteur, imprimé devant leurs Heures, l'ont fait du mesme genre. Selon moi il est des deux genres.

JAVNISSE. Les Angevins le font masculin. Il est féminin incontestablement. *J'ay la jaunisse.*

IDOLE. M. Corneille dans sa Tragédie d'Othon, Acte 3. Scene 1. l'a fait masculin.

Et Pison ne sera qu'un idole sacré,
Qu'ils tiendront sur l'autel, pour répondre
  à leur gré.

Malherbe l'a fait féminin.

Ie say bien que sa Carmagnole
Devant lui se représentant,
Telle qu'une plaintive Idole,
Va son courroux sollicitant.

Et c'est de ce genre dont il est ; quoyque le Pere Chiflet l'aime mieux masculin.

IMAGE. Féminin, constamment, quoyque Ronsard l'ait fait masculin.

Elle dessus ton rivage
Ressemble à un bel image
Fait de porphyre véneux.

C'est dans l'Ode 12. du livre 5. Les Gascons le font aussi masculin.

INSULTE. Le Pere Bouhours dans ses Entretiens, page 449. de la 3. édition, le fait masculin. *Dans le temps que les neveus d'Alexandre VII. furent accusez d'avoir fait un insulte à la France* Il est constamment féminin. On dit *une grande insulte*, & non pas *un grand insulte*. Il est vray neanmoins que nos anciens disoient *un insult*. Voyez Nicod au mot *brave*. Mais on ne dit plus qu'*insulte*; & *insulte*, encore une fois, est féminin.

INTRIGUE. Féminin, quoyqu'il vienne de l'Italien *intrigo*, masculin. *L'intrigue fut conduite si segrétement*, dit le Pere Bouhours Jésuite, page 17. de la prémiére édition de ses Entretiens.

LIMITES. Masculin.

LIS. Riviére. Je l'ay fait masculin dans mes Estreines à Mademoiselle de Scudery.

Lui, qui sur les rives du Lis
En mille lieux planta nos lis.

Tous les Anciens l'ont fait du mesme genre. Il est présentement masculin & féminin, & plustost féminin que masculin.

LOIRE. Fleuve. Du Bellay dans son Ode à

Ronsard contre les Poëtes envieux, l'a fait masculin.

> *Par leurs vers laborieux,*
> *Brulans de voir la lumiére,*
> *Noſtre Loire glorieux*
> *Enfle ſa courſe prémiére.*

Et dans le 3. Sonnet de ſon Olive:

> *Loire fameux, qui ra petite ſource, &c.*

Et dans ſa Muſagnéomachie:

> *Venez, l'honneur Loudunois,*
> *Et ceux que mon Loire priſe.*

Belleau dans la 2. Journée de ſa Bergerie, l'a fait du meſme genre.

> *Ah Loire trop hureux d'avoir deſſus tes bords*
> *Reçu les doux accens & les graves accords*
> *Du pouce Vandomois.*

Il eſt conſtamment féminin. Comme le mot ποταμός en Grec, qui ſignifie *fleuve*, & celui de *fluvius* en Latin, ſont maſculins, les Grecs & les Latins ont fait maſculins tous les noms de fleuves. Et de là vient que les Grecs ont répréſenté les fleuves ſous la figure d'un homme; & les Fontaines ſous celle d'une femme: car πηγή, qui ſignifie *fontaine*, eſt féminin. Voyez Elian livre 2. de ſes Diverſitez, chap. 33. Il n'en eſt pas de meſme en noſtre Langue. Nous diſons *la Loire, la Garonne, la Meuſe, la Moſelle, la Marne, la Seine, la Maine, la Sarte, la Sône, la Viſtule, la Charante*, &c.

MENSONGE. Maſculin, quoyque les Italiens diſent *menzogna*, au féminin. De *mendaciolum*, diminutif de *mendacium*, on a fait *mendaciolium*, d'où on a dit *mendacionium*, en changeant L en N. De *mendacionium*, on a dit enfuite *mencionium*, & *mencionia*, par contraction. De *mencionia*, les Italiens ont fait *menzogna*, comme nous *menfonge* de *mencionium*, & *menfonger*, de *mencionarius*.

MINVIT. Il a efté autrefois des deux genres. Il n'eft plus que du mafculin.

NAVIRE. Du Bellay au chapitre 6. de fon Illuftration de la Langue Françoife, l'ayant fait mafculin, en a efté repris par Charles Fonteine dans fon Quintil, en ces termes : *Tu commets un lourd folécifme, difant* mon navire, *pour* ma navire. Ce qui fait voir que ce mot du temps de ces Ecrivains eftoit communément féminin. Marot dans fes Vifions l'a pourtant fait aufli mafculin.

Puis en mer haute un navire avifoie.

Et Ronfard Ode 10. livre 1.

Ah, chére Mufe, quel Zéphyre, &c.
A fait écarter mon navire, &c.

Et Bertaud dans la 3. de fes Elégies :

Toy, petite rémore, arreftant mon navire.

L'Auteur des Remarques veut qu'il ne foit plus aujourdhuy que mafculin : & il fouftient que ce feroit faire une faute que de le faire féminin. L'Auteur de la Grammaire Générale, au chapitre 5. de la prémiére partie, dit la mefme chofe. Cela eft vray en profe, mais non pas en vers : car en vers on s'en fert encore au féminin. Et comme il eft moins ordinaire en ce genre, & que la Poëfie aime les locutions extraordinaires, il y fied mieux qu'au mafculin : témoin ces beaux vers de Malherbe :

Ainſi quand la Gréce partie
D'où le mol Anaure couloit,
Traverſa les mers de Scythie
Dans la navire qui parloit.

Et cela meſme n'eſt pas touſjours vray en proſe : car en parlant de la nef Argo, on peut fort bien l'appeler *la navire Argo* : ou pluſtoſt on la doit ainſi appeler. Il faut auſſi dire *la navire* en terme de blaſon.

OBOLE. Féminin. *Vne obole.*

OEVVRE. M. de Vaugelas veut qu'il ſoit maſculin au ſingulier, quand il ſignifie un livre, un volume, ou quelque compoſition, & féminin au pluriel : & qu'il ſoit touſjours féminin, tant au ſingulier qu'au pluriel, lorſqu'il ſignifie action. Cependant Charles Fonteine dans ſon Epître à Sagon & à la Huetérie, l'a fait féminin au ſingulier en la ſignification de *compoſition.*

On ſent tant de bien, quand une oeuvre eſt bien faite.

Et Bertaud dans une de ſes Elégies :
Vn jour donc qu'une coye & libre ſolitude
M'attachoit à cette oeuvre, au ſein de mon eſtude.

Et Amyot dans la Préface de ſon Plutarque :
Eſtant retiré en ſa maiſon, après avoir longuement veſcu à Rome, il ſe mit à écrire cette oeuvre excellente des Vies. Et M. Saraſin en ſa Balade du Gouteux ſans pareil :
Et le monde à peine imagine,
Qu'un homme en tourment ſi piteux
Puiſſe faire oeuvre ſi divine.

Il eſt auſſi quelquefois maſculin, contre l'avis
de

de M. de Vaugelas, lorsqu'il signifie *action*. On dit *le grand oeuvre*, pour *la pierre philosophale*. ¶ *Oeuvre de Marguilliers*, féminin.

OFFICE. Féminin, quand on parle des offices d'une maison. Ainsi on dit. *Il y a de belles offices en ce logis-là*. Dans la signification de charge & de dignité, il est sans contestation masculin, quoyque Baïf au livre 4. de ses Passe-temps l'ait fait féminin.

Gormier s'est fié pour guerir
A un Médecin, qui se vante
D'avoir son office vacante.
Gormier ne doit-il pas mourir?

Il est aussi masculin, quand il signifie *devoir & service*.

OFFRE. Je le fais féminin. *Les offres que je lui ay faites.*

OPERA. Masculin. *L'opera a esté long.*

OPUSCULES. Amyot a dit, *Fin de tous les Opuscules de Plutarque*. Nous dirions présentement *de toutes les Opuscules*.

ORATOIRE. M. de Vaugelas veut qu'il soit tousjours masculin. Beaucoup de gens cependant le font féminin. *Vne petite Oratoire.* Et les mots *escritoire* & *armoire*, qui sont de mesme terminaison, & qui sont aussi féminins, ne favorisent pas peu leur opinion.

ORDRE. Ramus l'a fait féminin au passage allegué cy-dessus au chapitre 11. *Car nous avons ja demontré que le François a certaine ordre en son oraison.* Et Villon dans son Grand Testament:

Et s'aucun, dont n'ay connoissance,
Estoit allé de mort à vie,

Tome I.

Audit Calais donne puissance.
Afin que l'ordre soit suivie.

M. de Vaugelas veut qu'on dise *les Saintes Ordres*, & *des Ordres sacrez*. Il se trompe. Ordre est présentement tousjours masculin. Anciennement il estoit masculin & féminin indifféremment. Et de là vient qu'on a dit, aussi indifféremment, *Les Quatre Mineurs*, & *Les Quatre Mineures*, en sousentendant le mot d'*Ordres*. M. Godeau, Evesque de Vence, pour le marquer en passant, a dit *Les Quatre Mineurs*. Il faut dire *Les Quatre Mineures*.

ORGVE. Masculin au singulier, & féminin au plurier.

OUVRAGE. M. de Vaugelas dit que les femmes, en parlant de leur ouvrage, le font tousjours féminin : *Voila une belle ouvrage* ; *Mon ouvrage n'est pas faite* ; & qu'il semble qu'il leur doive estre permis de nommer comme elles veulent ce qui n'est que de leur usage : mais que pour les hommes, il ne leur est pas permis d'en user de la sorte. Rabelais livre 1. chap. 16. l'a pourtant employé au mesme genre. Il est masculin par tout ailleurs.

PERIODE. Ce mot signifie deux choses : l'élévation, ou le plus haut point de quoyque ce soit ; & une partie de l'oraison qui a son sens complet. Dans la prémière signification il est masculin. *Monté au période de la gloire* ; *Iusqu'au dernier période de sa vie*. Mais en cette signification il n'est plus guère en usage. Dans l'autre, il est féminin sans contestation ; quoyque Du Bellay au chapitre 9. de son *Illustration de la Langue Françoise* l'ait fait masculin. *Regarde que les périodes soient bien joints, numereux, bien remplissans l'oreille, & tels,* &c. Et c'est avecque raison qu'il en a esté repris par Charles Fonteine en son Quintil Censeur.

Personne. Masculin, quand il signifie *nul. Personne n'est icy venu.* Il est aussi masculin en quelques endroits, dans la signification de *personne.* Comme en cet exemple, qui est du nouveau Traducteur de l'Imitation de Jesus-Christ : *Il y a des persones imprudentes, qui se sont perduës elles-mesmes, parcequ'ils ont voulu plus faire qu'ils ne pouvoient.* Voyez le livre des Doutes sur la Langue Françoise.

Pivoine. Masculin, quand il signifie un oiseau : féminin, quand il signifie une fleur. J'ay dit dans mon Oiseleur, *Le pivoine aux yeux noirs,* &c.

Pleurs. Masculin, constamment. M. de Racan :

Mes cris sont par tout élancez.
Les pleurs que mes yeux ont versez,
Ont fait dans ces deserts de nouvelles riviéres.

M. de Vaugelas dit que Malherbe l'a employé en quelque endroit de ses vers au genre féminin, & qu'il en est certain, quoyque l'endroit lui soit échappé de la mémoire. M. de Vaugelas s'est mépris. Et voicy la cause de sa méprise : Dans les prémiéres éditions de Malherbe il y avoit dans l'Ode sur le Voiage de Sedan,

Nos pleurs sont évanouies.
Sedan s'est humilié ;

au lieu de *Nos peurs sont évanouies.* On disoit

anciennement *un pleur*, au singulier : ce qui fait voir clairement que *pleurs*, au pluriel, est masculin.

Poison. L'Auteur des Remarques a decidé en deux endroits, que ce mot estoit tousjours masculin. Il est vray que présentement on s'en sert plus ordinairement en ce genre. Mais du temps de Malherbe, & au dessus de son temps, il estoit aucontraire presque tousjours féminin. Cretin dans son Chant Royal :

Pour l'empescher mist au verger terrestre
Vne poison.

Ronsard dans une de ses Elégies, imprimée parmy les Sonnets pour Héléne :

Mon ame en vos yeux but la poison amoureuse.

Et dans son Epître au Lecteur, pour réponse à ses Calomniateurs ; examinant ces vers d'un de ses adversaires ;

Ie n'ay suivi la Pleïade enyvrée
Du doux poison de ton brave cerveau :

Tu trouveras ce mot de poison *plus usité au genre féminin. Mais tu ressembles aux Athéniens.* Belleau dans la prémiére Journée de sa Bergerie :

Puis si-tost qu'ay versé la poison altérée.

Desportes dans sa segonde Elégie :

Ie sentois la poison dans mes os écoulée.

Et dans ses Stances du Mariage :

Du repos des Humains l'inhumaine poison.

Malherbe dans une de ses Chansons :

D'où s'est coulée en moi cette lâche poison ?

Et c'est de ce genre en effet qu'il devroit estre selon l'étymologie, ayant esté fait de *potio*, comme je l'ay remarqué dans mes Origines

de la Langue Françoise. Mais nonobstant l'étymologie, & l'autorité des Anciens, il est présentement masculin. Et il y a mesme déja assez long-temps que les bons Auteurs l'ont employé en ce genre. Bertaud dans ses Stances:
Et pour me convier d'avaler le poison,
La déloiale a feint d'en gouster la première.
Comme la Poësie aime les mots extraordinaires, je croi qu'on pourroit encore l'employer en vers au féminin. Mais en prose il faut tousjours le faire masculin.

POVRPRE. Marot l'a fait masculin en la signification d'étoffe. *Et chacun agnelet sera vestu de pourpre violet.* C'est dans l'Eglogue sur la naissance du fils de Monseigneur le Dauphin, si estimée par Joachim Du Bellay dans son Illustration de la Langue Françoise. Nicod dans son Dictionnaire l'a fait du mesme genre. L'Auteur des Remarques a fort bien décidé qu'il estoit féminin en cette signification, & masculin quand il signifioit une maladie. Mais il s'est trompé, en ce qu'il a dit qu'en cette prémière signification il estoit adjectif, & que par consequent il pouvoit estre du genre commun. Il est certain qu'il est substantif, comme le *purpura* des Latins. L'adjectif de *pourpre*, c'est *pourprin* & *pourpré*; comme *purpureus* celui de *purpura*. Vous trouverez souvent *lévres pourprines* dans nos vieux Poëtes. Il n'y a que les Gascons qui fassent *pourpre* adjectif. Pour ce qui est de ce mot en la signification du poisson qui nous donne la pourpre, je le tiens du mesme genre que *pourpre* en celle d'étoffe, cestadire, féminin.

Reguelice. On dit *du reguelice*, & *de la reguelice*. *De la reguelice* est le meilleur, & le plus conforme à l'origine *glycyriza*. Marot dans le Dialogue des deux Amoureux a dit *de la riglisse*. *Des eschaudez, de la riglisse*. Vous trouverez dans Nicod *ragalice*, *reguelice*, & *riglice*. *Reguelice* est le bon, pour le dire en passant.

Relasche. M. de Vaugelas veut qu'il soit tousjours masculin. Je suis de son avis.

Rencontre. Tousjours féminin, en quelque sens qu'on l'employe, selon la remarque de M. de Vaugelas. M. de Voiture & M. d'Andilly le font neanmoins masculin, quand il signifie occasion. *En ce rencontre*. Pasquier, dans ses Lettres, parmy les Gasconismes de Montagne y met *rencontre* au masculin, en cette mesme signification. Je suis assez de l'avis de M. de Vaugelas, quoyque M. Bari dans sa Rhétorique, & le Pere Chiflet dans sa Grammaire ayent blâmé cet avis, & soutenu que *rencontre* estoit des deux genres.

Reproche. M. de Vaugelas a fort bien décidé qu'il estoit masculin. *Vn reproche obligeant*. Il croit neanmoins qu'on le peut faire féminin au pluriér. *De sanglantes reproches*. Selon moi il est tousjours masculin.

Reste. Masculin, excepté en cette phrase, *à toute reste*, comme l'a fort bien observé le Pere Chiflet.

Risque. Henri Estienne, page 317. des Dialogues du nouveau Langage François Italianisé ; car j'aprens de la Bibliothéque de la

Croix du Maine, que Henri Eſtienne eſt l'auteur de ces Dialogues ; l'a fait féminin. *Je le pren à ma riſque.* Il eſt aujourdhuy plus ordinairement maſculin, conformément à l'Italien *riſchio*.

Sort. Rabelais l'a fait féminin, à l'imitation du Latin *ſors*. *Sorts Virgilianes*. Il eſt maſculin, ſans conteſtation.

Sphinx. Amyot dans ſa Traduction de Plutarque, en la Vie de Ciceron, l'a fait maſculin : *Si as-tu un Sphinx en ta maiſon*. Et M. l'Abbé Taleman, au meſme endroit : *Ciceron un jour, parlant à Hortenſius devant beaucoup de monde, lui dit quelques paroles ambiguës & picquantes. Hortenſius répondit qu'il n'entendoit pas les énigmes. Et Ciceron lui repliqua, Ils te devroient pourtant eſtre fort intelligibles, puiſque tu as un Sphinx chez toi, pour les expliquer.* Et M. Corneille dans ſa Thébaïde, livre 2. page 65.

Dont autrefois le Sphinx, ce monſtrueux oiſeau,
Avoit pour ſon repaire envahi le coupeau.

Et dans ſon Oedipe :

Si vous aviez du Sphinx vû le ſanglant ravage.

M. de la Fontaine dans ſa Fable de Pſyché l'a fait du meſme genre.

Au haut de chaque rampe un Sphinx aux larges flancs
Se laiſſe entortiller de fleurs par des enfans.

Et le Pere Bouhours dans ſon Entretien du Segret : *Auguſte avoit fait graver ſur ſon cachet un Sphinx*. Il l'a fait encore du meſme genre dans son Entretien des Devises. M. de Marolles aucontraire, l'a fait féminin dans sa Traduction de l'Oedipe de Sénéque. *Ie n'ay point fui devant cette horrible Sphinx, qui entortilloit ses discours en tant de maniéres obscures.* Et dans celle de la Thébaïde de Stace. *Quelle Sphinx, ou lequel de ces oiseaux, qui se levant du lac de Stymphale, obscurcissent le jour de leurs aîles.* M. de Iuigné, Gentilhomme Angevin, l'a fait du mesme genre dans son Dictionnaire Historique-Poëtique, & M. de Pure dans sa Traduction de Quintilien livre vi. chap. 3. Ceux qui le font de ce genre, appuient leur opinion sur le mot Grec & sur le mot Latin, qui sont féminins; & sur ce que Sphinx est une fille. Ceux qui le font masculin, disent que c'est un monstre, & que *monstre* est masculin : à quoi ils ajoutent qu'il a la terminaison de *lynx*, qui est aussi masculin. Par toutes ces raisons & par toutes ces autoritez, on peut conclure qu'il est des deux genres.

SQVELETTE. M. de la Mote le Vayer dans la Préface de la Suite de ses Homélies Académiques l'a fait féminin avecque le petit peuple de Paris. Il est masculin, conformément au Grec σκελετός. Malherbe :

Aussi suis-je un squelette,
Et la violette, &c.

S. Amant dans sa Solitude :
Sous un chevron de bois maudit
Y branle le squelette horrible
D'un pauvre Amant qui se pendit
Pour une Bergére insensible.

M. de Voiture dans sa Response à M. Arnaud :
Me voyant comme une allumette,
Et le corps fait comme un squelette.
M. de Pilles aureste dans son Traité de l'Anatomie, accommodée à la Peinture & à la Sculpture, a dit *un squelet* : & je voi que plusieurs personnes prononcent de la sorte. Le meilleur & le plus sûr est de dire *un squelette*.

TEMPLE. Masculin, constamment, quand il signifie une maison consacrée à Dieu. Féminin, constamment, quand il signifie cette partie de la teste qui est entre l'oreille & le front : & cela à l'imitation des Italiens qui ont aussi dit *tempia*, au féminin. *tempus, temporis, tempora, tempra, templa,* TEMPLE. Voyez mes Origines Italiennes au mot *tempia*.

THÉRIAQUE. On dit *du thériaque* & *de la thériaque*. *Du thériaque* est le meilleur. Le Pere Rapin, dans le livre qu'il a fait de la comparaison de Platon & d'Aristote, page 177. *Celle que Galien guérit d'une foiblesse d'estomac, par son thériaque.*

TIGE. Il est sans contredit féminin, conformément à son origine *tibia* : ce que je ne remarquerois pas, sans que plusieurs de nos bons Auteurs l'ont fait masculin. Ronsard Ode 10 du livre prémier :
Lorsque hardi je publiray
Le tige Troien de sa race.
Du Bellay Sonnet prémier de son Olive :
O tige hureux, que la sage Deesse, &c.
Marot dans l'Epître à Madame d'Alençon, du camp d'Atigny :

Tige, partant de la fleur liliale.

TRIOMPHE. Féminin, en termes de jeu de cartes. *Ioüer à la triomphe. J'avois deux bonnes triomphes. Il a coupé d'une haute triomphe.* Il n'y a que les Gascons qui le fassent féminin en cette signification. Ils disent, *Ioüer au triomphe.* Et ils disent aucontraire, *une pique, une trefle,* aulieu d'*un pique, d'un trefle.*

TROVBLE. Masculin. *Les troubles intestins.*

TVORBE. M. Scarron l'a fait féminin, à l'imitation des Italiens, qui disent *la tiorba,* & de qui nous avons emprunté ce mot. *En passant le long de la muraille d'un jardin, il entendit accorder une téorbe dans un cabinet,* &c. *Il aresta son cheval, quand il ouit toucher les cordes d'une téorbe, instrument, dont le nom à Paris n'est pas intelligble à tout le monde,* &c. *Enfin il entendit préluder sur la téorbe,* &c. C'est dans son Histoire de Mantini, Gentilhomme Sicilien Il est masculin.

TYMBALE. TYMBALES. Féminin.

VIPERE. Autrefois masculin & féminin, aujourdhuy seulement féminin. Il y a apparence que le mot de *pere,* a esté cause qu'on a fait masculin celui de *vipere.*

VLCERE. Masculin, indubitablement.

VOILE. Masculin, quand il signifie couverture de teste. *Le voile blanc, le voile noir des Religieuses; Vn voile devant les yeux:* Et quand il signifie un navire. *Dix grands voiles.* Féminin, quand il signifie la toile dont les matelots se servent pour recevoir le vent qui pousse les vaisseaux. *Caler la voile.* Les Italiens disent de mesme *la vela.*

YVOIRE. Marot dans ses Visions de Pétrarque l'a fait masculin.

Puis en mer haute un navire avisoie,
Qui tout d'ébéne & blanc yvoire estoit.

Il est féminin. *Vne yvoire bien polie.*

Constructions bizarres & irréguliéres.

CHAPITRE LXXV.

MOnsieur de Vaugelas, parlant des locutions que l'Usage a establies contre la Reigle, apporte ces exemples ; *J'ay trouvé une partie du pain mangé : Il a une partie du bras cassé : Il a une partie de l'os rompu : Il a une partie du bras emporté. Aprés six mois de temps écoulé.* On peut ajouter à ces bizarres façons de parler les deux suivantes : *Ayant fait la revue de ses troupes, il trouva une partie de ses hommes morts, & l'autre malade. De deux mille hommes qu'ils estoient, six cens demeurérent sur la place : trois cens furent faits prisonniers : le reste se sauva par la connoissance qu'ils avoient du pays.* Il faudroit dire, pour parler réguliérement, *Il trouva une partie de ses hommes morte ; Par la connoissance qu'il avoit du pays.* Mais ce seroit parler Alleman en François, que de parler de la sorte.

Depuis la prémiére édition de ces Observations sur la Langue Françoise, j'ay trouvé un exemple dans l'Histoire de Charles VII. de Mathieu de Coucy de cette bizarre & irréguliére construction. Le voicy. *Ils furent finalement veincus. Et fut tué sur la place environ quatre mille d'icelles Communes. Le surplus se sauva à la fuite le mieux qu'ils purent.* C'est à la page 536. de l'édition du Louvre.

La voicy qu'elle vient.

CHAPITRE LXXVI.

Monsieur de Racan a dit dans sa Pastorale,

La voicy qu'elle vient plus belle que l'Aurore.
Il faut dire, *La voicy qui vient.* Voyez M. de Vaugelas, page 353. de la prémiére édition de ses Remarques.

Convent, Couvent.

CHAPITRE LXXVII.

LA plûpart des Religieux disent & écrivent *Convent*, a cause qu'on dit en Latin *Conventus*. M. de Vaugelas veut qu'on dise *Couvent*, & qu'on écrive *Convent*. Il faut dire & écrire *Couvent*. Nous avons fait *Couvent* de *Conventus*, en changeant l'N en U, comme

comme en *couſter*, de *conſtare* ; en *époux*, & en *épouſer*, de *ſponſus* & de *ſponſare* ; en *moûtier*, de *monaſterium* ; en *couſu*, de *conſutus* ; en *mouton*, de *montone* ; en *mouceau*, de *monticellus*. Les Italiens ont fait de meſme *mucchio* de *monticulus*. Voyez mes Origines Italiennes au mot *mucchio*. Mais quoyqu'on diſe *couvent*, il faut dire *conventuel* : comme on dit *Miſſel*, quoyqu'on diſe *Meſſe*.

S'il faut dire Ioüer à boule vue, *ou* Ioüer à bonne vue.

CHAPITRE LXXVIII.

Paſquier livre 8. de ſes Recherches chapitre 62. veut qu'on diſe *Ioüer à bonne vue*. ¶ D'un homme qui a fait un marché aſſuré, on dit qu'il a joüé à boule vue. *Métaphore inepte, & qui n'a aucun ſens. C'eſt pourquoy il faut dire* à bonne vue : *comme n'ayant rien fait ſans y avoir un bon & ſain jugement : par une métaphore tirée de la vue*. Ce ſont les termes de Paſquier. Henri Eſtienne dans ſon livre de la Précellence du Langage François dit apeuprès la meſme choſe. *Quand on dit*, Il joüe pardeſſus la corde, *c'eſt ce qu'on dit autrement*, Il joüe au plus ſur, *ou* Il joue à bonne vue. Ce ſont auſſi les termes de Henri Eſtienne. Et Paſquier & Henri Eſtienne ſe ſont mépris. Il eſt certain qu'il faut dire, *Ioüer à boule vue*. C'eſt ainſi que tout le monde a tousjours parlé : & c'est comme tout le monde parle encore présentement. Mais tout le monde ne demeure pas d'accord de la signification de cette façon de parler. On dit à Paris, *faire quelque chose à boule vue*, pour dire, à la légére, inconsidérément, sans y avoir pensé : ce qui paroist toutafait contraire aux passages que nous venons de rapporter. Et cestpourquoy plusieurs de nos jeunes Grammairiens prétendent que Pasquier & Henri Estienne se sont aussi mépris dans l'intelligence de cette locution, *Ioüer à boule vue*. Mais comme Pasquier & Henri Estienne estoient & Parisiens & tres-savans, il n'y a point d'apparence qu'ils n'ayent pas compris le sens d'un mot qu'ils entendoient dire tous les jours au peuple de Paris, & que tout le peuple de Paris comprenoit fort bien. Ajoutez à cela, que dans la pluspart des Provinces ; dans l'Anjou, au Maine, dans le Languedoc, dans la Provence, & dans la Bourgogne ; on dit encore présentement *Ioüer à boule vue*, pour dire, faire quelque chose avecque sureté ; comme Pasquier & Henri Estienne ont expliqué cette façon de parler proverbiale. Je croirois donc plustost qu'il faudroit mettre de la différence entre *Ioüer à boule vue* & *faire quelque chose à boule vue*. *Ioüer à boule vue*, c'est faire surement ce qu'on fait : qui est une métaphore tirée du jeu de boule qu'on appelle *le Maistre*; où les Joüeurs qui voyent la boule laquelle tient lieu de but ; (soit qu'ils soient plus grands que les autres, ou qu'ils ayent meilleur vue) ont beaucoup davantage fur ceux qui ne la voyent pas ; & par consequent joüent plus furement. *Faire quelque chose à boule vuë*, fignifie tout le contraire ; c'eſt adire, à la légére, inconfidérément fans y avoir penfé: qui eſt auſſi une métaphore tirée du jeu de boule, mais non pas des Joüeurs, comme la précédente. Elle eſt prife des Juges, qui dans les conteſtations qui naiſſent entre les Joüeurs, pour ſavoir qui ſont les boules les plus proches du but, en jugent à boule vuë: c'eſt adire, par la ſeule vuë ; par la ſeule inſpection des boules ; ſans prendre ny cordeau, ny jarretiére, ny bâton, pour meſurer le coup. En quoi ils ſe trompent ſouvent : là où ceux qui le meſurent, ne ſe trompent jamais. Les Latins du mot *amuſſis*, qui ſignifie le cordeau ou la ligne des Charpentiers, ont dit demeſme, quoyque dans une ſignification différente, *ad amuſſim aliquid facere*, pour dire faire une choſe où l'on ne puiſſe rien trouver à dire. Mais nous avons dit dans une ſignification toute ſemblable, *Iuger à vuë de pays*: qui eſt une autre façon de parler proverbiale, priſe de ceux qui en jettant ſimplement la vuë ſur des lieux éloignez, ſans les meſurer, jugent auſſi de leur diſtance avecque peu de certitude. Ce qui confirme abſolument mon interpretation touchant le proverbe des Pariſiens. Il ne faut donc pas confondre ces deux locutions, *Ioüer à boule vuë*, & *Iuger* ou *faire quelque choſe à boule vuë*, comme pluſieurs les confondent.

Fond, & fonds.

CHAPITRE LXXIX.

Monsieur de Vaugelas fait un grand discours, pour montrer que *fond* & *fonds* sont deux choses différentes, que l'on confond malapropos. Il veut que *fond* soit la partie la plus basse de ce qui contient ou de ce qui peut contenir quelque chose, & que *fonds* soit une portion de terre. Pour justifier sa distinction, il dit que cette partie la plus basse de ce qui contient ou de ce qui peut contenir, a esté appelée en Latin *fundum*, & non pas *fundus*; & cette portion de terre, *fundus*, & non pas *fundum*. Et par cette raison il conclut que les François ont conservé l'S au mot qui a esté fait de *fundus*, & ne l'ont pas reçue en celui qui a esté fait de *fundum*. Cette observation qu'on a tant vantée, est absolument fausse. Premiérement, les Latins ont dit *fundus*, non seulement d'une portion de terre, mais encore de cette partie la plus basse qui contient ou qui peut contenir quelque chose. Les Gloses de Philoxéne : *fundus.* χρεῖον, ἀχρὸς, ἢ πυθμήν. Celles de Cyrille : πυθμήν. *fundus.* Et cette terminaison est conforme à l'étymologie; *fundus* ayant esté fait de βυθὸς, *profondeur*; comme je l'ay fait voir dans mes Origines de la Langue Italienne au mot *Pò.* βυθὸς,

Ἐυθὸς, Φυιλὸς, *fundus*. Et mesme, si on en croit Vossius dans son Etymologicum, *fundum* ne se dit point au neutre par les bons Auteurs. *Pro imo dolii, fluminis, maris, alii* fundus, *alii* fundum *hodie malunt. Equidem* fundum *in neutro dicere non ausim.* Dailleurs, les mots François ne sont pas dérivez du nominatif, mais de l'ablatif. Ainsi *rond, fécond, bon, pere, mere, frere, cendre,* ne viennent pas de *rotundus, fecundus, bonus, pater, mater, frater, cinis*; mais de *rotundo, fecundo, bono, patre, matre, fratre, cinere.* On peut donc fort bien dire, contre l'avis de M. de Vaugelas, *un fond de terre ; un fond tenu en franc-alleu.* Je dis plus : on ne diroit pas fort bien *un fonds de terre ; un fonds tenu en franc-alleu.* Et quand on dit, *Il a vint mille livres de rente en fonds de terre,* (qui est l'exemple que M. de Vaugelas allégue, pour prouver qu'il faut dire *un fonds de terre*) c'est parceque *fonds* en cét endroit est plurier. *En fonds de terre,* c'est *in fundis terræ*. Il en est demesme de son autre exemple, *Il n'y a point de fonds.* C'est, *nulli sunt fundi.* Je demeure pourtant d'accord qu'on peut dire, & mesme qu'on le dit d'ordinaire, *Il faut faire un fonds.* Mais je soutiens aussi que ce ne seroit pas mal dit, *Il faut faire un fond.* Et je soustiens de plus que *fonds* en cet exemple ne vient pas de *fundus*, en la signification de portion de terre. Quoyqu'il en soit, & Ranconnet & Nicod ont remarqué dans leur Dictionnaire, qu'on disoit indifféremment *fond* & *fonds*;

pour le bas & l'interieur d'une chose. J'ajoute à l'autorité de ces deux grands hommes, celle de Crétin dans l'Apparition du Mareschal de Chabannes:

 Lors s'appuiant sur une hache d'armes
 Gétoit sangloux, gémissemens parfonds,
 Et gros soupirs: comme s'il eust au fonds
 De l'estomach vénimeuse apostume.

Et dans l'Epître à l'Evesque de Glandêve:

 ———— *disant qu'aux trous profonds*
 Ne fait mauvais, & qu'il y a prou fonds.

Nos Anciens aureste ont mis des S à la fin de plusieurs mots qui n'en devoient point avoir; comme en *Charles*, *Iules*, *Laurens*, &c. Mais c'est une autre question, dont nous parlerons en un autre lieu.

Confiseur, Confiturier.

CHAPITRE LXXXX.

Confiseur se dit de celui qui fait les confitures, & *Confiturier* de celui qui les vend.

S'il faut dire cueillera *&* recueillera, *ou* cueillira *&* recueillira.

CHAPITRE LXXXI.

Monsieur de Vaugelas a traité cette question; & il a tranché net qu'il faloit dire *cueillira* & *recueillira*; par la raison que

LANGVE FRANÇOISE. 175

les futurs sont formez de l'infinitif, & qu'on dit *cueillir* & *recueillir*, & non pas *cueiller* & *recueiller*. Le Pere Chiflet dans son Essay d'une parfaite Grammaire Françoise est du mesme avis. C'a esté aussi l'opinion de Maigret : car dans sa Grammaire Françoise, au chapitre settiéme, il a dit, *Si tu semes bien, tu culliras le centuple grain.* M. Du Vair n'a jamais parlé autrement. Il suffira d'en marquer deux exemples, qui se trouvent tous deux dans le 6. chapitre de ses Méditations sur Job. Le prémier est au verset 19. *Le mal vous accueillira.* Et l'autre au 26. *La mort vous recueillira doucement.* Le Cardinal Du Perron, dans sa Lettre à Philippe Desportes, qui est devant l'Oraison Funébre de Pierre de Ronsard, a dit de mesme. *Vous recueillirez le fruit de ce que j'ay appris en vostre conversation.* Messieurs de Port-Royal ont dit aussi dans les Reigles de la Vie Chretienne, imprimées devant leur Office de l'Eglise, *Ne vous y trompez pas : on ne se moque point de Dieu. Chacun de nous recueillira en l'autre monde ce qu'il aura semé durant cette vie. Celui qui aura vescu charnellement, recueillira de cette semence charnelle la mort & la corruption : & celui qui aura vescu selon l'esprit de Dieu, recueillira de cette semence divine,* &c. Mais nonobstant toutes ces autoritez, je soustiens positivement, qu'il faut dire *cueillera* & *recueillera*. Pour décider cette question, il est à remarquer que nostre mot *cueillir* vient du Latin *colligere*, verbe de la troisiéme conjugaison. De *colli-*

gere, les Italiens ont dit, par contraction, *cogliere*, dans la mesme conjugaison. Les Espagnols ont dit *colegir*, en la quatriéme, comme *vivir*, de *vivere*. De l'Espagnol *colegir*, ou du Latin barbare *collegire*, nous avons fait *cueillir*. Collegir, colleïr, collir, CVEILLIR : comme *ravir*, de *rapire* ; *courir*, de *currire* ; *conquerir*, de *conquarire* ; *tenir*, de *tenire*, &c. De l'Italien *cogliere*, on a dit par métaplasme, cestadire par changement de conjugaison, *cogliare* ; dont nous avons fait *cueiller* : comme *fier*, vieux mot François qui signifie *fraper*, de *ferire*. Ferire, feire ; fiére, par métathése ; fiare, par métaplasme ; FIER. Nous avons donc dit indifféremment *cueillir* & *cueiller* ; comme *puir* & *puer*. Ce dernier mot se trouve dans la Grammaire Latine de Jean Meslier, Principal du Collége de Laon : *puir* se trouve dans les Essais de Montagne. M. de Vaugelas demeure d'accord que *cueiller* se disoit autrefois. Les Picards le disent encore présentement. Et ils ne disent pas seulement *cueiller des fleurs*, pour dire *cueillir des fleurs* ; mais ils disent aussi *cueiller des soldats*, pour dire *lever des soldats* ; *legere milites*. De cet infinitif *cueiller*, il nous est resté le futur de l'indicatif : *Je cueilleray, tu cueilleras, il cueillera, Nous cueillerons, vous cueillerez, il cueilleront*. Et c'est ce futur là, qui est aujourdhuy le seul en usage dans le discours. *Nous cueillerons demain nos fruits.* C'est comme tout le monde parle. Vous trouverez dans cette Grammaire de Jean Meslier, dont je viens de parler, les paroles suivantes : CVEILLIR. Je cueilleray. *Toutefois tout le monde prononce Je cueillray : & fait-on le mesme en d'autres semblables.* Puisque tout le monde prononce Je cueilleray, il est sans doute que c'est ainsi qu'il faut prononcer, sans s'arrester aux Auteurs, & à la reigle de Grammaire. *Aliud est Latinè, aliud Grammaticè loqui.* Toutes les Langues sont remplies de verbes qui se conjuguent diversement : ie veux dire, qui ont pris des moeufs de différentes conjugaisons. Les verbes entr'autres de la quatriéme, dont est *cueillir*, sont presque tous irréguliers. De *guérir*, nous disons *je suis guéri*, & de *férir*, *je suis féru*. De *mourir*, nous disons *je meurs*, & de *courir*, *je cours*. Nous disons *je fui*, de *fuir*, & *je pus*, de *puir*, &c. Les autres conjugaisons souffrent aussi beaucoup d'irrégularitez. De *dire*, de *lire*, de *rire*, nous disons *j'ay dit, j'ay lu, j'ay ri*. De *faire* & de *taire*, nous disons *j'ay fait* & *j'ay tu*. Mais pour ne parler que de nostre futur de la quatriéme conjugaison ; de l'infinitif *tenir*, nous disons *tiendray*, & non pas *teniray*. De l'infinitif *venir*, nous disons demesme *viendray*, & non pas *veniray*. Et ces deux futurs, pour le dire en passant, ont esté formez des deux infinitifs non usitez, *tiendre* & *viendre* ; qui l'ont esté de *ténere* & de *vénere* ; qu'on a dits, par métaplasme, aulieu de *tenére*, & de *venire*. D'*ouir*, on a dit aussi *ouiray*, *ourray*, & *orray*. Il y a plus. On prent souvent un temps d'un verbe, & un autre temps d'un autre verbe. Nous disons, *estre*, *je suis*, *je fus* ; qui sont trois verbes différens. Pour dire, *je porte, je porteray, je portay*, les Grecs ont dit de mesme de trois différens verbes, φέρω, οἴσω, ἤνεγκον. Et ces anomalies font une des plus grandes beautez des Langues. La raison de M. de Vaugelas, qui est, que puisqu'on ne dit plus *cueiller*, il ne faut plus dire aussi *cueilleray*, n'est donc pas une raison. Je suis persuadé que cette Observation ne déplaira pas à nos Grammairiens ; & qu'après l'avoir considerée, ils ne diront plus *cueillira* & *recueillira* avecque M. de Vaugelas ; mais *cueillera* & *recueillera* avecque toute la France. Et c'est aussi comme parle M. de Segrais dans son Eglogue 5.

De sa divine main elle me cueilleroit.

Et Cretin dans son Pastoural :

Tout florira,
Dont perira
Aigre famine.
Peuple rira ;
Bled cueillera,
Septier pour minne.

Quelquepart, en quelque part.

CHAPITRE LXXXII.

Malherbe dans un de ses Sonnets pour Caliste, a dit *en quelque part*.
En quelque part des Cieux que luise le Soleil.
Tous les Provinciaux le disent aussi, Et c'est

en effet comme il faudroit parler : car on dit *en quelque lieu, en quelque endroit que j'aille,* & non pas, *quelque lieu, quelque endroit que j'aille.* Mais ce n'est pas comme on parle & à la Cour & à Paris. On y dit *quelque part,* adverbialement. M. d'Ablancourt & M. de Vaugelas, qui sont des Maistres Jurez de la Langue, ne parlent aussi jamais autrement. Je croi donc que c'est comme il faut parler.

Fuseliers, Fusiliers.
CHAPITRE LXXXIII.

IL faut dire *Fuseliers*, & non pas *Fusiliers,* quand on parle des Soldats qui portent le fusi. C'est comme parle tousjours M. d'Ablancourt dans son Marmol. Et comme parlent tousjours aussi nos gens de guerre. *Le Régiment des Fuseliers.* Mais quand on parle des ouvriers qui font des fusis à feu, je croi que conformément à l'étymologie *fusil,* non seulement on les peut appeler, mais qu'on les doit appeler *Fuseliers*, afin de les distinguer des Soldats Fuseliers.

S'il faut dire, Il semble que tout est, *ou* que tout soit fait, pour me nuire.

CHAPITRE LXXXIV.

ON dit l'un & l'autre. M. de Vaugelas & M. d'Ablancourt usent plus ordinairement du prémier. Je tiens la segonde expression plus naturelle & plus Françoise. Mais quand on dit *Il me semble*, aulieu d'*Il semble*, il est certain que le verbe qui suit, doit estre tousjours à l'indicatif. Il faut donc dire, *Il me semble que cette femme est belle*. Et qui diroit *Il me semble que cette femme soit belle*, ne parleroit pas François. Tout le monde en convient : & je ne fais cette remarque, que pour montrer qu'il faut peu de chose pour changer une construction.

Des noms qui se prononcent en o, *& de ceux qui se prononcent en* ou.

CHAPITRE LXXXV.

IL faut dire, indubitablement, *chose*, & non pas *chouse* : *aujourdhuy*, & non pas *aujordhuy* : *portrait*, & non pas *pourtrait* : *profil*, & non pas *proufil*, ny *pourfil* : *porcelaine*, & non pas *pourcelaine* : *arroser*, & non pas *arrouser*

rouser: *foſſé*, & non pas *fouſſé*: *froment*, & non pas *froument*: *colonne*, & non pas *coulonne*: *colombe*, & non pas *coulombe*. Mais on dit Sainte Coulombe. Il faut dire auſſi indubitablement *aloſe*, & non pas *alouſe*: *coſte*, *coſté*, *coſtaux*, & non pas *couſte*, *couſté*, *couſtaux*: *monceau*, *fromage*, & non pas *mouceau*, *froumage*: *profit*, & non pas *proufit*: *maletoſte*, & non pas *maletoûte*, *hommage*, & non pas *houmage*: *porphyre*, & non pas *pourphyre*: *ormeau*, & non pas *ourmeau*: *pomme*, *pommade*, & non pas *poume*, *poumade*: *pommeau d'épée*, & non pas *poumeau*: *corvée*, *boëtte*, & non pas *courvée*, *boüette*: *promener*, & non pas *proumener*, ny *pourmener*. Rome & *lionne*, & non pas Roume & *lioune*; quoyque M. de Balzac ait écrit que toute la France prononce Roume & *lioune*. Voyez la lettre 2. du livre 21. M. de Balzac a pris toute la Saintonge pour toute la France.

Il faut dire, indubitablement auſſi, Thoulouſe, Boulogne, Boulenois, & non pas Tholoſe, Bologne, Bolenois: *troupe* & *croupe*, & non pas *trope* & *crope*, comme dit Ronſard: *croupion*, & non pas *cropion*: *le mois d'Ouſt*, & non pas *le mois d'Oſt*: *fourmi*, & non pas *formi*: Pouëte, & non pas Poëte, quoyqu'on écrive Poëte: *nourir*, *nourice*, *retourner*, *mouelle*, Douay, & non pas *norir*, *norice*, *retorner*, *moëlle*, Doay. Louis & Louiſe, & non pas Lois & Loïſe. Mais quoyqu'on diſe Louis & Louiſe, on dit neantmoins Aloïſe, & non pas Alouiſe. Il faut dire *pouliot*, &

Tome I. Q

non pas *polliot*, comme l'écrit Nicod : & *couvent*, & non pas *convent*, comme je l'ay déja remarqué. Il faut dire aussi *tourment, fourniture, outarde*, & non pas *torment, forniture, otarde* : & *cou, mou, fou, sou*, & non pas *col, mol, fol, sol*. Voyez cy-dessous au chapitre 112.

Mots controversez. *Maltostier, maltoûtier, poteaux, pouteaux. Bordeaux, Bourdeaux. Cologne, Coulogne. Pologne, Poulogne : concombre, coucombre.* Les Parisiens disent plus communément *concombre*. Le plus grand usage est aussi pour *Cologne* & *Pologne*. Le Pere Bouhours, page 20. de la prémiére édition de ses Entretiens, a escrit *Bourdeaux*. *Serpolet, serpoulet*. J'ay dit *serpolet* dans la derniére édition de mes Poësies.

Tantost sous les ormeaux & sur le serpolet
Ils charmoient leurs ennuis au son du flageolet.
Moïse, Mouïse. Les Prédicateurs disent plus communément *Moïse* : mais tout le peuple dit *Mouïse* : & c'est comme je voudrois parler dans le discours familier. *Pentecoste, Pentecouste*. L'ancien mot estoit *Pentecouste* : témoin ces Proverbes, *A la Pentecouste, fay ton dessert de crouste ; A la Pentecouste, quoyqu'il couste*. On dit aujourdhuy plus communément *Pentecoste*. Et c'est comme je croi qu'il faut dire. *Noel, Nouel. Nouel* est le plus usité. On dit aussi *colombier* & *coulombier*.

Quoyque, bienque, encorque, *avec-que l'indicatif.*

CHAPITRE LXXXVI.

NOs Anciens ont fait souvent régir l'indicatif à ces particules : & cela à l'imitation des Latins, qui en ont usé de mesme à l'égard d'*etsi*, de *quamquam*, & de *quamvis*. Ciceron dans son Oraison pour Milon : *Etsi vereor, Iudices*. Virgile dans le segond de l'Enéïde : *Quamquam animus meminisse horret*. Horace dans son Epître aux Pisons : *Quamvis est monitus*. Aujourdhuy elles ne régissent que le subjonctif. Il faut dire, *quoyque je sois ; bienque je veuille ; encorque je craigne*. Et ce seroit parler barbarement, que de dire, *quoyque je suis ; bienque je veux ; encorque je crains*. M. d'Ablancourt a pourtant employé ces particules avec l'indicatif d'une manière qui n'est pas desagréable. C'est en y mettant quelque chose entre elles & le verbe qui suit : comme en cet endroit, *Quoyqu'à dire le vray, je ne suis guere en estat de le faire*. Le subjonctif y seroit pourtant meilleur. Monsieur de Vaugelas, page 146. de la prémière édition de ses Remarques, s'est servi de *quoyque* avecque l'imparfait du subjonctif: *quoyque quelques-uns seroient d'avis, que nonobstant l'équivoque on dist tousjours* Arrien, *& jamais* Arrian. Il devoit dire, *quoyque quelques-uns soient d'avis qu'on dise tousjours* Arrien.

Il avoit le bras retrouſſé. Vous n'oſeriez l'avoir regardé. Mettre l'épée à la main. Il a une bonne phyſionomie. Il eſt demain Feſte.

CHAPITRE LXXXVII.

NOus avons pluſieurs façons de parler qui choquent la juſteſſe & la raiſon tout enſemble, & qui neanmoins ſont meilleures que les régulières. Par exemple : *Il avoit le bras retrouſſé juſqu'au coude*, eſt mieux que ſi on diſoit, *Il avoit la manche retrouſsée juſqu'au coude* : quoyque ce ſoit la manche qu'on retrouſſe, & non pas le bras.

Il en eſt de meſme de cette phraſe, *Vous n'oſeriez l'avoir regardé*. Pour parler juſtement & régulièrement, il faudroit dire, *Vous n'oſeriez le regarder*. Et cependant il s'en faut bien que cette façon de parler ne ſoit ſi Françoiſe que l'autre.

Mettre l'épée à la main, eſt auſſi plus naturel que *mettre la main à l'épée*, quoyque moins conforme à la juſteſſe.

Il en eſt de meſme de cette autre façon de parler, *Il eſt demain Feſte*. Pour parler juſte, il faudroit dire, *Il ſera demain Feſte*.

Nous abuſons encore du mot *phyſionomie*, en diſant d'une perſonne, qu'elle a une bonne ou une mauvaiſe phyſionomie : car *phyſionomie* eſt la ſcience de juger de la perſonne par le viſage, & non pas le viſage.

Aller, venir.

CHAPITRE LXXXVIII.

Plusieurs, & entr'autres les Etrangers, confondent ces mots, entre lesquels il y a une grande différence. *Aller*, se dit du lieu où l'on est à celui où l'on n'est pas. *Venir*, se dit aucontraire du lieu où l'on n'est pas à celui où l'on est. Par exemple : si je suis à Paris, je diray qu'un Courier est allé de Paris à Rome en dix jours, & qu'il est venu de Rome à Paris dans le mesme temps. M. de Vaugelas dans sa belle Traduction de Quinte-Curce, a dit néanmoins, *Alexandre vint mettre le siége devant Céléne*. Il semble qu'il faloit dire, *alla mettre le siége*; Quinte-Curce qui parle, n'estant pas à Céléne, lorsqu'il écrivoit l'Histoire d'Alexandre. Nostre reigle ne reçoit aucune exception à l'égard du mot *aller*. Mais à l'égard de celui de *venir*, elle en reçoit deux considérables. La prémiére est, que ce mot se dit aussi du lieu où l'on est à celui où l'on n'est pas, lorsqu'on est prest de quiter ce lieu où l'on est. Par exemple : si je suis sur le point de partir de Paris pour aller en Anjou, je diray à quelqu'un qui pourroit avoir dessein de faire le mesme voyage, *Voulez-vous venir en Anjou avecque moi?* & non pas, *Voulez vous aller*. La segonde, c'est qu'il se dit encore de ce mesme lieu où l'on est à celui où l'on n'est pas, quand on parle de celui où l'on demeure. Par exemple : si je rencontre un dimanche dans les Tuilleries quelqu'un de mes amis, qui ait accoutumé de venir chez moi le mécredy aux assemblées qui s'y font ce jour là, & qui s'appellent *Mercuriales*, je luy diray, *Viendrez vous mécredi à la Mercuriale ?* & non pas, *Irez-vous.* Ainsi, je diray à quelqu'un que j'auray rencontré dans la rüe, *Voulez-vous venir demain disner chez moi ?* Et la raison de ces façons de parler, c'est, qu'ont feint que la personne à qui je dis ces choses, part, ou partira du lieu où elle est, ou de celui où elle sera, pour se rendre auprés de moi, ou pour venir en mon logis.

Quelques femmes, tant de la Cour que de la Ville, font aureste une grande faute sur le mot *aller*. Elles disent, *Ie suis allée à la Messe*, pour dire, *I'ay esté à la Messe*. Une femme pourroit bien dire, en sortant de chez elle pour aller à la Messe, *Si quelqu'un me vient demander, qu'on dise que je suis allée à la Messe*, parcequ'elle est à la Messe en effet en ce temps-là. Mais quand elle en est de retour, elle doit dire, *I'ay esté à la Messe*, & non pas, *Ie suis allée à la Messe*.

Quelques Etrangers, & particuliérement les Italiens, disent aussi *Ie suis esté*, aulieu de *I'ay esté*.

Vers dans la prose.

CHAPITRE LXXXIX.

Comme c'est un grand defaut aux vers d'estre prose, ce n'en est pas un moindre à la prose d'estre vers. *Versum in oratione fieri multò fœdissimum est, sicut etiam in parte, deforme,* dit Quintilien. M. de Vaugelas en deux endroits de ses Remarques, a traité doctement & subtilement de ce defaut de la prose: mais il n'a pas pratiqué ce qu'il a enseigné. Voicy une de ses Reigles: *Quant aux petits vers, ils ne paroissent presque pas parmy la prose, si ce n'est qu'il y en ait deux desuite de mesme mesure. Comme,* On ne pouvoit s'imaginer, Qu'après un si rude combat *Que si vous en ajoutez encore un ou deux,* Ils fissent encore dessein D'attaquer nos retranchemens, *cela est tres-vicieux.* Non seulement M. de Vaugelas a fait dans sa prose quatre petits vers desuite de mesme mesure; mais de ces quatre vers, il en a fait rimer deux. Ne nous hastons pas de le dire, Et moins encore de l'escrire. Laissons faire les plus hardis, Qui nous frayeront le chemin. C'est dans sa remarque sur le mot de *seriosité. Sans ces rimes, ce defaut ne seroit pas si grand que* M. de Vaugelas se l'est imaginé. Car il est comme impossible de faire de la prose, sans faire plusieurs de ces petits vers : & ces petits vers ne sont remarquables que lorsqu'ils sont rimez. Ce sont particuliérement les rimes qui marquent nos vers. Et M. de Vaugelas qui dit *que le defaut de deux vers dans la prose est bien plus grand lorsqu'ils finissent, l'un par une terminaison masculine, & l'autre par une féminine, que s'ils finissoient tous deux par une mesme rime ; parceque cela sent davantage sa poësie & est plus remarquable ; ces deux vers estant comme les deux prémiers ou les deux derniers d'un quatrain*, se trompe manifestement. Mais pour revenir à nos petits vers, comme nous en fesons plusieurs dans nostre prose sans nous en appercevoir, les Grecs fesoient demesme dans leurs Oraisons plusieurs ïambes & plusieurs anapestiques sans avoir dessein de les faire. Un certain Philosophe nommé Hieronymus en avoit remarqué jusques à trente dans les Oraisons d'Isocrate. Quintilien a remarqué cet ïambe dans celle de Ciceron contre Lucius Piso,

Pro DI immortales, quis hic illuxit dies?
Et Capella cet autre, dans la prémiére contre Catilina,

Senatus hæc intelligit, Consul videt.
Et Muret sur cet endroit de cette Catilinaire, a observé à ce propos, qu'on en pourroit trouver un nombre infini dans les escrits de Ciceron. *At iambicos quidem, vel sexcentos, è Ciceronis scriptis possit aliquis minimo negotio colligere.* Ce qui est d'autant plus vray semblable, que selon la remarque d'Aristote au livre 3. de sa Rhétorique, & au chapitre 4. de sa Poëtique, de Ciceron

dans son Orateur, & de Denis d'Halicarnasse dans son admirable traité de l'Elocution, (car c'est Denis d'Halicarnasse qui est l'auteur de ce traité) le discours familier est rempli d'ïambes. Et c'est pour cette raison qu'Horace appelle ce genre de vers *alternis aptum sermonibus*, & que les Comiques l'ont employé dans leurs Poëmes qui sont des entretiens familiers. Deux ou trois petits vers desuite demesme mesure qui ne riment point, ne sont donc pas si vicieux que le prétend M. de Vaugelas.

Pour les grands vers, il les faut éviter comme un écueul : & particuliérement à la fin des périodes. Car au commancement & au milieu ; mais particuliérement au milieu ; ils ne se font remarquer que par les persones qui ont dessein de les remarquer : la suite de la période qui entraisne le lecteur ou l'auditeur, ne lui permettant pas de s'apercevoir que ce sont des vers. C'est ce qu'a dit élégamment Quintilien. *Quædam etiam clausulæ sunt clauda atque pendentes, si relinquantur. Sed sequentibus suscipi ac sustineri solent : eoque facto, vitium quod erat in fine continuatio emendat.* Mais quand nous disons qu'il faut soigneusement éviter les grands vers dans la prose, cela doit s'entendre de ceux qui sont nombreux, & qui se font d'abord reconnoistre par leur cadence: comme celui-cy de Tacite, qui est de son livre des Moeurs des Allemans,

Relligione patrum, ac prisca formidine sacram.

Car pour ceux qui ne paroissent point vers, on peut dire qu'ils ne le sont point en effet. M. de Vaugelas neanmoins semble n'estre pas de cet avis dans sa remarque des vers dans la prose. *Il y en a*, dit-il, *qui tiennent que ce n'est point un vice qu'un vers dans la prose, encore qu'il fasse un sens complet, & qu'il finisse en cadence, pourveu qu'il ne soit point composé de mots spécieux & magnifiques, & qui sentent la Poësie. Mais je ne suis pas de leur avis*, &c. Mais dans sa remarque des négligences du stile, il dit le contraire. Voicy ses paroles. *La troisiéme sorte de négligence ; c'est quand on fait trop souvent des vers communs ou Alexandrins. Ie dis trop souvent, parcequ'il est impossible qu'il ne s'en rencontre tousjours quelqu'un par-cy par-là, que vous ne sauriez la pluspart du temps éviter, sans faire tort à la naïveté de l'expression ; qui est une chose bien plus considérable, & un plus grand bien qu'il n'y a de mal à laisser un vers. Iamais nos meilleurs Escrivains, anciens & modernes, ne se sont donné cette gesne, quand exprimant naïvement leur intention, ils ont rencontré un vers : surtout s'il n'est pas composé de paroles spécieuses, & qui sentent la Poësie. Qui me pourroit blasmer si j'avois escrit en prose, Ie ne suis jamais las de vous entretenir ?* Et comme cette remarque des négligences du stile est postérieure à celle des vers dans la prose, & que les ségondes pensées sont les plus sages ; cette derniére opinion doit passer pour celle de M. de Vaugelas. Mais quoyqu'il en soit, il est certain encore une fois, que les vers dans la prose qui ne paroissent point vers, ne le sont point en effet. Tel est cet hexamétre ; qui est le commancement des Annales de Tacite ;

Vrbem Romam à principio Reges habuere.

Et cet autre du livre 30. de l'Histoire de Tite-Live :

Legati ab Chartagine, paucis antè diebus.

Car comme ils n'ont point de césure, & que d'ailleurs ils ne finissent pas la période, l'oreille ny la vue ne s'aperçoivent point que ce soient des vers. La césure de ce Pentamétre du Psalmiste,

Imponent super altare tuum vitulos,

n'estant pas naturelle, on ne s'aperçoit pas nomplus que ce soit un vers. Il en est de mesme de cet hexamétre, par lequel Salluste a commancé son Histoire,

Bellum scripturus sum, quod Populus Romanus:

& de cet autre, par lequel Bocace a commancé son Décameron,

Vmana cosa è aver compassione.

Comme ils sont tous deux tres-prosaïques, ils ne doivent estre considerez que comme de la prose. Mais pour ce pentamétre ; qui est une de nos reigles de Droit ;

Semper in obscuris quod minimum est, sequimur,

il estoit sans doute à éviter : car comme il est assez sonore ; & beaucoup plus que cet autre d'Ovide,

Vix excusari posse mihi videor ;

il n'y a personne qui ne s'aperçoive que c'est

un vers. Rabelais du moins s'en est bien aperçu ; ayant appelé au chapitre 37. du livre 3. de son Pantagruel, cette reigle de Droit ; qui est une loi du titre *de Regulis. Iuris* ; une loi versale & versifiée.

Il reste à décider ce que c'est que grands vers en nostre Langue. Ce sont les vers Alexandrins, & ceux qui sont de dix à onze syllabes, appelez par nos Anciens *Vers communs*, parceque nos vieux Poëtes s'en servoient plus souvent que des autres. Car comme je l'ay remarqué dans mes Origines de la Langue Françoise, au mot *Alexandrins*, les vers Alexandrins qui sont aujourdhuy les plus communs parmy nous, estoient si peu en usage du temps de Marot, que quand il s'en trouve dans ses Poëmes, il en avertit le Lecteur par ces mots, *Vers Alexandrins*.

Je suis au reste de l'avis de M. de Vaugelas en ce qu'il dit que les Vers communs sont moins vicieux en prose que les Alexandrins, parcequ'ils ressentent moins le vers ; estant plus aisé de trouver quatre syllabes ajustées que d'en trouver six. M. de Vaugelas dit ensuite, qu'il s'estonne de l'opinion contraire de Ronsard, qui dit qu'il a voulu composer sa Franciade en vers communs, parcequ'ils sentent moins la prose que les Alexandrins. M. de Vaugelas ne savoit pas que Ronsard a changé d'opinion. *Si je n'ay*, dit-il, *commencé ma Franciade en vers Alexandrins, lesquels j'ay mis, comme tu sais, en vogue & en honneur ; il s'en faut prendre à ceux qui ont puissance de me commander, & non à ma volonté.*

*volonté : car cela est fait contre mon gré : es-
perant un jour la faire marcher à la cadence
Alexandrine : mais pour cette fois il faut
obéir.* C'est dans son Abbregé de l'Art Poëtique à Alfonse Delbéne.

Par le passage de Quintilien cy-dessus allégué, où il est dit qu'un vers entier dans
la prose est tout-a-fait desagréable, & qu'un
demy-vers ne l'est guére moins, il paroist
que les anciens Critiques ont mesme blasmé
les demi-vers dans la prose. Et c'est pour
cette raison, que trouvant à dire que Tite-
Live ûst commancé son Histoire par cet hémistiche, *Facturusne operapretium sim*, ils la
changérent en *Facturusne sim operapretium*.
Mais comme il n'est point sonore, & que
d'ailleurs le stile des Historiens est plus libre
que celui des Orateurs, ce changement n'a
pas esté approuvé par Quintilien. Il ne faut
donc aussi éviter les demi-vers dans la prose,
que lorsqu'ils se font reconnoistre par leur
cadence, comme celui-cy de Salluste ; qui est
du livre 1. de l'Histoire de Jugurtha ; *Iamque
dies consumptus erat*.

Mais il ne faut pas seulement éviter les
vers & les demi-vers dans la prose, il faut
encore éviter les rimes & les consonances,
comme l'a fort bien observé M. de Vaugelas. Mais dans le mesme endroit où il a fait
cette observation, il a encore péché contre
ses Reigles. Voicy l'endroit : *Il y en a qui ne
font point de difficulté de dire, par exemple,
davantage le courage, &c. & de faire d'autres rimes semblables : comme s'ils n'avoient*

ny yeux ny oreilles, pour voir en lisant, ou pour ouïr en écoutant la difformité & le mauvais son qui procéde de cette négligence. Lisant & écoutant ne sont-ils pas cette difformité & ce mauvais son que M. de Vaugelas blasme dans sa remarque des consonances?

Il dit ensuite, au sujet des rimes dans la prose, *Si dans une mesme période de deux ou trois lignes, il y a trois mots, comme, consideration, réception, affection : ou comme, délivrance, souffrance, abondance : encore que pas un des trois ne se rencontre, ny à la fin de la période, ny à aucune cadence des membres qui la composent, ils ne laissent pas de faire un tres-mauvais effet, & de rendre la période vicieuse.* Cette reigle est véritable lorsque ces mots de mesme terminaison sont séparez les uns des autres. Mais quand ils se touchent, ces mesmes terminaisons font une beauté dans nostre Langue, comme dans toutes les autres. M. d'Ablancourt a dit dans sa Traduction du traité de Lucien de la maniére d'escrire l'Histoire : *Il passera à sa narration doucement & insensiblement, & gardera toutes les perfections qu'enseigne la Rhétorique; la clarté, la briéveté, la facilité, l'égalité.* Quintilien a dit au chapitre *de ornatu*, qui est le 3. du livre 8. *Iam sunt alia aliis honestiora, sublimiora, nitidiora, jucundiora, vocaliora.* Et dans la Préface du livre 6. *Sed probitatis, pietatis, humanitatis, liberalitatis.* Les Grecs en ont usé de la mesme sorte. Mais il seroit également inutile & ennuieux dans une chose constante, de rapporter leurs passages.

Addition au Chapitre précédent.

CHAPITRE LXXXX.

ON a icy publié depuis quelques jours un livre intitulé, *Doutes sur la Langue Françoise, proposez à Messieurs de l'Académie Françoise, par un Gentilhomme de Province.* Ce livre est écrit avecque beaucoup d'agrément. Il contient d'ailleurs beaucoup de belles remarques, & beaucoup de bonnes maximes. Et comme Aristote a dit que le doute raisonnable est le commancement de la science, nous pouvons dire de mesme qu'un homme qui doute aussi raisonnablement que fait l'Auteur de ce livre, est tres capable de décider. Et c'est peutestre par cette raison, qu'oubliant le titre de son ouvrage, *Doutes sur la Langue Françoise*, il décide plus souvent qu'il ne propose. La passion qu'il a pour M. de Vaugelas, & l'aversion qu'il a pour ces Messieurs de Port-Royal qu'on appelle Jansénistes, lui ont pourtant fait reprendre & soustenir plusieurs choses qui ne devoient point estre reprises ny soustenuës. Je remarqueray toutes ces choses dans la suite de ces Observations, quand l'occasion s'en présentera; afin de desabuser ceux qui dans l'opinion qu'ils ont que le Pere Bouhours, homme d'une grande autorité dans noſtre Langue, eſt l'Auteur de ce Livre, les croient bien décidées. Et comme je n'ay point trouvé à dire que cet Auteur ſans nom ait repris avec aſſez de liberté ce qu'il a trouvé à dire dans mes Obſervations, je veux croire qu'il ne trouvera point mauvais que je remarque de mon coſté avecque la meſme liberté ce que je n'approuve pas dans ſes Doutes.

A l'endroit où il traite du defaut des vers dans la proſe & de celui des rimes & des conſonances, conformément à la doctrine de ſon héros Monſieur de Vaugelas, après avoir allégué dix-neuf vers Alexandrins qu'il a trouvez, avecque beaucoup de peine, dans la Traduction en proſe du livre de l'Imitation de Jeſus-Chrit, (J'aprens que c'eſt Monſieur de Saſſy, qui eſt l'Auteur de cette Traduction) il dit, en raillant, à la page 266. *Le Traducteur de l'Imitation n'a-t'il pas beaucoup de naturel pour la poëſie ?* Tous ces endroits cependant ſont tres-mal repris : car ces vers ſont, ou proſaïques, comme,

Ie vous veux enſeigner, mon fils, beaucoup de choſes.

Ie ne me ſouviens point d'avoir fait aucun bien.

ou défectueux dans la céſure, comme,

Nous voudrions bien eſtre affranchis de tout mal.

Lorſque la grace vient luire dans voſtre cœur.

Qui peut prévoir, qui peut éviter tous les maux.

Ou ils ne finissent pas le sens, comme,

Cet air de vanité se glisse en un moment, souille nostre ame, & la rent esclave.

Souvenez-vous tousiours que nostre fin est proche,

& que le temps perdu ne revient plus. Et plusieurs autres semblables, qu'il seroit ennuieux de rapporter.

Il dit ensuite, pour appuier sa critique : Cicéron qui a si bien entendu le nombre Oratoire, veut que l'on en ait un soin particulier : mais il veut aussi que l'on évite soigneusement le nombre poëtique : & il prescrit des reigles expresses pour empescher l'Orateur de donner dans le tour du vers, ou dans ce qui en a l'apparence. Il est vray que Cicéron a blasmé les vers dans la prose : mais il est vray aussi que sa prose est toute pleine de vers: non seulement d'iambes, comme nous l'avons remarqué au chapitre précédent, mais d'héxamétres. Vous trouverez dans la prémiére de ses Epîtres à sa femme Terentia,

Me miserum, te ista virtute, fide, probitate.

Et dans la prémiére à Lentulus,

His ego consiliis si te præsentem habuissem.

Et dans une autre à Cœlius ; qui est la 18. du livre 2. à Atticus,

Displiceo mihi, nec sine summo scribo dolore.

Et dans la 4. du livre 15.

Ejus consilium ad bellum spectare videtur.

Je ne parle point de ce vers spondiaque de la 2. du livre 7.

Flavit ab Epiro lenissimus onchesmites: Cicéron s'en estant apperceu lui-mesme aussitost qui lui est échapé : Hunc σπονδιάζοντα, ſi cui voles τῶν νεωτέρων, pro tuo vendito. Mais comme la négligence siéd bien dans les Lettres familiéres, dont le principal ornement est de n'en point avoir, Cicéron seroit excusable d'avoir fait tant de vers dans ses Epîtres, sans en vouloir faire, s'il n'en avoit pas fait davantage dans ses Oraisons & dans ses Discours Philosophiques. Vous trouverez dans l'Oraison pour son retour,

Auctores, testes, laudatoresque fuerunt.

Et dans celle pour Plancius :

Interitus nullos auctores esse videbam.

Et au livre 1. des Questions Académiques,

Cùm sunt dicta, in conspectu consedimus omnes.

Et au 4. des Tusculanes,

Morbo tentari non possunt, corpora possunt.

Et au mesme endroit,

Hæque voluptates singillatim extenuantur.

Et au 3. de l'Orateur, (ce qui a esté remarqué par Muret, & ce qui est toutafait remarquable) vous trouverez un hexamétre & un pentamétre de suite. Voicy l'endroit : *Ac mihi quidem veteres illi majus quiddam animo*

Complexi, plus multò etiam vidisse videntur,

Quàm quantum nostrorum ingeniorum acies.

Il est vray que ce pentamétre n'est pas fort nombreux : mais cet autre de Catulle, le plus délicat des Poëtes Latins, ne l'est pas davantage,

Quàm modò qui me unum atque unicum amicum habuit.

Si l'Auteur des Doutes avoit trouvé quelque chose de semblable dans les escrits de ces Messieurs de Port-Royal, que ne diroit-il point ? qu'elles exclamations ne feroit-il point ? puisqu'il a dit tant de choses, qu'il a fait tant d'exclamations, pour ces dix-neuf vers de l'Imitation de Jesus-Christ.

Mais à l'exemple de Ciceron, ou plustost à l'exemple de son héros M. de Vaugelas, il est tombé lui-mesme dans la faute qu'il a tant blasmée. Vous trouverez à la page 198. de ses Doutes, *que qui n'a cela, ne peut pas dire qu'il sache escrire.* Voilà en moins de deux lignes deux vers de mesme mesure,

Ne peut pas dire
Qu'il sache escrire :

deux rimes, *dire, escrire* : une consonance, *n'a cela* : & une cacophonie, *que qui.*

Nostre Gentilhomme de Province n'est pas plus hureux à reprendre les rimes & les consonances dans les escrits de prose de Messieurs de Port-Royal, qu'il l'a esté à reprendre les vers. *Soleil & immortel* qu'il condamne comme des consonances, ne sont point consonances. *Nature & assûre, hureux & religieux,* estant de fausses rimes, ne doivent point non plus estre considérées comme des rimes. *Temple & exemple, sang & sans,* en ces endroits. ; *Les Iuifs à ces nouvelles, apprehendérent pour eux & pour le Temple : & l'exemple de tant d'autres fit juger*, &c. *Vn Prince du sang sans expérience* ne font point aussi de mauvais effet, comme il le prétent; *exemple & sans*, estant au commancement du segond membre de la période, où il n'y a aucune cadence. Mais y a-t-il rien de plus mal repris que les rimes qu'il reprent en cette période de l'Imitation de Jesus Chrit? *Les injures, les médisances, les répréhensions, les humiliations, les confusions, les corrections, & les mépris ne doivent jamais abatre nostre patience.* Il n'y a rien à dire à cette période: & tant s'en faut que ces quatre mots desuite de mesme consonance blessent l'oreille, ils la chatoüillent agréablement, comme nous l'avons fait voir au chapitre précedent. Je finis celui-cy par un mot de M. de Malleville, que je viens d'apprendre de M. Nublé, au sujet de toutes ces fausses délicatesses de nostre Provincial : *L'Eloquence n'est point vetilleuse.*

S'il faut dire busc, busque, *ou* buste; musc, *ou* musque.

CHAPITRE LXXXXI.

Monsieur de Balzac dans son Entretien du Stile Burlesque a dit *busc*. *Il faudroit faire revenir les pourpoints à busc, & les chausses à la Suisse*. Il faut dire *busque*,

C'est ainsi que parlent aujourdhuy toutes les Dames de la Cour & de la Ville qui parlent le mieux. Pour *buste*, il est tres-mauvais en cette signification, quoyque tres-usité parmy les Bourgeoisies. On ne doit s'en servir que pour signifier ce tronc du corps humain sur lequel on met des testes de statues ; appelé par les Italiens *busto*, & dont nous avons fait *buste* ; comme ils ont fait *busto* de l'Alleman *brust*, qui signifie *poitrine*. Voyez mes Origines Italiennes au mot *busto*. Les Italiens appellent encore *busto* le corps des habits des femmes : ce qui peut avoir donné occasion à quelques François de dire *buste*, aulieu de *busque*, acause que le busque se met sous le corps des habits des Dames. Mais nostre mot *busque* a une autre origine. Il vient de l'Alleman *bosc*, ou de l'Italien *bosco*, qui signifie *bois* : d'où vient aussi nostre mot *busche*: Les busques sont de bois pour l'ordinaire.

Marot dans son Epigramme à Cretin, a dit *musc*.

Qu'un amoureux de musc user.

Et Ronsard livre 2. Ode 16.

Mon petit œil, baisez moi
D'une bouche toute pleine
De musq. Chassez-moi la peine
De mon amoureux émoi.

Et Nicod dans son Tresor de la Langue Françoise. Mais on dit présentement *musque*, dissyllabe : témoin le Vaudeville :

Ie n'ay senti, ny le musque, ny l'ambre,
Alors que j'ay, &c.

S'il faut dire à l'étourdi, *ou* à l'étourdie.

CHAPITRE LXXXXII.

IL semble qu'il faudroit dire *à l'étourdie*, comme on dit *à la légére*. Cependant on dit plus communément *à l'étourdi*. Marot dans la Lettre écrite du camp d'Attigny à Madame d'Alençon :

——————— *ainsi, à l'étourdi.*
Me suis montré peuteftre trop hardi.

Nicod dans son Tresor de la Langue Françoise : *faire quelque chose à l'étourdi : præcipitare.* J'ay dit, *plus communément* : car on dit aussi *à l'étourdie.* Marot dans son Epitre au Roi, pour le délivrer de prison :

Trois grands pendarts vinrent à l'étourdie.

Des mots qui finissent par F.

CHAPITRE LXXXXIII.

DEs mots qui finissent par F, il y en a où l'F se fait sentir, non seulement devant les voyelles & à la fin des vers ou des périodes, mais aussi devant les consones. Et tels sont, *chef, nef, fief, francfief, grief, bref, vif, naïf, esquif, if, Iuif, motif, tarif, neuf,* de *novus* ; *nominatif, génitif, indicatif, impératif,* &c. Il y en a d'autres, où elle ne se fait sentir que devant les voyelles, & à la fin des vers ou des périodes : comme, *boeuf*, *œuf*; & *neuf*, de *novem*. On dit *un oeu dur*; *un oeu frais* : *du boeu salé* : *neu soldats*. Et il y en a, où elle ne se prononce point du tout, en quelque lieu qu'elle soit : comme, *cerf, clef, aprantif, Baillif*. On prononce, *cér, clé, apranti, Bailli* : & c'est pourquoy plusieurs écrivent ces mots sans F. Il reste à remarquer, que les Angevins disent *clef*, au lieu de *clé*; & qu'ils disent au contraire *fié*, au lieu de *fief*. Ils prononcent aussi *cerf*. Il est encore à remarquer que quoyqu'on dise *grief* & *griefs*, on dit neanmoins plus communément *Réponses à griés*, que *Réponses à griefs*. On dit aussi *des boeus*, & non pas *des boeufs*.

S'il faut dire gans de Néroli, *ou de* Nérola.

CHAPITRE LXXXXIV.

IL faut dire *gans de Néroli*. C'est ainsi que ces gans s'appellent en France ; quoyqu'en Italie, d'où ils nous sont venus, on les appelle *guanti di Nerola*; de la Princesse de Nérola, aujourdhuy la Duchesse de Braciane, qui en a inventé le parfum. Les Italiens ont appelé de mesme *gans de Franchipane*, des gans dont le parfum a esté inventé par le Marquis de Frangipane. Voyez mes Origines de la Langue Françoise, & mes Origines de la Langue Italienne.

Reliques, *dans la signification de restes.*

CHAPITRE LXXXXV.

Voicy comme M. de Balzac parle de ce mot en cette signification : *Puisqu'il se sert de* reliques *, où il devroit se servir de* restes *, je m'imagine qu'en quelqu'autre lieu, il prend les* restes *pour les* reliques. *Comme il dit icy* Les reliques de la guerre, Recueillir les reliques de son naufrage, Sauver les reliques de sa fortune, *il y a de l'apparence qu'il dit ailleurs,* Les restes de Saint Pierre & de Saint Paul, Honorer les restes des Martyrs, Aller à l'adoration des Restes le jour du Jeudi absolu. *Il y a certains mots consacrez à la religion & aux choses saintes. Il ne faut pas les prophaner en les employant à un autre usage ; & il me semble que le mot de* reliques *est un de ceux-là.* C'est au dixième Discours de son Socrate Chretien, dans les Remarques qu'il a faites sur des Sermons, & sur quelques Traitez de Controverses. Lorsque M. de Balzac a fait cette remarque, il ne se souvenoit pas sans doute de cét admirable endroit des Poësies de son pére Malherbe :

Il ne faut pas que tu penses
Trouver de l'éternité
En ces pompeuses dépenses
Qu'invente la vanité.

*Tous ces chef-d'œuvres antiques
Ont apeine leurs reliques.*

Ce mot de *reliques*, dans cette signification de *restes*, a bonne grace dans les compositions relevées. M. de Balzac qui le blâme, s'en est servi lui-mesme en plus d'un endroit, comme l'a fort bien remarqué M. Costar dans la Suite de la Défense de M. de Voiture, qu'il m'a fait l'honneur de m'adresser. *La Posterité ne vous saura pas moins de gré de lui conserver quelque piéce de la Théologie de M. le Grand Prieur, que nous nous sentons obligez à Arrian de nous avoir sauvé les reliques de la Philosophie d'Epictéte.* C'est dans une de ses Lettres au Pére d'Estrades, qui est la 22. du livre 3. des Lettres Choisies. Dans la 1. du livre 2. il dit, *que la France a perdu en M. de Peyresc une piéce du naufrage de l'Antiquité, & les reliques du siécle d'or.* Le mesme M. Costar au mesme endroit réfute par plusieurs bonnes raisons l'opinion scrupuleuse de M. de Balzac, ausquelles il ajoute plusieurs passages de Coëffeteau. Et moi, j'ajoute à ces passages ce vers du Cardinal Du Perron, qui est de sa Traduction du Séaume *Benedic, anima mea, Domino*:

Serre & cueille en naissant les reliques du Jour.

Et ces autres de M. Gombaud, qui sont du 9. Sonnet de la prémiére partie de ses Sonnets.
— *dont l'art qui fait les Dieux,*
Montre encore aujourdhuy les superbes reliques.

Ronsard a dit aussi dans l'Ode 10. du livre 4. de ses Odes, en parlant de Céphale:

Tome I. S

Ainſi diſant, il ſe pâme
Sur le corps qui trépaſſoit,
Et les reliques de l'ame
De ſes lévres amaſſoit.

Et Du Bellay dans ſon Diſcours ſur la Tréve de 1555.

Bien iray-je après eux de vos vertus belliques,
Et des autres vertus, recueillant les reliques.

Et Binet dans la Vie de Ronſard : *Ce freſle vaiſſeau que j'ay fait pour y enfermer tes cendres tant précieuſes, par moi ramaſſées; & que je préſente à la Poſterité ; reliques de tant de richeſſes fondues en toi ſeul.*

S'il faut dire bref *ou* brief: brévement *ou* briévement : bréveté *ou* briéveté, griéveté, *mot favori de l'Auteur des Doutes ſur la Langue Françoiſe.*

CHAPITRE LXXXXVI.

NOs Anciens, de *brevis, brevitate, brevi mente*, ont fait *brief, briéveté, briévement* : en y ajoutant un i : comme en *bien*, de *bene* ; en *miel* & en *fiel*, de *mel* & de *fel*; en *rien*, de *rem*, accuſatif de *res* ; en *cierge*, de *cereum* ; en *Saint Sierge* & en *Galien*, de *Sanctus Sergius* & de *Galenus*, &c. Mais comme les prononciations changent, au lieu de *brief* on a depuis prononcé *bref*. Et c'eſt comme il faut prononcer ce mot lorſqu'il ſignifie le *denique* des Latins. *Bref*, c'en eſt fait. Et qui diroit *brief* en cette signification, diroit tres-mal. Mais ce mot en cette signification n'est comme plus en usage. Il faut dire aussi, *les longues & les bréves*, *Le Bref de Paris*; *Vn bref du Pape*; *Le Segretaire des Brefs*: & *en bref*, si on vouloit se servir de ce mot. Et cette prononciation, pour le marquer en passant, n'a pas esté introduite contre l'analogie de nostre Langue, comme le prétent le Gentilhomme, soy-disant Bas-Breton, qui a fait le livre des Doutes sur la Langue Françoise. Nous avons un nombre infini de mots, où l'E des Latins n'a point esté changée en IE. Comme, *Breviaire*, *venir*, *tenir*, *de*, *démain*, *défaut*, &c. Et il y a incomparablement plus de ces mots, que de ceux où l'on a mis un I devant l'E. Mais pour revenir à *brief*, il n'est plus aujourdhuy en usage qu'en ces façons de parler, *ajourner*, *citer*, *crier*, *proclamer*, *à trois briefs jours*: & où *à trois brefs jours* seroit tres-mal dit. Pour *briéveté* & *briévement*, ils se disent toujours. Et c'est comme parlent nos meilleurs Ecrivains: à la reserve de Messieurs de Port-Royal, qui disent *bréveté* & *brévement*: en quoi je ne suis pas de leur avis. Mais comme ils sont d'une grande autorité dans la Langue; & qu'ils ont d'ailleurs beaucoup de sectateurs; quoyque je préfére *briéveté* & *briévement* à *bréveté* & à *brévement*, je n'ose dire présentement que *bréveté* & *brévement* soit une faute.

On dit aussi toujours *grief* & *griévement*, quoyqu'on dise *gréver*: & qui diroit *gref* &

S ij

grévemens, comme on a dit autrefois, seroit une grande faute. Mais pour *griéveté*, il y a long temps qu'il n'est plus du beau stile. On dit *la grandeur du péché; l'énormité du crime.* Et je mets en fait, que depuis l'établissement de l'Académie, aucun Ecrivain poli n'a employé ce mot ; à la reserve de nostre Gentil-homme. Et ce qu'il a écrit à la page 17. qu'il est accoustumé de s'en servir, & qu'il sent bien qu'il auroit de la peine à s'en défaire, me fait croire qu'il est en effet Bas-Breton: car il faut estre Bas Breton, ou Haut-Alleman, pour parler aujourdhuy de la sorte.

S'il faut dire til, tillet, tilleu, *ou* tillau: buis, *ou* bouis: fayant, fau, *ou* fouteau: saulx, *ou* saule: lilas, *ou* lilac.

CHAPITRE LXXXXVII.

Til & *tillet* ne sont plus en usage. Il ne s'agit donc que de savoir qui est le meilleur de *tilleu*, ou de *tillau*. Les Jardiniers disent *tillau*: Et c'est ainsi qu'il faut parler dans le discours familier. Dans un discours relevé, je dirois plustost *tilleu*. Et je l'ay dit dans la 1. de mes Eglogues.

Ainsi sous les tilleux, pressant sa cornemuse,
Chantoit le beau Daphnis aux champs de
Syracuse.

On dit *buis* dans les Provinces : & Ronsard parle toujours de la sorte. Mais on dit *bouis* à Paris. C'est donc comme il faut parler.

Fayant & *fau* qui se trouvent dans Nicod, ne sont plus aussi en usage. Marot dans son Eglogue à François I. a dit *fouteau*.

Vn Pastoureau, qui Robin s'appelloit,
Tout apart soi naguéres s'en alloit
Parmy fouteaux, arbres qui font ombrage, &c.

Plusieurs autres Ecrivains, & devant & aprés Marot, l'ont dit aussi. On ne le dit plus présentement, a cause de quelque pensée d'obscénité que ce mot peut donner : témoin le conte que fait Montagne de sa fille. Le voicy dans les propres termes de l'Auteur. *Elle lisoit un livre François devant moi. Le mot de fouteau s'y rencontra, nom d'un arbre connu. La femme qu'elle a pour sa conduite, l'arresta tout court, un peu rudement, & la fit passer pardessus ce mauvais pas. Je la laissay faire, pour ne troubler leurs reigles : car je ne m'empesche aucunement de ce gouvernement. La police féminine a un train mystérieux : il faut le leur quitter. Mais si je ne me trompe, le commerce de vint laquais n'ust su imprimer en sa phantaisie, de six mois, l'intelligence & usage, & toutes les conséquences du son de ces syllabes scélérées, comme fit cette bonne vieille, par sa réprimende & son interdiction.* Il faut se servir du mot de *hestre*, comme je m'en suis servi dans la premiére de mes Eglogues.

Lycidas & Ménalque, à l'ombrage des hestres,
Gardoient soigneusement les troupeaux de leurs maistres.

Il est aureste à remarquer que *fayant*, a esté dit de *fagianus*, au lieu de *sayan*, & qu'on y a ajouté un T, comme à *faisant*, de *phasianus*, aulieu de *phaisan*. Voyez cy-dessus chapitre 23.

Vous trouverez *saulx* dans l'Eglogue de Marot, dont nous venons de parler.
Là d'un costé auras la grand' closture
De saulx épais.
Et c'est comme Nicod a escrit ce mot dans son Dictionnaire. Il faut dire *un saule*. M. de Voiture dans une de ses Lettres à M. Costar: *Vous me demandez lequel est mieux dit*, un sauls, *ou* une saule. *Ny l'un ny l'autre ne vaut rien. Il faut dire* un saule. *On dit pourtant quelquefois au pluriel* des saulx, *en Poësie*.

Les Flamans prononcent *lillach*. Voyez Dodonée. Ce qui me fait croire que cette plante a esté ainsi appelée de *liliacum*, acause de la ressemblance de son odeur à celle du lis. Mais nonobstant cette étymologie & cette prononciation, nous devons dire *lilas*. C'est comme on parle par toute la France.

S'il faut dire hyacynthe, *ou* jacynthe: Jérarchie, *ou* Hiérarchie: Gérico, *ou* Ierico: Jonique, *ou* Ionique.

CHAPITRE LXXXXVIII.

LEs Jardiniers disent *jacynthe*. Et c'est ainsi qu'il faut parler dans le discours familier. Mais dans les compositions relevées,

LANGVE FRANÇOISE.

il faut dire *hyacynthe* ; comme l'a dit Ronsard dans sa Réponse au Ministre Montdieu.

As-tu point vu voler en la prime saison
L'avette, qui de fleurs enrichit sa maison ?
Tantost le beau narcisse, & tantost elle em-
  brasse
Le vermeil hyacynthe, &c.

Et M. Colletet, page 172. de ses Epigrammes:
Le Berger Cérylas, ayant avec adresse
Orné le chaste sein de sa belle Maistresse
De feuilles d'hyacynthe & de feuilles d'Iris.

Il en est de mesme de *Saint Hyacynthe*. Le peuple dit *Saint Jacynthe* ; comme *Saint Gérôme* : mais les Prédicateurs disent *Saint Hyacynthe*.

Baïf livre 6. de ses Poësies, dans le Poëme à Philippe Des-Portes, a dit pourtant *Jacynthe*, en parlant de la pierre précieuse.

Là l'émeraude verdoyant,
Icy le rubis flamboyant,
Le Jacynthe, & la Chrysolite.

Il faut dire aussi *la Hierarchie*, en preschant, & non pas *la Gérarchie*. Mais il faut dire au contraire *Gérico*, & non pas *Hierico*. *L'ordre Jonique*, au lieu de *l'ordre Ionique*, est tres mal dit.

S'il faut dire chicorée, *ou* cicorée, chirurgien, *ou* cirurgien: pimpinelle, pimpenelle, pimpernelle, *ou* pimprenelle.

CHAPITRE LXXXXIX.

IL est sans doute qu'il faut prononcer *chicorée*, & non pas *cicoré*; quoyqu'on dise en Latin *cichoreum*. Horace:

— *Me pascunt olivæ;*
Me cichorea, levesque malvæ.

L'Usage le veut ainsi. Il faut dire aucontraire *cirurgien*, & non pas *chirurgien*, quoyqu'on dise en Latin *chirurgus*.

Nicod a escrit *pimpernelle*. Nous disons en Anjou *pimpenelle*. On dit à Paris *pimprenelle*. C'est donc comme il faut parler. Le véritable mot estoit *pimpenelle*, ou *pimpinelle*; de *pimpinella*; acause de sa ressemblance à une plume. *Pinna, pipinna*; par réduplication; *pipinnella, pimpinella,* PIMPINELLE, PIMPENELLE. Ceux qui le dérivent de *bis pinna*, se trompent, comme je le fais voir dans mes Botaniques.

Groiselle, Groseille.

CHAPITRE C.

LEs Parisiens prononcent *groseille*, & les Provinciaux *groiselle*. Marot dans un de ses Rondeaux a dit *groiselle*.

Mais si vous cueillez des groiselles,
Envoyez m'en : car pour tout voir
Ie suis gros : mais c'est de vous voir
Quelque matin, mes Damoiselles.

Les Médecins de Lyon dans leur Histoire des Plantes, ont dit *groselle* : Et Coquillart dans son Enqueste, fueillet 95.

Dame, quand elle a son écuelle,
Refaite comme une groselle.

Mais nonobstant toutes ces autoritez, le plus sûr est de prononcer *groseille* à la Parisienne. Mais quoyqu'on dise *groseille*, il faut dire *groselier*. C'est comme prononcent les Parisiens, & comme parle Nicod.

De l'H Françoise.

CHAPITRE CI.

IL y a deux sortes d'H en nostre Langue: l'une aspirée, & l'autre muette. L'aspirée tient lieu de consone, & la muette de voyelle. Les Allemans se servent souvent de l'aspirée.

Les Italiens au contraire ne s'en servent jamais. Voyez mes Origines de la Langue Italienne à la lettre H. Et de là vient que les peuples de France, voisins de l'Italie ; comme les Bourguignons, les Dauphinois & les Provençaux ; n'aspirent presque aucun mot. Cette vicieuse façon de prononcer a passé depuis quelques années jusques à Paris. J'y ay souvent oui dire à des personnes savantes, & de la plus haute qualité, *mon harangue, mon haquenée, l'Hollande, l'hazard, l'hallebarde, le regne d'Henri Quatre.* Ce qui m'oblige à donner icy une liste de tous les mots François qui commencent par une H aspirée. Car pour ceux qui commencent par celle qui est muette, il seroit inutile de les remarquer : la faute qui se commet dans la prononciation de l'*H*, n'estant pas, comme l'a observé l'Auteur des Remarques, de l'aspirer quand elle est muette, mais de la faire muette, quand elle est aspirée. ¶

Ha, interjection exclamative. habler, hableur. hache, hacher, hachis. hagard. haillon. haïr, avecque ses dérivez, haine, haineux. haire, cilice. hait, simple de *souhait.* Ce mot est encore en usage parmy le peuple en cette façon de parler, *de bon hait.* halbran. halbrené : comme quand on dit *un faucon halbrené* : pennis mulctatus. hacquet. halecret. hale. haler un chien : haler un bateau. halée. c'est l'action de haler un bateau. halebreda. haleter. halier. Hambourg, ville. hameau, hamel. hampe de hallebarde. hanap. hanche. hanebane, herbe. hanneton. Hanse:

comme quand on dit *Hanse Teutonique.* hanter, frequentare. happelourde. happer. haquebute. C'est ainsi que nos Anciens appeloient une arquebuse. haquenée. haran, harangére. harangue, haranguer. haras. harasser. harceler. harder. hardes. hardi. hardillon. harer. hargne, ou hergne. hargneux, haricot. haridelle. Harlay, nom de famille. Harlequin. harnois. harnacher. harò. harpe, & ses dérivez, harper & harpeur. harpie. hart, pour lien : comme quand on dit *sur peine de la hart.* hase : femelle de lapin ou de liévre. hasle, haslé, hasler. haste, haster, hasteur. hastiveau : poires de hastiveau. haubergeon. haubert, cotte de maille : *fief de haubert.* havée. C'est ce qu'on peut prendre en une poignée. *Quantum aliquis potest simul accipere,* dit Béze. Villon dans son Grand Testament :

Item : mon Procureur Fournier
Aura pour toutes ses corvées,
(Simple seroit de l'espergner)
En ma bourse quatre havées.

havet. C'est un crochet : *uncus,* dit Béze au mesme endroit. Villon au lieu allégué :

L'hostel est seur : mais on le cloue,
Pour enseigne y mis un havet.

havir. havre. haut, & ses dérivez, hauteur, hautesse, hausser. haut-bois. haye. Haynaut. hazard. hé, interjection. héaume. hédard, sorte de cheval. Marot dans l'Epitaphe du cheval de Vuiart :

Grison fus hédard,
Qui garrot & dard
Passay de vitesse.

Jean le Maire en sa Plainte sur la mort de Guillaume de Bissipat, Seigneur des Hanaches, Gentilhomme de Louis XII.

Et mains soudards:
Suivants guidons, enseignes, étendards :
Tant sur coursiers, chevaux légers, hédards,
Que piétonnants, succombérent sous dards.

hennir, hennissement. Henri. Héraut. hére. hérisson. héron, ou hairon. Herman, nom propre. Héros. Ce mot s'aspire depuis 40. ou 50. ans ; quoyqu'*Héroïne* & *héroïque* ne s'aspirent point. M. de Vaugelas en rent une raison assez bonne : qui est la conformité qu'a ce mot avecque celui de *héraut* aspiré. Et cette conformité, pour le dire en passant, a fait que plusieurs ont confondu ces mots *héros* & *héraut* : comme La Colombiére, qui a intitulé son livre des Armoiries, *La Science Héroïque*, aulieu de *La Science Héraldique*. Mais à cette bonne raison M. de Vaugelas en ajouste une tres-mauvaise, qui est l'équivoque de *héros* & de *zéros*. Si héros, dit-il, *n'ust point esté aspiré, il n'y ust point ù de différence entre les Héros de l'Antiquité, & les zéros de chiffre*. Cette raison, dis-je, est tres-mauvaise : car on dit *les zéro*, au plurier, & non pas *les zéros*, comme a dit M. Vaugelas au lieu allegué, & aprés lui le Pere Bouhours à la page 433. de la prémiere édition de ses Entretiens d'Ariste. herse, ou herce. Hervé, nom propre. hestre, arbre. heuse : comme quand on dit *Courteheuse*. heurt, heurter. hibou. hideux. Hie, hire : outi à hier, cestadire à coigner le pavé. ho, interjection,

LANGVE FRANÇOISE. 217

interjection. *hober*, vieux mot, qui signifie *demeurer*. *hobereau*. *hobin*, cheval. *hoc*. *hochepot*. *hochequeue*. *hocher*. *hochet*, cresserelle d'enfant. *hodé* : comme quand le peuple dit *Ie suis tout hodé*. *hogue*, *hoguette* : entrée de port. *hoguiner* : *contrectatione lacessere*, dit Béze. *hoiau*. *holà*. Hollande. *hongner*. Marot :

Il faut dire, puisqu'ainsi hongne,
Que je luy ay graté sa rongne.

hongre : cheval chastré. *hongreline*. Hongrie. Hongrois. *honnir*, *honte*, *honteux*. *hoquet*: *hiquet* en Anjou. *hoqueton*. *horion*. *hors*, *horsmis*. *hôte*. *hoh*, *hou*, interjections. Ronsard Eglogue 4. *Hou mastin !* *houbelon*. *houbelonniere*. *houdin*. *houë*. *houlette*. *houmar*, espéce d'écrevisse de mer. *houppe*. *houppelande*, manteau de campagne. *houseau*. *houspiller*. *housse*. *houssine*. *houx*. *hucher*, pour *jucher*. *hucher*, pour *appeler*. *huchet*, cornet pour appeler les chiens & les laniers, quand on chasse. *huche*, (qu'on prononce en Anjou *huge*) *huchette*. *hucque* : sorte d'habillement. *huer*, *huée*. *Hüet* : diminutif de Hugue. Hugue. Huguenot. *huguenote* : espéce de marmite : *des oeus à la huguenote*. Huit, huitiéme, huitain. M. de Vaugelas prétent que l'H en ces trois mots ; quoyque consone & non muette ; (car on dit *le huitiéme*, &c. & non pas *l'huitiéme*, &c.) n'est point aspirée. Pour moy, je tiens qu'elle l'est. Il est vray que l'aspiration n'y paroist pas tant qu'aux autres mots aspirez. Et ce temperament vient de la voyelle U, qui ne reçoit pas tant d'aspiration que les autres. *hulote*. *humer*. *hune*. *hupe*, *hupé*. *hure*

Tome I, T

de sanglier. *Hurepoix*, pays. *hurler*, *hurlement*. *hûtaudeau*, *huſtaud*. C'eſt ainſi qu'on appelle en Anjou un chaponneau. *hute*, *huter*. *Hutin*.

Ce ſont tous les mots commençans par une H aſpirée, dont j'ay pu me ſouvenir. Théodore de Béze dans une liſte qu'il a donnée des meſmes mots en ſon Traité de la véritable prononciation de la Langue Françoiſe, y a mis *Hector*, nom propre. Il s'eſt trompé. Il eſt ſans doute que ce mot n'eſt point aſpiré. Le Pere Chiflet s'eſt auſſi trompé, ſi je ne me trompe, en mettant dans une ſemblable liſte le mot de *harigot*, qu'il interpréte *flageolet*. Nous diſons *larigot* en cette ſignification, & non pas *harigot*. Ronſard Eglogue 5.

Herbes qui boutonnez, vertes ames ſacrées,
Si ſous mon larigot reverdir je vous voi, &c.

Et l'étymologie confirme cette prononciation : car ce mot a eſté fait de *fiſtula*. *fiſtula*, *fiſtularis*, *fiſtularius*, *fiſtularicus*, *laricus*, *laricotus*, LARIGOT. Et de là, *boire à tire-larigot* : acauſe de la reſſemblance des longs verres aux flutes. D'où vient auſſi que nous diſons *fluter*, pour *boire*.

Je n'ay point mis dans ma liſte le mot d'*Harcourt*, que quelques-uns aſpirent ; & entr'autres M. de la Roque ; qui dans ſon Hiſtoire Généalogique de la Maiſon d'Harcourt écrit touſjours *de Harcourt* : car il eſt certain que l'H de ce mot n'eſt point aſpirée. On dit *la Maiſon d'Harcourt*, *le Collége d'Harcourt* : quoyque les anciens titres ayent *de Harcourt.* Ceux de la famille *d'Haroüys,* écrivent aussi *de Harouys* ; & on dit neanmoins aussi *d'Haroüys.*

Examinons maintenant les reigles de M. de Vaugelas touchant nostre H Françoise. Il veut, dans la premiére de ses Remarques, que ce soit une reigle générale, que tous les mots qui commencent par une H, & qui viennent du Latin où il y a aussi une H au commencement, ne l'aspirent point ; à la reserve de *Héros.* Je me souviens que lorsque M. de Vaugelas me montra cette remarque, je lui dis que sa reigle souffroit beaucoup d'exceptions : qu'outre le mot *Héros*, les mots *hennir, hennissement, harpie, hargne, hargneux, haleter,* & *haran*, qui viennent du Latin où il y a une H, aspiroient leur H. C'est ce qui l'obligea dans la suite de son livre d'excepter tous ces mots de sa reigle : à la reserve neanmoins de *haran.* Car il prétendoit qu'il ne venoit pas du Latin *halec.* Mais il en vient, assurément ; quoyqu'*halec* ne signifie pas le mesme poisson. ἅλς, ἁλός, ἅλαξ, *halex, halec, halecis, halece, harece, harence,* HARENC. C'est ainsi que le mot *haran* se trouve écrit dans nos anciens livres. Théodore de Béze dérive aussi *haran* d'*halec.* Mais pour revenir à la reigle de M. de Vaugelas, il en faut encore excepter *hierarchie* & *hideux*, qui viennent *d'hierarchia* & *d'hispidosus* : & *haste, haster, hasteur,* & *hastier*, qui signifient *broche, embrocher, embrocheur,* & *porte-broche* : & *haster* & *hasteur*, en la signification de *faire des hayes* &

de *faiseur de hayes*: car il est sans doute que ces mots viennent de *hasta*, *hastare*, *hastator*, *hastarium*. *haster*, dans cette derniere signification, c'est, *hastis, seu palis, agrum munire, circumdare*. *herpelu* vient aussi d'*horripilosus*, ou plustost d'*horripilutus*. Scaliger dans son Viliomarus 2. 23 Φειξότειχα. *horripilum Tertulliano, & aliis. Vnde Galli idem eodem nomine paulò depravatiore* HERPELU. Les Gloses Anciennes: *horripilatur*. ὀρθότειχᾶ. Celles d'Isidore: *horripilatur. horret*. On ne peut pas non plus révoquer en doute que le mot de *hoc*; comme quand nous disons *cela m'est hoc*; ne vienne du Latin *hoc*. Ajoutez à tous ces mots, celui de *herce*; en la signification d'une porte coulisse, & d'un instrument de labour: car ce mot en la premiére signification, selon Nicod, vient d'*hericius*, employé par Cesar pour dire la mesme chose: & en la seconde, il vient selon M. de Saumaise sur Solin page 729. de *hirpix*. Et quoyque *hericius* & *hirpix* se trouvent escrits sans H, on les escrit le plus ordinairement avec une H. Ajoutez y encore le mot de *herisson*; selon l'opinion de ceux qui écrivent *hericius*, comme il se trouve escrit dans les Gloses Anciennes, & dans la pluspart des Dictionaires, pour signifier un herisson. Ajoutez y encore le mot *hésiter*, que plusieurs de l'Académie Françoise aspirent; & entr'autres M. Chapelain & M. Corneille, qui prononcent *san hésiter*, & non pas *sans hésiter*. En quoy je ne suis pourtant pas de leur avis, ayant remarqué qu'on dit *Ie n'hésite point à* cela, & non pas *Ie ne hésite point*. Je ne parle point de *hache* que Béze dérive de *hasta*; estant persuadé qu'il vient d'*ascia*. On pourroit encore ajouter à tous ces mots ceux qui ont esté formez des mots de la basse Latinité, qui commancent par une H: comme *halier*, qui a esté fait de *hagularium*, diminutif du diminutif de *haga*, qui veut dire une haye. *Haga, hagula, hagularium*, HALIER. Et on y pourroit ajouter encore ceux qui viennent des mots Latins qui commencent par une F. Car cette F a esté prémiérement changée en H, comme il paroist par un nombre infini de mots Espagnols: *formosus*, HERMOSO: *fabulari*, HABLAR; (& de là nostre mot *habler*;) *furca*, HORCA: *furtum*, HURTO: *feritus*, HERIDO: *facere*, HAZER: *fames*, HAMBRE. De *foris*, on a dit de mesme *horis*, dont nous avons fait *hors*: Et de *fabarius*, *habarius*: d'où nous avons fait *haricot*. *Fabarius, fabaricus, fabaricotus, habaricotus, haricotus*, HARICOT. Les haricots sont des féves peintes: & elles sont appelées *féves peintes* par les Botanistes. De *faux, faucis, fauce, fauca*, on a dit aussi *hauca*; dont nous avons fait *hogue*, & le diminutif *hoguette*; pour dire l'entrée d'un port; *fauces portus*. Nicole Gilles en la Vie du Roy Philippe de Valois: *Le Roy d'Angleterre vint en France avec bien deux cens nefs sur mer, & à grande armée descendit à la Hogue Saint Vast en Cotantin.*

Voicy une seconde réigle de M. de Vaugelas; Les mots François qui viennent des

T iij

Latins où il n'y a point d'H, sont aspirez. Plusieurs de nos Auteurs avoient déja fait cette remarque. Théodore de Béze dans son livre de la Prononciation de la Langue Françoise : *H, aspirationis nota, in vocibus Græcis & Latinis aspiratis & in Francicam Linguam traductis, scribitur quidem, sed quiescit. Ut* habiter *, habitare, &c. Contrà verò in vernaculis Gallicis scribitur simul & pronunciatur aspiratio : ut in illis quæ à Latinis non aspiratis deducuntur. Sic ab* altus *deducuntur Gallicæ voces aspiratæ,* haut, hautain, hautesse, hauteur, hautement, hausser. Henri Estienne dans ses Hypomnéses de la Langue Françoise, au sujet des mots *homme, hoste, hostelerie, honneur, honeste, honesteté* : *Gallica Lingua in his, altiisque quamplurimis, literam H, ad indicandam derivationem potius quàm pronuntiationem, retinuit : sic tamen ut eam, simulque ejus aspiratricem vim, nonnullis dare vocabulis sibi permiserit ; in quibus Latini eam respuebant : ut videmus in* haut, *ex* altus. M de Saumaise sur Solin, page 961. *Nostris perpetuum est, ut quæ penes Latinos veteres, aut Italos, aspirantur vocabula, sine flatu pronuntiare soleant : & contrà, quæ apud illos carent spiritu, ipsi aspirent. Quod verum esse deprehendent, qui vel parum attenderint.* Il est vray que cette reigle a lieu en plusieurs mots : comme en *haut*, d'*altus* : en *hupe*, d'*upupa* : en *hurler*, d'*ululare* : en *hulote*, d'*ululota*, diminutif d'*ulula* : en *hucher*, de *vocare* : en *hanneton*, de *tabanus. tabanus, tavanus, tavanettus, vanettus, hanettus,* üanetto üanettonis, üanettone, anettone, anetone, HANNETON. en *hédard*, (forte de cheval dont il a efté parlé cy-deffus) de *veredus, veredus, veredardus, üeredardus, heredardus, hedardus*, HEDARD. En *hibou*, de *bubo, bubo, bubus*; comme *capo, capus*; *vubus, ubus, ybus*, HIBOV. en *haflé*, d'*ardeo*. *ardeo, arfi, arfum, arfus, arfura : affum, affulum*, HASLE: *affulatus*, HASLÉ. en *haridelle*, d'*aridus*. *aridus, aridellus, aridella*, HARIDELLE. en *haiter* & en *fouhaiter*, d'*optare* & de *fuboptare*: en *haler* & en *houlette*, d'*agere*. *ago, actus, agulum*: comme, *coago, coactus, coagulum: agulare, aglare, alare*, HALER. Haler un bateau, c'eft, *agere limbum*. *Agulum, agolum*; comme *fuboles* & *foboles* ; *agoletum, agoleta, aoleta, oleta*, HOVLETTE. Mais il n'eft pas vray qu'elle foit fi générale que le prétendent M. de Saumaife, & M de Vaugelas. Il y a fans comparaifon plus de ces mots, où nous n'avons point mis d'afpiration : comme *ami, ennemi, amour, amitié, inimitié, arme air, or, argent, orange, oraifon, admirer, adorer, exceller, art, artifan, armoire, inepte, eminent, imminent*, & mille autres femblables. Et il y en a mefme où nous avons mis une H, qui neanmoins ne s'afpirent pas : comme *huis, huile, huiftre, hiéble,* & *hétudeau*, ou *hétoudeau*, qui viennent d'*oftium*, d'*oleum*, d'*oftrea*, d'*ebulus*, & d'*uftus*. On a au refte ajoufté une H à ces mots *huis, huile* & *huiftre*, pour empefcher qu'on ne luft *vis, vile* & *viftre*. C'eft la penfée de Théodore de Béze dans fon livre de Prononciation de la Langue

Françoise. *Aspiratio quiescit in his dictioni-bus* : huis, *ostium, cum derivatis* : huile, *oleum, cum derivatis* : huit, *octo* : huistre, *ostrea : quoniam alioqui legi sic possent ha dictiones, quasi V esset digamma, non vocalis: nempe pro* huis, vis : *sic etiam pro* huile, vile, *&c.* A l'égard du mot *hiéble*, on peut aussi y avoir mis une H, pour faire qu'on lust *iéble*, & non pas *jéble*.

Il me reste à expliquer comment *hérudeau* est dérivé d'*ustus*, ce que peu de personnes savent. Les Anciens ne chaponnoient point par l'incision, comme nous fesons. Ils chaponnoient par le feu, en bruslant avec un fêr chaud, les lombes des poulets, ou leurs croupions, ou leurs ergots. Columelle livre 8. chap. 2. *Nec tamen id patiuntur amissis genitalibus, sed ferro candente calcaribus inustis.* Varron livre 3. *de Re Rustica* chap. 9. *Gallos castrant, ut sint capi, inurentes ad infima crura, usque dum rumpatur.* C'est à dire, *usque dum rumpatur infimum crus*, ou *calcar*. Pline livre 10. chap. 21. *Desinunt canere castrati: quod duobus fit modis ; lumbis adustis candente ferro, aut imis cruribus.* Aristote au chapitre dernier du livre 9. de l'Histoire des Animaux a aussi fait mention de cette maniére de chaponner par le feu. ἐκλέμνονται δ᾽ οἱ μὲν ὄρνιθες κατὰ τὸ ἐρωτικὸν καθ᾽ ὃ συμπίπτουσιν ὀχεύοντες. ἐνταῦθα γὰρ ἐπὶ δυοῖν ἢ τρισὶ σηπείοις· ἐπὰν μὲν ἤδη τέλειοι ὦσι, τότε χαλκῷ ἐξοχρῶσι κίεται, ἢ ὑκέτι κακίζει, ὐδ᾽ ἐπιχερεῖ ὀχεύειν. Ce sont les paroles d'Aristote, que Jules Scaliger a ainsi traduites : *Castrantur galli ad clunes, qua parte conquiniscunt coeuntes. Quem locum si quis ferramentis binis ternisve usserit, & gallus adultus fuerit, tum crista pallescit, neque præterea cucurit, neque venerem tentat.* Je laisse à Messieurs des Académies Physiques de Paris & de Londre à chercher la cause de cette castration par la brusture des ergots. Or comme les Grecs ont usé des mots ἐκτομίας & ἐκτομίαν, qui veulent dire *coupé*; *excisus*; pour signifier un homme chastré; parceque la castration des hommes se fait par l'incision; les Latins des bas siécles ont dit de mesme *ustus*, & *ustaldus*, & *ustaldellus*, & *exustus*, & *exustutus*, & *exustudellus*, pour signifier un poulet chastré; *gallus spado*; la castration des poulets se fesant par le feu. D'*ustaldus*, diminutif d'*ustus*, & d'*ustaldellus*, diminutif d'*ustaldus*, nous avons fait *hustaud* & *hûtaudeau*; qui sont deux mots fort usitez dans les Provinces, & particuliérement dans celles d'Anjou & du Maine. Et d'*exustudellus*, diminutif d'*exustutus*, qu'on a dit pour *exustus*, nous avons fait *hétoudeau*, & *hétudeau* : qui sont les mots usitez à Paris & à la Cour. On dit dans les Offices de la Maison du Roi, *deux hétudeaux*, ou *deux hétoudeaux*, passent pour une piéce. Tous les Dictionaires ont *hétoudeau*. *hétudeau* me semble neanmoins aujourdhuy le plus usité

Autre reigle de M. de Vaugelas. *Tous les mots commençans par H, qui ne viennent point du Latin,* (Il devoit ajouster *ou du Grec*) *ont l'H consone ; & l'aspirent : comme,* hardi, le hazard, la halebarde, la haquenée, la harangue. Cette reigle est générale : à la reserve du mot *hélas*, & de celui d'*hermine* : dont le prémier vient de l'Italien *ahi lasso*, & l'autre du mot Gotique ou Germanique *hermin*, qui signifie l'animal de la peau duquel on prépare l'hermine. Voyez Olaus Magnus livre 18. Vossius *de Vitiis Sermonis*, au mot *herminium*, & mes Origines Italiennes au mot *armellino*. Mais l'exemple de *haquenée*, qu'allégue M. de Vaugelas est mal allégué. Il est sans doute que ce mot François vient du Latin *equus*. Equus, *aquus, aquinus, aquineus, aquinea*, HAQVENEE. Les Espagnols disent encore présentement *haca*, pour dire une jument, & les Arragonois *faca* ; ce qui ne laisse pas lieu de douter qu'on n'ait dit *aquus*, aulieu d'*equus*. D'*aquus*, nos Anciens ont dit *haque*, pour signifier un cheval : témoin le proverbe : *Vin qui est ; Cler qui sait ; Haque, qui va : Entendez la note ; Le vin ne vaut rien ; Le Clerc ne sait rien ; La Haquenée trote.* D'*aquettus*, diminutif d'*aquus*, ils ont dit demesme *haquet*, pour un petit cheval. Coquillart dans le Monologue du Puis :

    Sus sus, allez vous en, Jaquet ;
    Et pensez le petit haquet ;
    Et lui faites bien sa litiére.

Voyez mes Origines Italiennes aux mots *alfana* & *chinea* ; & mes Origines Françoises, aux mots *haquet* & *haquenée*. Les exemples que Béze allégue des mots François qui ne tirent point leur origine du Latin, sont encore plus mal alléguez. Voicy ses termes : *Hæc autem vocabula vernacula Gallica observavi*, (Il parle de ces mots François qui ne viennent point du Latin) *in quibus aspiratio & scribitur & auditur* : halier, *vepretum* : haïr, *odisse, cum derivatis* : hait, *animi inclinatio, gratum aliquid habens* ; *unde compositum* souhait *&* souhaiter. *item*, halbarde, hasle, hasler : haleter, *crebrum anhelitum ducere* : hameau, hameçon, hanche, hanter, hantise, hacquebouce, haquenée, hardi, hardiesse, harnieux, honte, hotée, hober, harier, hazard, hibou, huer, hucher, huche, honte, hocher, hochepot, hacquet, hocquet, hocqueter, haster, haste, hastif : havet, *fuscina* : havre, *navale*, haye, *sepes*. héaume, *galea*. houe, *ligo* : houer, *fodere* : humer, *sorbere*. ¶ La pluspart de ces mots viennent du Latin. J'ay déja fait voir que hait, souhait, hasle, hasler, hacquet, & hucher en venoient. *Haïr* vient *d'odire*, vieux mot inusité, pour lequel on a dit *odisse*. *Odire, oïre*, HAÏR. *haleter* vient *d'halitare*, ou *d'anhelitare*. *hibou* vient de *bubo*, comme nous l'avons remarqué. *havet* vient de *hamus, hamus, hami, hamivus, hamivettus, havettus*, HAVET. *Hameçon* vient aussi *d'hamus, hamus, hamicius*; *hamicio, hamicionis, hamicione*, HAMEÇON. Mais il n'est point aspiré : & ainsi Béze s'est trompé doublement en ce mot. *Hargneux* vient *d'herniosius* : ceux qui sont travaillez d'une descente, estant d'ordinaire de mauvaise humeur, acause de leur incommodité. *Houe* vient *d'upupa* ; & *houer* de *houe*. Voyez mes Origines de la Langue Françoise au mot *houe*. On peut aussi avoir fait *houer* de *fodere*, par métaplasme. *Humer* & *hanche* ne sont point non plus d'origine Françoise, comme nous le ferons voir cy-dessous.

Derniére reigle de M. de Vaugelas : *Nous n'avons pas un seul mot, venant du Grec, qui commence par H, où l'H s'aspire.* Henri Estienne dit le contraire. *Quinetiam in nonnullis quæ ex Græco sermone Gallica Lingua sumpsit, aspirationem diligenter servavit. ut in* haper, *ab* ἅπτεσθαι : *in* hoqueton, *ab* ὁ χιτών : *in* hale, *ab* ἅλως, *sive* ἅλωι. *Item in* hâle (*quum dicitur* le hâle du Soleil : *male enim, vel scriberetur, vel pronuntiaretur* ale du Soleil) *à Dorico* ἅλιος, *pro* ἥλιος. Henri Estienne se trompe dans ses exemples. Voyez mes Origines de la Langue Françoise. Et M. de Vaugelas se trompe dans sa reigle. *Héros, harpye, hierarchie, hanche*, qui s'aspirent, viennent constamment de ἥρως, de ἁρπυά, de ἱεραρχία, & d'ἄγκη. *Héron* vient d'ἐρωδιός. ἐρωδιός, *erodius, erodio, erodionis, erodione*, HÉRON. *Erodio, erodionis*, se trouve dans le Lévitique XI, 19. *Harceler* vient d'ἐρεσχλᾶν, selon M. Huet; & *harasser*, d'ἀράσσειν, selon Pontus de Tyard, dans son livre *de recta nominum impositione*. *Houx*, selon M. Guyet vient d'ὀξύς, & selon M. Bochart, de ὗς : lequel mot ὗς, selon le témoignage de Pausanias dans les Phociques, signifioit parmy les Galates une espéce d'arbuste à la graine rouge, telle qu'est celle du houx. *Happer* peut aussi venir de de ἁρπάω, qui est le mesme que ἁρπάζω. ἁρπᾶι, harpare, halpare, hapare, HAPPER. ¶ *Humer*, selon l'opinion de quelques-uns ; car d'autres le dérivent d'*humeo* ; a esté fait de ἱμάω. ἱμᾶι, himare, humare, HVMER. ἱμάω, en sa première signification, a signifié *fune extraho*: & ensuite, *haurio*. Hesychius : ἱμᾶι, ἀντλᾶι. ἱμῆσαι, ἀντλῆσαι. Et *haurire* a esté dit pour *avaler*, qui est le mesme que *humer*. Virgile :

———— *Ille impiger hausit*
Spumantem pateram, & pleno se proluit auro.

Et comme *haurire* a esté dit pour *avaler*, ῥοφῶ, qui signifie la mesme chose, a esté dit aussi pour *haurire*. Henri Estienne dans son Tresor : *Interdum* ῥοφῶ, *pro* exhaurio, haurio. *Vt apud Sophoclem in Trachiniis. Cicero, vel potius Accius*, πνεύμονός τ' ἀρτηρίας ῥοφῶ, *vertit, pulmonum haurit spiritus*. Les Gloses : ῥόφημα : *sorbicina, sorbitio, haustus*. Et il a mesme signifié simplement *bibere*. Varinus : ῥοφῶ, καταπίνω. ῥοφῶ, τὸ πίνω. ἐκροφῶ δὲ, ἔται ἀπλήστως πίνω. Le Latin *sorbere* a signifié demesme *haurire*. Papias : SORBET : *haurit, vorat, glutit*. ¶ *Havir* vient d'αὐαι. αὐος, αὐαι, αὐαίνει, αὐίει, *avire*, HAVIR. ¶ *Hargne* vient d'*hernia*: & *hernia* d'ἔρνος. Scaliger sur les Catalectes : *herniæ nomen* ἀπὸ τῶν ἔρνων *formarunt, ut & ramicis. utrumque enim, quòd, cùm intestinum incipit in scrotum decidere, videtur ramum facere*. ¶ *Harpe*, selon Beze, vient de ἅρπη : & *haricot*, selon M. Petit, d'ἄρακος, espéce de légume. ¶ Mais peut-estre que M. de Vaugelas n'entent parler que des mots qui viennent immédiatement du Grec. En ce cas,

Tome I. V

sa reigle est inutile : car il est certain que nous n'avons aucun mot François, venant du Grec, qui n'ait passé par le Latin : à la reserve de ceux qui ont esté faits par les gens de Lettres depuis un siécle ou deux : comme *apédefte*.

H mise sans raison en plusieurs mots.
CHAPITRE CII.

CE que j'ay remarqué au chapitre précédent touchant l'H Françoise, me fait souvenir de remarquer en celui-cy, que nous emploions cette lettre en beaucoup de mots où elle ne devroit point estre emploiée. Nous écrivons *Anthoine, Thoinard, Thenot, Hermite, Mathurin, thesurer, inthimé, posthume, Amaranthe*, au lieu d'*Antoine, Toinard, Tenot, Ermite, Maturin, tesurer, intimé, postume, Amarante*. Car ces mots viennent du Latin *Antonius, Antoniardus, Stephanotus, Eremita, Maturinus,* (diminutif de *maturus*,) *tendere, intimatus, postumus, amarantus*. Nous écrivons aussi *Thoulouse*, au lieu de *Toulouse* : car les Anciens ont écrit *Tolosa*. Il ne faut point aussi d'H à *Espagne* ; car ce mot a esté fait de *Spania*, & non pas d'*Hispania* : ny à *Jérome* : car on ne dit pas *Hierome*. Il n'en faut point non-plus à *Elie*, ny à *Baltasar*, ny à *Ebreu*, comme je le feray voir dans mon Traité de l'Orthographe. Il n'en faudroit point aussi aux mots *huile, huistre, hiéble* ; l'H en ces mots n'estant point aspirée, & ces mots ayant esté faits de mots Latins où n'y a point d'H. Mais nos Anciens ont û quelque raison d'écrire ces mots de la sorte, comme nous l'avons remarqué au chapitre précédent.

S'il faut dire extrordinaire, *ou* extraordinaire.

CHAPITRE CIII.

ON dit l'un & l'autre : mais en différens endroits. On dit *l'Extrordinaire*, en parlant de la Gazette des nouvelles étrangeres; & *l'Extrordinaire des guerres*, en parlant d'une charge. Mais on dit, *Cet homme est d'une vertu, d'un mérite extraordinaire.* Comme *extrordinaire* est plus doux qu'*extraordinaire*, & qu'il est d'ailleurs plus usité par le peuple, il y a apparence qu'il demeurera le seul usité.

Poitrine, face.

CHAPITRE CIV.

CEs mots de *poitrine* & de *face*, sont fort beaux & fort nobles : & les Ecrivains qui font difficulté de les employer, parceque l'on dit *une poitrine de mouton* & *la face du grand Turc*, sont ridicules. C'est de M. Favereau, Conseiller de la Cour des Aydes de Paris, dans une de ses Lettres sur sa Traduction de l'Epithalame du Cavalier Marin, intitulé *La France Consolée*, que j'apprens

V ij

qu'il y a û des Ecrivains assez ridicules pour faire difficulté de se servir de ces mots par cette raison. Dans une chose aussi peu croyable qu'est celle-là, je me sens obligé de rapporter icy les propres termes de M. Favereau. Après avoir dit à Malherbe, à qui il écrit cette Lettre, qu'il lui adressoit cette Traduction, comme à celui qui a mis la Poésie Françoise au point où elle se voyoit de son temps; & après luy avoir donné beaucoup d'autres louanges en ce mesme sens; il lui rent conte du sujet qu'il a û de publier cette Traduction avecque les defauts qu'il y reconnoist: & il ajoute ensuite: *Car en un siécle comme celui-cy, où l'on ne vit que par exemple, & qui me semble autant ou plus chatouilleux pour les Escrivains, que celui sous lequel on estoit obligé de se présenter la corde au col, lorsqu'on vouloit proposer de nouvelles loix, je m'imagine que voulant introduire parmy nos Poëtes une nouvelle façon d'écrire, je seray non seulement rejetté, mais condanné, selon la sévérité de leurs reigles; lesquelles la pluspart du temps ils n'employent qu'à des bagatelles. Comme quand ils disent que le mot de* face *est ridicule dans un vers, acause du sens que le Vulgaire lui donne en ce proverbe commun de la* face du grand Turc: *qu'il ne faut point user du mot de* fraise, *parceque cela fait souvenir de la* fraise *d'un veau: non plus que de* poitrine, *acause que l'on dit une* poitrine de mouton: *que les mots de* soulas, ost, pourpris, chef, &c. *sont trop vieux: & mille autres vetilles, où ils* s'amusent à épinocher & pointiller sur les syllabes & paroles, au lieu de s'attacher à la substance des choses. Si bien qu'aujourdhuy, pour faire des vers à la mode ; c'est à dire, pour avoir l'approbation d'eux ; la chose du monde dont il se faut le plus garder, c'est d'estre Poëte. M. de Vaugelas après avoir fait mention du scrupule impertinent, & de la raison ridicule de ces Critiques, semble neanmoins condanner l'usage ordinaire de ces mots de face & de poitrine. Voicy ses termes. Poitrine *est condanné dans la prose comme dans les vers, pour une raison aussi injuste que ridicule : parce, disent-ils, que l'on dit* poitrine de veau. *Car par cette raison il s'en suivroit qu'il faudroit condanner tous les mots des choses qui sont communes aux hommes & aux bestes ; & que l'on ne pourroit pas dire* la teste d'un homme, *acause que l'on dit* une teste de veau. *Comme aussi on a condanné* face, *quand il signifie* visage, *pour une raison encore plus ridicule & plus extravagante que l'autre. Neanmoins ces raisons-là, tres-impertinentes pour supprimer un mot, ne laissent pas d'en empescher l'usage. Et l'usage du mot cessant, le mot vient à s'abolir peu à peu ; parceque l'usage est comme l'ame & la vie des mots. On ne laisse pas pourtant de dire* poitrine, *aux maladies : comme,* La fluxion lui est tombée sur la poitrine ; Il est blessé à la poitrine, *& en d'autres rencontres. On dit aussi* La face toute défigurée ; La face de Nostre Seigneur ; Voir Dieu face à face. *Mais il semble que ce n'est qu'en ces phrases consacrées,*

Pour les personnes, on dit encore, Regarder en face ; Reprocher en face ; Soustenir en face ; Resister en face : *mais tousjours sans l'article* la. ¶ J'ajoute aux exemples de M. de Vaugelas, *Espouser en face sainte Eglise.* ¶ Mais M. de Vaugelas se trompe, en condannant dans les compositions relevées le mot de *poitrine*. Il est tousjours de la belle & de la haute Poësie. Non seulement Malherbe, mais M. Chapelain, M. Gombaud, & tous nos autres grands Poëtes modernes s'en sont servis. Pour le mot de *face*, en la signification de *visage*, il est vray qu'il commence un peu à vieillir. On ne peut pourtant pas le condanner absolument ; Malherbe s'en estant servi en ces vers ;

Mais de quelle dextérité
Se peut déguiser une audace,
Qu'en l'ame aussi-tost qu'en la face
Tu n'en lises la verité. ¶
Et si tous ses apas sont encore en sa face.

Et M. de Voiture en cet endroit,

Sa face riante & naïve.

Je suis pourtant de l'avis de ceux qui croyent que ce mot ne doit plus estre employé en cette signification de *visage* dans des vers d'amour, lorsqu'on parle du visage d'une Maitresse : mais seulement dans des vers sérieux, & lorsqu'on parle d'un visage majestueux ; de celui de Dieu, d'un Heros, d'un Roi, d'une Reine, d'une Princesse : comme en cet endroit de Malherbe, au sujet de la Reine Marie de Medicis ;

Le sceptre que porte sa Race,
Où l'heur aux mérites est joint,
Lui met le respect en la face ;
Mais il ne l'enorgueillit point.

Et en cet autre de M. de Racan, dans son Séaume 10. où il parle de Dieu :

Les rayons de grandeur qui sortent de sa face,
Modèrent dans les coeurs l'insolence & l'audace,
Et font que devant lui le respect est gardé.

M. Corneille dans son Imitation de Jesvs Chrit, s'est aussi servi plusieurs fois de ce mot, en parlant de Dieu. Au chapitre 5. du livre 4.

Et ce n'est qu'en son nom que les voeus qu'il conçoit

(Il parle du Prestre qui célébre la Messe)

Pour le peuple & pour lui, montent devant la face
D'un Dieu qui les reçoit.

Et au chapitre 3. du livre 3.

Ne détourne donc point les rayons de ta face.

Et au chapitre 23. du mesme livre :

Ta présence est leur fuite ; & leur montrer ta face,
C'est assez pour en triompher.

Et au 55.

L'Espérance, la Foi, le reste des Vertus,
Sans la Charité, sans la Grace,
Pour hautes qu'elles soient, tombent devant sa face,
Ainsi que des épis de langueur abatus.

Pour ce qui est de ce mot dans le figuré ; comme en ce vers de Malherbe, *La face deserte des champs*; personne ne doute qu'il ne soit tousjours tres-usité.

S'il faut dire chardonnet, *ou* chardonneret : linot, *ou* linote : paisse, passe, *ou* passereau.

CHAPITRE CV.

MArot dans son Eglogue à François I. a dit *chardonnet*.

   Où pas à pas, le long des buissonnets,
   Allois cherchant le nid des chardonnets.

Et c'est ainsi que nous parlons en Anjou. A Paris & à la Cour on dit *chardonneret*. C'est donc comme il faut parler. Et c'est aussi comme parle Du Bartas livre 5. de sa Semaine :

   Le peint chardonneret, le pinçon, la linote.

J'ay dit demesme dans mon Oiseleur.

   L'ardent chardonneret au plumage divers.

On disoit anciennement *chardonnerelle*, & *chardonnelle*. L'Auteur du Parlement d'Amours ;

   Pavez estoit de romarins ;
   Entre lesquels tous dits chantoient
   Chardonnerelles & tarins.

Et Coquillard dans son Monologue du Puis :

   Où estes-vous, chants de linotes,
   De chardonnelles, ou serins ;
   Qui chantez de si plaisant notes
   Sous les treilles de ces jardins.

On disoit aussi anciennement *linot*. Cretin dans son Pastoural:

Linot jolis
Sont abolis.

Marot dans la Complainte sur la mort de Louise de Savoie:

Berger Thenot, je suis émerveillé
De tes chansons; & plus fort je m'y baigne
Qu'à écouter le linot éveillé.

Et c'est comme on parle encore présentement en plusieurs Provinces. En Anjou on dit *lunot*. Mais il faut dire *linote*, comme on dit à Paris & à la Cour; & comme l'a décidé M. de Voiture dans une de ses Lettres à M. Costar. J'ay dit dans mon Oiseleur,

Le pinçon éclatant, & la douce linote,
Agréable en ses tons, & savante en sa note.

Et il y a déjà long-temps que ce mot est en usage; Marot ayant dit dans l'Eglogue cy-dessus alléguée,

Allois cherchant le nid des chardonnets,
Ou des serins, des pinsons, ou linotes.

Ce mot, comme celui de *perdrix*, est de ceux dont le féminin comprent le masculin.

Les Italiens ont dit de mesme *la lepre*, pour signifier un liévre: & les Grecs, ἡ ἔλαφος, pour signifier un cerf. Il n'y a rien de plus commun dans les Auteurs Grecs, que ce dernier mot au genre féminin en cette signification. τὴν δ' ἔλαφον τὸ δεξιὸν κέρας καλογρίσται, dit Antigonus au chapitre 24. Eustathius sur l'Odyssée page 1652. de l'édition de Rome: Ιωνικῶς τα πολλα κατα θηλυ γένος ἔλαφος προφέρεται. Et Julius Pollux qui reprent Anacréon d'avoir dit κεράεσαι ἔλαφοι, parceque les biches n'ont point de bois, doit estre lui mesme repris de sa répréhension. Καὶ Αἰσχύλοι σφάλλεται μϟν, κεράεσαι ἔλαφοι γράφων. Il ajoute, ἢ Σοφοκλῆς κεράεσαν, τὴν Τηλέφου τροφόν: en quoy il a raison: un cêr ne pouvant pas estre appelé une nourrice. Pétrarque a fait la mesme faute, en ces vers,

 Vna candida cerva sopra l'erba
 Verde m'apparve con duo corna d'oro:

le mot *cerva* en Italien ne se disant point d'un cêr, mais d'une biche: & le passage de Diodorus Siculus, livre 4. où l'on prétent qu'il est fait mention d'une biche aux cornes d'or, prise par Hercule, devant s'entendre d'un cêr, par les raisons cy-dessus alléguées.

Il faut dire *passereau*, oubien *moineau*. Le mot de *paisse* & celui de *passe*, dont se servent nos Anciens, ne sont plus usitez que dans les Provinces.

D'où vient qu'on écrit par un X ceux, Dieux, cieux, mieux, travaux, animaux, & autres mots semblables.

CHAPITRE CVI.

IL y a déja quelque temps que le Roi, qui à l'exemple de César, au milieu de ses grandes occupations, se divertit quelquefois à examiner des questions de Grammaire, demanda à ceux de sa Cour qui ont le plus de connoissance de nostre Langue, pourquoy on écrivoit ces mots de cette sorte. Personne n'ayant pû luy rendre d'autre raison de cette orthographe bizarre que le caprice de l'Usage, on me fit l'honneur de me consulter là-dessus: & voicy ce que je répondis.

On demande pourquoy on écrit par un X, *ceux, Dieux, cieux, mieux, travaux, animaux*, & autres mots semblables, & non pas par une S. ¶ Jacques le Peletier du Mans, qui vivoit dans un siécle savant, (car il vivoit sous François I. & sous Henri II.) & qui estoit lui-mesme un des plus savans hommes de son siécle, a traité cette question dans le Dialogue qu'il a fait de l'Orthographe & de la prononciation de la Langue Françoise. Après l'avoir bien examinée, il conclut que c'est pour empescher l'équivoque qu'ussent pu faire ces mots écrits par une S, si comme il arrive souvent par précipitation, aulieu de l'*u* qui précéde l'*s*, on y ust mis une *n*. Voicy ses termes, qui expliqueront mieux sa pensée que je n'ay fait. *Les François escrivent si légérement, qu'à grand' peine ont-ils loisir de distinguer un' o d'avecque une r:* Il veut dire une r en lettre ronde: *tantsenfaut qu'ils fassent discrétion d'une n avecque un u. Or est il qu'eux, voians que la soudaineté de leur main estoit cause qu'on prenoit souvent lettres pour lettres, ils y en ont affecté & entremesté d'autres, pour obvier à l'inconvénient. Comme, depeur qu'on lust* pent, *par* n, *aulieu de* peut, *par* u, *ils ont mis* L *entre-deux, escrivans* peult. *Et* Dieu fait comment elle y est apropos. Depeur qu'on lust *cens*, pour *deus*, ils se sont avisez d'y mettre X, au lieu de S : se pensans, comme gens bien prévoians, que jamais on ne liroit *dens*, par nx à la fin. Théodore de Béze qui vivoit au mesme temps, & qui estoit aussi un des plus savans hommes de son siécle, a traité la mesme question dans le livre qu'il a fait de la véritable prononciation de la Langue Françoise : & il l'a décidée de la mesme façon. Comme ses paroles sont considérables, elles méritent d'estre rapportées en ce lieu. Les voicy. *In extremis verò dictionibus idem sonat prorsus X atque S. & partim usu ; potiùs quàm firma ratione, usurpatur : ut in dictionibus* noix, *nux ;* paix, *pax ;* poix, *pix : & in nominibus numeralibus,* six, *&* dix, *decem ; & eorum derivatis ; ut* sixiéme, dixiéme *: partim etiam ratione. Quum enim in litera quotidiana & verè Francica, quam manu scriptam* cursivam *vocant, vix, ac ne vix quidem, discerni possent* n *&* u *: (quæ causa etiamnum hodie cogit Germanos literam* u *ab* n *imposito quodam apice distinguere) usurpari cœpit* X *pro* S, *præcedente diphthongo* au, *vel* eu *; ne quis in pronuntiatione hallucinaretur : ut* ceux, Dieux, lieux, mieux *: ne quis, si* S *adhibitum esset, legeret,* cens, Diens, liens, miens. *Itidemque usus obtinuit, ut scriberetur* chevaux, maux, *& similia ; ne quis legeret* chevans *&* mans. ¶ Cette raison d'inconvénient qu'alléguent ces deux grans hommes pour la décision de la question proposée, me semble plus subtile

que

LANGVE FRANÇOISE. 241

que véritable. Car outre qu'il y a peu d'apparence que l'X, à la fin de ces mots, empeschast l'équivoque plustost que l'S, il y a un nombre infini de mots que nous écrivons par X, qui estant écrits par S, n'en feroient aucune : comme, *eux, Dieux, pieux, hideux, hazardeux, marécageux, fangeux, chassieux, malicieux, ingénieux, précieux, gracieux, délicieux, miséricordieux,* &c. *vaux, chevaux, naseaux, madrigaux, canaux, travaux,* &c. D'ailleurs, nous écrivons *loix, noix, croix, poix, dix, six, prix, paix, aix, faix,* &c. où cet inconvénient ne peut jamais arriver, n'y ayant point d'*u* en tous ces mots. Je croirois donc plustost que cette façon d'orthographier nous seroit venue de la prononciation de l'X en S. Car il est certain que l'X, qui parmy les anciens Latins tenoit lieu de C S, ou de G S, s'est prononcé dans la décadence de l'Empire Romain simplement comme une S. De là vient que dans une ancienne Inscription rapportée par Gruter page 940. au nombre 8. il y a *tigrix*, aulieu de *tigris* : & dans une autre, rapportée par le mesme Gruter à la page 38. au nombre 7. il y a *milex*, aulieu de *miles* : & que dans un manuscrit de Pline, selon le témoignage de M. de Saumaise en sa Préface des Homonymes des Plantes, il y a *Cratevax*, aulieu de *Cratevas*. Les Italiens prononcent encore aujourdhuy l'X comme une S. Ils disent *Senofonte, Serse, esempio, esamine*. Les Gascons & les Provençaux prononcent de mesme *une tasse*, pour *une taxe*. Et

Tome I.   X

comme l'X à la fin des mots fait un plus bel effet à la vue que l'S, on l'y a employé souvent aulieu de l'S. Par cette raison d'agréement, nos aïeuls ont rempli d'Y, non seulement tous les mots François, mais une partie des Italiens, quoyque la Langue Italienne ne connoisse point cette lettre. Ils ont écrit *Gondy, Falcony, Corbinelly, Manciny*, &c. Mais d'où vient donc, me dira quelqu'un, puisque l'S & l'X se prononçoient de la mesme façon, qu'on n'a point mis d'X aulieu d'S au milieu des mots, & qu'on n'en a mis à la fin que devant les diphtongues. Car on n'a jamais écrit *inxtance, axmatique, axtrologue, axtronome*; ny *hommex, femmex, maistrex, disciplex*. A l'égard de l'S au milieu des mots, en voicy la raison. C'est qu'en cet endroit l'S marque l'origine Latine; ce que ne feroit pas l'X. Et nos Anciens ont tousjours esté tres-curieux de marquer par leur orthographe l'origine des dictions. Pour ce qui est de l'S devant les diphtongues, plusieurs croyent qu'elle y a esté mise, parceque les diphtongues ayant un son plus grave & plus ferme que les voyelles, elles donnent plus de sifflement à l'S qui les suit; & que ce plus grand sifflement est mieux représenté par l'X, que par l'S. Car l'X est une double S; comme il paroist par ces mots Italiens, *Alessandro, Alessi, tasso, massima*; qui ont esté faits d'*Alexander*, d'*Alexis*, de *taxus*, de *maxima*. Nous avons dit de mesme *issir*, d'*exire*: *essoriller*, d'*exauriculare*: *soissante*, de *sexaginta*: *lessive*, de *lexivium*: *essor*,

d'*exaurum. aura*, *exaura*, *exaurum*, *eſſau-*
rum, ESSOR : Et quoyque nous écrivions
Bruxelles, *Auxonne*, *Auxerre*, *Saint Maixant*,
nous prononçons *Bruſſelles*, *Auſſonne*, *Auſ-*
ſerre, *Saint Maiſſant*. Mais pour moy je ne
puis approuver cette raiſon : car outre qu'on
ne fiſfle pas plus fortement l'S après les
diphtongues, qu'après les voyelles, il eſt
certain qu'on n'a jamais mis d'X à la fin
des mots devant les diphtongues *ui* & *oui*.
Car qui a jamais écrit *ſuix*, *puix*, *huix*, *per-*
tuix, *réjouix*, *éblouix*, *Louix* ? D'ailleurs, il
n'eſt pas vray qu'on n'ait point mis d'X après
les voyelles. On a écrit *dix*, *prix*, *perdrix*, *cru-*
cifix. Je croirois donc pluſtoſt qu'on auroit
employé l'X aulieu de l'S à la fin des mots,
tant après les voyelles qu'après les diphtongues : particuliérement, pour diſtinguer ces
mots d'avecque d'autres, ou pour marquer
leur étymologie par la répréſentation de l'orthographe Latine. Et c'eſt auſſi le ſentiment
de Henri Eſtienne dans ſes Hypomnéſes de
la Langue Françoiſe. *In fine vocabulorum,*
non aliter X pronunciatur, quàm ſi S ſcripta
eſſet. Multis tamen in locis, diſcriminis po-
nendi causâ, illâ potiùs quàm hac litera uti-
mur. Nam ſi pais *ſcribas, non minùs hac*
ſcriptura conveniet vocabulo ſignificanti pais,
id eſt, paſcis *: nec-non ei quo ſignificatur re-*
gio, vel patria, quàm ei quo pax *à nobis de-*
claratur. Scribitur itaque paix. *Nec verò, ſi*
duo ſignificare volens, ſcribas deus, *aliquis*
(præſertim qui Linguæ non valde ſit peritus)
minùs legat vocem Latinam, pro qua dicimus

Dieu, quàm Gallicam, quæ nobis sonat duo. Quinetiam verisimile est, vocem illam paix, quod à nomine pax, desinente itidem in X, orta esset, hanc literam retinuisse : ac vocem illam, & si qua præterea est de qua dici idem possit, occasionem alias quoque eodem scribendi modo præbuisse. Vide tamen & eam quæ à patre affertur rationem in Grammatice. Voicy l'endroit de la Grammaire Françoise de Robert Estienne, auquel Henri Estienne, son fils, nous renvoie. *X, se prononce comme en Latin; fors qu'en la fin du mot. alors il se prononce comme S. mesme aucuns écrivent S; aulieu que les Anciens écrivoient X, en certains mots: comme* envieux, voix, noix, canaux. *Ce qu'ils semblent avoir fait, depeur qu'on ne die* envie-us, vo-is, cana-us. ¶ Venons maintenant aux exemples des mots où l'on a mis un X, pour marquer l'étymologie par la réprésentation de l'orthographe Latine. Qui peut douter qu'on n'ait écrit par un X, *loix, noix, croix, voix, poix, aix, paix, six, perdrix*, parceque ces mots viennent de mots Latins où il y a aussi un X. *lex, nux, crux, vox, pix, axis, pax, sex, perdix*. Nous avons écrit demesme *crucifix*, acause du Latin *crucifixus*: quoyqu'on dust écrire *crucifis*, de l'Italien *crocifisso*: ou plustost *crucifi*, sans S: car c'est ainsi que ce mot se prononce. Nous avons encore écrit *Aix*, nom de la ville capitale de Provence; acause de son étymologie. *Aquæ, Aquis, Akis, Acs, Aix*. Car le C S & l'X sont la mesme chose. Et de là vient que les Eoliens, qui ne se servoient point du ξ, le rendoient par κσ, en disant κσεις, au lieu de ξεις, & ιεεκς, au lieu de ιεεξ. Pour ce qui est de l'X employé pour l'S à la fin de certains mots, afin de les distinguer d'avecque d'autres, en voicy la preuve. On a écrit *dix*, en la signification de *decem*, pour le distinguer de *dis*, seconde personne de l'indicatif présent du verbe *dire*. On a écrit *prix*, en la signification de *pretium*, pour le distinguer de *pris*, participe de *prendre*. On a écrit *faix*, en la signification de *fardeau*, pour le distinguer de *fais*, seconde personne de l'indicatif présent du verbe *faire*. Et ainsi des autres. A l'égard des mots qui finissent par les diphtongues *au* & *eu*, comme *ceux*, *Dieux*, *cieux*, *mieux*, *travaux*, *animaux*, &c. on les a ainsi écrits, afin qu'on ne les prononçast pas à la Latine, en disant *ce-us*, *Die-us*, *cie-us*, *mie-us*, *trava-us*, *anima-us*. Et c'est ce qu'a voulu dire Robert Estienne, en parlant du mot d'*envieux* & de celui de *canaux*, au passage cy-dessus allégué. Et cette orthographe a esté introduite par nos Anciens avecque d'autant plus de raison, que de leur temps la Langue Françoise estoit toute remplie de mots Latins, dont une grande partie se termine en *us*. Car en ce temps là les Jugemens se délivroient en Latin. Ce n'est que du temps de François I. qu'on les délivre en François. Voyez son Ordonnance du mois d'Octobre de l'année 1539. Et c'est delà, pour le dire en passant, que nous avons tous ces mots Latins en nostre Langue : *Iuge à quo*, *pareatis*, *committimus*, *committitur*, *un qui-*

dan, un debet, un récépiſſé, &c. Ce que raconte Ramus à ce propos, en ſa Grammaire Françoiſe, eſt tres-plaiſant, & merite d'eſtre icy rapporté. *Quand le grand Roi François commanda par toute la France de plaider en langue Françoiſe : il y eut alors de merveilleuſes complaintes : deſorte que la Provence envoya ſes Députez pardevers ſa Majeſté, pour en remontrer les inconvéniens.* Ramus ſe trompe. Avant le regne de François I. on plaidoit en François dans la France : mais les Jugemens, comme je l'ay remarqué, ſe délivroient en Latin : *Mais ce gentil eſprit de Roy, les délayans de mois en mois ; & leur faiſant entendre par ſon Chancelier, qu'il ne prenoit point plaiſir d'ouir parler en autre langue qu'en la ſienne ; leur donna occaſion d'apprendre ſoigneuſement le François. Puis, quelque temps aprés, ils expoſérent leur charge en harangue Françoiſe. Lors ce fut une riſée de ces Orateurs, qui eſtoient venus pour combatre la Langue Françoiſe, & neanmoins par ce combat l'avoient apriſe ; & par effet avoient montré que puiſqu'elle eſtoit ſi aiſée aux perſonnes d'âge, comme ils eſtoient, qu'elle ſeroit encores plus facile aux jeunes gens ; & qu'il eſtoit bien ſéant, combienque le langage demeuraſt à la populaſſe, neanmoins que les hommes plus notables eſtans en charge publique, euſſent, comme en robe, ainſi en parole, quelque prééminence ſur leurs inférieurs.* Mais ce que l'on dit, qui donna lieu à l'Ordonnance de François I. eſt encore plus plaiſant: qui eſt, la raillerie que fit de la Cour de

Parlement de Paris l'Abbé de Vendofme; difant qu'elle l'avoit déboté: parceque dans un arreſt qu'elle avoit rendu contre lui, il y avoit, *Dicta Curia debotavit & debotat dictum Abbatem.* ¶ Pour revenir à noſtre prémiére queſtion touchant la lettre X, il eſt auſſi à remarquer, qu'on a abuſé de cette lettre, a cauſe de l'effet agréable qu'elle fait à la vue à la fin des mots, comme nous l'avons déja dit. Je ſerois fort d'avis aureſte qu'on réformaſt cét abus; (comme je voi par le paſſage de Robert Eſtienne qu'on avoit commancé de ſon temps à le reformer) & qu'on n'employaſt l'X qu'aux endroits où il a ſa prononciation ordinaire de C S: comme en ces mots, *apoplexie, Alexandre, dextrement, vexation,* &c. ou de G Z: comme en ces autres, *exhalaiſon, exhalter, exercice, exil, exorciſer, exulcérer,* &c. Et à ce propos, je veux bien remarquer en ce lieu, ce que j'ay ouï dire autrefois au ſavant M. du Cange, que dans les Manuſcrits François, qui ſont audeſſus de quatre cens ans, il n'y a guére que ces ſortes de mots qui ſoient écrits par un X.

Si l'on peut dire dépendre, *pour* dépenſer.

CHAPITRE CVII.

Nos Anciens le diſoient: témoin la façon de parler, *Il eſt à moy à vendre &*

à dépendre. Marot dans une de ses Epîtres à François I.

>   ―――― *Or ce que me laissa*
> *Mon larronneau, long-temps à l'ay vendu,*
> *Et en sirops & juleps dépendu.*

Saint Gelais dans son Epigramme sur l'enterrement de Budée :

> *Pourquoy n'a-t-on en torches dépendu ?*

On ne le dit plus présentement : & M. de Vaugelas, qui le préfère à *dépenser*, par la raison qu'il est plus usité à la Cour, a erré au fait. On dit & à la Cour & à Paris, *I'ay dépensé cent pistoles en mon voyage ; Ie dépense dix mille escus par an.* Et on se moqueroit aujourdhuy d'un homme & à la Cour & à Paris, qui diroit, *Ie dépens dix mille escus par an ; I'ay dépendu cent pistoles en mon voyage.*

Il est pourtant à remarquer, que l'infinitif *dépendre* n'est pas toutafait hors d'usage. M. Scarron dans une de ses Chansons, a dit, en parlant de M. de S. Mars :

> *Il est beau, vaillant & courtois ;*
> *Prent plaisir à dépendre :*
> *Tel que fut autrefois*
> *Monseigneur Alexandre.*

Asseoir. Il sied.

CHAPITRE CVIII.

Voicy comme M. de Vaugelas conjugue le verbe *asseoir*. *Ie m'assiéds, tu t'assiéds, il s'assiéd. Nous nous asséions, vous vous asséiez, ils s'assient. Ie m'asséiois, tu t'asséiois, il s'asséioit. Nous nous asséions, vous vous asséiez, ils s'asséioient.* Au lieu d'*ils s'assient*, je tiens qu'il faut dire *ils s'asséient* : quoy-qu'en la troisiéme personne du simple impersonel on dise *siéent. Ces habits luy siéent bien*. Et c'est aussi comme on parle ordinairement. A l'égard du prétérit imparfait, il faut écrire & prononcer, *Ie m'asséiois, tu t'asséiois, il s'asséioit. Nous nous asséiions, vous vous asséiiez, ils s'asséioient*, & non pas, *Nous nous asséions, vous vous asséiez* ; quand ce ne seroit que pour mettre de la différence entre les deux prémiéres personnes du plurier de l'imparfait & celles du présent. ¶ Pour tous les autres temps, je suis de l'avis de M. de Vaugelas. Il faut dire à l'impératif, *asséiez-vous là*, & non pas *assiiéz vous là* : ny *assiéz-vous là*, comme a dit Villon en son Grand Testament :

Fremin, sies-toi près de mon lit.

Il faut dire au subjonctif, *asséie*, & *asséient* : *affin qu'il s'asséie* ; *affin qu'ils s'asséient*. Il faut dire aussi au gérondif, & au participe, *s'asséant* ; quoyqu'on dise *séant*, au simple.

Et c'est avecque raison que l'Auteur des Doutes a repris *s'asséant* dans le Traducteur de S Jean Chrysostome. Il est aureste à remarquer, que M. de Vaugelas ayant tresbien décidé qu'il faloit dire *s'asséiant*, en rent une tres-mauvaise raison. *On dit s'asséiant, & non pas s'asséant: parceque ce temps se forme de la prémiére personne pluriéle du présent de l'indicatif: qui est* asséions, *& non* asséons. Ce sont ses termes. Il n'est point vray qu'*asséiant*; gérondif, ou participe; se forme de la prémiére personne du plurier du présent de l'indicatif: car c'est ainsi qu'il faut dire, & non pas *de la prémiére personne pluriéle*, comme parle M. de Vaugelas. Il se forme du participe Latin *adsedens*, & du gérondif Latin *adsedendo*, qu'on a dits pour *adsidens* & *adsidendo*. Et ainsi *asséant* est encore plus selon l'analogie qu'*asséiant*. Mais l'usage l'a emporté pour *asséiant*.

A l'égard d'*Il sied*, voicy ce que je trouve à dire en la remarque de M. de Vaugelas. M. de Vaugelas veut qu'on dise *séiera* au futur de l'indicatif, & *séie* à l'impératif. Comme, *Cela vous séiera bien: Qu'il lui séie bien; qu'il lui séie mal*. Il faut dire, *Cela vous siéra bien: Qu'il lui siée bien; qu'il lui siée mal*. Il faut aussi dire à l'optatif, *Quand il lui siéroit mal*, & non pas, *Quand il lui séieroit mal*, comme le veut M. de Vaugelas: ny, *Quand il lui séerroit*, comme a dit Marot dans sa Lettre de Fripelippes.

*Pensez qu'à Ambres bien séerroit,
Ou à Canis, qui les verroit
Combatre en ordre & équipage.* ¶
Le mesme M. de Vaugelas s'est encore trompé, en disant, *Les grands cheveux lui sient bien: Certaines choses, qui ne sient pas bien.* Dites, sur ma parole, *Les grands cheveux lui siéent bien: Certaines choses, qui ne siéent pas bien.* De *sier*, en la signification de *serrâ secare*, on dit *sient*: mais du présent *sied*, on dit *siéent*, comme nous l'avons remarqué. ¶ Continuons. *On ne se sert guéres de ce verbe,* dit M. de Vaugelas, *qu'en la troisiéme personne: mais on ne laisse pas de dire,* Je lui *séois bien,* Vous lui *séiez bien, &c.* M. de Vaugelas se trompe. Il faut dire, *Ie lui siéois bien, Vous lui siiiez.* ¶ Achevons. M. de Vaugelas veut que le participe *séant* ne se dise que des mœurs, & non pas des habits. M. de la Mote Le Vayer soutient au contraire qu'il se dit fort bien des habits: comme en cet exemple, *Vn si court manteau n'est pas séant à un homme de la sorte.* Je suis en cela pour M. de Vaugelas.

S'il faut dire Un prié-Dieu, *ou* Un prie-Dieu. *Si on peut dire supplier Dieu.*

CHAPITRE CIX.

IL faut dire *un prié-Dieu*, & non pas *un prie-Dieu. Le Roi est à son prié-Dieu.* C'est ainsi qu'on parle à la Cour.

M. de Vaugelas a fort bien remarqué, qu'encore que le mot de *supplier* soit beaucoup plus respectueux & plus soumis que celui de *prier*, & que nous n'oserions dire *prier le Roi*, il faut dire neanmoins *prier Dieu*, & non pas *supplier Dieu*. On dit, *Il faut prier Dieu le soir & le matin : Allez prier Dieu : Ie prie Dieu que cela soit*. Et qui diroit, *Il faut supplier Dieu le soir & le matin : Allez supplier Dieu : Ie supplie Dieu que cela soit*, parleroit Gothiquement. Mais cela n'empesche pas, comme l'a aussi fort bien remarqué l'Antagoniste de M. de Vaugelas, M. de la Mote Le Vayer, qu'en parlant à Dieu, on ne puisse user du terme de *supplier* : comme en cet exemple : *Mon Dieu, je vous supplie d'avoir pitié de mon ame*. Marot a dit de mesme dans l'Epigramme sur la maladie de s'Amie :

Car je te doi supplier pour son bien,
(Il parle à Dieu)
Et je la doi requerir pour le mien.

Précipitémment. certainément. entiérément.

CHAPITRE CX.

Monsieur de Vaugelas dit que *précipitément* est bon. Il est abominable. Mais ce n'est pas par la raison qu'allégue Dupleix, qui est, que quand l'adverbe Latin est terminé en *anter*, le François qui en descent, est terminé en *amment*, & non pas en *ément*: comme *constamment* & *abondamment*, de *constanter* & d'*abundanter*: & qu'ainsi il faut dire *précipitamment*, & non pas *précipitément*, puisqu'on dit en Latin *præcipitanter*. *Précipitément* est aussi conforme à l'analogie que *précipitamment*: lequel ne vient pas, comme l'a cru Dupleix, de *præcipitanter*. Il vient de *præcipitanti mente*: comme *précipitément*, de *præcipitata mente*. Voyez cy-dessus au chapitre 2. *Précipitément* n'est donc mauvais, que parcequ'il n'est plus en usage il y a longtemps.

Il faut dire *certainement* & *entièrement*, & non pas *certainément* & *entiérément*.

De la prononciation des infinitifs en er, *en* ir, *& en* oir.

CHAPITRE CXI.

MOnsieur de Vaugelas au chapitre qu'il a fait de l'H aspirée & de l'H muette, a établi pour une maxime constante que l'R finale ne se fesoit point sentir dans les infinitifs terminez en *er* & en *ir*; & qu'on prononçoit, par exemple, *allé*, *couri*, & non pas *aller*, *courir*. Il a dit la mesme chose à l'égard des infinitifs en *er*, dans une remarque particulière. Il devoit dire que cette R finale ne se prononçoit point en ces infinitifs dans la prose : car elle se prononce à la fin des vers ; & au milieu, devant une voyelle. Autrement, comme l'a remarqué M. Lancelot dans ses Reigles de la Poësie Françoise, on ne pourroit mettre ces infinitifs en vers devant les mots qui commancent par des voyelles ; ny les faire rimer avecque des noms terminez en *er*, ou en *ir*.

A l'égard des infinitifs en *oir*, non seulement l'R finale se fait sentir dans leur prononciation, mais elle s'y prononce fortement.

S'il faut dire hante*, ou* hampe *de hallebarde.*

CHAPITRE CXII.

CE n'est plus une question présentement. Il est sans doute qu'il faut dire *hampe*. *Hante*, qui estoit encore bon du temps de M. de Vaugelas, selon son témoignage, est devenu barbare. C'estoit pourtant le véritable mot. Du Latin *ames, amitis*, qui signifie un long baston, une perche, un fust, nous avons fait prémiérement, par syncope, *antes* en changeant M en N : comme *sente* & *sentier*, de *semita* & de *semitarium*. Nous avons dit ensuite *hante*, en y préposant l'aspiration ; comme en *haut*, d'*altus*. Mais comme dans la contraction d'*amite*, ablatif d'*ames*, plusieurs de nos Anciens avoient conservé l'M, qui devant le T emporte avecque soi le P ; car *emtus* & *sumtus* se prononcent *emptus* & *sumptus* ; il est arrivé insensiblement que le T de *hampte* s'est perdu, & que pour une plus grande douceur, on a prononcé *hampe*.

S'il faut dire col, *ou* cou : mol, *ou* mou : fol, *ou* fou : sol, *ou* sou.

CHAPITRE CXIII.

ANciennement on disoit *col*, *mol*, *fol*, comme il paroist par ces mots, *colet*, *accolade*, *molle*, *mollir*, *folle*, *follet*, *follastre*. On disoit aussi *sol*. *Au sol la livre*. Et de là les mots de *solde* & de *soldat*. Voyez mes Origines de la Langue Françoise au mot *soldat*, & mes Origines de la Langue Italienne au mot *soldato*. Henri Estienne dans ses Hypomnéses de la Langue Françoise, approuve extrémement cette prononciation. *Ad L autem finale quod attinet, monitum te velim, ne iis fidem adhibeas qui in fine quarumdam vocum, (earum præsertim in quibus O ipsum præcedit) pronuntiari dicunt ut V. Nam hæc pronuntiatio,* fou, cou, mou, *planè est ex abusu, pro* fol, col, mol : *quamvis non solùm vulgus, sed multi etiam qui è vulgo non sunt, altera illa pronuntiatione utantur, vel potiùs abutantur. Suam verò imperitiam produnt iidem, quum in exemplum afferunt etiam* sol, *pro* satur : *quum Gallica Lingua puritas nullo modo hoc nomen admittat, sed tantùm* soul *dicat, pro quo plerumque scribitur* saoul. Nous disons présentement *cou, mou, fou, sou*; en changeant L en U, selon son changement ordinaire, après l'*a* & l'*o*. Et il y a mesme déja long-temps qu'on prononce de la sorte. Théodore de Béze dans son livre de la Prononciation de la Langue Françoise : L *quiescit in dictione* sould, *pro* solido, *sive asse; quod pronuntiatur à Picardis ac si scriberetur* soul, &c. L *quiescit in dictione* saoul, *satur, propter derivata; ut* saouler. *Item in his duabus dictionibus* sol *&* col; *quas pronunciamus per* ou *diphtongum,* fou *&* cou. Il y a pourtant certaines façons de parler où l'on prononce *col* : comme en celles-cy : *Le col de la vessie* ; *Le col de la matrice*. On dit encore *Le Col de Vertus*; qui est un passage du Roussillon dans la Catalogne : *Le Col de S. Iean*, près Carpentras. Mais *col* en ces locutions ne vient pas de *collum*, mais de *collis*. On dit aussi *mol* en vers, en certains endroits : comme en celui-cy de Malherbe,

 Ainsi quand la Gréce partie
 D'où le mol Anaure couloit.

Mou n'y seroit pas bon : quand mesme le nom du fleuve commanceroit par une consone.

S'il faut écrire aultre, *ou* autre.

CHAPITRE CXIV.

CE que j'ay dit au chapitre précédent que L se changeoit ordinairement en U après l'a & l'o, me fait souvenir d'observer en celui-cy que l'*al* des Latins s'est perpétuellement changé en *au* dans nostre Langue; & que par cette raison il faut écrire *autre*, & non pas *aultre*. Ainsi d'*alba*, nous avons dit *aube*; d'*Albinus*, *Aubin*; d'*Albertus*, *Aubert*, de *Gallia*, *Gaule*; de *gallus*, *jau*; de *vallis*, *vau*; de *palma*, *paume*; d'*allia*, *aux*; d'*almeno*, *aumoins*; d'*altus*, *haut*; d'*alcuno*, *aucun*; d'*alveus*, *auge*; d'*alnus*, *aune*; d'*alba spina* & d'*albanum fœnum*, *aubepine* & *aubifoin*, &c. Aprés tous ces exemples, je ne croy pas qu'on puisse révoquer en doute l'observation que j'ay faite dans la Vie de Pierre Ayrault, Lieutenant Criminel d'Angers, mon ayeul maternel; que tous ces noms propres, *Ayrault*, *Arnault*, *Gombault*, *Perrault*, *Renault*, &c. doivent s'écrire sans L, puisqu'ils viennent de noms Latins terminez en *aldus*: *Araldus*, *Arnaldus*, *Gombaldus*, *Petraldus*, *Reginaldus*.

Des prépositions locales en, dans *&* à, *devant les noms de Villes, de Provinces, & de Royaumes.*

CHAPITRE CXV.

VOicy une remarque de Meigret en sa Grammaire Françoise : *Quand* en *est locale, elle ne gouverne point les noms propres de Villes, soit masculines, ou féminines : car* à *y est plus usité, oubien* dans, *ou* dedans. *Comme,* Il est allé à Rome ; *plustost qu'en* Rome. *Mais si ce sont noms de Provinces, & Contrées ; & mesmement de sexe féminin ; comme ils sont presque tous ; en y peut estre reçu, avec l'article, ou sans l'article ; tout ainsi que* dedans : *ce que ne pourroit faire la préposition* à. *Car nous ne dirons pas,* Je suis à Champagne, France, Italie, *ou* Espagne. *Nous pouvons donc dire,* Je suis en la Champagne, en la France, en Italie, en Espagne. *Et si c'est par verbe local, nous osterons plus élégamment les articles :* Je m'en vois en France, en Champagne, en Italie, en Espagne, &c. ¶ Ramus dans sa Grammaire Françoise a fait la mesme remarque. *Nous disons bien,* dit-il, Il est en chambre, en France, *& non pas guére* en Paris ; *mais* à Paris. ¶ C'est avecque raison que Ramus s'est servi du mot de *guére* : car cette préposition *en* se met quelquefois devant des noms de Villes :

comme en ces exemples, *en Gérusalem, en Arles, en Avignon.* M. de Balzac dans sa Dissertation sur la Tragédie d'Heinsius, intitulée *Herodes Infanticida*, a dit *en Gérusalem. L'Amour estoit une passion aussibien parmy les Iuifs que parmy les Grecs: mais ce n'estoit pas un Dieu aussibien en Gérusalem qu'à Athenes*, &c. *Et au préjudice de la simplicité Iudaique, éleva des Théatres en Gérusalem*, &c. *Qu'on n'aille pas querir les Furies en Grèce, pour les faire adorer en Gérusalem.* Il est vray que tous ces endroits de M. de Balzac ont esté repris par Croïus dans sa Réponse à cette Dissertation. *Gérusalem*, dit-il, *n'est pas une Province, mais une Ville. Comme on ne peut pas dire en Paris, en Rome, en Athénes, aussi il ne se peut pas dire en Gérusalem. Il faut dire à Gérusalem.* Ce n'est pas Balzac seul qui commet cette faute. Elle se trouve souvent dans la Paraphrase de Godeau sur l'Epitre de S. Paul aux Galates. *Je n'allay point*, dit-il, *chapitre premier, en Gérusalem, pour voir les Apostres.* Et quelque peu après: *Il est vray que trois ans après, je fus en Gérusalem. Et au chapitre* 2. *Depuis ma conversion quatorze ans s'écoulérent tous entiers, à la fin desquels j'allay derechef en Gérusalem.* C'est sans doute des Docteurs de Louvain qu'il a pris cette façon de parler: mais ils n'avoient pas bu de l'eau de la Seine, & leurs Versions ne doivent pas estre prises pour reigles de la Langue Françoise. Mais il est vray aussi que ç'a esté sans raison que ces endroits de M. de Balzac ont esté repris par

Croïus : tout le monde, jusqu'à M. de Balzac, inclusivement, ayant dit *en Gérusalem, en Béthléem* ; conformément aux anciennes versions Françoises du Vieux & du Nouveau Testament. Il est à remarquer, que lorsque ces anciennes Versions ont esté faites, la préposition locale *en* se mettoit, à l'Italienne, devant les noms de Villes, aussibien que devant les noms de Royaumes, de Contrées & de Provinces. Comme les Italiens disent *in Roma, in Venezia, in Firenze, in Milano,* nos Anciens disoient sans doute, *en Paris, en Roüen, en Bourdeaux, en Toulouse.* Ils dirent ensuite *à*, à la Françoise : *à Paris, à Rouen, à Bourdeaux, à Toulouse* : à la reserve des Villes dont le nom commançoit par une voyelle ; devant lesquelles, pour éviter le baaillement des deux voyelles, on continua de dire *en*. *En Anvers, en Arles, en Avignon, en Orléans, en Angers, en Alençon.* Mais enfin on a dit par tout *à*, tant devant les noms de Villes qui commancent par une consone, que devant ceux qui commancent par une voyelle : à la reserve neanmoins d'*Avignon* & d'*Arles* : car on dit encore *en Arles, en Avignon*. Depuis quelques années on commance pourtant à dire *à Arles, à Avignon* ; comme on dit *à Angers, à Alençon, à Orléans, à Angoulesme*. Il en est demesme de *Gérusalem*. Messieurs de Port-Royal ont commancé depuis peu à dire *à Gérusalem*. Voyez la Traduction de M. de Saßy aux endroits de l'Epitre aux Galates cy-dessus alléguez dans le passage de Croïus. Nous disons

LANGVE FRANÇOISE. 261

aussi depuis 40. ou 50. ans, *Avocat au Parlement*, *Président au Parlement*, & non pas *en Parlement* : & *estre à la Cour*, & non pas *en Cour*. Voyez M. de Vaugelas.

Pour ce qui est des noms de Provinces, il y en a où l'on met *en* & *dans* indifféremment. On dit, *en Poitou*, *en Saintonge*, *en Anjou*, *en Périgord* : *dans le Poitou*, *dans la Saintonge*, *dans l'Anjou*, *dans le Périgord*. Il y en a d'autres, où l'on ne met que *dans*. On dit, *dans le Lyonnois*, *dans le Vandomois* : & non pas, *en Lyonnois*, ny *au Lyonnois* ; *en Vandomois*, ny *au Vandomois*. On dit de mesme *dans la Chine*, & non pas *en Chine*. Et il y en a d'autres, où l'on met *au* & *dans* indifféremment, & où *en* ne vaudroit rien. On dit, *au Maine*, *au Perche*, *au Vexin*, *dans le Maine*, *dans le Perche*, *dans le Vexin* : Mais on ne dit point, *en Maine*, *en Perche*, *en Vexin*, comme on dit, *en Poitou*, *en Saintonge*, *en Anjou*. On ne dit point nomplus *en Perou*, comme on dit *en Turquie* : mais *au Pérou*, ou *dans le Pérou*. Ce sont des bizarreries de nostre Langue, dont il seroit difficile de rendre raison.

Du pronom démonstratif celui, *avecque la particule* là.

CHAPITRE CXVI.

Monsieur de Vaugelas a fort bien remarqué qu'il ne faut pas joindre la parti-

cule *là* au pronom démonſtratif, lorſque ce
pronom eſt immédiatement ſuivi du rélatif
qui : & qu'ainſi il faut dire, *Ceux qui aiment Dieu, gardent ſes commandemens*; & non
pas, *Ceux-là qui aiment Dieu.* Si ce n'eſt
que le pronom rélatif fuſt ſéparé du démonſtratif par un verbe : car alors la particule *là* ſe joint élégamment au pronom démonſtratif. Comme en cet endroit, *Ceux-là
ſe trompent, qui croyent*, &c. Tout cela eſt
tres véritable dans les exemples alléguez. Et
M. de Voiture qui a dit,

 Car le feu qui brûla Gomore,
 Ne fut jamais ſi véhément,
 Que celui-là qui me dévore,

n'eſt pas en cela à imiter : non-plus que Malherbe en ces vers,

 Mais qu'il ſoit une amour ſi forte,
 Que celle-là que je vous porte ;
 Cela ne ſe peut nullement:

S'il eſt vray que ces vers ſoient de Malherbe;
car je croy touſjours qu'ils ſont de Madame
la Ducheſſe de Bellegarde. Voyez mes Obſervations ſur ce Prince de nos Poëtes Lyri-
riques. Il y a pourtant certains endroits, où
non ſeulement on peut employer cette particule, ſuivie immédiatement du pronom démonſtratif ; mais où il eſt mieux de l'employer. Comme quand on dit démonſtrative-
ment, *C'eſt celui-là qui m'a volé ; C'eſt celui-
là qui m'a bleſſé : arreſtez-le.*

Naguéres.

CHAPITRE CXVII.

MOnsieur de Vaugelas veut que ce mot soit fort bon. *On peut*, dit-il, *fort bien dire*, qui estoit naguéres arrivé ; *mais non pas*, de naguéres, *comme a dit Coëffeteau*. J'ajoute à l'autorité de M. de Vaugelas celle de Malherbe :

Naguéres que j'oyois la tempeste souffler.

Et celle de M. Desmarets livre 13. de son Clovis, page 217.

Naguére avoient armé les cœurs souvent rebelles.

Mais nonobstant toutes ces autoritez, ce mot ne vaut rien ; n'estant plus en usage ; & particuliérement en prose ; car en vers, il peut encore trouver son lieu. Il faut donc dire en prose, *qui estoit arrivé depuis peu*.

S'il faut dire apostume, *ou* apostéme : aposime, *ou* aposéme : clystére, *ou* lavement.

CHAPITRE CXVIII.

L'Etymologie voudroit qu'on dist *apostéme*, comme disent la pluspart des Médecins ; car ce mot vient du Grec ἀπόστημα, que les Latins ont rendu par *apostema*. Mais l'usage est pour *apostume*. Et il y a mesme déja long-temps qu'on parle de la sorte. Marot:

> *Ce vénérable billot fut averti*
> *De quelque argent que m'aviez départi;*
> *Et que ma bourse avoit grosse apostume.*
> *Si se leva plustost que de coutume.*

Cretin dans l'Apparition du Mareschal de Chabannes;

> ——— *Mais tout confit en larmes,*
> *Lors s'appuiant sur une hache d'armes,*
> *G'étoit sangloux, gémissemens parfonds,*
> *Et gros soupirs; comme s'il eust au fons*
> *De l'estomach venimeuse apostume.*

Nicod a dit aussi *apostume*, & il l'a préféré à *apostéme*.

Il faut dire *aposéme* avecque le peuple, & non pas *aposime* avecque Nicod. Quelques-uns disent *aposume*, qui n'est pas meilleur qu'*aposime*.

Il faut dire *un lavement*, comme on dit à Paris, & non pas *un clystére*, comme on dit dans les Provinces.

S'il faut dire, Je ne savois pas que c'estoit, *ou* que ce fust vostre mere.

CHAPITRE CXIX.

CEtte question qui ne paroist pas importante, l'est neanmoins, acause des occasions qui se présentent à toute heure d'employés ployer cette façon de parler. Les personnes du monde qui n'ont point d'étude, disent d'ordinaire, *Ie ne savois pas que c'estoit.* Et comme ces personnes ne savent le François que par le simple usage, il semble que le Génie de nostre Langue nous porte à parler de la sorte. Mais ceux qui ont ajouté l'usage à l'étude, disent presque tousjours, *Ie ne savois pas que ce fust.* Et c'est comme je voudrois parler. Il y a pourtant des endroits où l'autre maniére vient mieux. Par exemple : *Ie ne savois pas que c'estoit un fort honneste homme, & le meilleur ami que vous ussiez à la Cour*, est mieux que, *Ie ne savois pas que ce fust un fort honneste homme, & le meilleur ami que vous eussiez à la Cour.* Mais je dirois aucontraire, *Ie ne savois pas que vous m'ussiez rendu de si bons offices.* Que vous m'aviez rendu, n'y seroit pas si bon. Pour bien choisir en ces sortes de choses, il faut consulter son oreille, avecque l'usage : car il est comme impossible d'en donner des reigles asseurées. Mais pour consulter son oreille, il faut l'avoir bonne.

Aveindre. atteindre.

CHAPITRE CXX.

A Véindre, a signifié prémiérement *atteindre* : conformément à son origine *advenire* : & ensuite *tirer dehors; prendre en haut*. Montagne s'en est servi dans la prémiére signification, en ce mot admirable, par lequel il a commancé son chapitre de l'Incommodité de la grandeur : *Puisque nous la pouvons aveindre, vengeons nous à en médire.* Mais en cette signification il n'est plus en usage que dans les Provinces ; où l'on dit encore, *Cela est si haut que je n'y saurois aveindre.* Nous dirions à Paris, *que je n'y saurois atteindre.* En l'autre signification, il est tousjours tres-usité ; non seulement à Paris, mais à la Cour : & en cette signification le mot d'*atteindre*, dont on se sert dans les Provinces, ne vaut rien. Il faut donc dire ; *Aveignez moi cela*, & non pas, *Atteignez moi cela*: *Puisque nous ny pouvons atteindre*, & non pas, *Puisque nous ne la pouvons aveindre.* On voit par ces exemples qu'*atteindre* gouverne le datif, & *aveindre* l'accusatif.

Cousin remué de germain. bru. aïeul, arriére-petit-fils. oncle à la mode de Bretagne.

CHAPITRE CXXI.

NOs Anciens ont dit *Cousin remué de germain*, de *remotatus* : comme qui diroit *Cousin éloigné. Removeo, removi, remotum, remotare, remotatus.* Et on le dit encore dans les Provinces. Mais on ne le dit plus à Paris. On y dit *issu de germain.* C'est donc comme il faut dire.

Il faut dire aussi *belle-fille*, avecque les Parisiens, & non pas *bru*, avecque les Provinciaux.

Plusieurs disent *un aïeul*, pour signifier le pére du gran-pére, ou le bisayeul : en quoi ils se trompent. *aïeul* & *grand-pére* est la mesme chose.

Arriére-petit-fils est le *pronepos* des Latins. *Oncle à la mode de Bretagne* est tres-bien dit. Les Latins n'ont point de terme pour exprimer ce que ce mot signifie.

Constantinoble. Constantinople.

CHAPITRE CXXII.

Nos Anciens disoient *Constantinoble*, comme nous disons *Grenoble*. Villon dans une de ses Balades :

Voire, ou soit de Constantinobles
L'Emperier aux poings dorez,
Ou de France li Roi tres-nobles.

Henri Estienne dans son Traité de la Conformité de la Langue Françoise avecque le Grec, page 135. *Quant aux mots de Villes, nous avons retenu entr'autres, les composez de πόλις, avec un autre mot. Comme,* Grenoble, Constantinoble : *aulieu de* Grenople *&* Constantinople. Paradin dans son Histoire de François I. dit aussi tousjours *Constantinoble* : Et Peletier dans son Dialogue de l'Orthographe de la Langue Françoise, le préféte à *Constantinople. Ceux me semble*, dit-il, *vouloir estre trop subtils, qui écrivent* Constantinople, *pour* Constantinoble. *Car combien qu'en ce mot le* B *nous apporte, ce semble, autre origine que le vray, si est-ce qu'il le faut endurer avec la prolation. joint, qu'il n'est point autrement mal appliqué.* Nicod dans son Dictionnaire est du mesme avis. CONSTANTINOBLE, dit-il, *ou* CONSTANTINOPLE. *Les armes de Constantinoble, sont une croix d'or en champ rouge, ou de gueules*, &c. On ne dit plus aujourdhuy que *Constantinople* : & ce seroit tres-mal parler que de dire *Constantinoble*.

S'il faut dire Prevost, Prévost, *ou* Provost : Prevosté, Prévosté, *ou* Provosté : Cas Prevostal, *ou* Prevostable : Connestablie, *ou* Connestablerie : Mairie, *ou* Mairerie.

CHAPITRE CXXIII.

Nos Anciens ont dit indifféremment *Prevost* & *Provost* : le premier, du Latin *præpositus* ; & l'autre, de l'Italien *proposto*. Mais ceux qui parlent bien, ne disent plus aujourdhuy que *Prevost* : & c'est aussi comme parle tousjours le Sieur de Miraumont, Lieutenant en la Prevosté de l'Hotel, en son Traité du Grand Prevost. Il faut donc dire, *le Grand Prevost ; le Prevost des Mareschaux ;*

un Prevoſt de Sale ; Iuge Prevoſt ; Prevoſté & Vicomté de Paris ; Le Prevoſt d'une Egliſe Cathédrale ; & non pas, Le Grand Provoſt, &c. Il reſte à décider entre *Prevoſt*, & *Prévoſt*. Il faut dire *Prevoſt*, avecque les Pariſiens, & non pas *Prévoſt*, avecque les Provinciaux.

L'Ordonnance dit *cas prevoſtaux*. Et ſon Commentateur a dit *prevoſtal*, qui eſt la meſme choſe. Mais Nicod dit *prevoſtable*. PREVOSTABLE, *généralement*, *eſt ce qui appartient à un Prevoſt*. *Mais le François en uſe pour le fait & cas de crime*, *dont la juriſdiction appartient à un Prevoſt des Mareſchaux de France. On dit bien auſſi un homme eſtre prevoſtable, celui auquel un Prevoſt deſdits Mareſchaux peut faire le procés.*

Théophile a dit *Conneſtablerie*, & Nicod *Mairerie*. On dit préſentement, par contraction, *Mairie*, & *Conneſtablie* : comme on dit *Chanoinie*, & non pas *Chanoinerie*. Et il y a déja long-temps qu'on dit *Mairie* : Car ce mot ſe trouve ainſi eſcrit dans les Lettres de Louis XI. pour l'établiſſement de la Maiſon de Ville d'Angers, qui ſont de l'année 1474.

Capitaine des Gardes : *Capitaine aux Gardes*. *Chevau-leger* : *Cheval-leger*. *Chevaux* : *Cavaliers*. *Cornette*. *Trompette*.

CHAPITRE CXXIV.

IL y a grande différence entre ces mots, *Capitaine des Gardes*, & *Capitaine aux Gardes*. *Capitaine des Gardes* se dit d'un Capitaine des Gardes du Corps, *Capitaine aux Gardes*, c'est un Capitaine du Régiment des Gardes.

Quoyqu'on dise *un cheval*, & non pas *un chevau*, il faut dire, *Il est Chevau-leger*, & non pas, *Il est Cheval-leger*. L'Usage le veut ainsi. L'Ordonnance de Blois a usé pourtant du mot de *Cheval-leger*. *Ne pourra aucun estre Gendarme, qu'il n'ait esté Archer ou Cheval-leger un an continuel.* C'est en l'article 189.

On dit *Chevaux*, pour *Cavaliers*. *Il y a dix mille Chevaux dans l'armée de M. le Prince.*

Cornette se dit au masculin de celui qui porte la cornette ; & *Trompette*, de celui qui sonne la trompette.

Répétition de la particule pas.

CHAPITRE CXXV.

IL y a certains endroits où la particule *pas* doit estre répétée nécessairement : comme en celui-cy : *Après tout ce que vous avez fait pour moi, je ne puis pas n'estre pas vostre serviteur. Ie ne puis pas n'estre vostre serviteur* ne seroit pas François. Malherbe n'a pas sû cette finesse de langue, ayant dit dans une de ses Odes,

    Ces Archers, aux casaques peintes,
    Ne peuvent pas n'estre surpris,
    Ayant à combattre les feintes
    De tant d'infidelles Espris :

Ce que j'ay oublié de remarquer dans mes Observations sur les Poësies de ce Prince de nos Poëtes Lyriques.

S'il faut dire Je boiray, *ou* Je buray : en buvant, *ou* en boivant.

CHAPITRE CXXVI.

LEs Parisiens disent, *Ie buray, tu buras, il bura*, &c. Il faut dire, *Ie boiray, tu boiras, il boira*, &c. ¶ Les Provinciaux disent, *en boivant*. Il faut dire, *en buvant*.

Gracieux.

CHAPITRE CXXVII.

Monsieur de Vaugelas a condamné ce mot en toutes ses significations. Il est tres-bon : & M. de la Mote le Vayer & Dupleix ont raison de blâmer en cela M. de Vaugelas. Tous nos bons Auteurs s'en sont servis, & en prose, & en vers. Malherbe dans son Ode à M. de Bellegarde :

Donne-m'en d'un clin de tes yeux
Vn témoignage gracieux.

Le Pere Bouhours dans son Entretien du Bel Esprit : *Ie ne say quel air tendre & gracieux, qui charme les connoisseurs.* J'ay dit aussi dans mon Eglogue pour la Reine de Suéde,

Pour moi, de qui le chant n'a rien de gracieux.

L'Auteur des Doutes aureste a voulu détruire cette Observation. Voicy ses termes : *Gracieux se dit-il communément pour agréable ? Il est dans les Entretiens d'Ariste & d'Eugéne. M. Ménage l'a bien remarqué. Mais il n'a pas pris garde que l'Auteur des Entretiens ne s'est servi apparemment de ce mot que comme d'un terme de peinture : & que c'est pour cela peutestre qu'il l'a marqué d'Italique : Les images sous lesquelles il exprime ses pensées, sont comme ces peintures qui ont toute la finesse de l'art, & je ne say quel air tendre*

& *gracieux*, qui charme ſes connoiſſeurs. ¶ Le mot de *gracieux* n'eſt pas plus un terme de peinture que celui de *tendre*. Et ce que dit icy noſtre Auteur de ce mot marqué d'Italique, eſt toutafait puérile.

S'il faut dire ſous les armes, *ou* ſur les armes: Sur peine, *ou* ſous peine de la vie.

CHAPITRE CXXVIII.

CE n'eſt plus une queſtion. Il faut dire, *ſous les armes*, & *ſur peine de la vie*.

S'il faut dire paténe, *ou* platine.

CHAPITRE CXXIX.

ON dit *paténe de calice*: & *platine*, pour ce rond de cuivre ſur lequel on ſeiche le linge.

Avorter, avorton, porter des enfans.

CHAPITRE CXXX.

AVorter ne ſe dit plus que des animaux. En parlant d'une femme, il faut dire qu'elle s'eſt bleſſée, oubien qu'elle a fait un *fauſſe couche.* ¶ Il en eſt de meſme du mot *de porter des enfans.* On le diſoit autrefois. Amyot dans ſa Traduction de la Vie de Romulus de Plutarque : *Tous les Romains ſavent, qui fut celui qui prémier répudia ſa femme. Ce fut un nommé Spurius Carvilius, pourcequ'elle ne portoit point d'enfans.* On ne le dit plus aujourdhuy. On dit *avoir des enfans.* ¶ Pour le mot *d'avorton,* il ſe dit des hommes, mais dans le figuré. *C'eſt un avorton.*

Iamais plus.

CHAPITRE CXXXI.

Bertaud s'eſt ſervi en vers de cette façon de parler Italienne.

Non jamais plus, j'en jure,
Mon cœur n'aura de feu.

Et Malherbe en proſe. *Iamais plus je ne me rembarque avecque lui,* &c. *A condition que je n'en oye jamais plus parler.* M. de Vaugelas l'a trouvé fort bonne : & auſſi bonne que le *mai più* des Italiens. Mais M. de la Mote le Vayer l'a trouvé tres-mauvaiſe. Et je ſuis en cela de ſon avis : ſi ce n'eſt qu'on l'oppoſe à un autre mot. Comme en cet exemple, qui eſt de Rabelais livre 4. chap. 19. *Saint Nicolas, à cette fois, & jamais plus.*

S'il faut dire exclue, *ou* excluse.

CHAPITRE CXXXII.

Comme on dit *recluse* & *incluse*, il semble qu'il faudroit dire aussi *excluse*. Neanmoins on dit *exclue*. L'usage le veut ainsi.

S'il faut dire sîdre, *ou* sitre.

CHAPITRE CXXXIII.

Les Parisiens disent *sidre*, & les Angevins *sitre*. Comme le langage de Paris est préférable à celui des Provinces, je suis pour *sidre* : car du reste *sitre* & *sidre* sont également bons à l'égard de l'étymologie, qui est *sicera*. Voyez mes Origines de la Langue Françoise. Les Normans disent aussi *sidre* : ce qui ne confirme pas peu la prononciation des Parisiens : car le *sidre* se fait particuliérement en Normandie. Vous trouverez aussi *sidre* dans Nicod.

Araigne, areigne, araignée, aragnée, arignée, iragnée, iranteigne.

CHAPITRE CXXXIV.

DU Bartas dans sa Semaine a dit *araigne*.

Puisque la seule araigne instruit chacun de nous,
Et du soin de l'épouse & du soin de l'époux.

Motin dans ses Stances sur une Courtisane, a dit *areigne*, qui est la mesme chose.

Il n'est celui qui ne se preigne :
Car vous tendez comme une areigne
Vos filets en cent lieux divers.

Villon dans son petit Testament a dit *iraignée*.

Item : Ie laisse aux Hopitaux
Mes chassis tissus d'iraignée.

Les Angevins disent *iranteigne*, d'*aranei tinex*. Le peuple de Paris dit *arignée*. ¶ Il faut dire *araignée*, comme a dit Nicod.

S'il faut dire Jour ouvrier, *ou* Jour ouvrable.

CHAPITRE CXXXV.

IL faut dire *Iour ouvrier*. C'est comme on parle d'ordinaire. Et c'est aussi comme parloient nos Anciens. Cretin dans son Pastoural, fueillet 104.

Dormir

Dormir jours ouvriers & dimanches.

Et Coquillart dans le Monologue des Perruques, fueillet 154.

En eux n'a façon deshonneste,
Tant aux jours ouvriers qu'à la feste.

Nicod a dit aussi *jour ouvrier.*

S'il faut dire le paulet, la paulette, la palote, *ou* le droit annuel.

CHAPITRE CXXXVI.

IL faut dire *le droit annuel*, ou *la paulette. La palote* ne se dit comme plus : & *le paulet* ne se dit que dans les Provinces. Touchant l'étymologie de ces deux derniers mots, voyez mes Origines Françoises, au mot *paulet.*

Autour, alentour.

CHAPITRE CXXXVII.

L'Usage des Ecrivains modernes a établi de la différence entre ces deux mots qui estoient autrefois la mesme chose. Parmy eux *autour* est une préposition, & *alentour* un adverbe. Selon cette différence, il faut donc dire, *La Reine avoit toutes ses filles autour d'elle*; & non pas *alentour d'elle* : *La Reine* estoit en un tel lieu, & toutes ses filles estoient alentour; & non pas autour. J'ay dit en ce sens dans mon Idylle du Pescheur,

A l'éclat de ses yeux les rochers d'alentour,
Tous durs, tous froids qu'ils sont, furent touchez d'amour.

Voyez cy-dessus, chapitre 55. ¶ C'est donc avecque raison que l'Auteur des Doutes a repris Messieurs de Port-Royal, pour avoir fait *alentour* préposition.

Potier, Potier d'étain. Tailleur, Tailleur de pierres. Mouchoir, Mouchoir à moucher.

CHAPITRE CXXXVIII.

Quoyqu'on dise *Potier d'étain*, il ne faut pas dire pour cela *Potier de terre*, comme a dit M. d'Ablancourt tome 2. de son Marmol, page 175. *Potier* tout seul signifie celui qui fait des pots de terre. ¶ Il en est de mesme du mot de *Tailleur*. Quoyqu'on dise *Tailleur de pierres*, il ne faut pas dire *Tailleur d'habits* : ce mot de *Tailleur* signifiant aussi tout seul celui qui fait des habits: Et Henri Estienne, qui est d'avis contraire dans son Dialogue du Langage François Italianisé, n'est pas en cela du bon avis. ¶ Les Dames, en parlant de leur mouchoir de cou, l'appellent simplement aussi *un mouchoir* : & en parlant de leur mouchoir de poche, elles l'appellent *un mouchoir à moucher*. Mais comme *mouchoir à moucher* fait une vilaine image, il seroit à souhaitter, qu'elles dissent *mouchoir* simplement, en parlant de leur mouchoir de poche ; oubien qu'elles l'appellassent *un mouchoir de poche*.

Il y a marché. Il y a bal.

CHAPITRE CXXXIX.

IL faut dire, *Il y a marché tous les Samedis en ce lieu-là : Il y a aujourdhuy bal au Louvre :* & non pas, *Il y a un marché : Il y a un bal*. Mais il faut dire aussi, *Il y a tous les matins un Marché en ce lieu-là, qui dure depuis le matin jusqu'au soir : Il y ut hyer un bal au Louvre, qui dura toute la nuit.* Peu de gens manquent à ce dernier exemple : mais pour le premier, plusieurs s'y trompent ; & particulièrement les Etrangers.

S'il faut dire balayer, *ou* balier : néier, *ou* noyer : nettéier, nettoyer, nettir, *ou* nettier : sier, *ou* séier *du blé.*

CHAPITRE CXL.

PAsquier dans sa Lettre à Ramus, touchant l'Orthographe Françoise, a dit *ballier.* Mettez ces trois mots en avant, *baller*, qui signifie *dancer*; *ballier*, qui veut dire *nettoyer*; & bailler, qui est *donner*. Au premier, vous prononcez L fermement: au second, vous prononcez le son de l'I entiérement avec L: au troisiéme, vous entrevechez l'I dedans L. Et c'est pourquoy ils retirérent cet I devant les deux L; pour montrer qu'il ne le faloit pas prononcer avec un si plein son qu'en *ballier*, &c. Nicod a écrit *balier*. Et c'est comme on parle dans les Provinces. Mais à Paris on dit plus communément *balayer*. J'ay dit plus communément: parcequ'on y dit aussi *ballier*: & je l'ay souvent oui dire à M. Chapelain. Mais comme *balayer* y est plus usité, (M. Le Vayer parle ainsi dans sa Lettre des Scrupules de Grammaire) & que d'ailleurs il est plus conforme à l'étymologie; car on dit *un balay*, & *un balayeur*; je conclus qu'il faut dire *balayer*. *Balay* au reste a esté dit au lieu de *balé*, qui a esté fait de *vallettus*, diminutif de *vallus*, acause que les balais sont emmanchez au bout d'un baston. *Vallettus*, *ballettus*, *ballet*, BALÉ.

De *necare* nos Anciens ont dit *noyer*, par le changement ordinaire d'E en Oi. Rabelais livre 3. chapitre 26.
 Si en allant je suis de vous choyé,
  Peu, en retour, me chaut d'estre noyé.
Bertaud dans une de ses Chansons:
 Hureux, s'il eust tant larmoyé,
  Que l'Amour mesme il eust noyé.
Malherbe dans l'Ode à la Reine Marie de Medicis sur son arrivée en France;

Et soient dans les coupes noyez
Les soucis de tous ces orages,
Que pour ces rebelles courages
Les Dieux nous avoient envoyez.

Aujourdhuy nous disons *néier*.

Nicod au mot *balay* a dit *nettier* & *nettoyer*. Les Angevins disent *nettir*. Il faut dire *nettéier*.

On disoit autrefois *sier du blé*, & *sier du bois*, indifféremment. Antoine de Baïf dans sa 14. Eglogue:

C'est Polybot, qui m'a si fort troublé
Près d'Ipocon, où nous sions le blé.

Et dans la suivante:

Là se fauche le jong, où le blé l'on sioit.

Voyez Nicod au mot *sie*. On dit présentement *sier du bois*, & *séier du blé*. Nos Anciens ont dit *soyer du blé*.

Comme celui qui les blés soye,
Quand ce mestier je sortissoye, &c.

Ce sont des vers d'un vieux Manuscrit, raportez par le savant M. Borel, à la page 185. de ses Antiquitez Gauloises.

―――――――――

Coteau, cotau.

CHAPITRE CXLI.

NOs Anciens ont dit *coteau* & *cotau* indifféremment. Et vous trouverez l'un & l'autre dans Nicod. Le Traducteur des Amadis livre 3. chapitre 6. a dit *coteau*. A l'heure eſtoit Amadis ſur le coteau de la mer avec ſon frere Floreſtan. Et c'eſt comme nous parlons encore aujourdhuy en Anjou. Mais à Paris nous diſons *coteau*. Et ce ſeroit une faute que de rimer *cotaux* avecque *marteaux*.

S'il faut dire épingle, ou éplingue: aiguille, ou aigule: aiguillon, ou aigulon: aiguilletier, ou aiguletier: eſcurie, ou eſcuirie.

CHAPITRE CXLII.

IL faut dire *épingle*. C'eſt comme on parle à Paris. *Eplingue* eſt de Province. ¶ On dit auſſi à Paris *aiguille*, & non pas *aigule*, comme nous diſons en Anjou. Il faut donc dire auſſi *aiguille*. Et c'eſt comme diſoient nos Anciens. Marot dans ſa Complainte ſur la mort de Louiſe de Savoie :
 L'autre à l'aiguille ouvroit choſes nouvelles.
Il faut dire demeſme *aiguillon*, & non pas *aigulon*, comme on dit en Anjou. Mais quoyqu'on diſe à Paris *aiguille* & *aiguillon*, on y dit neanmoins *aigulletier* & *aigullette*, & non pas *aiguiletier* & *aiguillette*. Ainſi, quoyqu'on y diſe *eſcuier*, on y dit *eſcurie*, & non pas *eſcuirie*. Henri Eſtienne, dans ſon Dialogue du Langage François Italianiſé, eſt pour *eſcuirie* : en quoi il ſe trompe. La raiſon de cette diverſité eſt, qu' *eſcuier* vient de *ſcuta*

rius, où *utarius* se change en *uier* : & *essu-rie* vient de *scutaria*, où *utaria* se change en *uerie*, qu'on a depuis syncopé par *urie*.

Eloigner quelque chose, *pour* s'éloigner de quelque chose.

CHAPITRE CXLIII.

C'Est pour ma justification particuliére que je fais cette remarque. On m'a repris d'avoir dit dans mon Oiseleur, *Si bien-tost l'Insensible éloignoit ces beaux lieux.* Cependant il n'y a rien de plus commun dans tous nos Poëtes, tant anciens que modernes, que cette façon de parler. Marot dans la 25. de ses Elegies :

Mon devoir veut qu'élongne vostre face.
Desir me veut prés de vous retenir.

Baïf, livre second de ses Poëmes, au Poëme intitulé *le Mesnil* :

Le Roi, comme un Pâris, affolé d'une Héléne,
Du feu chaud de l'amour portât son ame pleine,
Estimoit presque moins perdre sa Royauté
Que de sa douce Amie éloigner la beauté.

Bertaud dans ses Stances :

Ie n'ay veu qu'a regret la clarté du Soleil, &c.
Depuis qu'en soupirant j'éloignay ce bel oeil.

Desportes, Sonnet 22. du livre 1. des Amours de Diane :

Eloignant vos beautez, je vous laisse en ma
  place.

Mon cœur. Et ailleurs :
Mais quand je suis forcé d'éloigner vostre vuë.
Monsieur Corneille dans sa Tragédie de Pompée, acte 3. scene 1.
Ses vaisseaux en bon ordre ont éloigné la ville.
M. de Segrais dans sa Traduction de l'Eneïde, livre 9.
Du camp du Rutulois éloignant les quartiers.

De quelques mots qu'on prononce par a, & de quelques autres qu'on prononce par e.

CHAPITRE CXLIV.

IL faut dire *coup de Jarnac*, & non pas *de Jernac* : Et cette prononciation est confirmée par l'étymologie. Voyez le Combat de Gui Chabot de Jarnac & de François Vivonne de la Chasteigneraye, dans les Mémoires de Castelnau de M. l'Abbé le Laboureur. ¶ *Parfumer*, & non pas *perfumer*. *marri*, & non *merri*. *marquer*, & non pas *merquer*. *Pastorale*, & non pas *Pastorelle*. *gagner*, & non pas *gaigner* ; quoyqu'on dise *gain*. Béze dans son Traité de la prononciation de la Langue Françoise : *Sic etiam à voce* gain *deducitur verbum* gaigner, *ut à Picardis adhuc hodie profertur: puriùs tamen loquentes, hodie, elisâ i, pronuntiant* gagner. ¶ *Dartre*, plustost que *dertre*. On dit *dartre* à Paris, & *dertre* dans les Provinces. *charriot*, & non pas *cherriot*.

charrette, & non pas *cherrette*. *cavalle*, & non pas *quevalle*. *camisole*, & non pas *quemisole*, comme on dit en Anjou. *clarté*, & non pas *clairté*, comme a dit le Président Maynard, page 310. de ses Poësies. Mais quoyqu'on dise *clarté*, & non pas *clairté*, il faut dire *éclaircir*. *jargon*, & non pas *gergon*. L'étymologie confirme cette prononciation: car ce mot, comme celui de *baragoüin*, vient de *barbaricus*. *Barbarus, barbaricus, baricus, varicus, üaricus, guaricus, guargus, gargus, gargo gargonis*, JARGON. *Barbarus, barbaracus, barbaracuinus, baracuinus, baraguinus*, BARAGOUIN. De *barbaracettus*, diminutif de *barbaracus*, les Italiens ont fait de mesme *raguetto*. *Barbaracettus, racettus, ragettus, raguettus*, RAGUETTO, qui veut dire un langage estropié par les étrangers. De *gargus*, les mesmes Italiens ont aussi fait GERGO, en changeant l'A en E: comme les Espagnols *gericonza*, de *guaricus*. *guaricus, guaricuntius, guaricuntia*, GERIGONZA. Nostre mot de *jargon*, pour le dire en passant, n'est donc pas d'origine Espagnole, comme le prétent M. le Laboureur dans son livre des Avantages de la Langue Françoise sur la Langue Latine, & comme je l'avois cru autrefois. Ce que je remarque icy dautant plus volontiers, que M. le Laboureur s'est rapporté à moi de cette étymologie, comme de plusieurs autres qu'il allégue au mesme endroit. Voyez mes Origines de la Langue Italienne au mot *raguetto*. Vous trouverez dans la Farce de Pa-telin *gergonner en Limosinois* ; ce qui témoigne que nos Anciens prononçoient *jergon.*

Il faut dire aucontraire, *mairrain,* & non pas *marrain,* comme on dit en Touraine. *guerir* & *guérison,* & non pas *guarir* & *guarison.* ¶ *Plerique, extrito i, proferunt* guarir & guarison. *Mihi tamen illa vetustior pronuntiatio,* guairir *&* guairison, *magis probatur,* dit Béze au lieu allégué. ¶ *Absolution Sacramentelle,* pluſtoſt que *Sacramentale. catherre,* & non pas *catharre.* M. Saraſin :

  L'Aurore dans ce temps d'hyver
  Gardant ſes fleurs pour d'autres terres,
  Ne ſéme plus à ſon lever
  Que des rhumes & des catherres.

Saint Merri, & non pas *Saint Marri.* Voyez cy-deſſus, chapitre 41. *fineſſer,* pluſtoſt que *finaſſer.* On dit *Demoiſelle,* & non pas *Damoiſelle :* ſi ce n'eſt dans le Palais, où les Avocats diſent *Damoiſelle. Ie plaide pour Damoiſelle telle. Cremillére,* & non pas *cramaillére. etelon,* & non pas *étalon :* nonobſtant l'étymologie *ſtallo ſtallonis.* Voyez mes Origines de la Langue Italienne au mot *ſtallone.*

Guiterre & *guittarre, ſerge* & *ſarge, herboliſte* & *arboliſte,* ſont controverſez. Voyez cy-deſſus, aux chapitres 50. 19. & 17. On dit auſſi indifféremment *partage proviſionel* & *partage proviſional. Partage proviſionel* me ſemble le mieux dit.

De la prononciation du D aux mots qui commencent par ad, *& de celle du B en ceux qui commencent par* ob.

CHAPITRE CXLV.

MOnsieur de Vaugelas a fait un chapitre particulier de la prononciation du D aux mots qui commancent par *ad*; où il a donné une liste tres-utile & tres curieuse de tous ces mots, avecque la maniére de les prononcer. Il a omis en cette liste le mot d'*adgencer*, qu'il faut prononcer *agencer*. Il y a encore omis *adverse*. Le D ne s'y prononce point non-plus. On dit *partie averse* : quoyqu'on dise *adversaire*. Et il y a mis *adjoint* parmy les mots où le D se fait sentir. Il s'est trompé. On dit *un Ajoint*, & non pas, *un Adjoint*. Mais il a fort bien décidé qu'on prononçoit *admonester* & *admonition*. Et Béze qui veut qu'on dise *amonester* & *amonition*, se trompe assurément.

A l'égard des mots qui commancent par *ob*, on dit *objet, obvier, obséques, obscur* ; & on dit aucontraire, *ostiné, ostination*. On dit aussi, *omis, omission, omettre*.

Noms qui n'ont point de singulier. Noms qui n'ont point de plurier.

CHAPITRE CXLVI.

IL y a dans la Langue Françoise, comme dans toutes les autres, des noms qui n'ont point de singulier, & d'autres qui n'ont point de plurier. Voicy ceux qui n'ont point de singulier, autant que je m'en puis souvenir.

ANCESTRES. Ronsard dans la vintiéme de ses Elégies a dit *ancestre*, au singulier.

Or quant à mon ancestre, il a tiré sa race
D'où le glacé Danube est voisin de la Thrace.

Malherbe dans les Stances pour les Pairs de France:

Mais qu'importe-t-il qui puisse estre,
Ny leur pere, ny leur ancestre,
Puisque vous estes nostre Roi?

Monsieur l'Abbé le Laboureur s'est aussi servi du mesme mot en plusieurs endroits de ses curieuses Généalogies. C'est tres-mal parler. Les ancestres sont ceux que les Latins appellent *majores*. *Parentes usque ad tritavum apud Romanos proprio vocabulo nominantur. ulteriores qui non habent speciale nomen, majores appellantur. Item, liberi usque ad trinepotem. ultra hos, posteriores vocantur,* dit le Jurisconsulte. Et comme on ne dit point en Latin *major meus*, on ne dit point aussi

aussi en François *mon ancestre*.

DÉLICES. On disoit anciennement *un délice*, au singulier, & au masculin ; du Latin *delicium*. On ne dit plus guére que *délices*, au plurier, & au féminin. M. de Vaugelas veut qu'en cèla nous ayions suivi les Latins, & pour le nombre, & pour le genre. M. de Vaugelas ne savoit pas que les Latins ussent dit *delicia, delicies, & delicium*.

EGARD. Ce mot ne se disoit autrefois qu'au singulier. Depuis quinze ou vint ans il se dit aussi au plurier : & il est mesme fort à la mode en ce nombre-là. *Avoir des égards: avoir de grands égards*. Voyez le Pere Bouhours dans son Entretien de la Langue Françoise.

GROTESQUES. On dit, *Voilà de beaux grotesques* : & on sousentent *ouvrages*, ou *ornemens*. *Grotesque* au singulier est un adjectif.

GUEULES en termes de blason, n'a point aussi de singulier. Il faut dire, *Il porte de gueules*, & non pas, *de gueule*.

PLEURS. Nous disions anciennement *un pleur*, comme nous disons *une larme*. Voyez Nicod au mot *pleur*. Et il n'y a pas encore long-temps que ce mot a esté employé en ce nombre par de bons Auteurs. Baïf, livre 3. des Passe-temps, fueillet 82.

Fuiant le pleur, le rire nous voulons.
Desportes dans le Sonnet, pour des pendans d'oreille de teste de more, imprimé dans son livre des Diverses Amours:

Vn qui suit tout espoir d'estat plus favorable,
Qui trouve aigre la joye, & le pleur dou-
cereux.

Mais ce mot n'est plus aussi aujourdhuy en usage qu'au plurier. Et il y a mesme déja long-temps qu'il n'est plus en usage qu'en ce nombre-là; Ramus dans sa Grammaire, chapitre 8. l'ayant mis au rang de ceux qui n'ont point de singulier. ¶

Pour ce qui est du plurier, il y a un grand nombre de mots qui n'en ont point. Premierement tous les noms de metaux, On dit l'or, l'argent, le cuivre, le fer, l'estain, le leton, & non pas, les ors, les argents, &c. Les Italiens sont en cela plus licencieux que nous : car ils disent depuis quelque temps *gli ori*, *gli argenti*. Le Comte Fulvio Testi a dit dans ses admirables Stances au Comte Camillo Molza,

An poca fama e grido
I balsami in Arabia, in India gli ori.

J'ay dit aussi *gli argenti* dans mes Poësies Italiennes.

Aminta, il Pescatore
Delle Toscane rive,
Al verde ombroso ramo
Di quest' arbore sacra,
Or vago di riposo,
La lenza appende, e l'amo
Ed a voi, belle Dive
Dell' elemento ondoso,
Devoto gli consacra,

Per quelli argenti puri.

Scorrano i Toschi pesci omai sicuri.

Et ceux qui m'en ont repris, ne savent ce que c'est que de Poësie Italienne.

MIEL, FIEL, VINAIGRE, CRASSE, FOI, TEMPERANCE, & CHAUD, substantif, n'ont point aussi de pluriel.

AIL. Tous nos Anciens ont dit *aux*; & mesme plusieurs de nos modernes, comme M. de Balzac. *Tant que leur éloquence, pour user des termes de Varron, a senti les aux & les oignons.* C'est dans ses Dissertations Politiques. Ce mot n'est plus usité qu'au singulier. Il faut dire, *L'haleine lui sent l'ail*, & non pas *les aux*.

AIR. Il n'a point de pluriel en prose en la signification d'aër. On dit, *Estre à l'air; Prendre l'air; Voler par l'air*, &c. Mais en poësie on peut dire *les airs*. J'ay dit dans mon Oiseleur,

Plus léger que les vens, il vole dans les airs,

Et traçant dans sa route une ligne d'éclairs, &c.

Et à ce propos il est à remarquer, que comme la Poësie est hyperbolique, elle aime les pluriers, & que les pluriers ne contribuent pas peu à la sublimité de l'oraison.

ALIBI. Cretin dans son Pastoural a dit *alibis* au pluriel.

Car bien trouverons alibis
De garder moutons & brebis.

Nous ne le dirions pas présentement. Nous disons, *Ils ont bien justifié leur alibi.*

Bb ij

APSINTHE. Malherbe s'en est servi au plurier. *Adoucir toutes nos apsinthes.* Et en cela il a voulu imiter les Latins, qui ont dit *absinthia*. Lucréce :

Sed veluti pueris absinthia tetra nocentes.

Après un aussi grand Auteur que Malherbe, quoyque M. de Vaugelas improuve fort ce mot en ce nombre ; je ne croy pas qu'on doive faire difficulté de s'en servir en vers au mesme nombre. Mais il faut bien prendre garde de s'en servir en prose. ¶ Il est au reste à remarquer que ce mot se doit écrire par un P, comme nous l'avons écrit ; & non pas par un B, comme on l'écrit ordinairement.

ARENE Jules César dans ses livres de l'Analogie, vouloit que le mot *arena* ne fust point usité au plurier. Aulu Gelle livre 15. chap. 8. *C. Cæsar in libris quos ad M. Ciceronem de Analogia scripsit,* arenas *vitiosè dici existimabat.* Nous disons *arenes* en vers fort élégamment. J'ay dit dans mon Pescheur,

Et qui pourroit conter le nombre de mes peines,

Pourroit conter aussi le nombre des arénes.

Les Italiens disent demesme *arene* en poësie. Le Casa :

Ma lasso me ! per le deserte arene, &c.

BESTAIL. On ne dit point *les bestails*. Mais on dit *les bestiaux* ; du singulier *bestial*, qui n'est plus du bel usage.

BONHEVR. Il ne se dit plus seul au plurier : c'est à dire s'il n'est opposé à *malheurs*. Et mesme en ce cas là il ne se dit plus guére. Voyez M. de Vaugelas.

CORAL. On ne dit point *coraux*.

COVROVX. Il faut dire en prose *mon couroux* ; & non pas *mes couroux*. En vers on peut dire *mes couroux*. Desportes :
Ie n'ay rien de fragile en moi
Que mes couroux, qui sont de verre.
Malherbe dans ses Stances pour la guérison de Chrysante :
Certes, vous estes bons, & combien que nos crimes
Vous donnent quelquefois des couroux légitimes, &c.
Et ailleurs :
Et mesme ses couroux, tant soit-ils légitimes,
Sont des marques de son amour.
M. de Racan en un de ses Séaumes :
Plus tes couroux sont grands, plus ils sont légitimes.
Et Motin en quelque endroit de ses Poësies :
Plus cruel aux plaisirs qu'il n'est en ses couroux.

FAIM. Ce mot n'est usité parmy nous qu'au singulier.

FIÉVRE. Nos Anciens disoient *fiévres tierces*, & *fiévres quartes*, au pluriel ; témoin *vos fiévres quartaines*. Mais ce mot de *fiévre* n'est plus usité en ces façons de parler, qu'au singulier. Il faut dire, *La fiévre tierce*, *La fiévre quarte* ; & non pas *Les fiévres tierces*, *Les fiévres quartes* : *I'ay la fiévre*, & non pas l'*ay les fiévres.* Mais on dit fort bien, *Toutes sortes de fiévres* : & *vos fiévres quartaines.*

HERBE. Il y a des endroits où il n'a point de plurier ; comme en cet exemple, *Estre couché sur l'herbe.* Ce seroit mal parler que de dire, *Estre couché sur les herbes.* Malherbe a dit neanmoins,

Et Soissons, fatal aux Superbes,
Fera chercher parmy les herbes, &c.

Et M. d'Ablancourt en son Marmol, tome 2. page 175. *Ce pré est couvert d'herbes toute l'année.*

HEUR. On ne dit point *heurs* : mais on dit *bonheurs* & *malheurs.*

MERCI. Villon dans une de ses Balades l'a employé au plurier.

Ie crie à toutes gens mercis.

Il ne se dit qu'au singulier.

PAIX. Les Latins ont dit *paces*, au plurier; Horace : *Bella quis, & paces longum diffundit in avum. Hoc paces habuere bona, ventique secundi.* Nonius Marcellus : PACES, *plurali numero novè positum.* Varro de Vita populi Romani libro 3. *Animadvertendum, primùm, quibus de causis & quemadmodum constituerint paces : secundùm, qua fide & justitia eas coluerint.* Monsieur Guyet ; car ce M. Guyet estoit un homme comparable pour la Latinité aux anciens Romains; s'est aussi servi de ce mot au plurier dans ce beau distique pour la medaille de la Reine de Süéde, qui représentoit d'un costé un Soleil, & de l'autre cette Reine sous la figure de Pallas ;

Hac paces & bella geris, velut altera
Pallas.
Hæc radiis gelidam, Solis vice, temperas
Arcton.

Les Italiens modernes disent de mesme *paci* au plurier. Nous ne disons *paix* qu'au singulier. Le Cardinal Mazarin a fait la paix générale. Le Cardinal Mazarin a fait la paix d'Italie & celle d'Espagne : & non pas *les paix d'Italie & d'Espagne.* ¶ Il est à remarquer que nous disons neanmoins *paix* au plurier, quand on parle de la paix qu'on donne à baiser à l'Agnus Dei. *A-t'on mis les deux paix sur l'autel?*

PATIENCE. M. de Benserade s'en est servi au plurier dans le fameux Sonnet qu'il a fait sur Job.

On voit aller des patiences
Plus loin que la sienne n'alla.

Quoyque M. de Balzac se soit fort écrié contre ce mot en ce nombre, je ne doute point qu'on ne puisse fort bien dire, *On a vu des patiences plus grandes que celles de Job.* Ce n'est donc pas tant le mot de *patiences*, pour le dire en passant, qui est à reprendre en ces vers de M. de Benserade, que la façon de parler *voir aller des patiences.* Et c'est aussi ce qui y a esté particuliérement repris par M. Sarasin dans sa Glose.

Avec mes vers une autre fois
Ne mettez plus dans vos balances
Des Vers, où sur des pale-frois
On voit aller des patiences.

POYVRE. Les Italiens disent *gli ostri en*

vers. Le Cafa, Sonnet 26. *Che fra le gemme, laſſo! e l'oro, e gli oſtri.* Nous ne diſons *pourpre* qu'au ſingulier.

RENOMMÉE. RÉPVTATION. Ces mots n'ont point de plurier. Les Latins ont dit de meſme *fama* au ſingulier ſeulement. Il eſt vray neanmoins que Salluſte s'eſtoit ſervi de ce mot au plurier. Mais en cela il n'a eſté imité que par Arruntius, qui en a eſté blaſmé par Sénéque en ſon épitre 114. *Quodam loco Salluſtius dicit*, Inter arma civilia æqui boni famas petit. *Arruntius non temperavit, quominus primo ſtatim libro poneret*, Ingentes eſſe famas de Regulo.

SANG. On dit touſjours *le ſang*, & jamais *les ſangs*. Les Latins ont dit de meſme *ſanguis* au ſingulier ſeulement. J'entens les Latins des prémiers ſiécles : car ceux des derniers ont dit *ſanguines*. *Arbor ſanguinum*, dans Luitprandus. *Libera me de ſanguinibus* dans le Séaume 50. Sur lequel endroit S. Auguſtin a fait cette note: *Expreſſit Latinus Interpres verbo minus Latino : proprietatem tamen ex Græco : nam omnes novimus Latinè non dici* ſanguines, *nec* ſanguinas ſed ſanguinem. *Tamen quia ita Græcus poſuit plurali numero, non ſine cauſſa, niſi quia hoc invenit in prima. Lingua Hebræa, maluit pius Interpres minùs Latinè aliquid dicere, quàm minùs propriè.*

SANTÉ. Il a un plurier en cette façon de parler, *Boire des ſantez*. Il n'en a point dans ſa propre ſignification. On dit, *Les femmes ont ſoin de leur ſanté*, & non pas *de leurs*

LANGVE FRANÇOISE.

santez. Et M. Sarasin est inexcusable d'avoir dit,

> Vrayment, je vous trouve bien vaine
> De me débaucher mes Beautez,
> Sous prétexte de leurs santez,
> Petite Nymphe de Fontaine.

S'il faut dire indannité, *ou* indamnité,

CHAPITRE CXLVII.

J'Ay oui dire *indannité* à plusieurs Avocats & à plusieurs Conseillers du Parlement. Et c'estoit l'ancienne prononciation : nos vieux François, à l'imitation des Italiens, ayant ordinairement changé l'MN en deux N. Ainsi de *damnare* ils ont dit *danner*, & *condanner*, de *condemnare*. Ils ont dit de-mesme *hynne*, d'*hymnus*. C'est ainsi que ce mot se prononçoit parmy nous il n'y a pas encore cent ans. Théodore de Béze en son livre de la prononciation de la Langue Françoise, imprimé en 1584. TEMPOREL, HYMNE, DOMMAGE, DAM, NOM, HAIM, FAIM, TEMPS, *perinde efferenda ac si scriptum esset*, TANPOREL, HYNNE, &c. On prononçoit aussi en ce temps-là *Agamennon.* Joachin du Bellay dans un de ses Sonnets sur Guillaume du Bellay de Langé :

> *Si dix Nestors Agamennon eust eu*, &c.

Alain Chartier, où qui que ce soit qui soit l'Auteur de la Ballade sur la prise de Fou-

géres par les Anglois, a dit *Agamenon*.
Agamenon le Capitaine
Des Grecs, qui prirent la grant Troie.
On prononçoit aussi autrefois *calomnier*. Pasquier dans la lettre à Ramus, touchant la nouvelle orthographe: *Le Courtisan aux mots douillets, nous couchera de ces paroles, Reyne, allêt, tenêt, menêt. Comme nous vismes un Des-Essars, qui pour s'estre acquis quelque réputation par les huit premiers livres du Roman d'Amadis de Gaule, & en ses derniéres Traductions de Ioséphe & de Dom Florés de Gaule, nous servit de ces mots*, ammonester, contenner, sutil, calonnier, aministration. ¶ Les Italiens prononcent encore aujourdhuy *onnia*, pour *omnia*. Selon cette prononciation nous avons dit aussi *Mariane*, au lieu de *Mariamne*. Mariamne, Marianne. MARIANE.

Mais pour retourner à nostre prémier discours, on prononce présentement *indamnité, hymne, Agamemnon*, comme *amnistie, calomnie, insomnie, Memnon, Mimnerme*. Et il y a mesme déja long-temps qu'on prononce ces mots de la sorte.

Plaist-il.

CHAPITRE CXLVIII.

J'Avois dit icy dans la prémiere édition de ces Observations sur la Langue Françoise, que c'estoit mal parler que de répondre *plaist-il*, quand on estoit interrogé, & qu'il faloit dire, *que vous plaist-il?* Et j'avois fait cette observation par l'avis d'une personne tres-intelligente dans nostre Langue. Mais elle a esté desapprouvée par tant d'autres personnes, que je me sens obligé de m'en dédire.

Vous avez bien-tost fait. Vous avez eu bien-tost fait.

CHAPITRE CXLIX.

SI quelqu'un qui n'a pas disné, vienne en un logis où l'on ait disné, & que le Maistre du logis lui fasse servir à manger; s'il se haste de manger & qu'il disne en peu de temps, le Maistre du logis lui peut dire, *Vous avez bien tost fait*. Mais s'il est sorti de la maison pour aller disner ailleurs, & qu'il revienne tout aussi-tost, le Maistre du logis lui doit dire alors, *Vous avez eu bien-tost fait*, & non pas, *Vous avez bien-tost fait*.

Mots qui commancent par in, *préposition dérogative.*

CHAPITRE CL.

LE Pere Bouhours en son Entretien de la Langue Françoise, a tres-bien repris dans les écrits de Messieurs de Port Royal les mots d'*immortifié*, & d'*inallié*. Mais il a mal repris ceux d'*inexplicablement*, d'*insoustenablement*, d'*inexperimenté*, d'*irréligieux*, d'*indévotion*, d'*inobservation*, & d'*intolérance*. Vous trouverez dans Nicod *indévotion*, & *inexplicable*: & il n'y a rien de plus commun dans les Manifestes des Princes que *l'inobservation des Traitez*. Il y a aussi tel endroit, où je ne ferois point de difficulté de me servir des mots d'*incorrompu*, d'*inconvertible*, d'*inattention*, & d'*insidiateur*, que le mesme Pere Bouhours reprent dans les mesmes écrits. Vous trouverez dans Nicod un nombre infini de ces mots, beaucoup plus étranges, *indifert*, *ineffaçable*, *inénarrable*, *inesperé*, *inexecuté*, *inexpugnable*, *inextinguible*, *infécond*, *inforçable*, *infrangible*, *inguerdonné*, *insciemment*, *inscrutable*, *insolu*, *intempérature*, *interminé*. M. Corneille, dans sa Tragédie du Cid, a dit *invaincu*, après Ronsard & Nicod.

Ton bras est invaincu, mais non pas invincible.

M. de Segrais dans son Enéide, a dit *impardonnable*.

Sa beauté méprisée, impardonnable outrage.

Malherbe dans sa prose, a dit, après Nicod, *insidieux*. M. de Girac dans sa Replique à M. Costar, page 476. a dit *indisputable*. J'ay oui dire *injudicieux* à un homme tres-judicieux. On commence à dire depuis quelques années *impécunieux* & *impécuniosité*. En un mot,

mot, tous ces mots peuvent estre bons selon l'endroit où ils sont employez. *Non tam refert quid dicas, quàm quo loco,* dit tres-véritablement & tres-élégamment Quintilien.

Je répondray dans la suite de ces Observations à ce que l'Auteur des Doutes a écrit contre moi au sujet de ces mots qui commencent par *in*, préposition dérogative.

Offenseur.

CHAPITRE CLI.

Monsieur Corneille s'est servi de ce mot en plus d'un endroit du Cid. Il est vray qu'il en a esté repris par M. de Scudéry: mais il est vray aussi qu'il en a esté justifié par Messieurs de l'Académie Françoise, dans leurs Sentimens sur le Cid. Et aprés cela je ne croy pas que personne doive faire difficulté de s'en servir : & particuliérement en vers.

Addition au Chapitre précédent.
Offenseur. inveincu. insidieux. plumeux. esclavitude. esclavage.

CHAPITRE CLII.

Ce que j'ay dit au chapitre précédent du mot *offenseur*, qu'on pouvoit l'employer en vers à l'exemple de M. Corneille, m'oblige de répondre icy à l'Auteur des Doutes, qui parle de ce mot comme d'un mot de rebut. *Le Public*, dit-il, *est si jaloux de son autorité, qu'il ne veut la partager avec personne. Et c'est peut-estre pour cela qu'il rebute d'ordinaire les mots dont un particulier se déclare l'inventeur, ou le patron. Témoin l'esclavitude & l'insidieux de M. de Malherbe; le plumeux de M. Desmarets; l'impardonnable de M. de Segrais; l'inveincu & l'offenseur de M. Corneille.*

Il y a plusieurs fautes en ces quatre ou cinq lignes de nostre Critique. Prémiérement, il blâme un mot qui a esté approuvé par Messieurs de l'Académie, qu'il appelle ses Oracles, & auxquels il dédie son ouvrage. Car voicy comme ces Messieurs ont parlé de ce mot dans leurs Sentimens sur le Cid : *L'Observateur a quelque fondement en sa répréhension, de dire que ce mot offenseur, n'est pas en usage : toutefois estant à souhaitter qu'il y fust, pour opposer à offenseur, cette hardiesse n'est pas condamnable.* En segond lieu, il n'est point vray que M. Corneille ait fait ce mot, ny celui d'*inveincu*. J'ay bonne mémoire d'avoir lu le premier dans l'Astrée : & pour le segond, il est dans Nicod. Il n'est point vray aussi que Malherbe ait fait *insidieux*, & M. Desmarets *plumeux*. Le prémier est aussi dans Nicod ; & le segond, comme je l'ay autrefois remarqué, est dans le Baron de Féneste du Sieur d'Aubigné. Il n'est point vray non-plus que Malherbe ait fait *esclavitude*: du moins il n'en paroist aucune preuve dans aucun Auteur : car ce que dit M. de Vaugelas, que Malherbe disoit & écrivoit tousjours *esclavitude*, & ne pouvoit souffrir *esclavage*, ne prouve pas qu'il ait fait *esclavitude*. Mais quand tous ces particuliers auroient fait tous ces mots, il est tres-faux qu'aucun d'eux se soit déclaré l'inventeur ou le patron d'aucun de ces mots. Mais ce qui est tres-véritable, c'est que M. de Vaugelas, le Héros de nostre homme, s'est déclaré hautement pour *insidieux*. Voicy comme il en parle : *C'est un mot purement Latin, que M. de Malherbe a tasché de faire François : car il est le premier que je sache, qui en ait usé. Ie voudrois bien qu'il fust suivi : parceque nous n'avons point de mot qui signifie celui-là : outre qu'il est beau, & doux à l'oreille : ce qui me fait juger qu'il se pourra établir.* Il dit ensuite : *Vn vers qui commanceroit ainsi,* Insidieux Amour, qui, &c. *n'auroit pas mauvaise grace. Ce mot y seroit bien placé.*

Rabaissement, rabais.

CHAPITRE CLIII.

ON dit *le rabaissement d'une personne* & *le rabais des monnoies.*

L'Auteur des Doutes m'a fait l'honneur d'approuver cette remarque, & de la citer au sujet du Pere Bouhours; lequel il reprent pour avoir dit *le rabaissement des monnoies.* Mais je le trouve bien hardi pour un Provincial, de reprendre ainsi le Pére Bouhours.

Tabac, tobac, tabakiére, tabatiére.

CHAPITRE CLIV.

Monsieur Colletet, page 219. de ses Epigrammes, a dit *du tobac.*

Autant vaut prendre du tobac
Dans une pipe parfumée,
Que d'aller chercher dans un sac
Le parfun de la Renommée.

C'est tres-mal parler. Il faut dire *du tabac,* conformément à l'étymologie. Voyez *tabacco* dans mes Origines de la Langue Italienne. Il faut dire aussi *tabakiére,* & non pas *tabatiére.*

S'il faut dire Frontevaux, *ou* Fontévraud: Noirmoutier, Nermoutier, *ou* Narmoutier: Guimené, *ou* Guémené: Morevèr, *ou* Mont-revel: Cramail, *ou* Carmain: Curſol, *ou* Cruſſol: Saucourt, *ou* Soyecourt: Guiche, *ou* Guiſſen: d'Arpajou, *ou* d'Arpajon: de la Trimouille, *ou* de la Trémouille: Pié du Fou, *ou* Puy du Fau: Cologon, *ou* Coëtlogon: Commartin, *ou* Caumartin: De Souche, *ou* Des-Ouſches.

CHAPITRE CLV.

Rabelais livre 3. chap. 33. a dit *Fonshévrault*. J'ay ouï conter que le Pape Iean XXII. paſſant un jour par *Fonshévrault*, fut requis de l'Abbeſſe & des méres diſcrétes, leur concéder un Indult, moyennant lequel ſe puſſent confeſſer les unes aux autres. C'eſt ainſi qu'il y a dans la prémiére édition de ce livre: aulieu que dans les ſuivantes il y a, *par l'Abbaye de Coignaufond*. Je n'ay jamais vû ce mot de *Fonshévrault* qu'en cet endroit: & je ne doute point que ce ne ſoit Rabelais qui l'ait forgé, acauſe que le lieu où eſt cette Abbaye, eſt appelé par les Auteurs qui ont écrit en Latin, *Fons Ebraldi*. L'ancien mot

François estoit *Fontévraud*. On a dit depuis *Frontevraud*, & ensuite *Frontevaux*. C'est comme tout le monde parle présentement. Et c'est comme il faut présentement parler. Malherbe livre 2. lettre 12. *J'oubliois à vous dire, que nous avons icy le Prince Thomas, qui a épousé Mademoiselle de Soissons, qui estoit à Frontevaux.*

Il faut aussi dire *Nermoutier*, parceque l'usage le veut ainsi. On disoit anciennement *Noirmoutier*. De *Noirmoutier*, on a dit ensuite *Nermoutier*, & de *Nermoutier*, *Narmoutier*. Mais ce dernier mot, quoyqu'employé par le Pere Bouhours dans ses Entretiens, à la page 383. de la prémiére édition, n'est pas du bel usage.

On prononce *Guimené*, quoyque le véritable nom soit *Guémené*.

Il en est demesme de *Morevèr*. C'est aussi comme on prononce, quoyque le véritable nom soit *Mont-revel*. M. Desmarets dans son Poëme de Clovis, livre 13.

Balme, à la haute taille, au généreux
    regard,
Célèbre par ses faits, en meine un corps
    à part :
Et sur le mont Revel, qui s'éleve en la
    Bresse,
La race de la Baume en tire sa noblesse.

On prononce aussi *Cramail*, & non pas *Carmain*, quoyque le véritable nom soit *Carmain*.

On dit demesme *Saucourt*, aulieu de *Soyecourt* : & *Cursol*, aulieu de *Crussol* : & de

Guiche, aulieu de Guissen : & d'Arpajou, aulieu d'Arpajon : & de la Trimouille, aulieu de la Trémouille. Dominus de Tremolis : & de Pié-du-Fou, aulieu de de Puy-du-Fau. Dominus de Podio Fagi. Voyez mes Origines de la Langue Françoise au mot Pié-du-Fou. Et Commartin, aulieu de Caumartin. Et Cologon, aulieu de Coëtlogon. Coët-logon en bas Breton, signifie le bois de Logon : Bois-Logon. ¶ On dit aussi tousjours De Souche, aulieu de Des-Ousches, en parlant du Gouverneur de Moravie, qui commande aprésent dans la Flandre les troupes de l'Empereur. C'est ainsi que ce Général s'appelle en sa Seigneurie : car son nom est Rattuit. Rattuit est une famille de la ville de la Rochelle, où ce Seigneur a pris naissance : & Ousche est un vieux mot François, qui signifie un jardin enclos de hayes, & planté d'arbres, sous lesquels on séme des légumes, ou du chanvre. Et ce mot François a esté fait du Latin ulca, qui se trouve apeuprès en cette signification dans Grégoire de Tours.

S'il faut dire charte, *ou* chartre.

CHAPITRE CLVI.

CE mot signifie trois choses : une prison, une maladie de langueur, & un écrit. Dans la prémiére signification, il vient de *carcer.* Carcer, carceris, carcere, CHARTRE, comme *sitre* de *sicera.* Il a la mesme origine, quand il signifie une maladie de langueur; ceux qui sont en prison, estant d'ordinaire en langueur : d'où vient que nous avons dit *chétif* de *captivus.* Voyez mes Origines Françoises au mot *chétif*, & mes Origines Italiennes au mot *cattivo.* Conformément à cette origine, il n'y a pas difficulté qu'il ne faille prononcer *chartre* en ces deux significations. En la troisiéme, il vient de *charta* : & selon cette étymologie, il faudroit dire *charte.* Cependant on dit aussi *chartre* en cette signification. *Garde des Chartres: Tresor des Chartres : Les Chartres de France.* M. du Puy a pourtant tousjours dit *chartes* dans son Traité des Chartres du Roi : mais en cela il n'est pas à imiter.

Si l'on peut dire translater *&* translateur*, tourner & tourneur, pour dire* traduire *&* traducteur.

CHAPITRE CLVII.

Nos Anciens disoient *translater* & *translateur.* M. Sarasin dans son Epître en vieux langage au Conte de Fiesque:

 Or enten moi. C'est que le petit homme
 Que tu connois, & dont on peut prescher,
 L'esprit est prompt, mais infirme est la chair,

LANGUE FRANÇOISE. 309
*A tranſlaté de la Langue Eſpagnole,
N'a pas long-temps, Comédie tant folle, &c.
Dom Franceſco de Royas eſt l'Auteur,
Et Paul Scarron, comme ay dit, Tranſla-
    teur.*

Ces mots ne ſont plus aujourdhuy en uſage. Nos Anciens diſoient auſſi *tourner* & *tour-neur*. Ce dernier mot ſe trouve dans une Ode de Ronſard à Belleau, qui eſt la 22. du livre ſegond :

*Tu és un trop ſec biberon
Pour un Tourneur d'Anacréon.*

Il eſt auſſi préſentement hors d'uſage. Et qui diroit que M. de Marolles & M. d'A-blancourt ſont deux grands Tourneurs, pour dire deux grands Traducteurs, ne ſeroit pas entendu. Mais quoyqu'on ne diſe plus *tourneur* pour *traducteur*, on ne laiſſe pas de dire encore *tourner* pour *traduire*. *Ce livre a eſté tourné de Latin en François.* Le meilleur pourtant, & le plus ſur eſt d'uſer du mot de *traduire*. On dit auſſi, & tres-élégamment, *verſion* pour *traduction*, quoyqu'on ne diſe plus *vertir*.

Des noms propres.

CHAPITRE CLVIII.

C'Eſt une grande queſtion parmy nos Grammairiens, de ſavoir de quelle façon les noms propres Latins ſe doivent rendre en noſtre Langue. Les uns ſoutiennent qu'il ne faut point les changer. Les autres prétendent qu'il faut les habiller à la Françoiſe. Et il y en a qui partagent le différent, en laiſſant la terminaiſon Latine à quelques mots, & en donnant la Françoiſe à d'autres. Amyot eſt de ceux qui ne les changent point. Et il en a eſté loüé par Montagne, en ces termes : *Ie ſay bon gré à Iacques Amyot d'avoir laiſſé dans le cours d'une oraiſon Françoiſe les noms Latins tous entiers, ſans les bigarrer & changer, pour leur donner une cadence Françoiſe. Cela ſembloit un peu rude au commancement : mais déja l'uſage par le credit de ſon Plutarque nous en a oſté toute l'étrangeté. I'ay ſouhaité ſouvent que ceux qui écrivent les Hiſtoires en Latin, nous laiſſaſſent nos noms tous tels qu'ils ſont : car en faiſant de* Vaudemont, Vallemontanus, *& les métamorphoſant, pour les garber à la Grecque ou à la Romaine, nous ne ſavons où nous en ſommes, & en perdons la connoiſſance.* C'eſt auſſi le ſentiment de Jaques le Peletier en ſon Dialogue de l'Orthographe Françoiſe. Meſſieurs de Port-Royal ſont d'avis contraire. Ils donnent la terminaiſon Françoiſe preſque à tous les mots Latins. Ils diſent *Ennie*, & non pas *Ennius* ; *Héſyque*, & non pas *Héſychius* ; *Feſte*, & non pas *Feſtus*. Et c'eſt auſſi comme en ont uſé les Auteurs Latins à l'égard de la plus grande partie des noms Grecs : car ils ont dit *Plato*, *Alexander*, & *Ariſtippus*, à la Latine ; & non pas *Platon*, *Alexandros*, & *Ariſtippos*, à la Grecque. Les

Grecs en ont ufé de la mefme forte à l'égard des Hébreux & des Phéniciens ; & les Italiens & les Efpagnols à l'égard des Romains. Tous ceux qui ont écrit en Latin l'Hiftoire des Nations étrangeres, ont auffi pratiqué la mefme chofe, à la referve de Cambden. Et une Hiftoire de France, écrite en Latin de la forte que Montagne la fouhaittoit ; c'eft-adire remplie de noms François ; ne feroit pas lifible, tant elle feroit defagréable : la plufpart des noms François, comme le mien par exemple & celui de *Montagne*, n'ayant pas une terminaifon Latine. Et qui mettroit *Ménage* & *Montagne* dans des vers Latins, feroit plus ridicule que celui de qui on s'eft tant moqué, qui écrivoit à M. Grouillard, Premier Préfident du Parlement de Roüen,

——————— *In publica commoda peccem,*
Si longo fermone morer tua tempora,
GROUILLARD.

Les paroles de Dauron, dans le Dialogue de Péletier, font tres-confidérables à ce propos. Les voicy. *Ie m'ébahi encor' de ceux qui en traduifant d'une Langue vulgaire en autre, veulent entiérement retenir les propres noms des hommes : & ceux-là me femblent grandement faillir. Car s'ils regardent combien feroit impertinent des noms propres des Païs & des Villes, ils trouveront que c'eft pareille raifon de ceux des hommes. Combien feroit-il meffeant de dire en François,* le Royaume de Napoli, *ou* Neapoli ? La Cité de Fiorenza, *ou* Firenza ? La Cité de Vinegia, Vinetia, *ou* Venetia ? *pour* le Royaume de Naples, La

Cité de Florence, *ou* de Venise. *Item*, la Sicilia, la Pouglia, la Calabria, *pour* la Sicile, la Pouille *&* la Calabre. *Car au pis aller, si on ne pouvoit bonnement les tourner, le reméde seroit de dire qu'on l'appelle ainsi & ainsi en la Langue: Combien que les Latins n'ayent jamais estimé cela impossible en leur endroit. Comme nous voyons en César, quand il parle des noms de nos villes & de nos hommes Gaulois, qui lui estoient pour lors si barbares: & toutefois il les a Latinisez. Si aujourdhuy nous traduisions un Auteur Italien, qui ust décrit une histoire ancienne, quand nous trouverions quelque nom d'un personnage Romain, qui toutefois seroit en Italien, le voudrions-nous plustost laisser Italien, que le faire François: encore que nous fussions seurs que son droit nom estoit Latin? Oubien si nous aimerions mieux nous mettre en peine d'aller chercher le mot Latin, quand nous ne le saurions? D'autre costé, si nous voulions traduire un Italien, qui ust décrit les Histoires Françoises, comme l'Arioste, ne se moqueroit-on pas de nous, si nous disions, Orlando, Rinaldo, Malagigi, Ruggier, Medoro, Angelica, Parigi, Inghilterra, & les autres. Certes ce seroit une faute insigne.* ¶ Il y a pourtant, pour le dire icy en passant, quelque tempérament à garder dans ces Traductions des noms François en Latin: Car comme je ne dirois pas *Vaudemont*; la terminaison de ce mot n'estant pas Latine; je ne dirois pas non plus *Vallemontanus*; ce mot estant trop éloigné de celui de *Vaudemont*. Je dirois *Vaudemontius*. Je dirois, de mesme

mesme *Jolius*, pour dire *Joly*, & non pas *Lepidus*. Je dirois *Carterius* & *Entrâgus*, pour dire *Chartier* & *Entrâgues*, & non pas *Quadrigarius* & *Interamnas*, comme a dit M. de Thou. Et si j'ay dit *Thuanus*, *Hortensius*, *Ærodius*, c'est parceque M. de Thou, Jean Des Jardins, & Pierre Ayrault, sont connus sous ces noms là, & qu'il les ont pris eux-mesmes dans leurs ouvrages Latins.

Mais pour revenir à nostre prémière question, je suis de l'avis de ceux, qui conformément à l'usage, laissent la terminaison Latine à certains mots, & donnent la Françoise à d'autres. Par exemple, quoyque nós Anciens ayent terminé en *our* & en *eur* les mots Latins substantifs qui finissent en *or* : *amour*, *douleur*, *langueur*, *rigueur* ; je ne diray pas *Hectour*, *Nestour*, *Victour* ; ny *Hecteur*, *Nesteur*, *Victeur* : mais *Hector*, *Nestor*, *Victor*, l'Usage le voulant ainsi. Par la mesme raison, je diray *Bacchus*, *Battus*, *Argus*, *Iuppitêr*, *Mulcibêr*, & *Pallas* : & non pas, *Bacche*, *Batte*, *Arge*, *Iuppitre*, *Mulcibre*, & *Pallade*. C'est ainsi que ce dernier nom se devroit former à la Françoise. Je dirois aussi, *Oraisons de Marcus Tullius Cicero*, pour *Marcus Marcellus* : pour *Quintus Ligarius* : & non pas, *Oraisons de Marc Tulle Ciceron*, pour *Marc Marceau* : pour *Quinte Ligaire*, comme a dit un ancien Traducteur de ces Oraisons.

C'est aussi le sentiment de Quintilien à l'égard des noms propres Latins, tirez du Grec: *Nunc receptiores instituerunt Græcis nominibus Græcas declinationes potiùs dare:*

quod tamen ipsum non semper fieri potest. Mihi autem placet Latinam rationem sequi queusque patitur decor. Neque enim jam Calypsonem *dixerim, ut* Junonem *: quamquam secutus antiquos,* C. Cæsar *utitur hac ratione declinandi. Sed authoritatem consuetudo superavit. In ceteris quæ poterunt utroque modo non indecenter efferri, qui Græcam figuram sequi malit, non Latinè quidem, sed citra reprehensionem, loquetur.* Il paroist par ce passage, que parmy les Latins il y avoit de certains noms pris des Grecs, qui se disoient & à la Grecque & à la Latine : comme *Leander* & *Leandros*. Martial : *Clamabat tumidis audax Leandros in undis.* C'est ainsi qu'ont les meilleurs & ses plus anciens manuscrits de Martial.

Il faut examiner maintenant, quels sont les noms Latins auxquels il faut donner une terminaison Françoise, & ceux auxquels il faut laisser la terminaison Latine. Pour cela, outre l'usage qu'il faut consulter, nous avons quelques reigles générales. La prémiére est, que les mots qui sont fort usitez, sont presque tous Francisez : comme *Orphée, Homére, Pindare, Virgile, Horace.* Par cette raison, les noms de Saints se prononcent aussi à la Françoise. Il en faut excepter *Thomas, Mathias, Gabriel, Raphael, Simon, Bruno, Agnês,* & quelques autres. Il est aussi à remarquer que les Poëtes Francisent beaucoup de mots Latins, que les Prosateurs laissent dans leur langue. Par exemple, ils disent *Achelois, Livie, Ama-*

rylle, *Brute*, *Circe*, &c. Quand je parle des Poëtes, j'entens parler des modernes: car les anciens laissoient presque tous les noms Latins dans leur terminaison. Vous trouverez dans Marot, *Genius*, *Tityrus*, *Zephyrus*, *Peneus*, *Pyramus*, *Cephisus*, *Proteus*, *Olympus*, *Pindus*, *Erymanthus*, *Mercurius*, *Euphrates*, *Cupido*, *Minerva*, *Aurora*, *Flora*, &c. ¶ Voicy une troisiéme reigle. Quand il y a deux noms qui composent un nom, ce nom d'ordinaire se prononce en Latin. *Petronius Priscus*; *Iulius Altinus*; *Acilius Strabo*; *Marcus Varro*; *Horatius Flacchs*. Si ce n'est que l'un & l'autre de ces noms soit fort connu: comme *Iules César*, *Marc Antoine*, *Quinte Curce*, *Tite-Live*. Mais quand il y en a trois, ils se disent tousjours à la Latine; quand mesme ils seroient fort connus. *Marcus Tullius Cicero*; *Caius Iulius César*. ¶ Outre ces reigles générales, il y en a plusieurs particuliéres, dont nous ferons mention en la Liste que nous allons donner des noms Latins, selon l'ordre de leur terminaison.

Noms Latins terminez en a.

Les noms d'hommes terminez en *a*, retiennent leur terminaison. *Agricola*, *Agrippa*, *Cacina*, *Caracalla*, *Catilina*, *Cinna*, *Cotta*, *Dolabella*, *Galba*, *Geta*, *Hemina*, *Lamia*, *Mena*, *Merula*, *Musa*, *Nasica*, *Nerva*, *Numa*, *Pansa*, *Perpenna*, *Porsenna*, *Tinca*, *Tucca*. Il en faut excepter, *Columella*, *Seneca*, & *Massinissa*, qui font *Columelle*, *Sénéque*, & *Mas-*

finisse. ¶ Malherbe livre 4. de sa Traduction des Bienfaits de Sénéque, page 173. de l'édition in quarto, a dit *Scévole*. *Scévole est il traistre, ou Camille deserteur ?* Mais M. l'Abbé de Cassagne dans sa Traduction de l'Orateur de Ciceron, a tousjours dit *Scévola*. Et c'est comme je voudrois parler, en prose. *L'Orateur Scévola* ; *Le Iurisconsulte Scévola*. Mais en parlant de Gaucher de Sainte-Marthe, il faut dire, *Scévole de Sainte-Marthe*. ¶ *Mathusala*, Hébreu, pert aussi sa terminaison. On dit *Mathusalem* : qui vraysemblablement a esté fait de l'accusatif *Matusalam*, qui se trouve dans la Génése chap. v. 22. *Enoc vixit sexaginta quinque annis, & genuit Mathusalam*. Villon a dit *Matusalé*.

Tant qu'il a de long & de lé ;
Afin que de lui soit mémoire ;
Vivre autant que Mathusalé.

Le peuple dit *Mathieusalé*. *Mathusalem* est le bon.

Les noms de femmes changent pour la pluspart leur terminaison *a* en *e* féminin. *Agrippine, Cléopatre, Corinne, Flore, Hippone, Lesbie, Pomone, Silvie*, &c. Mais il y en a qui la retiennent : & ce sont ceux qui sont peu usitez. *Caditia, Galla, Léda, Poppéa, Sempronia, Terentia*, &c. M. de Vaugelas met en cette cathégorie, pour la prose, *Iulia, Livia, Octavia*. M. de Vaugelas se trompe. On dit fort-bien en prose, *Iulie, Livie, Octavie* : ces noms, par l'usage fréquent de nos Poëtes François, nous estant devenus familiers. Par cette mesme raison, on peut aussi dire en prose, *Lydie* & *Cornélie*. M. de Balzac a dit *Lydie*.

On dit *le mont Etna, le mont Ida, le mont Oeta, le mont Sina, le mont Ossa*. Mais on dit *Osse*, & non pas *Ossa*, en cette façon de parler, *Osse sur Pélion : entasser Osse sur Pélion*. Et on le dit, non seulement en vers, mais aussi en prose : nos Poëtes qui ont souvent employé cette façon de parler, nous l'ayant aussi renduë familiére. Cependant M. Desmarets dans ses Remarques sur la Traduction de Longin de M. Des Préaux, prétent qu'il faut tousjours dire *Ossa* :. & pour cela il reprent ce vers de cette Traduction,
  Entreprit d'entasser Osse sur Pélion. ¶ *Barbara* fait *Barbe*. *Barbara, Barbre,* BARBE. *Sainte Barbe*. ¶ *Aurea* fait *Aure*. *Saint' Aure*. ¶ *Anastasia*, fait *Anastase*, comme *Cacilia, Cécile ; Valeria, Valére ; Lucia, Luce. Sainte Anastase : La ruë Sainte Anastase*. ¶ *Lucia*, avecque la penultiéme longue, fait *Lucie. Du bois de Sainte Lucie*.

En e.

Il n'y a point de nom d'hommes qui se terminent en *e*, à la réserve des Hébreux, *Iephoné, Iessé, Iosué, Noé, Osée, Tharé*, &c. Ils gardent leur terminaison ; à la réserve d'*Osée*, qui fait *Osée*, & non pas *Oseé*. A l'égard des noms de femmes qui se terminent de la sorte, voicy ce qu'en a écrit M. de Vaugelas : *Il n'y a guéres, ce me semble, de nom appellatif en Latin qui finisse par* e. On *dit pourtant* Pénélopé, *qui se dit* Pénélope, *en changeant l'e fermé en l'e ouvert.* Daphné, Phryné, *Grecs aussi, gardent l'e fermé.* ¶ Il y a plusieurs fautes dans ces deux ou trois lignes de M. de Vaugelas. Il appelle nom appellatif, ce qui devroit appeler nom propre. Il dit qu'il y a peu de noms propres terminez en *e* dans la Langue Latine : & il y en a un nombre infini. Car vous remarquerez, que M. de Vaugelas ne distingue point en cet endroit les noms Latins d'avecque les Grecs, comme il paroist par son exemple du mot *Pénélopé.* Il y a donc, (outre *Pénélopé, Daphné* & *Phryné*, dont il fait mention) *Achiroé, Acmé, Agavé, Agné, Anchialé, Ariadné, Berenicé, Beroé, Calliopé, Callirhoé, Circé, Chloé, Clymené, Cybelé, Cymodocé, Cyrené, Dicé, Euridicé, Eurythoé, Euterpé, Harpalicé, Hebé, Hécaté, Hermioné, Iolé, Ipsiphilé, Leuconoé, Leucothoé, Melpomené, Mnemosyné, Oenoné, Pasiphaé, Philozoé, Pholoé, Rhodopé, Semelé, Steropé, Terpsichoré, Thisbé, Timareté, Thoé,* &c. Je ne parle point des Hébreux, *Magdalené, Mariamné,* &c. M. de Vaugelas n'ayant parlé que des noms Grecs & Latins. Il dit ensuite, que le François *Pénélope* a esté fait du Latin *Pénélopé*, en changeant l'e fermé en *e* ouvert. Il l'a esté de *Penelopa*, qu'on a dit au lieu de *Penelopé.* En parlant de *Daphné* & de *Phryné*, il dit que ces noms sont *Grecs aussi*, sans avoir dit auparavant que d'autres le fussent. Et il dit, que le dernier *e* de *Pénélope* est ouvert, au lieu de dire qu'il est muet, ou bien obscur, ou bien féminin.

LANGVE FRANÇOISE. 519

Voyons maintenant de quelle façon il faut rendre ces mots en François. On dit, *Ariadne, Bérénice, Calliope, Clyméne, Cybéle, Cyréne, Enone, Euridice, Euterpe, Hermione, Iole, Ipsiphile, Madelaine, Mariane, Mnémosyne, Rhodope, Séméle, Terpsichore, Timaréte*. Mais on dit *Achiroé, Acmé, Agavé, Agné, Anchialé, Béroé, Callirhoé, Circé, Chloé, Cymodocé, Dicé, Eurythoé, Harpalicé, Hébé, Leuconoé, Leucothoé, Pasiphaé, Pholoé, Steropé, Thisbé, Thoé*. La raison de cette diversité est, que ces premiers mots ont esté faits de mots terminez en *a*, & que les autres l'ont esté de mots terminez en *e*. Car les Latins ont terminé la pluspart de ces mots en *a* & en *e* indifféremment. Comme *Nympha, Nymphé; Europa, Europé; Calliopa, Calliopé; Magdalena, Magdalené*, &c. Et c'est la raison sur laquelle je me suis fondé pour dire *Iola*, en mes Poësies Italiennes, en parlant d'une femme.

 Amiam', o bella IOLA.
 Amiam : che'l tempo vola,
 Veloce più che dardo,
 Che giugne il lieve pardo.
 Sù l'ali de' miei carmi
 Il tuo nome gentile, o bella IOLA,
 In ogni parte vola.

M. de Voiture a dit *Circé*.
 Quelle docte Circé, quelle nouvelle Armide, &c.

Ronsard dans le Recueil de ses Sonnets, Sonnet 76. a dit au contraire *Circe*.
 Qu'on ne me vante plus d'Vlysse le voyage,
 Qui ne vit en dix ans que Circe & Calypson,

Et M. Gombaud dans son Ode à M. le Chancelier Seguier. *Arriére Circes & Méduses.* Et à ce propos il est à remarquer, qu'Horace dans l'Ode à Canidia, a dit *Circa*, & non pas *Circé*, selon le témoignage de Valerius Probus dans ses Catholiques. Voyez Scaliger sur Tibulle, page 119. On peut dire *Circe* en vers, comme nous l'avons déja observé : mais en prose, il faut dire *Circé*. ¶ L'Auteur de l'Hopital d'Amours a dit *Thistée*. C'est tres-mal dit. ¶ Le docte Méziriac dans son Commentaire sur l'Epître d'Ovide d'Hermione à Oreste, a dit *Stérope*. On peut dire *Stérope* & *Stéropé* indifféremment. ¶ Quelques-uns disent *Sémele* en prose : & je croi qu'on le peut dire. Et on le peut dire avecque dautant plus de raison, que les Latins ont dit *Semela*. Horace :

Mater sæva Cupidinum,
Thebanæque jubet me Semela puer, &c.

Car c'est ainsi qu'ont les meilleurs manuscrits d'Horace en cet endroit, & non pas, *Semeles* : Mais en vers il faut dire, inconstestablement, *Séméle*. Motin :

Il n'est rien de si beau comme elle.
Ce ne sont qu'amoureux apas.
Danaé, Léda, ny Séméle,
Iupiter, ne la valoient pas.

Il faut dire aussi *Melpoméne* en vers : quoyque Marot ait dit *Melpomené*.

Quand tout est dit, Melpomené allume
Ton stile doux à tristement chanter.

En i.

Il n'y a aucun nom propre, ny en Grec, ny en Latin, terminé en *i*. Et si nous en croyons Aristote en sa Poëtique, il n'y a mesme aucun mot Grec terminé de la sorte, excepté μέλι, σίπερι & κόμμι. J'ay dit, si nous en croyons Aristote; car il y a encore βίβλιοι & σίνηπι. Mais en Hébreu il y en a plusieurs. *Chari, Ezri, Heli, Iesi, Iesesi, Iogli, Oholai*, &c. Tous ces noms ne reçoivent point de changement.

En o.

M. de Vaugelas se trompe manifestement en cet endroit, en disant que le nombre est petit des noms propres tant Grecs que Latins, qui se terminent en *o*. Outre *Cicero, Corbulo, Varro, Strabo*, dont il fait mention, il y a, pour les masculins, *Agamemno, Agatho, Capito, Carbo, Cato, Chilo, Cilo, Cimo, Cupido, Dento, Gillo, Latro, Libo, Matho, Myro, Pedo, Philo, Plato, Pluto, Pyrrho, Sannio, Scipio, Simo, Siro, Stilico, Stilpo, Tappo, Trypho, Tyro, Zeno*, &c. Et pour les féminins, *Alecto, Calypso, Callisto, Chleto, Clio, Demo, Dido, Echo, Erato, Ero, Io, Juno, Manto, Myo, Myro, Pitho, Rhodano, Sappho, Theano*, &c. Ces noms propres d'hommes se terminent parmy nous, pour la pluspart, en *on*. *Ciceron, Scipion, Varron*, &c. Et ils se forment de l'ablatif, en ostant l'*o*

Cicero, Ciceronis, Cicerone, CICERON : *Scipio, Scipionis, Scipione,* SCIPION : *Varro, Varronis, Varrone,* VARRON : & non pas du nominatif, en y ajoutant une N, comme veut M. de Vaugelas. De ces noms, il y en a quelques-uns qui retiennent leur terminaison Latine : & ce sont ceux qui sont peu connus : comme *Dento, Gillo, Labeo, Latro, Sannio,* &c. Conformément à cette reigle, j'ay dit *Bruno* dans mes Remarques sur la Vie de Mathieu Ménage, premier Théologal de l'Eglise d'Angers, en parlant d'Eusébius Bruno, Evesque d'Angers ; & non pas *Brunon,* comme disent Messieurs de Port-Royal dans la Table Historique & Chronologique de la Tradition de l'Eglise touchant l'Eucharistie. Pour les noms de Saints, comme ils sont fort connus, ils se disent à la Françoise. *Saint Faron, Saint Pantaléon, Saint Zénon,* &c. Il en faut excepter *Bruno,* Fondateur des Chartreux, qui retient sa terminaison Latine : ce qui est remarquable. On dit aussi *Berno,* en parlant de Berno, Fondateur de l'Ordre de Cluny. ¶ *Guido* fait GUY : *Ivo,* fait IVES : *Odo* fait EUDES ; & *Odilo,* Instituteur de la Feste des Morts, fait ODILE : ce qui paroist étrange. Mais il est à remarquer, qu'aulieu de *Guido, Ivo, Odo, Odilo,* on a dit *Guidus, Ivus, Odus, Odilus ;* & que c'est de l'ablatif de ces noms-là, que les noms François dont je viens de parler, ont esté formez. ¶ M. de Vaugelas, aureste, a fort bien observé que si on met un nom devant celui qui se termine en *o*, ce nom terminé en *o* garde sa terminaison ; & qu'ainsi il faut dire *Acilius Strabo*, & non pas *Acilius Strabon* ; quoyqu'on dise *Strabon* tout seul. Il ajoute, qu'on ne dira point non-plus *Marc Varron*, mais *Marcus Varro*. M. de Balzac a pourtant dit *Marc Varron* : ce qui fait voir que l'observation de M. de Vaugelas n'a lieu que pour les noms qui ne sont pas connus. Mais quand ces noms sont précédez de deux autres, ils gardent toujours leur terminaison : C'estpourquoy il faut dire *Marcus Tullius Cicero*, & non pas *Marc Tulle Ciceron*.

A l'égard des noms féminins terminez en *o*, il y en a aussi qui gardent leur terminaison Latine : & ce sont ceux dont l'ablatif est terminé en *o* : Et d'autres qui ne la gardent point : & ce sont ceux dont l'ablatif est terminé en *one*. Ainsi, de *Juno*, *Junonis*, *Junone* ; de *Dido*, *Didonis*, *Didone*, nous disons *Junon* & *Didon*. Et quand nous avons dit *Dido*, ça esté de *Dido*, *Didus*, & non pas de *Dido*, *Didonis*. Selon cette analogie, il faut donc dire *Calypso*, *Callisto*, *Clio*, *Chloto*, *Echo*, *Erato*, *Ino*, *Pitho*, *Sapho* : & non pas, *Calypson*, *Calliston*, *Clion*, *Chloton*, *Echon*, *Eraton*, *Inon*, *Pithon*, *Saphon*. Ronsard Ode 4. livre 4. a pourtant dit *Saphon*.

> *Et Saphon, qui sur tous*
> *Sonne plus doux.*

Et Desportes dans ses Diverses Amours sur les vers de Calianthe ;

> *Myrtis, Corinne, & la Muse de Gréce,*
> *Saphon, qu'amour fit si haut soupirer.*

Du Ryer, dans sa Traduction des Métamorphoses, a dit aussi *Calliston*; & Voiture, dans ses Poësies, *Calypson*. Jamin, page 179. de ses Oeuvres, & Maynard dans ses Stances à Alcippe, ont dit aussi *Chloron*. Baïf dans l'Epitalame à Morel, a dit demesme *Clion*, & *Eraton*. Il a aussi dit *Pithon*, au livre 2. de ses Diverses Amours.

Tu as le chant de Calliope,
Et de Pithon le doux parler.

Et Ronsard l'avoit dit avant lui, dans le Discours à Louis des Masures. Il faut dire *Pitho*, comme a dit Du-Bellay en sa Musagnéomachie, en parlant de Monluc:

Pitho, qui le composa
D'une humeur persuasive:

quand ce ne seroit que pour mettre de la différence entre Pitho, Déesse de la persuasion, & le serpent Python. Ronsard a dit aussi *Eraton*: & *Echon*, qui est bien pis.

Echon, l'image des bois,
Redoublant leurs belles voix.

C'est dans son Poëme sur le Houx. Saint-Amant a dit aussi *Clion. Clion, ma petite camuse.* ¶ Il est aureste à remarquer, que les Grecs, non seulement n'ont point de nom propre terminé en ômicron, mais qu'ils n'ont aucun nom substantif terminé de la sorte.

En u.

M. de Vaugelas a remarqué qu'il n'y a point de nom propre en Latin qui se termine en *u*. Il y a *Esaü*, *Ragaü*, &c. Car ces noms, quoyqu'Hébreux d'origine,

gine, doivent estre considerez comme mots Latins. Ils gardent leur terminaison.

Voyons maintenant les noms terminez par des voyelles suivies de consones.

En ab.

Il est à remarquer, que non seulement il n'y a aucun nom propre en Grec & en Latin terminé en B, mais qu'il n'y a aucun mot terminé de la sorte, à la reserve de la préposition Latine *ab*. Pour l'Hébreu, il y en a plusieurs. Voicy les noms propres terminez en *ab*: *Achab, Ioab, Iobab, Nadab*, &c. Ils gardent aussi leur terminaison.

En ac.

Il y a *Barac, Isaac, Midrac, Sidrac*, &c. Hébreux d'origine. Ils ne reçoivent point non-plus de changement.

En ad.

Il n'y en a aussi que d'Hébreux d'origine. *Benadad*, &c. Ils se prononcent en François, comme en Latin.

En ag.

Il en est de mesme de ceux qui sont terminez en *ag*. *Agag, Abisag*, &c.

Tome I. Ee

En al.

Il y a les Puniques, *Hannibal*, *Hasdrubal*, *Hiempsal*, &c. Et les Hébreux, *Belial*, &c. On les prononce en François comme en Latin.

En am, & en an.

Il y a *Adam*, *Abraham*, *Hiram*, &c. Hébreux : *Mathan*, *Tharthan*, &c. aussi Hébreux : & *Pan*, *Titan*, &c. Grecs. Ils ne reçoivent point tous de changement.

En ar.

Il en est de mesme de ceux qui sont terminez en *ar*, soit qu'ils soient Hébreux, Puniques, ou Latins. *Agar*, *Mathar* : *Hamilcar* : *Casan*

En as.

Ceux-cy ne sont pas en petit nombre, comme dit M. de Vaugelas. Outre les Hébreux, *Ananias*, *Iosias*, *Iudas*, *Lucas*, *Malachias*, *Mathanias*, *Matthias*, *Naas*, *Sathanas*, *Thomas*, *Tobias*, *Zacharias*, &c. il y a les Grecs, ou Latins, *Agathias*, *Alexias*, *Amyntas*, *Anaxagoras*, *Apellas*, *Aristeas*, *Athenagoras*, *Atlas*, *Augeas*, *Augias*, *Æneas*, *Bias*, *Chalchas*, *Charondas*, *Cyneas*, *Damœtas*, *Demas*, *Dosiadas*, *Epaminondas*, *Euphorbas*, *Eurylas*, *Euthias*, *Glaucias*, *Gorgias*, *Gyas*, *Hegesias*, *Hermagoras*, *Hermias*, *Herodias*

Hylas, *Idas*, *Iolas*, *Ismenias*, *Lycidas*, *Lysanias*, *Lysias*, *Mecenas*, *Menalcas*, *Midas*, *Midias*, *Mimas*, *Olympias*, *Pallas*, *Pausanias*, *Pelias*, *Phidias*, *Philetas*, *Phocas*, *Polydamas*, *Protagoras*, *Psecas*, *Pythagoras*, *Scopas*, *Suidas*, (C'est ainsi que ce nom se doit écrire. Cujas se trompe, qui écrit tousjours *Sudas*) *Theudas*, *Theodas*, *Thraseas*, &c. Pour ne point parler d'*Acusilas*, *Anaxilas*, *Ménelas*, *Nicolas*, *Pterelas*, &c. qu'on a dit à l'Ionienne & à la Dorique, aulieu d'*Acusilaus*, *Anaxilaus*, *Menelaus*, &c.

Plusieurs de ces noms retiennent leur terminaison, & plusieurs ne la retiennent pas. Voicy ceux qui la retiennent : *Agathias*, *Alexias*, *Apellas*, *Atlas*, *Bias*, *Epaminondas*, *Euphorbas*, *Eurylas*, *Euthias*, *Gorgias*, *Hegesias*, *Hérodias*, *Hylas*, *Iolas*, *Josias*, *Ismenias*, *Lycidas*, *Lysanias*, *Lysias*, *Mathanias*, *Matthias*, *Ménelas*, *Midas*, *Mimas*, *Naas*, *Olympias*, *Pallas*, *Pausanias*, *Phidias*, *Phocas*, *Psecas*, *Suidas*, *Theudas*, *Theodas*, *Thomas*. Mais on dit *Amynte*, *Anaxagore*, *Athénagore*, *Enée*, *Luc*, *Malachie*, *Ménalque*, *Protagore*, *Pythagore*, *Tobie*, *Zacharie*, &c. Il est aureste à remarquer, que quelques Auteurs Latins ont rendu par *a* quelques-uns de ces noms propres Grecs terminez en *as*. Quintilien livre 1. chap. 9. *Ne in a quidem atque s, literas, exire masculina Græca nomina recto casu patiebantur. Ideóque & apud Cælium legimus, Pelia Cincinnatus : & apud Messalam, Bene fecit Euthia : & apud Ciceronem, Hermagora. Ne miremur quod ab Antiquorum plerisque*

Ænea & Anchifa. *Nam fi ut Mecænas, Suffenas, Afprenas dicerentur, genitivo cafu non E literâ* (Il faut *non æ literâ*; car on dit *Æneas Ænea, Anchifas Anchifa*) *fed tis fyllabâ terminarentur.* Et cette terminaifon Latine en *a* de ces mots Grecs terminez en *as,* ne favorife pas peu la noftre en *e*: eftant bien plus naturel de faire ENE'E d'*Ænea,* que d'*Æneas.*

On dit indifféremment, *Ananias* & *Ananie*; *Cynéas* & *Cynée*; *Anaxagoras,* & *Anaxagore*; *Athénagoras,* & *Athénagore*; *Hermagoras* & *Hermagore*; *Mécénas* & *Mécéne*; *Protagoras* & *Protagore*; *Thrafèas* & *Thrafée*. ¶ L'Auteur des Remarques ne permet *Mécéne* qu'en vers. Je ne fuis pas de fon avis. Je croy qu'on le peut auffi dire en profe, quoyque M. de Balzac ait toujours dit *Mécénas.* On dit de mefme *Mécénas* en poëfie, auffibien qu'en profe. Marot dans l'Epitre au Lieutenant Gontier :

La dure mort de la mere du Roy,
Mon Mécénas.

Ronfard dans le Temple du Conneftable de Montmorency & de Meffieurs de Chaftillon, adreffé au Cardinal de Chaftillon :

Ie veux, mon Mécénas, te baftir à l'exemple, &c.

Ie mettray le portrait de toi, mon Mécénas, &c.

M. de Marolles, dans fa Traduction des Géorgiques :

Aujourdhuy, Mécénas, j'entreprens d'expliquer

La culture des champs, où l'on doit s'appliquer. ¶

Ronsard livre 1. Ode 10. a dit *Mime*.

 Voicy Mime qui se recule
 Du heurt d'un rocher élancé, &c.
 Rhéte & Mime, fiers soudars, &c.

Il faut dire *Mimas*, & en prose, & en vers. Malherbe : *Là Mimas se batoit.* ¶ Baïf, livre 2. des Passe-temps, fueillet 55. a dit *Augée*.

 I'ay vidé le fumier des étables d'Augée.

C'est ainsi que je dirois en vers : & non pas *Augie* ; quoyqu'on dise en Latin *Augias* & *Augeas*, indifféremment. Mais en prose, je dirois *Augeas*, ou *Augias*. Monsieur Gombaud dans son Ode à M. Seguier, Chancelier de France, a dit *Cynée*,

 Et Richelieu mieux que Cynée,
 Gagne les cœurs & les citez.

Et c'est ainsi que ce mot se doit dire en poësie. En prose, il faut dire *Cyneas*. ¶ On dit *Ménelas*, & *Ménélaus*. Je dirois *Ménélaus* en prose ; & c'est comme parle Méziriac ; & *Ménelas* en vers. On dit *Iudas*, en parlant du Macabée & de l'Iscariot : mais on dit *Iude*, en parlant du Saint. *Saint Simon & Saint Iude.* ¶ *Sathanas*, fait *Sathan*.

En ans.

Il y a *Constans*, qui de l'ablatif *Constante*, fait *Constant*. *L'Empereur Constant*.

En ars.

Je ne sache que *Mars*. Il garde sa terminaison.

En ax.

Il y a *Ajax*; *Atax*, riviére; *Atrax*, pere de Damasippe; *Charax*; *Corax*; *Demonax*; *Lesbonax*; *Pertinax*; *Storax*; *Syphax*, &c. Ils gardent aussi leur terminaison. ¶ Ronsard dans l'Epitaphe de Hugues Salel, a dit *Ajas*, à la Grecque.

Quand l'ireuse Pallas détourna son couroux
D'Ilion sur Ajas.

Car les Grecs ont dit Αἴας, & non pas Αἴαξ.

En ath, & en at.

Ils ne reçoivent point aussi de changement, *Goliath*, *Mathat*, &c.

En ech.

Il en est de mesme de ceux qui se terminent en *ech*. *Abimelech*, *Melchisedech*, &c.

En ed.

Et de ceux qui se terminent en *ed*. *Abed*, *Iochabed*, *Ioed*, &c.

En el.

Il y a *Abel*, *Daniel*, *Gabriel*, *Gamaliel*, *Jasiel*, *Iesiel*, *Michael*, *Raphael*, *Uriel*, *Iorobabel*, &c. Ils ne reçoivent point tous de changement, à la reserve de *Michael*, qui se prononce *Michel*.

En en.

Il y a *Hymen*, & *Telen*; qui ne reçoivent point aussi de changement.

En eph.

Il y a *Ioseph*, qui ne reçoit point non-plus de changement. Voyez *Iosephus* en son lieu.

En er.

Il y a *Alander*, *Alexander*, *Antipater*, *Arbiter*, *Cassander*, *Celer*, *Esther*, *Iupiter*, *Leander*, *Maander*, *Meleager*, *Menander*, *Onosander*, *Philander*, *Terpander*, *Teucer*, &c. On dit, *Alcandre*, *Alexandre*, *Léandre*, *Méandre*, *Méléagre*, *Ménandre*, *Onosandre*, *Philandre*, *Terpandre*. Mais on dit, *Antipater*, *Arbiter*, *Celer*, *Esther*, *Iupiter*, *Teucer*. Je dirois aussi *Cassander*, pour éviter l'équivoque de *Cassandre*, féminin, formé de *Cassandra*. ¶ Quoyqu'on dise *Philandre*, le Commentateur de Vitruve est appelé ordinairement *Philander*. ¶ M. de Vaugelas a fait une remarque sur le nom d'*Alexander*, qu'il ne faut pas icy oublier: qui est, que lorsqu'il est parlé d'un autre Alexandre que du Grand, il faut dire *Alexander*. Cette reigle est absolument fausse. On dit *Alexandre Phérée*, *Alexandre Aphrodisée*; L'Empereur *Alexandre Sévére*; Saint *Alexandre*; Le Pape *Alexandre*, &c. Mais il faut dire *Alexander ab Ale-*

xandro, & non pas *Alexandre ab Alexandro*, ny *Alexandre d'Alexandre*.

En es.

Il y en a de Grecs, de Latins, d'Hébreux, & de Barbares. Voicy les Grecs & les Latins: *Achilles, Alcides, Apelles, Aristides, Aristoteles, Æschines, Callicrates, Callisthenes, Carneades, Ceres, Colotes, Diogenes, Epimenes, Epimenides, Euphrates, Evemeres, Gyges, Hercules, Hermogenes, Herodes, Hippocrates, Isocrates, Miltiades, Palamedes, Pales, Pericles, Simonides, Socrates, Thales, Themistocles, Thersites, Verres*, &c. On dit, incontestablement, *Achille, Alcide, Aristide, Aristote*, (au lieu d'*Aristotle*, ou d'*Aristotéle*) *Callicrate, Callisthéne, Diogéne, Euphrate, Hercule, Hermogéne, Hérode, Hippocrate, Isocrate, Socrate, Thémistocle, Thersite*. Mais on dit aucontraire, *Æschines, Ceres, Colotes, Epimenes, Epimenides, Evemeres, Gyges, Pales, Pericles, Simonides, Thales, Verres*. ¶ Je dirois de mesme, *Carneades*, quoyque M. Costar ait dit *Carnéade*. M. de Balzac dans son Prince, page 146. de l'édition in quarto, a dit aussi *Carnéade*. Et c'est aussi comme parle tousjours M. de Girac dans sa Réplique à M. Costar. ¶ On peut dire *Apelles*, & *Apelles Callisthenes*, & *Callisthéme*; *Epimenides*, & *Epiménide*; *Miltiades*, & *Miltiade*; *Palamedes* & *Palaméde*. ¶ M. de Vaugelas veut qu'on dise tousjours *Apelles* en prose, & *Apelle* en vers. Pour la prose, je suis assez de son avis, quoyque Binet en la Vie de Ronſard ait dit *Apelle*: mais pour les vers, je tiens qu'on peut dire auſſi *Apellés*, comme a dit Marot.

Au temps paſſé Apellés, Peintre ſage.
Le meilleur pourtant eſt de dire *Apelle*, comme a dit Malherbe. *Quoyque d'Apelle on nous raconte.* ¶ Ronſard livre 1. Ode 10. a dit *Gyge*, aulieu de *Gygês*. C'eſt une faute. Il faut dire *Gygés*, & en proſe, & en vers. ¶ Ronſard livre 1. Ode 16. & Deſportes, dans ſes Diverſes Amours, page 505. ont dit *Achil*, aulieu d'*Achille*. C'eſt encore une faute. Mais c'eſt une faute énorme, que de dire *Hippocrat*, aulieu d'*Hippocrate*, comme diſoient nos Anciens. ¶ *Agnes* garde ſa terminaiſon. *Sainte Agnés*. C'eſt ainſi que les Ecrivains Eccleſiaſtiques Latins des bas ſiécles ont nommé cette Sainte: *De paſſione Agnetis*: Car pour les anciens, ils ont dit *Agne Agnes*, & non pas *Agnes Agnetis*. Saint Gérome dans ſon Epitre 8. à Démétriade: *Præcipuè in Eccleſiis Agnes vita laudata eſt.* Saint Ambroiſe au livre 1. de ſes Offices, chapitre 41. *Quid de bimulis loquar, qui ante palmam victoriæ acceperunt, quàm ſenſum naturæ? quid de Sancta Agne?* Et dans le livre de la Virginité, à ſa ſœur Marcelline: *Natalis eſt Sancta Agnes.* Et dans ſon épitre 34. *Voce præconis, dicentis, Agnen ſacrilegam Virginem,* &c. Prudence, hymne 13.

Agnes ſepulcrum eſt Romulea in domo,
Fortis puella, Martyris inclyta.

Voicy les noms Hébreux d'origine: *Halo-*

phernes, Moses, &c. On dit *Holopherne*, & *Moïse*, ou *Moüise*.

Voicy les Barbares : *Arizies, Arsaces, Artaxerxes, Manes, Menes, Mithridates, Tyridates, Xerxes*, &c. On dit *Artaxerxe, Mithridate, Tyridate*. Je croi qu'on pourroit aussi dire *Arsace*. Mais on dit, *Ariziés, Manés, Menés, Xerxés*.

En ers.

Il y a *Septimius Camers*, qui ne reçoit point de changement.

En eth.

Il y a *Elisabeth*, qui garde aussi sa terminaison.

En ens.

Ils gardent aussi leur terminaison, *Flavius Clemens, Pudens, Valens, L'Empereur Valens*. *Clemens*, nom de Saint, de son ablatif *Clemente*, fait *Clement. Le Pape Clément. Saint Clément. Clément Alexandrin*.

En id. En il. En im. En in.

Ils retiennent tous leur terminaison. *David, Abigail, Tanaquil, Caïn, Tubalcaïm, Eliacim, Ioarim*, &c. à la reserve de *Ioachim*, qui fait *Ioachin*.

En is.

M. de Vaugelas veut encore qu'il y ait peu

LANGVE FRANÇOISE.

de ces mots. Il y en a un nombre infini ; dont les uns sont Grecs d'origine, les autres, Latins ; les autres, Barbares ; & les autres, Teutoniques.

Les Grecs sont, *Adonis, Alcestis, Alexis, Amaryllis, Anniceris, Atalantis, Bacchis, Briseis, Calais, Charis, Chloris, Coronis, Cypris, Dercylis, Doris, Duris, Iasis, Ibis, Ionis, Iris, Lais, Lycoris, Lysis, Melanis, Memphis, Moeris, Myrtis, Nais, Nemesis, Opis, Paris, Parmenis, Phalaris, Phyllis, Thais, Themis, Thespis, Thestylis, Thetis, Titanis, Tyndaris, Xeuxis, Zephyritis*, &c.

Voicy les Latins : *Apollinaris, Cerealis, Iuvenalis, Martialis, Natalis, Paschalis, Vitalis*, &c.

Voicy les Barbares : *Apis, Atis, Amasis, Anacharsis, Isis, Omphis, Osiris, Parisatis, Semiramis, Sysigambis, Thalestris, Thomiris, Toxaris*, &c.

Voicy les Teutoniques : *Adelais, Aldegondis, Alienoris, Alpais, Aremburgis, Ansgardis, Bathildis, Brunechildis, Chlotildis, Eremburgis, Ersendis, Gertrudis, Hildegardis, Hirmentrudis, Kunegundis, Manechildis, Mathildis, Mechtildis, Orvandis, Radegundis, Ricardis, Valburgis, Valdetrudis*, &c.

Les Grecs retiennent tous en prose, leur terminaison. En vers, on dit indifféremment *Briseis* & *Briseide. Amaryllis* & *Amarylle.* Méziriac dans sa Traduction de l'Epitre d'Ovide de Briseïs à Achille :

La lettre que tu lis, ô fameux Æacide, &c.
Vient de la désolée & triste Briseide.

Belleau dans son Chant Pastoral sur la mort de Joachin Du-Bellay:

Pour chercher Galathée, & chercher Amarylle.

Malherbe :

Rien ny gemit, rien ny soupiré.

Chaque Amarylle a son Tityre.

M. de la Lane dans son Eglogue sur la mort de sa femme, imprimée parmy mes Poësies:

L'image d'Amarylle, & celle de Phyllis.

Les Italiens ont dit de mesme *Filli*, *Fille*, *Fillide*, & *Fillida*. Voyez mes Observations sur l'Amynte du Tasse. ¶ Nos Anciens ont dit en vers *Amaryl*: ce qui n'est pas à imiter. ¶ Ils ont dit aussi *Adon*, pour *Adonis*. Je ne voudrois pas le dire, quoyque M. de Voiture l'ait dit. M. de Voiture estoit un fort bel esprit, mais ce n'estoit pas un Ecrivain fort exact. ¶ Ronsard a dit *Clore*. *A Clore l'herbe nouvelle.* C'est dans l'Ode 13. du livre 4. Je ne le dirois pas non-plus. Et moins encore *Phalar*, pour *Phalaris*, comme a dit Baïf, livre 3. de ses Passe-temps, fueillet 78.

Phalar, Roy d'Agragant, rempli de félonnie ¶

Aulis, Chalcis, Eleusis, Elis, font *Aulide, Calcide, Eleusine, Elide.* M. d'Ablancourt dans la Préface de sa Traduction de Thucydide : *Je dis Phlionte, & Myonte, comme l'on dit Amathonte: & par la mesme raison, Elide & Calcide, non seulement du païs, mais des villes mesmes: parceque je voy qu'on dit Aulide & Eleusine, & non pas Aulis ny Eleusis. Ce n'est pas que je blâme ceux qui en usent autrement, puisque*

que je ne mets pas partout le génitif pour le nominatif, & que j'ay plus d'égard en cela à l'oreille ou à la coustume, qu'à autre chose.

A l'égard des noms Latins, on dit *Juvenal*, *Martial*, *Noël*, *Paschal*. Il ne faut pas oublier icy ce que remarque M. de Vaugelas au sujet de *Martialis*, dont parle Tacite: qui est, qu'il le faut ainsi nommer, acause qu'il n'est pas connu. Il en est demesme de Gargilius Martialis, de qui Palladius, Lampridius & Servius font mention. ¶ On dit *Apollinaire* en vers. M. Desmarets dans son Clovis:

Le sage, le pieux, l'illustre Apollinaire.

On le dit aussi en prose, en parlant du Saint. *Saint Apollinaire, Evesque de Ravenne*. Mais en parlant de l'Auteur, il faut dire *Sidonius Apollinaris*, ou, selon la remarque du Pere Sirmond, *Apollinaris Sidonius*; & non pas, *Sidoine Apollinaire*, ny *Apollinaire Sidoine*. ¶ Il faut aussi dire *Cérealis* & *Vitalis* en prose, & *Céréal* & *Vital* en vers. Mais en parlant des Saints de ces noms-là, il faut dire *Céréal* & *Vital. Saint Vital: Saint Céréal.*

Pour les noms Teutoniques, terminez en *is*, on dit, *Adelaide*; & *Alis*, par contraction: *Aldegonde*. Le Comte de Sainte *Aldégonde*, en Flandre. *Eléonor: Alpaide: Aramburge: Bathilde, Baudour, Bauteur, & Baldéchilde: Brunehaut: Chlotilde: Eremburge: Ersande: Gertrude: Hildegarde: Hermantrude: Kunegonde: Ménehoud*. La ville de Sainte *Ménehoud. Mathilde, & Mahaut: Mechtilde:*

Tome I. Ff

Orvande : Radégonde, & par contraction, Ragonde. Richarde : Vaubourg : Uauldru.

En ys.

Il y a *Cochlys*, *Thetys*, &c. qui retiennent leur terminaison. Il est aureste à remarquer au sujet de ce dernier mot, qu'il ne faut pas le confondre avecque celui de *Thetis*, comme ont fait M. de Saumaise & M. Costar. *Tethys*, qu'on dit en Grec Τηθὺς, est femme de l'Océan : & *Thetis*, qu'on dit en Grec Θέθις, est femme de Pélée, & fille de Nérée. Voyez M. de Girac dans sa Réponse à M. Costar, & Mademoiselle Anne le Févre, dans ses Notes sur Callimaque, page 183.

En ix.

Ceux-cy retiennent aussi tous leur terminaison, tant Grecs, Latins, que Gaulois. *Phœnix*, *Felix*, *Ambiorix*, *Epiredorix*, *Orgetorix*, *Vercingentorix*, &c. Il en faut excepter *Beatrix*, qui fait *Béatris*. ¶ Il est aureste à remarquer, qu'à l'imitation de ces mots Gaulois, *Ambiorix*, *Epiredorix*, *Orgetorix*, *Vercingentorix*, &c. nos Poëtes Latins ont dit *Ludovix* & *Lodoix*, au lieu de *Ludovicus* & de *Lodoïcus*; & que M. Guyet a esté le premier, ou un des premiers, qui a introduit ces mots dans nostre Poësie Latine : dont il a esté loüé par M. de Balzac. J'ay dit à son imitation, dans une de mes Epigrammes Latines à M. Colbert,

Iusserat æthereo Ludovix demissus Olympo,
Vatibus eximiis præmia digna dari.
Augustum ex omni Ludovix ut parte referret,
Si quid deerat adhuc, scilicet illud erat:
& ceux qui m'en ont blâmé, devoient m'en louer.

En yx.

Il y a *Ceyx*, qui retient aussi sa terminaison.

En ob : *en* oc : *en* och : *en* og : *en* ol.

Ils ne reçoivent aucun changement. *Jacob*, *Iesboc*, *Enoch* : *Magog* : *Michol*, &c.

En on.

Ils ne reçoivent point non-plus de changement. On dit, *Amphion*, *Anacréon*, *Aristogiton*, *Charon*, *Chiron*, *Damon*, *Gédéon*, *Jason*, *Lycaon*, *Lycophron*, *Mélon*, *Memnon*, *Myron*, *Palæmon*, *Phaëton*, *Phaon*, *Phocion*, *Phédon*, *Philémon*, *Thélamon*, *Timon*, *Tithon*, *Xénophon*. ¶

Il est à remarquer, qu'il n'y a aucun mot Latin terminé en *on*, à la reserve des noms propres Latins, Grecs d'origine. Comme *Xenophon*, *Lycaon*, *Phaëton*, &c. C'est une observation de Quintilien, livre 1. chap. 9. *Et ut Palæmo, sic Thelamo, & Plato, (nam sic eum quoque Cicero appellat) retinuerunt: quia Latinum quod o & n. literis, finiretur, non reperiebant.* Il parle des anciens Latins.

En or.

Nos Anciens ont changé prémiérement en *ur* les noms substantifs Latins, terminez en *or*. Ainsi d'*amor*, ils ont dit *amour*. De *langor* & de *dolor*, ils ont dit demesme *langour* & *doulour*. C'est ainsi que ces mots se prononçoient anciennement : témoin les adjectifs *langoureux* & *douloureux* : & témoin le proverbe, allegué par Villon,

D'oiseaux, de chiens, d'armes, d'amours,
Pour un plaisir mille doulours.

Ils les ont ensuite terminez en *eur*: *douleur*, *langueur*, *rigueur*. Mais pour les noms propres, ils leur ont tousjours laissé leur terminaison. *Agenor*, *Castor*, *Crantor*, *Gelanor*, *Hector*, *Helenor*, *Mentor*, *Mercator*, *Nestor*, *Philomélor*, *Thestor*, *Stentor*, *Victor*, &c. Et c'est comme nous parlons encore présentement. *Amator*, nom de Saint, fait *Amatre* & *Amaitre*.

En os.

M. de Vaugelas dit qu'il ne sait point d'autre exemple de nom propre terminé en *os*, que *Nepos*, nommé dans les Annales de Tacite. Outre ce Nepos de Tacite, il y a Cornelius Nepos, auteur de la Vie de Pomponius Atticus, plus connu que le premier. Et outre ces deux Nepos, il y a *Amos*, le Prophéte, *Aglauros*, *Anteros*, *Eros*, *Minos*, *Phileros*, *Tros*, pere d'Ilus : pour ne point parler des noms de lieu, *Athos*, *Lesbos*, *Paros*, *Samos*, *Tenedos*, &c. Tous ces noms gardent leur terminaison : à la reserve d'*A-glauros*, qui fait *Aglaure*. Marot dans sa Traduction du livre 2. de la Métamorphose d'Ovide :

Du Roi Cecrops cette fille méchante,
Qu'on nomme Aglaure.

En ops, *& en* ors.

Pour les derniers, je ne sache que *Mavors*. Il retient sa terminaison. Pour les premiers, il y a, *Cecrops*, *Cyclops*, *Merops*, *Oenops*, *Ops*. Ils retiennent aussi leur terminaison : à la reserve de *Cyclops*, qui fait *Cyclope*. Mais on peut dire que *Cyclops*, n'est pas un nom propre. Et c'est pourquoy on dit *le Cyclope*, avec un article, & non pas *Cyclope*, sans article. *Myrops*, nom de Sainte, fait *Myrope*.

En um.

Il y a, outre *Eustochium*, l'amie de Saint Gérome, ces hypocoristiques, *Chelidonium*, *Clonarium*, *Erotium*, *Glycerium*, *Leontium*, *Marmarium*, *Musarium*, *Myrtium*, *Nicidium*, *Ninnarium*, *Pandrosium*. Tous ces mots se prononcent en François comme en Latin. Touchant ces hypocoristiques, voyez mes Commentaires sur Diogéne Laërce, en la Vie d'Epicure. Il est aureste à remarquer, que non seulement les Grecs n'ont point de noms propres terminez en M, mais qu'ils n'ont aucun mot terminé de la sorte.

En ur.

Je n'en ſay aucun d'origine Latine. Il y a, en Hébreu, *Aſſur*, *Phaſſur*, & autres, qui gardent leur terminaiſon.

En us.

Il y en a un ſi grand nombre, que pour en parler avec ordre, il eſt apropos de les diſtinguer par les conſones & par les voyelles qui précédent cette terminaiſon.

En bus.

Il y a *Agabus*, *Balbus*, *Phœbus*, *Probus*. On dit *Balbus*, *Agabus*, *Probus*, & non pas *Agabe*, *Balbe*, *Probe*. On dit auſſi *Phœbus*: mais ce mot, en la ſignification d'*Apollon*, n'eſt plus en uſage qu'en cette phraſe, *parler Phœbus*. Il ſeroit à ſouhaitter, pour le dire en paſſant, que quelques Poëtes de grande autorité; comme M. Corneille & M. Deſmarets; vouluſſent le rétablir, avecque celui de *Cypris*. ¶ *Phœbus*, nom de bapteſme, ne change point non-plus ſa terminaiſon. On dit *Phœbus d'Albret*.

En cus, & en chus.

On dit, *Ancus*, *Atticus*, *Bacchus*, *Branchus*, *Caſtricus*, *Flaccus*, *Fuſcus*, *Glaucus*, *Glycus*, *Ibycus*, *Inachus*, *Lyncus*, *Malchus*, *Mamercus*,

Mancus, *Marcus*, *Moschus*, *Ponticus*, *Priscus*, &c. Mais on dit, *Andronique*, *Aristarque*, *Dicéarque*, *Inaque*, *Lysimaque*, *Néarque*, *Plutarque*, *Thrasymaque*, &c. On pourroit dire aussi, en prose, *Inachus*, *Lysimachus*, *Néarchus*, *Trasymachus*. ¶ *Didacus* fait *Diégue*. ¶ *Gracchus* retient sa terminaison au singulier. L'Orateur *Gracchus*. Au pluriel, on dit *Gracques*. La mere des *Gracques*. ¶ On dit *Bacque*, en parlant du Saint. *Saint Bacque & Saint Sierge*. ¶ On dit aussi *Marc*, en parlant du Saint. L'Evangile *Saint Marc*. J'ay remarqué cy-dessus, que M. de Balzac avoit dit *Marc Varron*. On dit, constamment, *Marc-Auréle*, en parlant de l'Empereur.

Il reste à parler des noms propres Teutoniques terminez en *cus*. Il y a *Alaricus*, *Alymaricus*, *Athanaricus*, *Childericus*, *Chilpericus*, *Emericus*, *Federicus*, *Gaugericus*, *Genseticus*, *Henricus*, *Ludovicus*, *Medericus*, *Theodoricus*: qui font, *Alaric*, *Amauri*, *Athanaric*, *Childéric*, *Chilpéric*, *Emery*, *Fédéric*, & *Ferri*; *Géry*, *Genseric*, *Henri*, *Louis*, *Merry*, *Theodoric*, & *Thierry*. Il est à remarquer que la pénultiéme de ces noms est longue : & que c'est pour cette raison qu'il ne se terminent pas en *ique*. ¶ *Cyricus* fait *Cyr*.

En dus.

Il y en a de Latins & de Teutoniques. Des Latins, les uns gardent leur terminaison: *Lepidus*, *Lydus*, &c. les autres ne la gardent pas: *Encélade*, &c. ¶ Des Teutoniques, ceux qui sont terminez en *undus*, font *ond* en François: *Emundus*, EMOND; *Hildemundus*, HILDEMOND; *Raguimundus*, RAIMOND; *Sirmundus*, SIRMOND; *Veremundus*, BERMOND. Et c'est pourquoy le Pére Sirmond devoit s'appeler *Sirmundus* en Latin, & non pas *Sirmondus*, comme il a fait. ¶ *Flodoardus* fait FLOART.

En fus, *ou* phus.

Il y en aussi de Latins & de Teutoniques. ¶ Parmy les Latins *Rufus* garde sa terminaison. *Josephus*, fait Joseph, comme M. d'Andilly a traduit ce mot, & non pas Joséphe, comme parle Pasquier dans ses Lettres. ¶ Les Teutoniques changent pour la plufpart leur *ulfus* en *oul*, qu'on prononce *ou*. *Arnulfus*, ARNOU; *Ebrulfus*, EVROU; *Marculfus*, MARCOU; *Radulfus*, RAOU; *Theodulfus*, THIOU. C'est ainsi que ces mots se prononcent, en parlant des Saints. On dit *Théodulfe*, en parlant de l'Evesque d'Orleans; & *Marculfe*, en parlant de l'auteur des Formules. ¶ Il est à remarquer, que tous ces noms doivent s'écrire par F, & non pas par PH.

En gus.

Lycurgus fait LYCVRGVE. Mais on dit *Argus*, *Lagus*, *Largus*, &c.

En lus.

Il y a un si grand nombre, que pour en

parler avecque méthode, il les faut séparer par les voyelles qui précédent cette terminaison.

ALVS, ALLVS. ALVS, fait *ale. Cephalus, Heliogabalus, Tantalus,* CEPHALE, HELIOGABALE, TANTALE. Ronfard livre 4, Ode 4. a dit *Tantal.*

 Et quand le vieil Tantal
 N'endure mal.

Mais il ne faut pas prendre garde en ces sortes de choses à ce que disent les Poëtes, & particuliérement les anciens. ¶ On dit *Gallus,* en parlant des Romains. En parlant du Saint, on dit *Gal. L'Abbaye de Saint Gal.*

ELVS. ELLVS. On dit *Belus,* & non pas *Béle.* Je dirois aussi, *Eutrapelus,* pluſtoſt qu'*Eutrapéle.* M. d'Ablancourt dans son Lucian a pourtant dit *Euméle.* Mais il a dit aussi *Evangelus.* ¶ On dit *Marcellus,* en parlant du Romain. Mais on dit *Marcel,* & *Marceau,* en parlant du Saint. Il eſt à remarquer, qu'on dit à Paris, *l'Eglise Saint Marcel,* & *le Chapitre Saint Marcel;* & non pas *l'Eglise S. Marceau,* ny *le Chapitre S. Marceau*: mais qu'on y dit au contraire, *Le Faubourg S. Marceau,* & *Les Cordeliéres S Marceau;* & non pas, *Le Faubourg S. Marcel,* ny *Les Cordeliéres S. Marcel* : & que ce feroit tres mal parler que de confondre ces choses. ¶ *Metellus* & *Pſellus,* retiennent aussi leur terminaison.

ILVS. ILLVS. YLVS. YLLVS. On dit, *Zoïle, Pamphile,* &c. ¶ On dit de meſme *Eſchyle.* M. d'Ablancourt dans ſa Traduction de Lucian, a dit aussi *Simyle. Micyllus* fait aussi

Micyle. Et c'est aussi comme M. d'Ablancourt a traduit ce mot dans la mesme Traduction. C'est ainsi au reste que ce mot Latin se doit écrire, & non pas *Mycillus*; comme l'écrivent la pluspart des Auteurs Allemans, en parlant de Jacobus Micyllus : en quoi ils ont d'autant plus de tort, que ce nom lui a esté donné pour avoir bien représenté, estant écolier, le personage de Micyle du Coc de Lucien. μικος, μικύλος, μικύμος, *Micyllus*. ¶ *Cyrillus*, nom de Saint, fait *Cyrille*. Saint Cyrille.

AVLVS. OLVS. OLLVS. *Aulus*, estant seul, retient sa terminaison. On dit, *Martial dans une de ses Epigrammes à Aulus*. Mais estant joint avecque *Gellius*, il fait *Aulu*, & *Aule*. *Aulu-Gelle*, *Aule-Gelle*. *Aulu-Gelle*, pour le dire en passant, est le meilleur; quoyque M. de Balzac & Méziriac disent tousjours *Aule-Gelle*. ¶ *Æolus* fait *Eole*. Mais il faut dire *Dolus*, & non pas *Dole*, en parlant de *Dolus Mendesius*, de qui parle Columelle. ¶ On dit aussi *Ferréolus*, en parlant du Préfet du Prétoire des Gaules. En parlant du Saint, on dit *Fargeau*. ¶ *Carolus*, fait *Charles*. ¶ *Ollus*, retient sa terminaison. Il faut dire, *Il y a une épigramme dans Martial, adressée à Ollus*.

ULVS. On dit *Catulus*, *Paterculus*, *Proculus*.

ULLVS. On dit *Catulle*, *Tibulle*, *Marulle*. Mais on dit *Tullus*, *Tertullus*. On dit *Luculle* & *Lucullus* indifféremment.

En mus.

On dit *Cadmus*, *Didymus*, *Firmus*, *Mimus*, *Postumus*, &c. Mais on dit, *Aristodéme*, *Cosme*, *Côme*, *Chrysostome*, *Epicarme*, *Eudéme*, *Mimnerme*, *Philodéme*, *Ménédéme*, *Priame*, *Pyrame*, *Triptoléme*, &c. ¶ Je dirois en prose *Lygdamus*, plustost que *Lygdame*. ¶ On dit *Valére Maxime*, *L'Empereur Maxime*. Mais on dit *Fabius Maximus*, *Claudius Maximus*. En parlant du Saint, il faut dire *Mesme*. *Saint Mesme de Chinon*. ¶ En parlant des Italiens, il faut prononcer *Cosme*. *Cosme de Medicis*. En parlant des François, il faut prononcer *Côme*. M. Gombaud :

Les honneurs forcent l'ascendant.
Côme estoit civil, accostable,
Généreux, franc, & véritable :
Mais on l'a fait Surintendant.

Il faut le prononcer de la mesme façon, en parlant du Saint, *Saint Côme & Saint Damien*.

En nus.

Anus, bref. *Stephanus*, nom de Saint, fait *Estienne* : & *Sequanus*, fait *Seine*. L'Abbaye de S. Seine, en Bourgogne. Mais on dit *Stéphanus* en parlant du Géographe, & non pas *Estienne*.

Anus, long, fait *an*, & *ain*. On dit *Colomban*, *Eridan*, *Mantoüan*, *Océan*, *Séjan*, *Trajan*, *Tristan*, &c. Mais on dit *Alain*,

Africain, Germain, Lucain, Silvain. Ronsard livre 4. Ode 19. a dit *African.*

>Et les roches hautaines
>Que donta l'*African.*
>Par les forces soudaines
>Du souffre & de *Vulcan.*

Il s'est trompé. On prononce *Scipion l'Africain*, & non pas *Scipion l'African*. C'est comme parlent tousjours Amyot & l'Abbé Talleman dans leurs Traductions de Plutarque, & l'Abbé de Cassagne dans celle de l'Orateur de Ciceron. Pour *Vulcan* & *Vulcain*, on dit l'un & l'autre. La question de savoir lequel des deux est le meilleur, a esté autrefois agitée dans l'Académie Françoise, sans y avoir esté décidée. L'opinion de M. Chapelain estoit, qu'il faloit dire *Vulcan* en vers, & *Vulcain* en prose. Cette opinion fut réfutée par M. de Racan, qui dit plaisamment que selon cette distinction il faudroit l'appeler *Racan* en vers, & *Racain* en prose. Mais pour en parler sérieusement, je suis assez de l'avis de M. Chapelain. Je dirois *Vulcan* en vers : & mesme en prose, dans des discours relevez. Mais dans le discours familier, je dirois *Vulcain*. Et à ce propos il est à remarquer, que M. d'Ablancourt, qui dans la prémiére édition de son Luciain avoit tousjours dit *Vulcan*, a dit *Vulcain* dans la derniére. M. Miton, qui est un homme tres-intelligent dans nostre Langue, est neanmoins pour *Vulcan*. ¶ On dit *Pontanus*, & non pas *Pontan* : *Soranus*, & non pas *Soran* : *Claranus*, & non pas *Claran* : *Montanus*, & non

non pas *Montan*. ¶ *Cyprianus*, Evesque de Carthage, fait *Cyprien*, comme nous l'avons remarqué. *Cyprianus*, Abbé en France, fait *Cyvran*, & *Subran*.

ANNVS. *Sigirannus*, fait *Siran*. L'Abbaye de S. *Siran*. C'est ainsi qu'il faut écrire ce mot, & non pas *Cyran*.

IANVS fait aussi *ien*, & *ian*. On dit *Cyprien*, *Dioclétien*, *Domitien*, *Hadrien*, *Hérodien*, *Julien*, *Justinien*, *Lucien*, *Maximilien*, *Salvien*, *Tertullien*, *Vespasien*, *Ulpien*, &c. Mais on dit, *Ammian Marcellin* ; *Appian Alexandrin* ; *Elian* ; *Oppian* ; & *Sévérian*. C'est ainsi que M. d'Ablancourt a écrit ce dernier mot dans sa Traduction de Luciain. ¶ On dit aussi *Arrian*, en parlant de celui qui a écrit. Car en parlant de ceux qui estoient de la secte d'Arius, il faut les appeler *Ariens*, comme l'a fort bien décidé l'Auteur des Remarques. Mais il s'est trompé en écrivant ce mot par deux R. On dit *Arius*, & non pas *Arrius* : & ainsi il faut écrire *les Ariens*, & non pas *les Arriens*. ¶ Plusieurs disent *Claudian* : & c'est comme on parle dans les Colléges de Paris. C'est aussi comme parle M. de Balzac dans son Socrate Chretien. *Lorsque Claudian éléve Stilicon*, &c. Plusieurs disent aussi *Hérodian* & *Priscian* : & c'est comme parloit M. Chapelain. Mais pour moi, je dis & écris tousjours *Claudien*, *Hérodien*, & *Priscien*. ¶ M. de Balzac écrit aussi tousjours *Justinian* : & M. le Maistre, l'Avocat au Parlement ; cet homme si célébre par sa pieté & par son éloquence ; disoit aussi tousjours *Tertullian*. On ne prononce plus présentement de la sorte. On prononce *Justinien* & *Tertullien*. Et il y a mesme long-temps qu'on a commencé à prononcer de cette sorte : car dans la vieille Traduction du Code Justinien, de laquelle nous avons parlé cy-dessus au chapitre 3. il y a tousjours *Justinien*. Quelques uns disent pourtant encore *l'Empereur Aurélian*, & le préferent à *Aurélien*. ¶ Il est aureste à remarquer que *Macianus* retient sa terminaison. Il faut dire *le Jurisconsulte Macianus*, & non pas *le Jurisconsulte Mécian*, ou *Mécien*.

ENVS. On dit *Siléne*, & non pas *Silenus*. Mais on dit *Alphénus*, *Aviénus*, *Cédrénus*, *Jabolénus*, *Labiénus*, *Passiénus* : & non pas, *Alphéne*, *Aviéne*, *Cédréne*, *Jaboléne*, *Labiéne*, *Passiéne*. ¶ *Galenus* fait *Galien*. Il n'y a que les Pédans à dire *Galen*. ¶ *Babolenus* fait *Babolein*. *Saint Babolein*, premier Abbé de S. Maur les Fossez. *Audoënus*, fait *Ouein*. *Saint Ouein*, Archévesque de Roüen.

ERNVS. On dit *Maternus*, & non pas *Materne*. ¶ *Paternus*, nom de Saint, fait *Patêr*, *Patier*, & *Pêr*. *Saint Patêr*, *Saint Patier*, *Saint Pêr*.

INVS. On dit *Acyndinus*, *Albinus*, (en parlant du Romain) *Augurinus*, *Crispinus*, *Geminus*, *Mamertinus*, *Mancinus*, *Ninus*, *Sabinus*, &c. Et on dit *Alcuin*, *Antonin*, *Saint Aubin*, *Saint Augustin*, *Baudouin*, *Capitolin*, *Constantin*, *Saint Crespin*, *Favorin* : (c'est ainsi que ce mot se doit écrire, & non pas par Ph) *Hardoüin*, *Saint Martin*,

Saint Maturin, *Photin*, *Saint Plotin*, *Saint Severin*. (Il est à remarquer que comme on dit *Sévére* de *Sévérus*, il faudroit dire de-mesme *Sévérin* de *Sévérinus* : mais l'usage l'a emporté sur la raison. *Auctoritatem consuetudo superavit.*) *Solin*, *Tarquin*. ¶ *Saturninus*, nom de Saint, fait *Saturnin*, *Saornin*, *Sernin*, *Savornin*, *Sorlin*, *Sorlis*, & *Sorlix*, selon les différents païs.

ONVS. UNVS. *Neptunus*, fait *Neptune*. *Itonus*, pere d'Ixion, retient sa terminaison.

En pus.

On dit *Chrysippe*, *Esope*, *Hégésippe*, *Lysippe*, *Ménippe*, *Philippe*. Mais on dit *Dexippus*. On dit aussi *Crispus* en prose : car en vers, il faudroit dire *Crispe* : ou dumoins, on le pourroit dire.

En rus.

On dit *Phédrus* & *Phédre*, indifféremment, en parlant de l'Auteur des Fables, & de l'ami de Socrate. *Les Fables de Phédre* : *Les Fables de Phédrus*. *Le Dialogue de Phédre* : *Le Dialogue de Phédrus*.

ARVS. On dit *Dejotarus*, & non pas *Déjotar*. Mais on dit aucontraire, *Omer*, & non pas *Odomarus*. *Saint Omer* : & *Hincmar*, & non pas *Hincmârus*. C'est ainsi qu'il faut prononcer ce dernier mot, & non pas *Hincmarus*, avecque la pénultiéme bréve, comme le prononcent les Escoliers de Sorbonne.

Launomarus fait aussi *Laumer*. Saint *Laumer* de Blois.

Erus. On dit *Cerbére*. On dit aussi *Sévére*, quand on parle de l'Empereur. *L'Empereur Alexandre Sévére*. Mais en parlant du Poëte Cornelius Severus, il faut dire *Sévérus*. *Le Poëte Sévérus*. ¶ *Baldomerus*, nom de Saint, fait *Garnier*. *Baldomerus, Valdomerus, Ualdomerus, Gualdomerus, Galdomerus, Galmerus, Garmerus, GARNIER*.

Irus & Yrus. On dit *Irus*, & non pas *Ire* : *Cyrus*, & non pas *Cyre*. On dit au contraire *Tityre*, & non pas *Tityrus*. Malherbe: *Chaque Amarylle a son Tityre*.

Orus. On dit *Porus*, & non pas *Pore*. Mais on dit *Apollodore, Athénodore, Héliodore, Stéfichore, Théodore*. ¶ *Melidorus* & *Polydorus*, font indifféremment en vers *Mélidore* & *Mélidor, Polydore* & *Polydor*. J'ay dit dans mon Idylle du Moissonneur,

> *Damon, l'unique fils du Pasteur Mélidor:*
> *Ce Pasteur, qui trouva dans la terre un tresor.* ¶

Theodorus, nom de Saint, fait *Thierre*. Saint *Thierre*.

Urus. Il ne reçoit point de changement en prose.

En sus.

Crassus, Cresus, Marsus, retiennent leur terminaison.

En tus.

Atus. Quand l'*a* en *atus*, est bref, il se

termine ordinairement en *e* féminin. *Callistratus, Cleostratus, Lysistratus, Philostratus, Pisistratus.* CALLISTRATE, CLEOSTRATE, LYSISTRATE, PHILOSTRATE, PISISTRATE, Mais quand il est long, il conserve sa terminaison. *Cicinnatus, Pacatus, Russatus. Torquatus.* Il en faut excepter *Donatus* & *Optatus*, qui font *Donat* & *Optat*. Et les noms de Saints. *Saint Honorat : Saint Honoré*. Celui-cy se dit de l'Evesque d'Amiens; & l'autre de l'Evesque d'Arles. *Les Isles Saint Honorat*. ¶ Du Bartas dans sa Semaine a dit *Cicinnat*. Nous ne le dirions pas en prose. ¶ *Amathus*, nom de ville, fait *Amathonte*.

ANTVS. On dit *Rhadamante* & *Timante*. On dit aussi *Xanthe*, en parlant du Fleuve: mais on dit *Xanthus*, en parlant de l'Historien.

ETVS. ÆTVS. On dit *Pætus*, & *Vétus*, & non pas *Péte*, ny *Véte*. On dit *Théodoret*, de *Theodoretus*; qu'on a dit aulieu de *Theodoritus*. Suidas : Θεοδώρητος. ὄνομα κύριον. Θεοδώρητος δὲ, ἡ δωρεὰ τοῦ θεοῦ. Voyez Eustathius sur Homére, page 204. 29. & page 868. 45. de l'édition de Rome. Et à ce propos il est à remarquer que l'Eglise Cathédrale d'Usès s'appelle *Saint Théodorit*.

ERTVS. On dit *Mamertus*, en parlant de l'Auteur : & *Mamert*, en parlant du Saint. *De l'impression de Mamert Patisson*. On dit demesme *Albert*, ou *Aubert*, d'*Albertus*.

ESTVS. EXTVS. On dit *Festus*, & *Sextus*.

ITVS. YTVS. On dit *Cocyte*, *Démocrite*, *Epaphrodite*, *Héraclite*, *Hippolyte*, *Tacite*,

Theocrite. Mais on dit *Avitus.* On dit aussi *Saint Vitus.* ¶ On dit *Tite-Live*, & non pas *Titus-Livius.* Mais on dit *Titus Manlius: Titus Mevius.* On dit indifféremment *L'Empereur Tite*, & *L'Empereur Titus.* Je croy qu'on en pourroit user demesme à l'égard de Titus, auquel S. Paul a écrit. Le plus sur pourtant est de l'appeler *Tite*, avecque M. de Sassy. ¶ Nos anciens Poëtes ont dit *Démocrit* & *Héraclit.* Baïf, livre 4. de ses Passe-temps, fueillet 106.

> *Quand le bon rieur Démocrit*
> *Toute chose eut bien méprisée,*
> *De son ris, la Mort qui tout vit,*
> *De lui mesme fit la risée.*

Du-Bartas, au commencement de sa Semaine:

> *Faisant entrechoquer, par différens accords,*
> *Du resveur Démocrit les invisibles corps.*

Nous ne parlons pas ainsi présentement.

INTVS. YNTVS. On dit *Quintus*, & non pas *Quinte* : si ce n'est en parlant de Quinte-Curce. ¶ *Hyacinthus* fait *Hyacinthe*. Du-Bellay dans sa Description de la Corne d'abondance, a dit *Hyacinth*. C'est une licence Poëtique, qui ne seroit pas aujourdhuy permise. ¶ *Cerinthus* & *Cerinthe*, se peuvent dire indifféremment.

OTVS. Il y a *Herodotus, Polygnotus, Theodotus*, &c. Je dirois *Polygnotus* & *Théodotus*, plustost que *Polygnote* & *Théodote*. Pour ce qui est d'*Hérodote*, personne ne doute qu'il ne faille ainsi parler.

UTVS. Il y a *Cornutus*, qui retient sa terminaison.

En xus.

Il y a *Eudoxus*: qui fait *Eudoxe*.

En ūxŏ́ş.

Je ne sache que *Pollux*. Il garde sa terminaison. *Castor & Pollux. Le Dictionaire de Julius Pollux.*

Il reste à examiner les noms terminez en *us*, dont cette terminaison est précédée d'une voyelle.

En aüs.

Il y a *Acusilaus, Agesilaus, Amphiaraus, Anaxilaus, Archelaus, Ladislaus, Menelaus, Nicolaus, Oenomaus, Pterelaus, Venceslaus.* On dit, *Acusilaüs, Amphiaraüs, Anaxilaüs, Archelaüs, Oenomaüs, Ptérélaüs.* Mais on dit, *Agesilas, Ladislas, Nicolas, Venceslas. Menelas & Ménelaüs* se disent indifféremment. Méziriac dit tousjours *Ménélaüs.* ¶ Il est à remarquer que tous ces mots se doivent prononcer en vers en *as*. Du-Bartas dans sa Semaine, troisiéme Journée:

Archelas & Hieron, dont la dextre royale, &c.

Il est encore à remarquer, ce que nous avons déja remarqué cy-dessus, que cette prononciation d'Ἀκυσίλας Ἀναξίλας, Μενέλας, Πτερέλας, aulieu d'Ἀκυσίλαος, Ἀναξίλαος, &c. est des Ioniens & des Doriens.

En æus, & en œus.

Ils font *ée* ordinairement. *Alcée, Alphée, Arétée, Aristée, Athénée, Hécatée, Hyménée, Irenée, Musée, Timée: Typhée.* De là vient que plusieurs disent *Budée*; du Latin *Budæus*; aulieu de dire *Budé*; qui est le véritable nom de ce grand personage. M. d'Ablancourt ne parle jamais autrement. Voyez ses Remarques sur sa Traduction de Thucydide. Et la raison pour laquelle on dit plus communément *Budée*, c'est que ce grand personage est particuliérement connu par ses ouvrages Latins. ¶ Ronsard livre 1. Ode 10. a dit *Typhé*, pour *Typhée*. On dit *Annæus*, & non pas *Année*. ¶ *Matthæus* fait *Mathieu*, comme *Deus, Dieu*. Il fesoit autrefois, *Macé, Mazé, & Mahé. Matthæus, Matzæus, Mafæus*, MACÉ, MAZÉ, MAHÉ. *Nostri sic rure loquuntur.*

En eus.

Ils font aussi *ée*. *Atrée, Idoménée, Menesthée, Morphée, Orphée, Pénée, Phinée*, &c. Ronsard dans l'Epitaphe de Hugues Salel a dit *Orphé*:

Là Orphé habillé d'un long surplis blanc:

Ce qui n'est pas imiter.

En ius.

Il y en a tant, qu'il les faut distinguer par les lettres qui précédent cette terminaison.

Aius. Il y a *Caius*, qui ne reçoit point de changement.

Bius. On dit *Fabius*, *Vibius*, *Talthybius*: mais on dit *Eusebe*, *Polybe*.

Cius. Chius. On dit *Iccius*, *Roscius*, *Lucius*. On dit *Fabricius* & *Fabrice*. On dit *Bacchius*, *Eustochius*, *Hésychius*, *Eutychius*. *Eustachius*, nom de Saint, fait *Eustache*.

Dius. *Aufidius*, *Didius*, *Elpidius*, *Fufidius*, *Helladius*, *Lampridius*, *Nigidius*, *Palladius*, *Vidius*, gardent leur terminaison. Mais on dit *Ovide*. *Claudius*, nom de Saint, fait *Claude*. On dit *l'Empereur Claudius*, plustost que *l'Empereur Claude*. C'est ainsi que parle M. de Balzac dans son Prince, M. d'Ablancourt dans son Tacite, & M. d'Andilly dans son Joseph. ¶ *Ægidius*, nom de Saint, fait *Gilles*. *Ægidius*, *Ægidillus*, *Gidillus*, *Gillus*, Gilles.

Eius. Il y a *Ateius*, *Cneius*, *Petreius*, *Proculeius*, *Seius*, *Velleius*, *Vulteius*, qui ne reçoivent point de changement. *Appuleius*, fait *Apulée*, & *Pompeius*, *Pompée*.

Gius. On dit *Pélagius* plustost que *Pélage*. *Sergius*, nom de Saint, fait *Sierge*. L'Abbaye de S. Sierge d'Angers.

Lius. On dit *Asellius*, *Aquilius*, *Aurelius*, *Cascellius*, *Cacilius*, *Cœlius*, *Cornelius*, *Gellius*, *Hostilius*, *Lælius*, *Manlius*, *Pompilius*, *Popilius*, *Tullius*, *Vitellius*. Mais on dit, *Iule*, *Virgile*, *Manille*. *Cornelius*, joint à *Tacitus*, fait *Corneille*. *Corneille Tacite*. *Gellius*, joint à *Aulus*, fait de mesme *Gelle*. *Aulu-Gelle*.

Mius. On dit *Memmius*, & *Postumius*. ¶ *Memmius*, nom de Saint, fait *Menge*. Saint

Menge, Evesque de Chalons sur Marne.

Nivs. On dit *Antonius*, en parlant de l'Orateur, & *Antoine*, en parlant du Triumvir, & du Saint. On dit, *Apollonius*, & non pas *Apolloine*, comme a dit Binet en la Vie de Ronsard. On dit aussi *Asinius*, *Calpurnius*, *Ennius*, *Gallonius*, *Licinius*, *Pomponius*, *Posidonius*, *Sempronius*, *Sidonius*. Mais on dit, *Ausone*, *Pétrone*, *Pline*. ¶ *Licinius*, nom de Saint, fait *Lezin*.

Pivs. On dit *Eutrope*, & *Procope*. Mais on dit *Appius*.

Rivs. On dit *Arius*, *Demetrius*, *Olymbrius*.

Arivs. Il y a *Berengarius*, *Cæsarius*, *Darius*, *Macarius*, *Marius*. Il faut dire *Darius*, & non pas *Darie*, comme disent Messieurs de Port-Royal : qui est une formation tres-vicieuse : aussibien que celle d'*Ennie*, que ces Messieurs ont voulu introduire. Il faut dire aussi *Marius*. *Bérengarius*, Roi d'Italie, fait *Bérenger*. En parlant de l'Archidiacre d'Angers, on peut l'appeler *Berenger* & *Bérengarius*, indifféremment. Messieurs de Port-Royal, dans leur Table Historique & Chronologique de la Tradition de l'Église, touchant l'Eucharistie, l'appellent tousjours *Bérenger*. Je l'ay appelé *Berengarius* dans mes Remarques sur la Vie de Mathieu Ménage : & c'est ainsi qu'on l'appelle ordinairement en Anjou. ¶ *Macarius* & *Cæsarius*, noms de Saints, font *Macaire* & *Césaire*. Vous trouverez ce dernier mot dans la Préface du Nouveau Testament de M. de Saßy. Et c'est comme on parle à Arles, où il y a une Eglise dédiée à ce Saint.

ERIVS. On dit *Demetrius*, *Haterius*, *Laberius*. *Valerius*, seul, fait *Valére*. Mais on dit *Valerius Flaccus*, *Valerius Soranus*. On dit pourtant *Valére Maxime*, acause que c'est un nom connu. ¶ On dit tousjours *Tibére*, & jamais *Tibérius*. ¶ *Desiderius*, nom de Saint, fait *Didier. Saint Didier.*

ORIVS. Il faut dire *Nestorius*, & non pas *Nestoire*, comme dit le Cardinal Du-Perron. Il faut dire aussi *L'Empereur Honorius*, & non pas *L'Empereur Honoire*, comme dit l'ancien Traducteur du Code Justinien ; ny *l'Empereur Honoré*, comme dit M. Herman. ¶ On dit aussi *Sertorius* : mais on dit *Saint Gregoire*, *Saint Lidoire*, *Saint Magloire*.

URIVS. Il y a *Massurius*, qui garde sa terminaison.

SIVS. Il faut encore les distinguer, par les letrres qui précedent cette terminaison.

ASIVS fait *ais*. *Gervasius*, GERVAIS : *Protasius*, PROTAIS. Et cestpourquoy Rabelais doit estre appelé en Latin *Rabelasius*, & non pas *Rabelasus*, comme l'appelle M. de Thou, & comme il s'appelle lui-mesme dans son Almanach, pour l'an 1535. imprimé à Lyon chez François Juste. ¶ *Therasia*, nom de Sainte, fait aussi *Théraise. Sainte Théraise.* Et à ce propos il est à remarquer, que la pluspart de nos Poëtes Latins, en parlant de nostre Reine *Théraise*, l'appellent mal *Theresia*, aulieu de *Therasia*.

Assivs. Il y a *Caſſius*, qui retient ſa terminaiſon.

Esivs. Il en eſt de meſme de *Valeſius*.

Isivs. Ysivs. *Dionyſius*, eſtant ſeul, fait *Denis*. *Le Pere Denis* : *Denis le Tyran* : *Denis d'Halicarnaſſe* : *Denis d'Alexandrie* : *Saint Denis* : *Saint Denis l'Areopagite*. Mais on dit *Dionyſius Héracléotes* : *Dionyſius Mileſius*, &c.

Tivs. On dit *Horace*, *Properce*, *Salluſte*, *Térence*. Mais on dit *Antiſtius*, *Aruntius*, *Euſtathius*, *Ictius*, *Minutius*, *Mutius*, *Pænatius*, *Sextius*, *Titius*, &c. ¶ *Pancratius*, nom de Saint, fait *Pranchais*.

Vivs. On dit *Mavius*. *Livius*, joint à *Titus*, fait *Live*. *Tite-Live*. Mais on dit *Livius Andronicus*.

En oüs.

Il y a *Acheloüs*, *Alcinoüs*, *Antinoüs*, & *Æoüs*, cheval du Soleil. Ils retiennent tous en proſe leur terminaiſon. En vers, on dit *Achélois* & *Alcinois*. Du-Bellay dans ſa Deſcription de la Corne d'abondance :

Achelois, cet amoureux fleuve.

Binet dans ſon Eglogue ſur la mort de Ronſard :

—— *Les Nymphes d'alentour,*
Les filles d'Achélois, y viennent à leur tour.

Bertaud dans le Recit d'Amphion :

Celui qui ſuit mes pas & le ſon de ma Lyre,
Fut au ſiécle paſſé le corps d'une navire,
Dans les ports d'Alcinois ſur les ondes flotans.

Monſieur

LANGUE FRANÇOISE.

Monsieur de Voiture :

Sirénes, filles d'Achélois,
Cessez de nous vanter vos voix.

On dit *Antin* en vers, au lieu d'*Antinoüs* : & Coëffeteau l'a dit en prose dans son Histoire Romaine : en quoy il n'est pas à imiter : quoyque les Peintres parlent de la sorte.

Pour *Eoüs*, il garde sa terminaison aussi-bien en vers qu'en prose. Marot livre 2. de sa Métamorphose d'Ovide :

Ainsi s'en va le jeune Phaëton.
Lors Pyroüs, Eoüs, & Ethon, &c.

Il est au reste à remarquer, que des noms qui retiennent la terminaison Latine, il y en a dont le plurier est semblable au singulier; comme, *les Numa, les Epaminondas, les Antipater, les Memmius* : & d'autres, dont le plurier a la terminaison Françoise : *Les Gracques, les Lépides.* ¶ Il est aussi à remarquer, que nous retenons les noms Latins des Auteurs étrangers modernes. Nous disons, *Grotius, Heinsius, Vossius, Gronovius,* & non pas, *Grot, Heins, Voss, Gronove.* Nous disons aussi *Scaliger : Scaliger le pere ; Scaliger le fils :* ces deux grans hommes ne nous estant connus que par leurs livres Latins, où ils ont pris ce nom. Mais nous disons *Grutêr,* & non pas *Gruterus.*

C'est ce que j'avois à dire touchant la maniére de rendre en nostre Langue les noms propres Latins. Je ne doute point qu'avecque le temps on ne Francise beaucoup de ces noms : & il seroit à souhaitter que cela se fist bien-tost. Mais cependant il faut s'en tenir à l'usage reçu, que j'ay tasché de répresenter en cette Liste.

S'il faut dire eucaristie, *ou* escaristie : automates, *ou* astomates : autographe, *ou* astographe.

CHAPITRE CLIX.

COmme plusieurs prononcent aujourdhuy *Escharistia* le mot Grec εὐχαριϛία, plusieurs disent aussi aujourdhuy *escaristie*. Il faut dire *eucaristie* : ou pluftost *ucaristie* : car c'est comme ce mot se prononce. Il faut dire aussi *Thaumaturge. S. Grégoire Thaumaturge.* C'est comme parlent tous ceux qui parlent bien. Et c'est aussi comme il faut parler selon l'étymologie ; ces mots ayant esté faits du Latin, & non pas du Grec ; & l'ευ des Grecs ayant tousjours esté prononcé par les Latins en *eu*, & jamais en *ef*. εὐχαριϛία, *eucharistia* ; εὖρος, *eurus* ; εὖγε, *euge* ; Βυριπίδης, *Euripides* ; Εὐσέβιος, *Eusebius* ; Ψευδωλός, *Pseudolus* ; Δευτερονόμιον, *Deuteronomium* ; Πεντάτευχος, *Pentateuchus*. Mais quoyqu'il ne faille pas dire *escaristie*, il faut dire *apédeste* ; ce mot ayant esté ainsi formé par Rabelais, du Grec ἀπαίδευτος, selon la prononciation nouvelle d'*apédestos*. Il faut aussi dire *astomates* ; ce mot ayant esté introduit en nostre Langue depuis cette prononciation. Il en est demesme d'*astographe*. C'est ainsi qu'il faut dire, & non pas *autographe*, comme a dit M. de Balzas. *Quand il me feroit présent de l'original des Douze Tables ; de l'autographe des Loix de Solon.* C'est dans le 10. livre de ses Lettres, lettre 8. Ceux qui prononcent l'*au* des Grecs par *au*, disent neanmoins tous *automates*, & *autographes*. Mais ceux qui le prononcent par *af*, disent tous aussi *astomates* & *astographes*. Et comme ceux-cy sont en plus grand nombre, leur prononciation a prévalu à celle des autres.

Si l'article indéfini reçoit aprés soi le pronom rélatif. Si un nom qui n'a point d'article, peut avoir aprés soi le pronom rélatif.

CHAPITRE CLX.

Monsieur de Vaugelas a fait une remarque, où il donne pour une reigle constante, & qui ne souffre point d'exception, que le pronom rélatif, & ses équivalens, ne se rapportent jamais ny au nom qui n'a que l'article indéfini, ny à celui qui n'a point d'article. Selon cette reigle, il soutient que c'est mal parler que de dire, *Il a esté blessé d'un coup de fléche, qui estoit empoisonnée : Il a fait cela par avarice, qui est capable de tout: Il a fait cela par avarice, dont la soif ne se peut éteindre.* M. de la Mote le Vayer & Dupleix soutiennent au contraire que cette reigle est fausse : ce qu'ils prétendent justifier par ces exemples, qui sont tous les jours en la bouche de tout le monde : *Il a fait cela par amour, qui est un dangereux maistre.* C'est l'exemple qu'allégue M. de la Mote le Vayer. Voicy ceux de Dupleix : *Il a fait cela par charité, qui est une vertu tres-digne d'un Chretien : Il a fait cela par amour, qui est une dangereuse passion : Ie sçay cela par expérience, qui ne s'acquiert que par une longue pratique : Tu as esté créé Magistrat par élection, qui est une voie legitime, pour parvenir aux dignitez ; & lui par corruption, qui est un moyen honteux & infame : On gouverne ainsi à Paris, qui est la plus belle ville de l'Europe : Aristote fut enrichi par Alexandre, qui avoit esté son disciple.* J'ajoûte à ces exemples, ces endroits de M. d'Ablancourt : *Il demanda permission de parler, qui lui fut accordée : On fit tréve pour trois mois, qui ne dura pourtant que trois jours.* Mais nonobstant tous ces exemples & l'autorité de ces Ecrivains, il faut avoüer que la reigle de M. de Vaugelas a lieu, pour une plus grande perfection, dans la pluspart des endroits. Et dans le prémier exemple proposé par M. de Vaugelas, qui doute qu'il ne fust mieux de dire, *Il a esté blessé d'un coup de fléche empoisonnée,* que *d'un coup de fléche, qui estoit empoisonnée ?* Disons donc avecque M. de Vaugelas, *Le peu d'affection qu'il m'a témoigné,* & non pas, avecque M. de la Mote le Vayer,

Le peu d'affection qu'il m'a témoignée. Pour ce qui est de l'exemple du Dupleix, *Tu as esté créé Magistrat par élection, qui est une voie legitime pour parvenir aux dignitez,* il est vray qu'on parle de la sorte: mais cét exemple n'a rien de commun avecque la remarque de M. de Vaugelas; le pronom *qui,* en ce lieu-là, n'estant pas rélatif à *élection,* mais à *estre créé Magistrat par élection,* & signifiant *laquelle chose.* Ces deux exemples de Dupleix, *On gouverne ainsi à Paris, qui est la plus belle ville de l'Europe; Aristote fut enrichi par Alexandre, qui avoit esté son disciple,* ne font rien non-plus contre la remarque de M. de Vaugelas; *Paris* & *Alexandre* estant des noms propres, qui ne reçoivent point naturellement d'article. Il y a pourtant de certains endroits où le pronom rélatif *qui* peut fort bien estre employé après des noms qui n'ont point d'article: comme en cet exemple: *Ils venoient à nous en gens qui vouloient combattre.* Cette façon de parler est pure & Françoise: & ceux qui s'expliquent le plus élégamment, ne feroient pas difficulté de s'en servir. On dit aussi fort bien, *Les Rois ne souffrent point de Courtisans, qui ne soient bons à quelque chose.*

Promener. Laver. Laver la main.

CHAPITRE CLXI.

Monsieur de Vaugelas dans la remarque qu'il a faite sur le mot *promener*, dit que ce mot est quelquefois neutre : comme quand on dit, *Allons promener ; Il est allé promener ; Ie vous envoieray bien promener. Allons promener* & *Il est allé promener* ne se disent point par ceux qui parlent bien. Il n'y a que le petit peuple de Paris qui parle de la sorte. Il faut dire, *Allons nous promener ; Il s'est allé promener.* Et pour montrer que c'est ainsi qu'il faut dire, c'est qu'on ne diroit pas, *Ie promenois hyer aux Tuilleries.* Pour ce qui est de *Ie vous envoieray bien promener*, cette façon de parler est tres-naturelle, acause de *vous*, qui précéde.

Lavons, pour dire *lavons les mains*, se dit par les Parisiens : & cette façon de parler elliptique ne me semble pas mauvaise. Mais je ne puis souffrir *lavons la main*, pour dire *lavons les mains* : qui est une façon de parler provinciale, qui s'est introduite en nostre Langue du temps de Henri Estienne ; par qui elle a aussi esté desapprouvée : comme je l'aprens de cet endroit de son Dialogue du Nouveau Langage François Italianisé. PHILALETHE. *Bien ai-je souvenance d'une maniére de parler, en laquelle on use du nom-*

LANGVE FRANÇOISE. 367

bre singulier, au lieu du pluriel. Car on dit laver la main, *au lieu qu'on disoit* laver les mains. CELTOPHILE. *Quant à ce changement, je ne say surquoy il est fondé: car qui sont ceux qui se contentent de laver une main, sinon qu'on parlast du pays, où vous savez qu'on ne se soucie pas beaucoup de laver les mains, avant que se mettre à table. Car puisque ceux de ce pays là se peuvent dispenser de laver les mains, alors, (en usant de leur privilége) quand ils n'en laveroient qu'une, encore feroient-ils plus qu'ils ne sont tenus. Et toutesfois les Grecs aussi, comme vous savez, disoient* κατὰ χιρὸς ὕδωρ, *aussi bien que* κατὰ χιρῶν, *en parlant de l'eau qu'on bailloit pour laver les mains avant le repas. Témoin le Parasite, qui disoit que* τὸ κατὰ χιρὸς ὕδωρ (*en parlant de cette eau, après laquelle on commance à joüer des maschoires & des dents*) *estoit la meilleure de toutes les eaux, quoyque seussent dire plusieurs autres, qui en disputoient physiquement. Cette façon de parler peut neanmoins estre deffenduë par un nombre infini d'exemples. Où va la bote: Il a la dent blanche: Son œuil vainqueur: Vn petit œuil fripon.*

S'il faut dire après soupé, *ou* après souper : le disné, *ou* le disner : le demeslé, le procédé, *ou* le demesler, le procéder.

CHAPITRE CLXII.

Henri Estienne a traité cette question dans ses Hypomnéses de la Langue Françoise, où il a décidé qu'il faloit dire *après souper. Hanc literam* (Il parle de l'R) *in fine vocabulorum, ita præsermittit vulgus, ut tu, nisi præmonitus, multa eam habere non sis animadversurus: quibus tamen adjunctam esse constet. Dicit enim,* plaisi, mestié, papié, resveu, *pro* plaisir, mestier, papier, resveur, *eodemque in infinitivis peccat modo, quum verbum in* r *desinens à consonente excipitur. Vt,* Il faut parlé bas: *pro,* Il faut parler bas. *Sic,* Il faut disné de bonne heure, *vel,* Il faut souppé de bonne heure : *pro* disner *&* soupper. *Atque adeo hunc vulgi errorem sequentes ii etiam qui in vulgo minimè sunt numerandi, proferunt* après disner, après soupé, *pro* après disner, après souper. *Nam dicitur* après souper, *sicut* après boire *; usurpando infinitivum more Græco : ut si dicas μετὰ τὸ δειπνεῖν. Sic* le disné *&* le souppé ; Nostre disné *&* Nostre souppé ; *malè absque* r. *Itidemque* Nostre mangé, *pro* manger : *ut apparet ex adjuncto* boire. *Dicitur enim,* son boire & son manger. *ut,* On lui fournit son boire & son manger : *hic quoque infinitivis vice nominum fungentibus, more Græco. Ita enim dicitur τὸ πιεῖν ἐ τὸ φαγεῖν. Sed enim hoc fatebor, quum duo vocabula in r desinentia, sunt contigua, aut saltem valde vicina, tum in alterutro, & quidem in priore potiùs, nullum, aut perexiguum dari sonum huic literæ.* ut, Il faut aller disner chez lui : *potiùs enim allé pronuntiant, quàm aller.* Sic, Il faut allé chercher nostre homme, *potiùs quàm* aller chercher. ¶ Mais M. de Vaugelas, qui a aussi traité la mesme question, veut qu'on dise indifféremment *aprés soupé* & *aprés souper*. Cette question n'est qu'une question d'orthographe : car pour la prononciation, tout le monde demeure d'accord qu'il faut dire *aprés soupé*. Pour moy, j'écris tousjours *aprés soupé*. Mais quoyque j'écrive *aprés soupé*, j'écris neanmoins *le disner, le souper* : Le disner est prest ; Le souper est prest ; ayant remarqué que l'R en ces mots se fait sentir en quelque façon, & qu'elle ne se fait point du tout sentir dans *aprés soupé*. J'écris aussi tousjours *le manger. Le boire & le manger.* C'est ainsi qu'on parle & qu'on écrit. Mais on dit & on écrit *un procedé, un demeslé*, & non pas *un proceder, un démesler*. M. de Vaugelas qui est pour *démesler*, se trompe manifestement. ¶ Il faut aussi tousjours écrire *un plaidoyé*, & non pas *un plaidoyer*, comme a fait M. l'Abbé de Cassagne, dans la Préface de sa Traduction de l'Orateur de Ciceron. Et si dans un plaidoyer il avoit entassé des allegations affectées.

Librairie.

CHAPITRE CLXIII.

NOs Anciens disoient tousjours *Librairie,* & jamais *Bibliothéque*. Villon en son Grand Testament:

Ie lui donne ma Librairie,
Et le Romans du Pet au Diable, &c.

Budée en son Testament: *Guillaume Budé, Conseiller du Roy, Maistre des Requestes ordinaire de son Hotel, & Maistre de sa Librairie.* Rabelais, livre 2. chap. 7. *Comment Pantagruel vint à Paris, & des beaux livres de la Librairie de S. Victor.* Le Chancelier de l'Hospital a joint les deux mots ensemble: *Ie fais Magdelaine de l'Hospital héritiére de tous & chacuns mes biens: & laisse & légue par testament toute ma Librairie & Bibliothéque à Michel Hurault de l'Hospital, qui me semble plus idoine & plus affectionné aux bonnes lettres que les autres petits.* Ce qui me fait croire, que par le mot de *Bibliothéque* il a entendu parler du lieu où estoient ses livres. Sous le regne de Charles IX. on commança à dire *Bibliothéque* pour *Librairie,* comme il paroist par le livre de la Croix du Maine, imprimé en 1584. & intitulé *Bibliothéque.* Et c'est comme on parle aujourdhuy. *Librairie* pour *Bibliothéque,* n'est plus en usage que parmy quelques Religieux. Mais on dit tous jours *Librairie*, pour *le trafic des Livres. La Librairie va bien: La Librairie est bonne cette année*: & pour *une boutique de Livres* M. de Balzac a dit en ce sens, dans ses Lettres Familiéres à M. Chapelain, livre 5. lettre 13. *Est-ce-là cette Librairie si riche. & ce Libraire si curieux?*

Noms indéclinables.

CHAPITRE CLXIV.

NOus avons dans nostre Langue plusieurs noms qui sont indéclinables : je veux dire, qui ont le plurier semblable au singulier. Nous disons, par exemple, *un* OPERA, & *deux opera*: *un* ERRATA, & *deux errata*. Nous disons demésme *un* PATER & *un* AVE' : *Cinq Pater* & *cinq Avé*; & non pas *cinq Paters* & *cinq Avés*: quoyque les Italiens disent au plurier *Paternostri* & *Ave-Marie*. Le Bocace en sa 24. Nouvelle : *Cinquanta Pater nostri, e altrettante Ave Marie*. Nous disons aussi *un* TE DEUM, & *deux Te-Deum*; & non pas *deux Te-Deons*: quoyqu'on dise au plurier *des factons, des dictons, des rogatons*. Nous disons encore ; du moins je croy qu'il le faut dire ; *un* ACACIA, & *deux acácia*; & non pas *deux acacias*. M. Sarasin a dit IMPROMPTVS, au plurier.

Les Madrigaux polis, les légers impromptus
Font front en divers lieux, de leurs armes vestus

C'est dans son Poëme de Dulot. Et dans ses Vers irréguliers à Madame la Princesse de Condé, la Douairiere :

Cependant, il faut avoüer,
Que je n'ay raconté que la moindre partie
De ce qu'on dit icy de vos vertus,
Qui tiennent sous vos piés les vices abatus.
Et puis, est ce à des Impromptus
A parler d'un sujet digne qu'Apollon mes-
me, &c.

Le Pere Bouhours dans son Entretien du Bel-Esprit, s'est servi du mesme mot au mesme nombre. *Ces Messieurs les Beaux-Esprits au-roient beau faire valoir leurs Madrigaux, leurs Bout-rimez, & leurs Impromptus.* Aprés l'autorité de ces deux célébres Ecrivains, je ne doute point qu'on ne puisse dire *des Impromptus*. Je dis pourtant tousjours *des Impromptu:* & je voy que plusieurs personnes qui parlent bien, parlent de la sorte.

Les noms des lettres de l'Alphabet, ne se déclinent point aussi : Et cela, à l'imitation des lettres Grecques & Latines. On dit *deux alpha, deux vita, deux delta : Deux A, deux B, deux C.* Le passage d'Helladius, dans la Bibliothéque de Photius, est considérable à ce propos, & merite d'estre icy rapporté. Le voicy, de la version d'Andréas Schottus: *Quemadmodum dicimus* τὰ ιῦ, *&* τὰ μῦ, *cùm literas in plurali efferre volumus : sic &* τὰ σίγμα *dicendum est, non* τὰ σίγματα. *Etenim non declinantur nomina literarum. Ideóque quod à Xenophonte in* Ἑλληνικοῖς *dictum est,* τὰ σίγματα τῶν ἀσπίδων, *non conjunctim le-*
gendum

LANGUE FRANÇOISE.

gendum est, sed duabus syllabis, τά σίγμα ; *& ab alio principio,* τά τῶν ἀσπίδων, *divisim.* On peut dire la mesme chose de ce passage du Scholiaste d'Euripide, sur ce vers de la Médée,

Ἔσωσα σ', ὡς ἴσασιν Ἑλλήνων ὅσοι·
ἐλεοντίζει ὁ στίχος τῦ Σ. ὅθεν ἡ Πλάτων ἐν ταῖς Ἑορταῖς φησὶ ; C'est Platon le Comique ;

Ἔσωσας ἐκ τῶν σιγμάτων Εὐριπίδου·
qui est, qu'il faut lire, ἐκ τῶν σίγμα, τῶν Εὐριπίδου. Et en ce cas, l'observation que Henri Estienne a faite dans son Tresor de la Langue Grecque, que le mot σίγμα avoit cela de particulier sur les autres mots de lettres, qu'il se declinoit, ne seroit pas véritable. Mais il est pourtant vray que les Grecs modernes ont dit σίγματα, au pluriet. Le Scholiaste d'Euripide au lieu allégué : Καὶ Εὔβυλος, &c. τά σίγματα συμμίξαντες. Ausone a dit de mesme, *beta, beta ; delta, delta ; iota, iota.*

S'il faut dire sel armoniac, *ou* ammoniac.

CHAPITRE CLXV.

Rabelais dans son Pantagruel livre 2. chap. 4. & livre 5. chap. 18. & Nicod dans son Dictionnaire, ont dit *ammoniac.* Et c'est comme il faudroit dire selon l'étymologie ; ce mot ayant esté fait d'*ammonia*-

cum. Voyez mes Origines de la Langue Italienne. Mais l'usage veut qu'on dise *armoniac.* Les Italiens disent demesme *armoniaco.*

S'il faut dire arbaleste, *ou* arbalestre: Arbalestier, *ou* Arbalestrier.

CHAPITRE CLXVI.

LEs Latins ont dit *arcubalista*, & *arcubalistra.* L'Onomasticon Grec-Latin: *arcubalista.* σκορπίων. Le Vieux Glossaire: *balistra.* σφενδόνη. μάγγανον πολεμικόν. D'*arcubalista,* nous avons fait *arbaleste*, & d'*arcubalistra,* *arbalestre.* Les Italiens & les Espagnols de *balistra* ont dit demesme *ballestra.* D'*arcubalista* on a formé *arcubalistarius* ; & *arcubalistrarius,* d'*arcubalistra.* De là vient que nous avons dit indifféremment *Arbalestier* & *Arbalestrier.* Marot a dit *Arbalestier*, en ces vers de l'Epigramme, qui a pour titre, *Que ce mot* viser *est bon langage*:

Regarder, *est tres-bon langage.*
Viser, *est plus agu du tiers.*
De dire qu'il n'est en usage,
J'en croy tous les Arbalestiers.

Pasquier l'a dit aussi au livre 8. de ses Recherches, chapitre 44. & au livre 1. chap. 5. & André Du Chesne dans ses Annotations sur Alain Chartier, page 822. Nous disons aujourdhuy *arbaleste*, & non pas *arbalestre.* Mais quoyque nous disions *arbaleste*, nous disons neanmoins *Arbalestrier*. Ainsi plaist à l'Usage, *Quem penes arbitrium est, & jus, & norma loquendi*. Et c'est aussi comme Nicod a écrit ces mots dans son Dictionnaire.

S'il faut dire portecole, protocole, *ou* protecole : Protonotaire, *ou* Protenotaire.

CHAPITRE CLXVII.

L'Etymologie voudroit qu'on dist *protocole*. Voyez mes Origines de la Langue Françoise. Rabelais dans ses Lettres à Geoffroi d'Estissac, Evesque de Maillezais, a dit *portecole*. Dites *protecole*. Dites aussi *Protenotaire*, & non pas *Protonotaire*, selon l'étymologie. C'est comme parlent ceux qui parlent bien. Et ce n'est pas d'aujourdhuy qu'on parle de la sorte. Vous trouverez *Protenotaire* dans la Bibliothéque de la Croix du Maine, page 494. à l'endroit où il est parlé de Julien de Baïf. ¶ Ces trois *o* de suite, en *protocole* & en *Protonotaire*, sont desagréables à prononcer.

S'il faut dire, le chaignon, *ou* le chignon du cou.

CHAPITRE CLXVIII.

VIllon dans la Ballade où il crie mercy à tout le monde, a dit *chaignon*. *Ce jura il sur son chaignon.* Nicod a dit *le chainon*: & c'est comme il faudroit parler selon l'étymologie, ce mot ayant esté fait de *catena. catena, catenio catenionis, catenione,* CHAINON. Mais nonobstant cette raison d'étymologie, il faut dire le *chignon du cou.* L'usage le veut ainsi.

Cypre. Chypre.

CHAPITRE CLXIX.

MOnsieur de Vaugelas veut qu'on dise *l'Isle de Chypre,* & *de la poudre de Chypre,* & non pas *l'Isle de Cypre,* & *de la poudre de Cypre.* Je ne suis pas de son avis, à l'égard de l'Isle. Vous trouverez *l'Isle de Cypre* dans Nicod, en son Dictionaire ; dans Amyot, en la Vie de Thésée ; dans Méziriac, en ses Commentaires sur les Epitres d'Ovide, & dans tous nos Géographes. Pour *de la poudre de Chypre*, j'avoue que c'est ainsi que parlent la pluſpart des Dames. Je dirois donc *l'Iſle de Cypre*, & *de la poudre de Chypre*. Mais ſans blamer ceux qui diſent *l'Iſle de Chypre*. Car outre que pluſieurs parlent aujourdhuy de la ſorte, pluſieurs de nos Anciens ont ainſi parlé. Vous trouverez *l'Iſle de Chypre* dans la Ballade de Villon des Seigneurs des temps jadis, & dans la Chronique d'Anjou de Bourdigné.

Oeil, euil. orgueil, orgueuil. heur, hureux, valeur, valureux.

CHAPITRE CLXX.

IL faut prononcer *euil*, avecque les Pariſiens, & non pas *œil*, ou *eil*, avecque les Provinciaux. C'eſt donc mal rimer, que de rimer ce mot avecque celui de *Soleil*, comme a fait Bertaud.

Ie n'ay vu qu'a regret la clarté du Soleil.
Depuis qu'en ſoupirant j'éloignay ce bel œil.

Il faut dire demeſme *une euillade*, & non pas *une eillade*. Et il y a long-temps qu'on parle ainſi. Théodore de Béze dans ſon livre de la véritable prononciation de la Langue Françoiſe : *Hæ tres voces* oei *ſic ſcribi plerumque ſolent in unica voce* oeil, oculus: *quæ ſcriptura ſi eſt germana, oſtendit majores noſtros pronunciaſſe* oel *pro oculo, ſingulari numero. Sed ſuſpicor potiùs* u, *alteram* eu *diphtongi vocalem, fuiſſe ab imperitis extritam, & veteres scripsisse* oeul, *præposito* o *quiescente ; ad ostendendum Latinæ vocis* oculus *etymon. Eadem autem inscitiâ factum est, ut* i*, vocalis quiescens, huic dictioni insereretur : nempe propter derivatum* oeuillade *; quo significatur oculorum in rem aliquam conjectio. In quâ dictione* i *adjicitur de more : non ut proferatur, sed ut mollem illum sonum duplicis* l *designet. Utcumque sit, oculum vocamus* eul *;* eu *diphtongo purè & integrè prolatâ.* Il en est de mesme d'*orgueil* & d'*orgueuil*. Le mesme Théodore de Béze au mesme endroit : *Sic imperitè scribitur* orgueil, *superbia, pro* orgueul *;* u *quiescente, & dumtaxat ostendente* g *literam esse nativo suo sono, non autem pro* i *consonante, pronuntiandam : ut in* langueur, rigueur, *& similibus. Inserta autem fuit illi voci* orgueil, *per inscitiam litera* i*, propter ejus derivatum,* orgueilleux *; ubi tamen quiescit ; & mollem sonum illum duplicis* l *demonstrat.* ¶ Il est à remarquer, que cette prononciation d'*œil*, pour *eul*, & d'*orgueil*, pour *orgueul*, est particuliérement des Provinces d'Anjou & du Maine. Et de là vient que les Angevins & les Manceaux ont fait *Sablé*, nom de Ville, de *Sablolium*. *Sablolium*, *Sableul*, *Sableil*, Sablé. Les Angevins ont dit de mesme *Iuvardé*, nom de Bourg, au lieu de *Iuvardeil* : & le Collége de *Bué*, au lieu du Collége de *Bueil*. Voyez mes Remarques sur la Vie de Mathieu Ménage.

Il faut dire aussi *heur*, bonheur, malheur, comme on dit à Paris ; & non pas *hur*, *bonhur*, *malhur*, comme on dit dans les Provinces. Mais quoyqu'il faille prononcer *heur*, *bon-heur*, *malheur*, on dit neanmoins *hureux*, *bienhureux*, *malhureux*. ¶ On dit aussi *valureux*, quoyqu'on dise *valeur*.

S'il faut dire sesant, ou faisant, au participe du verbe faire.

CHAPITRE CLXXI.

LEs Parisiens disent *sesant* au participe du verbe *faire* : ce qui a esté remarqué & blâmé par Béze, en son livre de la prononciation de la Langue Françoise. *Neque hic mihi dissimulandum videtur vulgi Parisiensium vitium, qui* faisant *participium, pronunciant* sesant, *spondeo in jambum mutato.* La prononciation des Parisiens a prévalu. Il faut donc dire *sesant*, comme on dit *je serois*, & *je seray*.

Astronomie. Astrologie.

CHAPITRE CLXXII.

PLusieurs confondent ces deux mots, entre lesquels il y a pourtant une grande différence. *Astronomie*, c'est la science des astres. *Astrologie*, c'est la science de la divination.

Fleuve. Riviére.

CHAPITRE CLXXIII.

Iviére se dit des grandes & des petites riviéres. *La riviére de Loire ; La riviére des Gobelins.* Fleuve ne se dit que des grandes riviéres. *Le Fleuve Tigris ; Le Fleuve Euphrate*, &c. si ce n'est qu'on parle du Dieu de la riviére. Car en ce cas, on diroit fort bien, ou plustost on doit dire, *le Fleuve. Le Fleuve de Sarte m'apparut.* Il est aussi à remarquer, que le mot de *riviére* n'est pas Poëtique, & que celui de *fleuve* n'est pas du discours familier.

S'il faut dire trouver, *ou* treuver.

CHAPITRE CLXXIV.

Nos Anciens ont souvent changé l'*o* & l'*u* des Latins en *eu*. De *demorari* & de *pluviare*, ils ont dit *demeurer* & *pleuvoir*. Ils ont dit de mesme *preuver* de *probare*, comme le témoigne le mot de *preuve*. Ils ont dit aussi *labeurer*, de *laborare*. *En peu d'heure Dieu labeure*. Et de là tous ces mots terminez en *eur*: *douleur, rigueur, saveur, labeur, candeur, odeur*, &c. De l'Italien *trovare*, ils ont donc dit aussi *treuver* : & plusieurs le disent encore présentement. Mais M. de Vaugelas a fort bien décidé, que *trouver* est sans comparaison meilleur que *treuver*. Tous nos Poëtes, tant anciens que modernes, se servent néanmoins de l'un & de l'autre indifféremment. Ronsard, livre 1. ode 2.

En son doux nectar j'abbreuve
Le plus grand Roi qui se treuve.

Desportes, Elégie 1.

Et si quelque autre peine en reserve se
treuve,
Ainsi qu'il me sembloit, j'en avois fait l'é-
preuve.

Malherbe dans les Stances sur la mort de Damon :

Elles savent assez alléguer Artémise :
Disputer du devoir & de la foi promise.
Mais tout ce beau langage est de si peu d'effet,
Qu'apeine en leur grand nombre une seule
se treuve
De qui la foi survive, & qui fasse la preuve
Que ta Carinice te fait.

M. de Voiture dans ses Stances écrites sur des Tablettes :

Mais en l'état où je me treuve,
Qu'est il besoin de cette preuve ?

M. Habert, Abbé de Cerisy, dans sa Chanson de l'Amant qui meurt, attribuée par M. de Balzac à Madame Des-Loges :

Il vous fait un siécle d'épreuve
Pour récompenser un Amant :
Et dans l'état funeste où je me treuve,
Ie ne ne saurois attendre qu'un moment.

Après toutes ces autoritez, on ne peut pas dire, qu'on ne puisse plus dire *treuver*; & particuliérement en vers. Et apparemment, la rime de *preuve* & d'*épreuve* avecque *treuve*, maintiendra ce mot encore tres long-temps. Le meilleur pourtant & le plus sûr est de dire tousjours *trouver*, & en vers, & en prose: quoyque Malherbe dans sa Traduction du 23. livre de Tite-Live, page 406. de l'édition in quarto, ait dit *treuver*.

S'il faut dire pommes de cas-pendu, *ou* de court-pendu.

CHAPITRE CLXXV.

Rabelais livre 3. chap. 13. a dit *court pendu*. Vous mangerez bonnes poires crustuménies & bergamottes; une pomme de court pendu; quelques pruneaux de Tours; quelques cerises de mon verger. Mais Nicod a dit *capendu*, & *carpendu*. Voicy ses termes. CA-PENDV. *Pomme de capendu, ou carpendu: quasi qui diroit* court-pendu: *malum curripendulum*. Il faut dire *capendu*. C'est ainsi qu'on parle. M. Auberi de Trilport, Conseiller au Grand Conseil, & M. Merlet, dans leur Abregé des bons fruits, ont pourtant dit *courpendu*.

N'ont-ils pas fait ? Ont-ils pas fait ?
Ie conte pour rien : Ie ne conte pour rien.

CHAPITRE CLXXVI.

MOnſieur de Vaugelas veut qu'il ſoit mieux de dire, *Ont-ils pas fait ?* ſans la négative, que *N'ont ils pas fait ?* aveque la négative. Ie ne ſuis pas de ſon avis. *N'ont-ils pas fait ?* me ſemble plus élégant. Malherbe qui avoit l'oreille excellente, a préféré de meſme *N'ay-je pas* à *Ay-je pas*.

N'ay-je pas le cœur auſſi haut, &c.
C'eſt dans les Stances *Donc cette merveille des Cieux*.

Ie ne conte pour rien, me ſemble de meſme plus élégant, que, *Ie conte pour rien*.

    Vivre avec mon Iris dans une paix profonde,
    Et ne conter pour rien tout le reſte du monde,

a dit élégamment Mademoiſelle de Scudéry.

Carmes Deſchaux. Carmes Deſchauſſez.

CHAPITRE CLXXVII.

NOs Anciens diſoient *deſchaux*, pour dire *deſchauſſez*. Villon dans ſon Grand Teſtament :

Item, au Chevalier du Guet
Je donne deux beaux petits Pages;
Philippot, & le gros Marquet,
Qui ont servi (dont sont plus sages)
La plus partie de leurs âges,
Tristan, Prévost des Mareschaux.
Hélas! s'ils sont cassez de gages,
Aller leur faudra tous deschaux.

De là vient que le peuple dit encore *Carmes Deschaux*. Il faut dire *Carmes Deschaussez*. C'est comme parlent les honnestes gens.

S'il faut dire vous médisez, *ou* vous méditez. Il l'interdisit, *ou* Il l'interdit. Il survescut, *ou* il survesquit.

CHAPITRE CLXXVIII.

Eguliérement on devroit dire *Vous médites*, comme on dit *vous dites*. Cependant on dit *Vous médisez*. Ainsi plaist à l'Usage. On dit demesme *prédisez, interdisez, contredisez*. ¶ Plusieurs disent aussi *interdisit*, à l'oriste. Mais le plus grand & le plus bel usage est pour *interdit*.

Pour ce qui est de *vesquit* & de *vescut*, de *survesquit* & de *survescut*, l'usage est partagé, & M. de Vaugelas n'a point voulu prendre parti sur cet usage partagé. M. d'Ablancourt dit tousjours *survesquit*; & on ne peut manquer de suivre un si grand Maistre.

S'il faut dire matériaux, *ou* matéreaux.

CHAPITRE CLXXIX.

IL faut dire *matériaux*; & non pas *matéreaux*, comme dit le peuple de Paris.

Bienfaiteur, Bienfaicteur, Bienfacteur.

CHAPITRE CLXXX.

MOnsieur de Vaugelas est pour *bienfaiteur*, & M. de Voiture pour *bienfaicteur*. Voyez les Remarques de M. de Vaugelas, page 336. de la prémiére édition, & les Entretiens de M. de Voiture, page 295. Je suis du costé de M. de Voiture. *Bienfaicteur* est aujourdhuy le plus en usage. Et il y a déja long-temps qu'on parle de la sorte. Villon dans son Grand Testament, fueillet 32.

Or prient pour leur bienfaicteur.

M. d'Ablancourt dans l'Epitre Dédicatoire de son Lucien, a pourtant dit *bienfaiteur*. ¶ Pour *bienfacteur*, il n'est plus usité que par les Curez, qui disent dans leurs Prosnes, *Priez Dieu pour les bienfacteurs de cette Eglise.*

Cadeau. Banquet. Coterie.

CHAPITRE CLXXXI.

DE *catellum*, diminutif de *catena*, nos Anciens ont fait le mot *cadeau*, pour exprimer ces lettres capitales que les Maistres à écrire tirent à grands traits de plume, & les paraphes qu'ils font autour des Exemples. Voyez mes Origines de la Langue Françoise. Par métaphore, nous avons dit depuis, *faire des cadeaux*, pour dire, faire des choses spécieuses, mais inutiles: & nous avons dit ensuite, *donner un cadeau*, pour dire, donner un grand repas. Mais ce mot de *cadeau* en cette dernière signification, est plustost de la Ville que de la Cour. On dit à la Cour, *donner un grand repas, donner une feste*. C'est donc comme il faut parler, pour bien parler.

Le mot de *banquet*, n'est pas aussi du bel usage. On ne s'en sert plus, si ce n'est en ces façons de parler, *Le Banquet des Elus; Le Banquet de l'Agneau; Le Banquet des Dieux; Le Banquet des sept Sages; Le Banquet de Platon; Le Banquet des Lapithes;* où il est meilleur que celui de *festin*, comme l'a fort bien remarqué M. de Vaugelas.

Coterie, est aussi un mot bourgeois. Les honnestes gens disent *société*.

S'il faut dire bulins, *ou* boulins de coulombier.

CHAPITRE CLXXXII.

LEs Normans du païs de Caux disent *bulins*. Il faut dire *boulins*, avecque les Parisiens, & avecque les autres Provinciaux. Et cette prononciation est en quelque façon plus conforme à l'étymologie : car ce mot a esté fait du Latin *bolinum*, qui l'a esté du Grec inusité βώλιον: & l'o se change plus ordinairement en *ou*, qu'en *u*. βωλίω ; ce que peu de personnes savent ; se trouve dans Hesychius en la signification de *boulin*. βωλίας. ϰαλιὰς, ἢ πλιθίιας οἰκίας.

Arrérages. Arriérages.

CHAPITRE CLXXXIII.

QUoyqu'on dise *arriere*, il faut dire *arrérages*, & non pas *arriérages*, comme a dit Nicod, & comme plusieurs Antiquaires le disent encore présentement.

Du Ch François.

CHAPITRE CLXXXIV.

LE *cha* & le *cho* des Latins se prononcent toujours parmy nous *ca* & *co*. On dit *caos*, *caractére*, *Caron*, *Carites*, *colére*, *corde*, *Eco*, &c. Et c'est pourquoy plusieurs écrivent ces mots sans *h*, pour empescher qu'on ne dise, à la Françoise, *chaos*, *charactére*, &c. ce que je ne desaprouve pas. Nous écrivons de mesme *Nicomaque* & *époque*, & non pas *Nicomache* & *époche*. Pour le *che*, & le *chi*, ou le *chy*, ils se prononcent tantost par *ch*, & tantost par *k*. Voicy apeuprês les mots qui se prononcent par *ch*. *Achelois*, *Achéron*, *Achille*, *anarchie*, *Anchise*, *Antioche*, *Archevesque*, *Archidiacre*, *Archiduc*, *Archipreſtre*, *Archiméde*, *Architecte*, *cacochyme*, *Cathéchisme*, *Chérubin*, *Chimére*, *Chio*, *Chirurgien*, (mais il faut dire *Cirurgien*) *chyle*, *Chymie*, *Ezéchiel*, *hiérarchie*, *Michel*, *Monarchie*, *Patriarche*, *Psyché*. ¶ Et à ce propos il est à remarquer que les Chartreux prononcent à la Françoise le *ch* de tous les mots Latins. ¶ Voicy apeuprês les François qui se prononcent par *k*. *alchimie*, *Archéanaſſe*, *Archélaüs*, *Archeſtratus*, *Archiépiscopal*, *Archigenês*, *chélidoine*, *Cherſonnéſe*, *chiragre*, *chirographaire*, *chiromance*, *Eſchyle*, *Eſchinês*, *Laschès*, *Melchiſédéc*, *orcheſtre*, *trochée*.

Il est à remarquer, qu'il faut dire *Mikel*

Ange , & non pas *Michel Ange* , quoyqu'on prononce *Michel*. Je remets à un autre lieu à en dire la raison.

S'il faut dire analyse, *ou* analysie.

CHAPITRE CLXXXV.

IL est sans doute qu'il faut dire *analyse*. C'est ainsi que tout le monde a tousjours parlé : à la reserve du Pere Rapin, qui dans son livre de la Comparaison de Platon & d'Aristote, a dit *analysie*. Et c'est aussi comme il faut parler selon l'analogie. ἀνάλυσις, *analysis*, ANALYSE. Il est vray que nous disons *paralysie*, *phtisie*, *pleurésie*, *phrénésie* : mais ces mots ont esté formez du Latin barbare *paralysia*, *phtisia*, *pleuresia*, *phrenesiæ*; & non pas de *paralysis*, *phtisis*, *pleuresis*, *phrenesis*.

A présent. mesmement. partant. audemeurant.

CHAPITRE CLXXXVI.

APrésent est un fort bon mot, & qui est tres-usité en prose : car en vers il est prosaïque. Et c'est avecque raison que M. de Vaugelas, qui l'a condanné en prose, en a esté repris par M. de la Mote le Vayer & par Dupleix.

Pour ces autres mots, *mesmement*, *partant*, & *audemeurant* ; j'avoue avecque M. de Vaugelas qu'ils ont vieilli, & qu'ils ne sont plus reçus dans le beau stile. M. de Balzac s'est pourtant servi du segond dans le sixiéme de ses Entretiens, & M. Costar du dernier dans sa Deffense de M. de Voiture.

S'il faut dire tuer, *ou* éteindre un flambeau.

CHAPITRE CLXXXVII.

Malherbe a préféré le mot de *tuer un flambeau*, qui est le figuré, à celui d'*éteindre un flambeau*, qui est le propre.

> On doute pour quelle raison
> Les Destins, si hors de saison,
> De ce monde l'ont appelée.
> Mais leur prétexte le plus beau,
> C'est que la terre estoit brûlée,
> S'ils n'ussent tué ce flambeau.

Le Comique Accius, selon le témoignage de Nonius Marcellus au mot *torris*, avoit dit demesme dans son Méléagre,

> *Tum suum vita finem ac sati internecionem fore*
> *Meleagro, cùm torris esset interfectus flammeus.*

Mais comme je l'ay remarqué dans mes Observations sur Malherbe, cette façon de parler figurée est devenue si commune, qu'elle est aussi devenue moins noble, & par consequent moins poëtique que la propre. Je dirois donc, non seulement en vers, mais aussi en prose; & mesme dans le discours familier, *éteindre un flambeau*, plustost que *tuer un flambeau*. C'est aussi comme on parle à Paris. *Tuer un flambeau*, *Tuer une chandelle*, est de Province.

S'il faut dire naviger, *ou* naviguer: Norvégue, *ou* Norvége: Mer Caspie, *ou* Mer Caspienne: La Parthie, *ou* la Parthienne: Les Perses, *ou* les Persiens: l'Alzace, *ou* l'Alsace: la Valaquie, *ou* la Valachie.

CHAPITRE CLXXXVIII.

Monsieur de Vaugelas a fort bien décidé qu'il faloit dire *naviger*, & non pas *naviguer*, comme disent les Mariniers. Il faut dire au contraire *La Norvégue*, comme disent nos gens de mer. C'est aussi comme parlent tous les Septentrionaux. Mais comme ils écrivent *Norvége*, plusieurs de nos François, croyant cette écriture conforme à nostre prononciation, disent *Norvége*. Le Président Maynard dans une de ses Epigrammes:

La Norvége n'a point d'hyvers,
Qui soient glacez comme tes vers.

On dit *Mer Caspie* & *Mer Caspienne*, indifféremment. M. d'Andilly dans son Joseph a dit *Caspienne*.

Pour *Parthie* & *Parthienne*, je ne dirois ny l'un ny l'autre dans le discours familier. Je dirois *les Parthes*, ou *le païs des Parthes*.

On dit *les Perses*, en parlant des anciens Perses, & *les Persiens*, en parlant des modernes.

Il faut dire *l'Alsace*, & non pas *l'Alzace*.

Il faut dire *la Valachie*, quoyqu'on dise *les Valaques*.

S'il faut dire femme disposte, *ou* femme dispose.

CHAPITRE CLXXXIX.

IL ne faut dire ny l'un ny l'autre; & l'un & l'autre n'estant plus en usage ny à Paris ny à la Cour. Que si on estoit nécessairement obligé de se servir de l'un ou de l'autre, il faudroit dire *disposte*, conformément à l'analogie, & à l'autorité des Ecrivains. Les Normans, les Angevins & les Manceaux disent *dispose*.

S'il faut dire bignets, beignets, *ou* bugnets.

CHAPITRE CLXXXX.

Les Parisiens disent plus ordinairement *beignets*. Nous disons *bignets* dans les Provinces. Nicod le dit aussi. On peut dire l'un & l'autre : car plusieurs Parisiens disent aussi *bignets*. *Bugnets* est tres-mal dit.

S'il faut dire bigle, *ou* bicle.

CHAPITRE CLXXXXI.

Nous disons *bicle* en Anjou. Et c'est le véritable mot, comme le témoigne son étymologie *obliquulus*. Voyez mes Origines de la Langue Françoise au mot *bicle*, & mes Origines de la Langue Italienne au mot *bieco*. Les Parisiens disent *bigle*. Nicod le dit aussi. On ne peut donc manquer en disant *bigle*.

S'il faut dire garenne, *ou* garanne : garennier, *ou* garannier.

CHAPITRE CLXXXXII.

Il faut dire *garenne*, & non pas *garanne*. Mais quoyqu'on dise *garenne*, il faut dire *garannier*, & non pas *garennier*.

Monsieur, Madame.

CHAPITRE CLXXXXIII.

REmarque de M. de Vaugelas : *Il n'y a rien qui blesse davantage l'œil & l'oreille que de voir une Lettre, qui après Monsieur ou Madame, commance encore par l'un ou par l'autre. Et quand il y a deux Monsieur ou Madame, c'est encore pis.* ¶ Je ne suis pas de l'avis de M. de Vaugelas : & selon moi, c'est estre dégouté plustost que délicat, de ne pouvoir souffrir ces petites négligences. Les Lettres sont l'image de la conversation; & dans la conversation on ne fait point de difficulté d'employer ces mots de suite. Un Gentilhomme envoyé de la part d'un Prince ou d'une Princesse vers un autre Prince ou une autre Princesse, ne commence-t'il pas ordinairement son compliment en ces termes : *Monsieur, Monsieur le Prince tel vous baise tres humblement les mains : Madame, Madame la Princesse telle m'a commandé de venir apprendre de vos nouvelles ?* Et qui doute que ce ne soit bien parler ? Ou plustost, qui doute que ce ne fust mal parler que de ne parler pas de la sorte ? Tous les jours dans le discours familier, en appelant quelqu'un en présence de quelque autre, nous lui disons, *Monsieur, Monsieur tel.* Et qui diroit, *Monsieur tel*, simplement, comme troit une grande incivilité; à moins que de parler à une personne qui lui fust infiniment inférieure. Il y a une lettre de Ciceron à son frere, (c'est la 3. du livre 1.) qui commence de cette sorte, *Mi frater, mi frater, mi frater.* Un Amant, écrivant à sa Maitresse, ne pourroit-il pas de mesme commencer sa lettre par ces paroles, *Madame, Madame, Madame, ayez pitié de moi* ? Nos yeux ne sont point blessez, ny nos oreilles offensées de la suscription ordinaire de nos Lettres, *A Monsieur, Monsieur tel: A Madame, Madame telle.* On peut donc fort bien, après le mot de *Monsieur*, ou celui de *Madame*, commencer une lettre par ces mesmes mots: & d'autant plus, que ce *Monsieur* & ce *Madame*, n'estant mis à la teste de la lettre que par honneur & pour satisfaire à la coutume, ils ne se lisent & ne se prononcent presque jamais. En s'écrivant par billets, qui est une chose fort commode, & qui a esté introduite depuis trente ou quarante ans par Madame la Marquise de Sablé, & par Madame la Comtesse de Maure; on évite l'inconvénient prétendu de M. de Vaugelas; mais en évitant ce prétendu inconvénient, plusieurs personnes, & particuliérement les Dames, tombent dans une véritable faute; qui est de mettre *Monsieur*, ou *Madame*, immédiatement après les deux ou trois premiéres paroles, dans un endroit qui n'est pas propre à le recevoir. Par exemple: *Ie fus, Madame, hier chez vous, pour avoir l'honneur de vous voir.* Cette faute est considérable; & les personnes qui veulent bien écrire, doivent l'éviter comme un écueil.

Victorieux, impatient, ambitieux,
avecque le génitif.

CHAPITRE CLXXXXIV.

LE mot de *victorieux*, qui se prent d'ordinaire absolument, a esté employé par Malherbe avecque le régime du génitif.

J'honnore tant la palme acquise en cette guerre,
Que si victorieux des deux bouts de la Terre,
J'avois mille lauriers de ma gloire témoins,
   Ie les priserois moins.

Aprés l'exemple d'un si grand Auteur, tous nos meilleurs Ecrivains n'ont point fait de difficulté de se servir de ce mot avecque ce régime. M. de Racan dans une de ses Odes au Roy Loüis XIII.

 Victorieuses des années,
 Nymphes, dont les inventions, &c.

M. Chapelain dans son Ode pour le Comte de Dunois:

 Ainsi, pour redonner au monde
 L'oiseau des ans victorieux.

M. Desmarests dans son Clovis:

 Le sage, le pieux, l'illustre Apollinaire,
 Dont les doctes écrits & les aimables vers,
 Victorieux des ans, courent par l'Vnivers.

M. de Segrais dans le Portrait de Mademoiselle:

Apollon.

Apollon, ton savoir des ans victorieux.

Mais ceux qui croyent que Malherbe a le premier employé ce mot de la sorte, se trompent manifestement. Ronsard dans un de ses Sonnets sur les Erreurs Amoureuses de Pontus de Tyard, avoit dit long-temps auparavant;

De tes Erreurs l'erreur industrieuse,
Qui de la mort ne doute point l'assaut,
Errant de Thule au Bactre le plus chaud,
Se fera voir des ans victorieuse. ¶

Il est au reste à remarquer, que le mot *victoriosus* est un ancien mot Latin, & duquel Caton s'est servi, selon le témoignage d'Aulu-Gelle, livre IV. chap 9. ¶

Monsieur de Balzac dans l'Avant-propos de son Socrate Chretien, a employé de mesme avecque le régime du génitif le mot *impatient*. *Ils connoissoient la noblesse de leur naturel, qui est impatient du joug & de la contrainte.* Cela est tres-bien dit, n'en déplaise à l'Auteur des Doutes, qui a repris cette phrase. Les Latins ont dit, avecque le mesme régime, *servitutis impatiens.* Mais quand cette phrase ne seroit pas naturelle, l'autorité seule de M. de Balzac la pourroit défendre. *Summorum in eloquentia virorum judicium pro ratione, & vel error honestus est, magnos duces sequentibus,* dit Quintilien. ¶ On peut dire la mesme chose d'*ambitieux d'honneur*, que le mesme Auteur des Doutes a repris aussi dans M. Sarasin. Il est pourtant à remarquer, que cette phrase n'est pas si naturelle que les deux autres.

Monstrueux, Monstreux.

CHAPITRE CLXXXXV.

PLusieurs personnes, non seulement de la Ville, mais de la Cour, disent *monstreux*: & quelques-uns de nos Grammairiens soustiennent que c'est comme il faut parler; puisqu'on dit de mesme *nombreux*, *ténébreux*, *malencontreux*, &c. Ils se trompent. Le grand usage est pour *monstrueux*; conformément à l'Italien *mostruoso*; & au Latin *monstruosus*; qui se trouve dans Prudence, & dans Aulu-Gelle, selon le témoignage de Vossius en son livre *de Vitiis sermonis*.

Tant seulement.

CHAPITRE CLXXXXVI.

CE mot, qui est le *tantummodò* des Latins, est fort usité dans nos Provinces: & je voy que Bertaud, qui est un de nos plus célèbres Auteurs, l'a employé en ces vers,

Défens tant seulement à ta jeune beauté
D'étoufer de douleur un esprit qu'elle anime:
Et pour trop révérer ta chaste cruauté,
De ton adorateur ne fay point ta victime.

LANGVE FRANÇOISE. 399

Marot s'en estoit servi avant lui dans l'Epitaphe de Cretin. Cependant, il est tres-mauvais & tres-desagréable : & il faut bien prendre garde de s'en servir, non seulement dans des compositions relevées, mais aussi dans le discours familier.

Pallemail.

CHAPITRE CLXXXXVII.

NOs Anciens, de l'Italien *pallamaglio*, ont dit *pallemail*; & quelques Antiquaires disent encore présentement *Le Ieu de pallemail*, & *Iouer au pallemail*. C'est tres-mal parler. Il faut dire *Le jeu de mail*, & *Iouer au mail*.

Soupirer.

CHAPITRE CLXXXXVIII.

TOus nos Poëtes, tant vieux que modernes, ont usé de ce mot en la signification active. Ronsard livre 5. ode 3.
Puis soupirérent un chant
De leurs gorges nompareilles.
Et dans son Poëme à Christophle de Choiseul
Pour dire dessous l'ombre un si mignard ouvrage,
Qui, comme vous, soupire un amoureux dommage.

L l ij

Du Bellay dans la Complainte du Desesperé:

 Qui baillera double force
 A mon ame, qui s'efforce
 De soupirer mes douleurs?

Desportes dans un de ses Sonnets sur les Bergeries de Belleau:

 Quand je lis, tout ravi, ce Discours qui soupire
 Les ardeurs des Bergers, je t'appelle menteur.

Malherbe:

 Quand le sang bouillant en mes veines,
 Me donnoit de jeunes desirs,
 Tantost vous soupiriez mes peines,
 Tantost vous chantiez mes plaisirs.

M. Gombaud dans un de ses Sonnets amoureux:

 Mille esprits abusez en leur sujétion,
 Vont soupirer leur flame éloquènte & muette.

J'ay dit aussi en la premiére de mes Eglogues,

 Lycidas vit le jour en ce climat superbe,
 Qui sur les rives d'Orne a vu naistre Malherbe:
 Où jadis ce Berger, l'Apollon de nos jours,
 En mille accens divers soupirant ses amours,
 L'ame pleine d'ennuis, & le visage triste,
 Se plaignoit aux rochers des rigueurs de Calliste.

Pétrarque a dit de mesme,

 In quel bel viso, ch' i' sospiro e bramo.
 E sospirando il regno di Soria.

Et c'est à l'exemple des Latins que les Italiens & les François ont usé de ce verbe en cette signification transitive. Tibulle:

 Te tenet: absentes alios suspirat amores.
 Quòd si forte alios jam nunc suspirat amores.

Valérius Cato :
— *Tacitè nostrum suspirat amorem.*

S'il faut dire devot, *ou* dévot : peché, *ou* péché : depart, *ou* départ : defaut, *ou* défaut : Empereur, *ou* Empéreur : Breda, *ou* Bréda : Calepin, *ou* Calépin : acquerir, *ou* acquérir : metayer, *ou* métayer : refuge, *ou* réfuge : eau benite, *ou* eau bénite : premier, *ou* prémier.

CHAPITRE CLXXXXIX.

IL est sans doute qu'il faut dire *dévot* & *dévotion*, & non pas *devot* & *devotion*. Il faut dire aussi, incontestablement, *péché*, & non pas *peché* : *métayer*, & non pas *metayer* : *départ*, & non pas *depart*. ¶ Il faut dire au-contraire, *Empereur*, & non pas *Empéreur* : *defaut*, & non pas *défaut*. Mais quoyqu'on dise *defaut*, on dit *défectueux*. Il faut dire aussi *Breda*, & non pas *Bréda*. *Le siége de Breda* : & *Calepin*, & non pas *Calépin* : & *acquerir* & *acquereur*, & non pas *acquérir* & *acquéreur* : & *de l'eau benite*, & non pas *de l'eau bénite*. Nous réfuterons en un autre endroit l'opinion de Messieurs de Port-Royal, qui disent *eau bénie*, aulieu d'*eau benite*. Il faut dire aussi *refuge*, & non pas *réfuge*. Mais quoyqu'on dise *refuge*, on dit *réfugier*. ¶ Mais apropos de ce mot composé de la particule *re*, voicy comme on prononce ceux qui sont composez de cette particule : *rebuter* : *récapituler*, *récapitulation* : *recevoir*, *recette*, *réception* : *récidive* : *récit*, *réciter* : *récompense*, *récompenser* : *reconnoistre* : *recouvrance* : *Nostre Dame de Recouvrance*. *recouvrer* : *recouvrir* : *redire*, *redites* : *redonner* : *redoubler* : *redouter* : *réforme*, *réformer* : *réfutation*, *réfuter* : *régir*, *régie* : *réhabiliter*, *réhabilitation* : *remarquer* : *remettre* : *rémission* : *réplique*, *répliquer* : *reprendre* : *résoudre* : *revoir*. ¶ Pour ce qui est de *premier* & de *prémier*, de *premiérement* & de *prémiérement*, l'usage est partagé. Je suis de l'avis de ceux qui disent *prémier* & *prémiérement*.

Des mots terminez en *esse*.

CHAPITRE CC.

DEs mots terminez en *esse*, il y en a qui ont la pénultiéme longue, & d'autres qui l'ont bréve. Voicy apeuprès ceux qui l'ont bréve : *aisnesse*, *Altesse*, *asnesse*, *Bresse*, *bulgaresse*, *caresse*, *Chanoinesse*, *Comtesse*, *délicatesse*, *détresse*, *Diablesse*, *Diaconesse*, *Duchesse*, *enchanteresse*, *fesse*, *finesse*, *foiblesse*, *grossesse*, *jeunesse*, *hardiesse*, *hotesse*, *Gonnesse*, *largesse*, *maitresse*, *Messe*, *noblesse*, *paresse*, *Permesse*, *petitesse*, *Prestresse*, *Princesse*, *Prophétesse*, *prouesse*, *richesse*, *sagesse*, *simplesse*, tigreſſe, transgreſſe, treſſe, triſteſſe, vieilleſſe, viteſſe. Elle eſt longue dans les ſuivans: Abbeſſe, ceſſe, confeſſe, empreſſe, preſſe, compreſſe, profeſſe.

Le long de la riviére de Loire on prononce mêſſe, maitrêſſe, Princêſſe, Duchêſſe, Comtêſſe, &c. qui eſt une prononciation tres deſagréable.

―――――――――――――――――――――――

S'il faut dire juillet, *ou* jullep: ſirop, ſirot, *ou* ſirô : vinaigre roſat, *ou* vinaigre roſar : callio-roſat, *ou* caillo-rozar.

CHAPITRE CCI.

IL faut dire *juillet*, conformément à l'uſage; & non pas *jullep*, conformément à l'étymologie.

Il en eſt de meſme de *ſirop* & de *ſirô*, ou *ſirot*. L'étymologie eſt pour *ſirop* ; mais l'uſage eſt pour *ſirô* & pour *ſirot*. Voyez mes Origines de la Langue Italienne au mot *giulebbo*, & mes Origines de la Langue Françoiſe au mot *ſirop*. Nous diſons *ſirot* en Anjou : mais à Paris on prononce *ſirô. ſirô eſpais*. Et comme le langage des Pariſiens eſt préférable à celui des Provinciaux, je vous conſeille de dire *ſirô*. Par cette raiſon, il faut dire auſſi *du ſirô roſat ; du vinaigre roſat ; & des pommes de caillo-roſat ;* (car c'eſt ainſi qu'on parle à Paris) & non pas *du ſirô roſar, du vinaigre roſar, ny des pommes de caillo-roſar*, comme on dit dans les Provinces. Mais il faut prononcer l'*at* doucement. ¶ Je suis au-reste de l'avis de M. Miton, qui croit qu'il seroit mieux de dire *firô de roses*, & *vinaigre de roses*, que *firô rosat*, & *vinaigre rosat*. Nous disons en Anjou *sirot de violette* : ce qui est mieux aussi que *sirô violar*, comme on dit à Paris.

S'il faut dire La Maison de Médicis, *ou* la Maison de Médici.

CHAPITRE CCII.

IL faut dire *la Maison de Médicis ; Catherine de Médicis ; Marie de Médicis ;* quoyque les Italiens disent *de' Medici*. L'usage le veut ainsi. Et cet usage est fondé vray-semblablement sur le Latin *de Medicis*. C'est comme les Ecrivains Latins ont appelé cette Maison.

S'il faut dire la Fabrique, *ou* la Fabrice de l'Eglise : Eglise Collégiate, *ou* Eglise Collégiale.

CHAPITRE CCIII.

IL faut dire *la Fabrique*. C'est comme on parle à Paris. *Fabrice* est de Province,

C'eſtoit pourtant autrefois le véritable mot, *Fabricia*, *Fabricianus*, FABRICE, FABRICIEN.

Il faut dire auſſi *Egliſe Collégiale*, & non pas *Egliſe Collégiale*. C'eſt comme parlent les honneſtes gens.

S'il faut prononcer éloigner, *ou* élogner; témoigner, *ou* témogner; roignon, *ou* rognon.

CHAPITRE CCIV.

JE ſuis pour *éloigner*, quoyque M. Saraſin ait dit dans la Pompe Funébre de Voiture qu'il m'a fait l'honneur de m'adreſſer,

Puiſque Voiture s'élogne,
Ie m'en vais dans la Pologne:

& quoyque Cretin fueillet 121. ait rimé *élogner* avecque *bogner*. Le Cardinal du Perron a fait rimer *éloigne* avecque *cicoigne*.

Là, l'orgueilleux ſapin qui ſert à la cicoigne
De ſéjour élevé pour voiſiner les Cieux,
Roy des vertes foreſts, juſqu'aux aſtres éloigne
Sur tous les autres bois ſon chef ambitieux.

Mais apparemment il a cru qu'il faloit prononcer *cicoigne*, comme on prononce en quelques Provinces, & non pas *cicogne*, comme il faut prononcer.

Je tiens qu'il faut dire demeſme *témoigner* & *roignon*. Baïf dans ſes Paſſe-temps, feüillet 93. a pourtant dit *rongnon*.

De longue main la pierre qui t'avance,
Dans tes rongnons avoit pris ſa naiſſance.

De la première personne du présent de l'indicatif, & de celle de l'imparfait.

CHAPITRE CCV.

ON demande s'il faut dire, *je crois, je fais, je dis, je crains*, oubien, *je croy, je fay, je dy, je crain.* Il est certain que nos Anciens prononçoient tous ces mots de cette derniére façon. Marot dans son Epître, intitulée *Le Dieu-gard à la Cour*:

Mais assez bon persuadeur me tien,
Ayant un Prince humain plus que le tien.

Ils disoient de mesme *j'aimeroi, j'alloi, je faisoi.* Muret sur ces vers du Sonnet 72. du livre 1. des Amours de Ronsard,

Plus haut encor que Pindare & qu'Horace
l'appenderois à ta divinité:

J'APPENDEROIS. Pour j'appenderoi. *La lettre S y est ajoutée, acause de la voyelle qui s'ensuit.* ¶ Ronsard dans son Art Poëtique: *Tu pourras avec licence user de la seconde personne pour la premiére, pourveu que la personne finisse par une voyelle ou diphtongue, & que le mot suivant s'y commance, afin d'éviter un mauvais son qui te pourroit offenser. Comme,* J'allois à Tours, *pour dire* J'alloi à Tours; Je parlois à Madame, *pour* Je parloi à Madame, *& mille autres semblables qui te viendront à la plume en composant.* ¶ Et cet *oi* de l'imparfait, estoit une contraction d'*oie*, comme l'a fort bien remarqué Théodore de Béze dans son livre de la véritable prononciation de la Langue Françoise. *Majores nostri primas personas singulares præteriti imperfecti indicativi modi, & optandi, enuntiabant* aimoie, aimeroie: *quod usurpavit etiam Marotus psalmo 23. nempe* viendroie, & craindroie, *trissyllaba.* (Voicy l'endroit de Marot :

Si seurement, que quand au val viendroie
D'ombre de Mort, rien de mal ne craindroie.)
Pro quibus posteà usus obtinuit, ut extritâ diphtongo ie, *scribamus & efferamus* aimoi, aimeroi, viendroi, craindroi : *sæpe etiam addito* S : *quæ tamen est propria, Græcorum more, secunda persona singularis nota : nempe* aimois, aimerois, viendrois, crainderois. *Sic enim etiam Marotus, in quadam Epistola; usum potiùs, quàm rationem sequutus :*

— O noble Roi François,
Pardonne moi; car ailleurs je pensois. ¶
Le mesme Marot dans le Sonnet à son livre, a dit *je fais*, au lieu de *je fay*.

S'ils sont écrits, d'aventure, imparfaits,
Te veux-tu faire en leurs fautes reprendre ?
S'ils les font bien, ou mieux que je ne fais,
Pourquoy veux-tu sur leur gloire entreprendre ?

Ce qui fait voir qu'il y a long-temps que les Poëtes ont commancé à ajouter l'S à ces premiéres personnes : car ce sont les Poëtes, comme il paroist par le passage de Ronsard cy-dessus allégué, qui pour la commodité de leurs vers, ont les premiers ajouté cette lettre à ces mots. Les Prosateurs, à leur exemple, en ont usé de mesme ; particuliérement dans les imparfaits. Et qui diroit présentement, ou en vers ou en prose, *je pensoi, j'appendroi*, parleroit tres-mal. Pour ce qui est des premiéres personnes de l'indicatif, plusieurs les prononcent encore sans S. M. de Vaugelas cependant a décidé qu'il faloit les prononcer avec l'S. *Ie crois, je fais, je dis, je crains*. Je tiens pour moy, qu'il faut user en cela de distinction ; en prononçant sans l'S les mots qui sont brefs : comme *je say, je dy, je croi, j'escri* : & avec une S ceux qui sont longs : comme *je fais, je crains, je tiens, je prens, j'entens* : car l'S fait la syllabe longue. C'estpourquoy, quand on dit que l'S finale ne se fait point sentir devant une consone ; c'estadire qu'on ne la siffle pas : car elle se fait sentir en fesant la syllabe longue. *Les Dieux sont bons*. Vous voyez que le mot de *Dieux* se prononce autrement que celui de *Dieu* : celui-cy estant bref, & celui-là long. Mais pour revenir à nostre distinction, elle n'est que pour les Prosateurs : car les Poëtes disent indifféremment *je dy* & *je dis* ; *je croy* & *je crois* ; *je say* & *je sais*. M. Gombaud a dit :

Et ma foible vertu se retire de moy.
Ie pers le jugement sitost que je la voy.
Et telle que je la reçois,
Soit louange, soit prophétie,
Ie vous l'offre, je vous la dois.

J'ay dit aussi dans la premiére de mes Elégies.

Mais helas ! malhureux, banni de vostre vue,
Ie vous fais à regret de tant d'attraits pourvuë.

M. de

M. de Vaugelas, en permettant aux Poëtes de dire *je croy* & *je crois* ; *je fay* & *je fais* ; *je dy* & *je dis* ; *je crain* & *je crains*, dit que cet usage n'a lieu qu'à la premiére personne du présent de l'indicatif, & non pas aux autres temps. Et selon cet usage, il reprent la rime de *couvri* avec *Ivri*, en ces vers de Malherbe,

 N'ay-je pas le cœur aussi haut,
 Et pour oser tout ce qu'il faut,
 Vn aussi grand desir de gloire,
 Que j'avois, lorsque je couvri
 D'exploits d'éternelle mémoire
 Les plaines d'Arques & d'Ivri.

Mais en cela il s'est trompé. On peut fort bien dire aussi *lorsque je couvri* ; comme on dit *lorsque j'oui* ; *lorsque je senti* ; *lorsque je failli*, &c. Il s'est aussi trompé en permettant aux Poëtes de dire *je crain*. Ce mot n'est plus en usage, ny en prose, ny en vers.

―――――――――――――――――

S'il faut dire Flandre, ou Flandres: Athénes, ou Athéne: Thébes, ou Thébe: Mycénes, ou Mycéne: Pergames, ou Pergame.

CHAPITRE CCVI.

MOnsieur de Vaugelas a fort bien décidé qu'il faloit dire *la Flandre*, & non pas *la Flandres*, comme l'a dit un de nos meilleurs Ecrivains. Mais je ne suis pas de son avis en ce qu'il ajoute, qu'il faut dire *en Flandres*, & non pas *en Flandre*. Il faut dire aucontraire *en Flandre*, & non pas *en Flandres*. Les Ecrivains Latins ont dit indifféremment *Hispania* & *Hispania*, *Gallia* & *Gallia*. *Rex Galliarum*, *Rex Hispaniarum*. Et de là vient que nos vieux Gaulois ont dit aussi indifféremment *l'Espagne* & *les Espagnes*; *la Gaule* & *les Gaules*. Ils ont dit demesme *l'Italie* & *les Itales*; *en Flandre* & *en Flandres*. Et ils ont dit *en Flandres* avecque d'autant plus de raison qu'il y a trois Flandres : la Flamingante, l'Impériale, & la Françoise. Mais comme le mot de *Flandre* comprent aujourdhuy ces trois Flandres, on ne dit plus *en Flandres*; mais *en Flandre*. Et c'est comme parle Villon en son Grand Testament,

    S'il ne le sait, voise l'apprendre,
    S'il m'en croit, ains qu'il soit plus tard,
    A Doüay, ou à l'Isle en Flandre.

& Henri Estienne, à la fin de la Préface de son Traité de la Conformité du Langage François avecque le Grec. M. de Balzac a aussi tousjours dit *en Flandre*.

Nous disons ordinairement *Athénes*, *Thébes*, *Mycénes* : & c'est comme il faut tousjours parler en prose. Mais en vers on peut fort bien dire *Athéne*, *Thébe*, *Mycéne*. M. de Marolles, Abbé de Villeloin, a dit *Athéne*.

    Sous les ombrages vers, sous la douce fraischeur
    Des Jardins odorans de la savante Athéne.

C'est dans une Traduction qu'il a faite de

quelques vers attribuez à Virgile, & qu'il a inférée dans la Vie de Lucréce. Le Tasse dans son Amynte a dit demesme,

Non già la dotta Atene, &c.

M. de Méziriac dans son Epître de Phyllis à Démophoon, a dit aussi *Thébe*, au singulier.

Il triompha de Thébe, & de son Roi nouveau.

Et Du-Bellay dans sa Musagnéomachie.

C'est le Pindare François,
Qui de Thébe & de la Pouille
Enrichit le Vandomois.

M. de Méziriac dans son Epître de Briseïs à Achille, a dit demesme *Mycéne*.

Que depuis mon départ le Prince de Mycéne.

Je say la remarque de Donat, *Sunt quædam positione pluralia, intellectu singularia: ut Athena, Cuma, Theba, Mycena.* Je say que Phrynichus a observé que Θήβη & Ἀθήνη ne se disoient point. Mais je say aussi qu'Eustathius sur le premier de l'Iliade a fait une observation contraire. Je say deplus que Juvenal a dit *Thebe*, au singulier.

Atque vetus Thebe centum jacet obruta portis.

A l'égard de *Mycéne*, qui doute qu'on ne le puisse employer en vers au mesme nombre? Virgile dans le cinquiéme de l'Eneïde ayant dit *Mycena. Vrbe Mycena.* C'est ainsi qu'il faut lire en cet endroit de Virgile, conformément aux éditions; & non pas *urbe Mycenis*, conformément aux manuscrits. Servius sur ce mesme endroit: URBE MYCENÆ. *Grecè dixit. unde singularem numerum posuit. Mycenæ autem sicut* Thebæ. Iuvenalis.

Atque vetus Thebe centum jacet obruta portis.

Ut sit Mycene, Mycenes : ut Agave, Agaves; Potest exinde Latinam fecisse declinationem. Numerum posuit pro numero. Mycenæ autem, Mycena, huius Mycenæ : ut, Fidena. Est & periphrasis urbem Mycenæ. *id est*, Mycenis: *ut*, urbem Patavi.

Après tous ces exemples, M. l'Abbé de Marolles n'a pas û raison, ce me semble, de se dédire dans ses Notes sur sa Traduction de l'Enéïde, de ce qu'il s'est servi au lieu allégué du mot d'*Athéne*, au singulier. Et il ne s'en est aussi dédit, que pour avoir occasion de reprendre M. de Segrais, d'avoir employé dans sa Traduction de l'Enéïde le mot de *Pergame* au mesme nombre.

   Ce jour pour eux fatal, qu'elle entra dans
      Pergame,
   Y traisnant après elle & le fer & la
      flame.

Il est certain aureste, que quoyque les Latins ayent tousjours dit *Pergama*, au plurier, en parlant de la citadelle de Troie, M. de Segrais a pû dire en vers *Pergame* au singulier ; comme on a dit *Athéne*, *Thébe*, & *Mycéne*. Et il l'a pû avecque d'autant plus de raison, que les Grecs ont appelé cette citadelle πέργαμος, au singulier, comme il paroist par ces mots d'Hesychius, πέργαμος, ἡ ἀκρόπολις τῆς ἰλίν.

Philippes, Charles, Iaques, Iules.

CHAPITRE CCVII.

Monsieur de Vaugelas permet de dire *Philippe* & *Philippes* indifféremment. Mais il veut qu'on dise tousjours *Charles, Iaques, Iules*, & jamais *Charle, Iaque, Iule*. Je ne suis pas de son avis. Je croy qu'on peut aussi bien dire *Charle, Iaque*, & *Iule*, que *Philippe*; & particulièrement en vers. Baïf livre 4. de ses Passe-temps a dit *Charle*.

Charle est puissant, adroit, courageux, valeureux.

Et dans son Eglogue 7.

Mais un autre Francin, Henri, & Charle icy, &c.

A nostre tour aussi disons de nostre Charle, &c.

M. Maynard dans un de ses Sonnets au Cardinal Mazarin, a dit *Iule*.

Iule, à qui l'avenir se montre de si loin.

M. de Segrais l'a dit aussi dans son Eglogue sur la Paix.

La prudence de Iule applanit ces obstacles. ¶ *Iule en connoist le prix: il aime les beaux arts.*

Je croi qu'on peut dire de mesme indifféremment *Iaques*, & *Iaque*; & *Gilles*, & *Gille*, &c. ¶ Je dirois aureste *Philippe* plustost que *Philippes*, *Philippe Auguste*. C'est ainsi qu'on parle.

S'il faut dire l'Archipel, *ou* l'Archipélague.

CHAPITRE CCVIII.

IL faut dire *l'Archipel.* C'est l'ancien mot, & qui est encore aujourdhuy le plus usité.

Comme il est. Comme je suis.

CHAPITRE CCIX.

C'Est avecque raison que l'Auteur des Remarques a justifié cette façon de parler, *Quand je ne serois pas vostre serviteur, comme je suis.* En voicy des exemples dans Malherbe :

Puis estant son merite infini, comme il est.
Et qu'estant, comme elle est, d'un sexe variable.

Avecque toute l'estime & toute la passion possible.

CHAPITRE CCX.

CEux qui blâment cette expression, & qui veulent qu'on dise necessairement, *avecque toute l'estime & toute la passion possibles,* parceque deux substantifs singuliers régissent le pluriel, ne savent ce que c'est que Grammaire. Tous les Auteurs sont pleins de semblables licences. Horace:

Prodigus & stultus donat quæ spernit & odit.

Ciceron : *Senatus & C. Fabricius perfugam Pyrrho dedit.* Le Cardinal du Perron :

Ce n'est point un Démon qui porte avec la crainte
L'infortune & l'horreur sur le visage peinte.

Malherbe :

D'un cœur où l'ire juste & la gloire commande.

J'ay dit de mesme dans mon Eglogue, intitulée *Christine*,

De ce grand Conquérant, l'invincible Gustave,
Qui fit & la Fortune & la Victoire esclave.

Cordon-Bleu.

CHAPITRE CCXI.

Remarque de M. de Voiture dans une de ses Lettres à M. Costar : ¶ *On dit*, C'est un Cordon-Bleu ; Il y avoit plusieurs Cordons-Bleus : *mais non pas*, Il est Cordon-Bleu. ¶

Je ne comprens pas bien ce que veut dire M. de Voiture. Si l'on dit, *C'est un Cordon-Bleu* ; pourquoy ne dira t-on pas, *Il est Cordon-Bleu*. D'ailleurs, c'est ainsi qu'on parle. *Son pere estoit Cordon-Bleu. Son grand pere estoit Cordon-Bleu. Il est Cordon-Bleu:*

S'il faut dire Ptolomée, *ou* Ptolémée.

CHAPITRE CCXII.

AMyot & l'Abbé Talleman dans leur Plutarque, Binet dans la Vie de Ronsard, & M. Corneille dans son Pompée, ont dit *Ptolomée.* Je l'ay dit aussi dans l'Epître Dédicatoire de mes Observations sur Malherbe. Et c'est comme il faut parler, (nonobstant l'étymologie Πτολεμαῖος) soit qu'on parle du Roi, soit qu'on parle de l'Astronome. L'usage le veut ainsi. Comme les Latins ont dit *Berenice* & *Beronice*, ils ont dit de mesme *Ptolemæus* & *Ptolomæus*. De *Ptolomæus*, nous avons fait *Ptolomée* ; & *Ptolémée*, de *Ptolemæus*. *Ptolomée* a prévalu : quoyque M. d'Ablancourt, qui est un Maistre Juré de la Langue, ait dit *Ptolémée* dans sa Traduction des Commentaires de César. Il a dit *Ptolomée* dans celle de Lucien, la plus belle de ses Traductions.

Consommer. Consumer.

CHAPITRE CCXIII.

Monsieur de Vaugelas a fort bien décidé qu'il faloit dire *consumer* en la signification d'anéantir, & *consommer* en celle d'achever & perfectionner. Les Latins ont dit de mesme *consumere* & *consummare*. *Qui patrimonium consumpsit, matrimonium consummare non potuit.* Malherbe a tres religieusement observé cette distinction, n'ayant jamais dit *consommer* en la signification d'anéantir.

 C'est elle qui le fasche, & le fait consumer.
 Ie me consume vainement.
 L'âge par qui tout se consume.
 Pour le faire en langueurs à jamais consumer.
 Vous fait consumer pour une ombre.

Mais Ronsard dans la Chanson Petite pucelle Angévine, au livre 2. de ses Amours, a dit *consommer* en cette mesme signification.

 Mais toi plus fiére & plus cruelle
 Qu'un roc pendu dessus la mer,
 Te montres tous les jours plus belle
 Du mal qui le fait consommer.

Et Marot dans l'Epitaphe de Christofle de Longueuil :

 O Viateur, cy dessous gist Longueuil.
 A quoi tient-il que ne meines long dueuil,
 Quand tu entens sa vie consommée ?

M. Gombaud, qui est un de nos meilleurs Poëtes & des plus exacts, a dit aussi *consommer* en cette signification.

 Mais son astre fatal le tire dans les cieux,
 Quand sa foudre écrasant le plus audacieux,
 De ses propres ardeurs lui mesme il se consomme.

C'est dans le Sonnet sur la mort du Roi de Suéde. Aprés l'exemple d'un si grand Auteur, je ne croy pas qu'on doive faire difficulté de se servir de ce mot en Poësie. Et je n'en ferois pas mesme de m'en servir en prose: à l'imitation de M. de Balzac, qui a dit dans son Prince, *J'usse suivi volontiers Eudoxe, qui ne se soucioit pas d'estre consommé de ses flames, pourvû qu'il pust monter dans son globe.* Les Italiens disent de mesme *consumare* en l'une & l'autre signification. Voyez le Dictionnaire du Pergamini.

De ce *consumare* des Italiens, est venu vrai-semblablement nostre *consommer*, en la signification de détruire & d'anéantir. *Consumere, consumare, consomare, consommare*, CONSOMMER. Et de là *un consommé*. *Consumare, consumatum, consomatum, consomé*, CONSOMMÉ.

Villon a dit aussi indifféremment *consumer* & *consommer* en la signification de détruire. Dans la Ballade qu'il donna à un Gentilhomme nouvellement marié:

Sachez qu'Amour l'escrit en son volume.
Et c'est la fin pourquoi sommes ensemble.
Dame serez de mon cœur, sans debat,
Entiérement jusques mort me consume.

Et dans la Susscription de la Requeste à Monseigneur de Bourbon:

Prince, je congnois tout en somme.
Je congnois colorez & blesmes.
Je congnois mort qui tout consomme.
Je congnois tout, fors que moi-mesmes.

S'il faut écrire sep *de vigne,* ou *cep de vigne :* sion, ou *cyon d'arbre.*

CHAPITRE CCXIV.

SElon l'étymologie il faut écrire *cep de vigne* : car ce mot a esté fait de *cippus*, en la signification de *tronc. Cippus, cippo, ceppo,* cep. Voyez mes Origines de la Langue Françoise. Il faut demesme écrire *cyon*, pour l'écrire selon l'étymologie. *Cyma, cymum, cymo cymonis, cymone, cyone,* cyon. Mais en matiére d'orthographe, on défere souvent à la coustume. *Orthographia consuetudini servit,* dit tres-judicieusement Quintilien.

A nage, *à la* nage. *Cinq escus piéce,* Cinq *escus la piéce.*

CHAPITRE CCXV.

ON dit, *passer une riviére à nage, & à la nage. A nage,* est le meilleur. ¶
On dit, *Cinq escus piéce, & cinq escus la piéce. Cinq escus piéce,* est le meilleur.

Meurier, murier : Meure, mure, Saumur, Saumeur, Seur, sûr, Preude, prude.

CHAPITRE CCXVI.

Nous disons *meure* en Anjou. Les Parisiens le disoient aussi autrefois, témoin cet endroit de Villon, Poëte Parisien,

Allé s'en est, & je demeure
Pauvre de sens & de savoir,
Triste, failli, plus noir que meure.

Présentement ils disent *mure*, & *murier*; & c'est comme il faut dire. Il faut dire aussi *mûr* & *mûre*, en la signification de *maturus* & de *matura*. Il faut dire de mesme *Saumur*, conformément à l'étymologie *Salmurum* ou *Salmurium*, & non pas *Saumeur*, comme disent les Angevins. Dites aussi *sûr* & *sûrement*, & non pas *seur* & *sûremens* ; & *prud'homme* & *prude*, & non pas *preud'homme* & *preude*, comme on disoit autrefois. ¶ Il est à remarquer qu'il y a un nombre infini de mots qui s'écrivent par *eu*, & se prononcent par *u*: comme *rheumatisme*, *j'ay peu*, *j'ay seu*, *j'ay veu*, *j'ay teu*, &c. c'est pourquoy ceux qui se piquent de bien orthographier, les écrivent par *u*. Il y a quelques mots au contraire qui s'écrivent par *u*, & se prononcent par *eu*: comme *unne*, &c.

S'il faut dire revencher, ou revenger.

CHAPITRE CCXVII.

Villon dans son Grand Testament a dit *revencher*.

Si crains-je avoir dépendu
Par friander ne par lescher :
Ne par trop aimer riens vendu,
Qu'amis me seussent reprocher :
Aumoins qui leur couste trop cher.
Ie le dy, & ne crains médire ;
De ce ne me puis revencher.

Marot a remarqué sur cet endroit, que *revenger* estoit le vray terme. C'est en effet comme il faudroit parler selon l'analogie. *revindicare*, REVENGER, comme *vindicare*, VENGER. Mais l'usage est pour *revencher*. C'est donc comme il faut dire, incontestablement.

S'il faut dire Vaudeville, ou Vaudevire.

CHAPITRE CCXVIII.

ON disoit anciennement *Vaudevire* : qui est le nom d'un païs voisin de Vire ; petite Ville de basse Normandie, où ces Chansons furent premiérement inventées par Olivier Basselin, qui estoit un Foulslon de Vire. Charles de Bourgueville, en ses Antiquitez de Caen: *C'est de ce Païs (il parle de Vire) d'où sont procédez les Chansons que l'on appelle Vaux-de-Vire: comme ces deux,*

 Hélas, Olivier Basselin.
  En la Duché de Normandie
  Il y a si grand' pillerie.

Jean Vauquelin, Sieur de la Fresnaye, pere de M. des Yveteaux:

 Je ne puis, sans horreur, ouïr, qu'au Vau-
  de-Vire,
  Où jadis on souloit les belles Chansons dire
  D'Olivier Basselin, &c.

Mais depuis on a dit *Vaudeville*, par corruption: & c'est comme on parle présentement.

Aïeux, aïeuls.

CHAPITRE CCXIX.

Tous nos Poëtes, généralement, riment *aïeux* avecque *Dieux, cieux, lieux*, & autres mots semblables. Cette rime est tres-licencieuse, pour ne pas dire tres-mauvaise: car on prononce *aïeuls*, en fesant sentir l'L, comme en *chevreuls, cercueuls, écureuils*, &c. & non pas *aïeux*, comme nos Poëtes l'écrivent. Mais pour user des termes de M. d'Ablancourt, dans les Langues comme dans la Jurisprudence, *communis error facit jus*.

Enfin, ala-fin.

CHAPITRE CCXX.

ON demande si on peut dire *ala-fin*, pour signifier *aprés tout*. Il est certain qu'*enfin* vaut beaucoup mieux: & c'est comme je voudrois tousjours dire en prose. Mais en poësie, je ne ferois pas difficulté de dire *ala-fin*: & particuliérement au milieu du vers; où ce mot a bonne grace; comme il paroist par ces vers de Malherbe,

On me dit qu'ala fin toute chose se change.
Si faut-il qu'ala-fin j'aquite ma promesse.

— & par ceux-cy de Gombaud:

Mon courage ala-fin succombe à mes douleurs.
Mes flames ala-fin me vont reduire en cendre.
Mais qu'on trouve ala-fin leurs douceurs inhumaines!

Au commencement des poëmes, il est languissant. Malherbe qui a commancé son Ode à M. de Bellegarde par

Ala-fin c'est trop de silence
En si beau sujet de parler:

& ses Stances pour le Balet de Madame, par

Ala-fin tant d'Amans, dont les ames blessées, &c.

en a esté repris. Il a commancé d'autres poëmes par *enfin*.

Enfin après les tempestes
Nous voicy rendus au port.
Enfin cette Beauté m'a la place renduë.
Ce qui est sans doute beaucoup mieux.

S'il faut dire peigne, *ou* pigne.

CHAPITRE CCXXI.

LE petit peuple de Paris dit *pigne*. Et Villon qui passe pour Parisien, a rimé ce mot avecque celui de *ligne*.

Iadis extrait il fut de vostre ligne.
Lui, qui beuvoit du meilleur & plus cher;
Et ne deust-il avoir vaillant qu'un pigne.

Ce qui fait voir que c'estoit l'ancienne prononciation de Paris. Aujourdhuy tous les honnestes gens & de la Ville & de la Cour, prononcent *peigne* : & c'est comme il faut prononcer.

S'il faut dire gisier, gesier, *ou* jusier.

CHAPITRE CCXXII.

ON dit *gisier* en Gascogne & en Bretagne. Et c'est comme il faut dire selon l'étymologie. Nonius Marcellus : *gigeria. intestina gallinarum.* Lucillius : *gigeria sunt, sive ades hepatia.* Apicius : *jocinera, & gigeria pulle-*

LANGUE FRANÇOISE.

rum Voyez mes Origines de la Langue Françoise. Nicod a écrit *jusier*, & c'est comme parle le peuple de Paris. Mais le plus grand & le plus bel usage est pour *gesier*. C'est donc comme je dirois : mais sans blâmer ceux qui disent *gisier* : car bien des gens à Paris prononcent ce mot de cette sorte : & entre-autres M. Miton, aux sentimens duquel je défére extrémement en ces matiéres de Langues. *Iosier*, qui se trouve dans le petit Glossaire du Pere Labbe, au mot *hepar*, ne se trouve point ailleurs : ce qui me fait croire que c'est une faute de Copiste.

S'il faut dire marsepain, ou massepain.

CHAPITRE CCXXIII.

Ronsard dans l'Epitaphe de Courte, chienne du Roi Charles IX. a dit *marsepain*, conformément à l'Italien *marzapane*.

Courte venoit dessus la table
Du Roi, prendre, jusqu'en sa main,
Le biscuit & le marsepain.

Il faut dire *massepain*, conformément à l'Espagnol *maçapan*. C'est comme parle tout le monde, & à Paris, & à la Cour. L'étymologie favorise d'ailleurs cette prononciation; ce mot ayant esté fait de *maza* & de *panis*. Voyez mes Origines Italiennes au mot *marzapane*.

Quant à moi. De moi. Pour moi. Quant & moi. Quant & quant moi.

CHAPITRE CCXXIV.

Monsieur de Vaugelas permet de dire *quant à lui*, *quant à nous*, *quant à vous* : mais il ne veut pas qu'on dise *quant à moi*, acause de cette façon de parler proverbiale *Il se met sur son quant à moi*. Je suis en cela plus sévére que M. de Vaugelas: car je condanne aussibien *quant à nous*, *quant à vous*, & *quant à lui*, que *quant à moi*. Toutes ces façons de parler ont vieilli, & ne sont plus du bel usage ; quoyque Bertaud & Malherbe les ayent employées. Celui-cy dans ses Elégies.

Quant à moi, je promets de t'estre favorable.

Et Malherbe dans ses Stances.

Quant à moi, je dispute avant que je m'engage.

Quant à nous, estant où vous estes,
Nous sommes en nostre élément.

On ne parle plus présentement de la sorte. Mais plusieurs disent encore *quant à ce*.

Monsieur de Vaugelas a fort bien remarqué que *de moi* semble estre consacré à la poësie, & *pour moi* à la prose. Il ajoute, que *de moi* se met quelquefois en prose, mais qu'il n'a jamais vû *pour moi* en vers. Il ne se souve-

noit pas de ce vers de Malherbe,
Pour moi, dont la foiblesse à l'orage succombe.
J'ay dit aussi dans une de mes Eglogues,
Pour moi, de qui le chant n'a rien de gracieux:
mais ça esté pour éviter le mauvais son des
deux *de*. *De moi, de.* car j'avoue que *de moi*
est incomparablement meilleur en vers que
pour moi. Et c'est aussi comme parle ordinairement le Prince de nostre Poësie Lyrique.

De moi, toutes les fois que j'arreste les yeux. ¶

De moi, que tout le monde à me nuire s'appreste. ¶

De moi, déja deux fois d'une pareille foudre. ¶

De moi, que les respects obligent au silence. ¶

De moi, c'est chose certaine. ¶

De moi, plus je suis combatu.

Mais comme il faut toujours dire *de moi* en vers, quand on le peut, il ne le faut jamais dire en prose.

Desportes a dit *quant &*, pour dire *avecque*.
Apres avoir sauvé par mon art secourable
  Tant de corps languissans que la Mort menaçoit,
  Et chassé la rigueur du mal qui les pressoit.
  Gaignant, comme Esculape, un nom toujours durable:
Cette fatale Sœur, cruelle, inexorable,
  Voyant que mon pouvoir le sien amoindrissoit,
  Vn jour que le couroux contre moi la poussoit,
  Finit quant & mes jours, mon labeur profitable.

C'est dans l'Epitaphe de mon bifayeul, Jean Des-Jardins, autrement Hortenſius, Médecin du Roi François I. Amyot & Montagne l'ont dit auſſi : mais on ne le dit plus préſentement. On ne dit plus auſſi *quant-&-quant*; quoyqu'approuvé par Meigret. *Quant-&-quant*, *ce ſont les paroles de Meigret*, *ſemble à pluſieurs barbare : combienque nous le devons trouver auſſi bon que* identidem, *&* quamquam *en la Langue Latine*. M. de Vaugelas a remarqué, que ſi on avoit à l'écrire, il faudroit écrire *quand & quand*, avec un D. Mais lui qui a fait cette remarque, a écrit *quant & quant moi* ? en quoi il a ſuivi la prononciation ordinaire : car nous prononçons *quans & quant*, & non pas *quand & quand*. Mais comme nous écrivons *grand homme*, *grand eſprit*, *grand Orateur*, *Grand Eſcuier*, quoyqu'on prononce *grant homme*, *grant eſprit*, *grant Orateur*, *Grant Eſcuier*, je croy que M. de Vaugelas a dû écrire de meſme *quand & quand* : & particuliérement, après avoir dit que ſi on avoit à écrire ce mot, il faudroit l'écrire de cette ſorte. Il eſt à remarquer au ſujet de *Grant Eſcuier*, qu'on prononce auſſi *Grant'-Eſcurie*, & que c'eſt le ſeul mot où le D du féminin *grande* ſe change en T. ¶ Il eſt encore à remarquer, que comme pluſieurs écrivent *quand à moi*, aulieu de *quans à moi*, comme l'a obſervé M. de Vaugelas ; pluſieurs écrivent auſſi *quant*, aulieu de *quand*, comme l'a obſervé Henri Eſtienne dans ſes Hypomnéſes de la Langue Françoiſe. *Ex illis autem quorum ſcripſuram* *erigo dumtaxat declarare potest, sunt* quand & quant. *hoc,* à quantum; *illud,* à quando. *Vulgus tamen, & plurimi etiam qui è vulgo non sunt, scribere* quant *consueverunt: etiam quum temporis, non quantitatis, adverbio utuntur.*

Courir, courre, recourir.

CHAPITRE CCXXV.

MOnsieur de Vaugelas a fort bien décidé, qu'il faut dire *courre le liévre*; *courre la poste*, & que ce seroit mal parler que de dire *courir le liévre*; *courir la poste*: mais qu'il faut dire au contraire, *Il ne fait que courir*, & *Faire courir le bruit*. Il a aussi fort bien remarqué, qu'on dit indifféremment *courre fortune*, & *courir fortune*: mais que *courre fortune* est le meilleur. Et à ce propos voicy une Observation de M. de Voiture dans une Lettre à M. Costar : Courre *est plus en usage que* courir, *& plus de la Cour. Mais* courir *n'est pas mauvais*; & *la rime de mourir* & *de secourir, fera que les Poëtes le maintiendront le plus qu'ils pourront. On en peut user deux ou trois fois la semaine*. J'ajoute aux remarques de ces deux célèbres Ecrivains, qu'il faut dire *recourir un prisonnier*, & non pas *recourre*. Marot dans l'Epitre qu'il écrivit à François I. pour le prier de le délivrer de prison ;

Trois grands pendarts vindrent à l'étourdie
En ce palais, me dire, en desarroi,
Nous vous faisons prisonnier par le Roi, &c.
Vous souvient-il, ce me dirent ils lors,
Que vous estiez l'autre jour là dehors,
Qu'on recourut un certain prisonnier
Entre nos mains ? Et moi de le nier.
Car soiez seur, si j'eusse dit ouy,
Que le plus sourd d'entre eux m'eust bien ouï;
Et d'autre-part, j'eusse publiquement
Esté menteur. Car pourquoi, & comment
Eussé je pû un autre recourir,
Quand je n'ay sû moi mesme secourir.

Mais quoyqu'on dise *recourir un prisonnier*, on dit *un prisonnier recous*, & non pas *recouru*. Alain Chartier dans le livre des Quatre Dames, page 617.

Les coquars fous
Alors se vantent de grands cous,
Et font grans despens & grans cousts.
Et quoyqu'il soient prins ou recous,
Nul d'eux n'y pense.

Et de là le mot de *recousse*. Le Roy François I. dans une Lettre qu'il écrivit le 1. Novembre 1527. au sujet de l'emprisonnement de Marot, à Messieurs de la Cour des Aydes de Paris ; laquelle m'a esté communiquée par M. le Camus, Premier Président de cette Cour : *Nos amez & féaux ; Nous avons esté advertis de l'emprisonnement de nostre cher & bien aimé Vallet de Chambre ordinaire, Clement Marot, & deument informez de la cause dudit emprisonnement : qui est pour raison de recousse de certains prisonniers.* ¶ Nos soldats disent encore aujourdhuy, *aller à la recousse*, pour dire, aller aprés les Ennemis qui enlévent quelque butin, ou qui emméinent des prisonniers.

De certains termes d'Imprimerie.

CHAPITRE CCXXVI.

ON dit, en parlant du volume des Livres, *C'est un in-folio ; un in-quarto ; un in-octavo* : *C'est un livre in-folio ; in octavo ; in-quarto* : & non pas, *en fueille, en quatriéme, en huitiéme*. Mais on dit, *in-douze, in-seize, in-dix-huit, in-vinte-quatre, in-trente-deux* ; qui est une façon de parler assez bizarre, estant moitié Latine & moitié Françoise.

On appelle *guimets* & *guillemets*, ces virgules renversées qui se mettent à la marge des livres pour marquer les choses sententieuses. Le plus grand usage est pour *guillemets*.

On dit *Composteur*, & *Compositeur*, pour dire celui qui assemble les lettres sur la forme, pour en composer des épreuves. J'ay vû que *Composteur* estoit le plus usité. Mais aujourdhuy on dit plus communément *Compositeur*. Et il y a mesme déja long-temps que ce mot est en usage ; Peletier s'en estant servi dans son Dialogue de l'Orthographe, page 171. de l'édition de Poitiers. *Nous avons en François trois sortes d'E, comme déja a esté observé par autres. Et tous trois se connoissent en ce mot fermeté. Et dy qu'il est necessaire de les faire* valoir tous trois en écriture, ny plus ny moins qu'en prononciation. L'un sera pur, & selon la première puissance qu'il a du Latin : lequel les Poëtes François ont nommé E masculin : sus lequel ne sera besoin de mettre un accent, sinon sur les verbes. L'autre qui sonne clairement, j'accorde avec Meigret qu'on y mette une queuë, pour en faire la distinction. Le tiers, que les François appellent E féminin, nous le ferons tel qu'il se trouve en quelques impressions à la fin d'un mot, quand le suivant commance par voyelle, pour signifier qu'il se perime : lequel, si bien m'en souvient, les Compositeurs de l'Imprimerie appellent E barré, Et Pasquier livre de ses Lettres, page 662. L'on envoye à l'Imprimeur ses copies les plus correctes que l'on peut ; qui passent premièrement par les mains du Compositeur.

Celui qui porte les épreuves, s'appelle Epervier; par corruption pour Epreuvier; ou par allusion à un épervier ; acause qu'il doit voler & voler viste comme un épervier ; en portant & raportant les épreuves. Et à ce propos il est à remarquer, que nos Anciens disoient éprevier, aulieu d'épervier.

On appelle copie l'écrit de l'Autheur, sur lequel on imprime, quoyque d'ordinaire cet écrit soit l'original de l'Auteur : parceque l'on présuppose que l'original est demeuré vers l'Auteur, & qu'il n'a envoyé à l'Imprimeur que la copie. ¶ Les Peintres appellent aucontraire original, ce qu'ils devroient appeler copie : car c'est la personne qu'on peint, qui est l'original,

Ne plus ne moins.

CHAPITRE CCXXVII.

Remarque de M. de Vaugelas : ¶ *Pour signifier* comme, *ou* tout ainsi que, *il faut dire* ne plus ne moins ; *& non pas* ny plus ny moins ; *qui est bon pour exprimer exactement la quantité d'une chose. Comme.* Il y a cent escus, ny plus ny moins : Je ne vous dis que ce qu'il m'a dit, ny plus ny moins. *Mais quand c'est un terme de comparaison, il faut dire & écrire,* ne plus ne moins. ¶ Je ne suis pas de l'avis de M. de Vaugelas. Ne plus ne moins sent le vieux. Je dirois donc tousjours *ny plus ny moins*. Et il y a mesme déja long-temps qu'on parle de la sorte, comme il paroist par le passage de Peletier, allégué au chapitre précédent : *Et dy qu'il est necessaire de les faire valoir tous trois en écriture,* ny plus ny moins *qu'en prononciation* : & par cet endroit des Mémoires de M. de Villeroy, page 5. *Car c'est une imposture tres-vraye,* ny plus ny moins *que l'accusation*, &c. J'avouë pourtant que plusieurs de nos Ecrivains modernes suivent la reigle de M. de Vaugelas. Vous trouverez dans le Prince de M. de Balzac, page 19. de l'édition in quarto : *Et* ne plus ne moins *que nous redoublons nos caresses*, &c.

Assener. Diversion.

CHAPITRE CCXXVIII.

Ioachin du Bellay au chapitre 6. du livre 2. de son Illustration de la Langue Françoise, parle du mot d'ASSENER, comme d'un mot qui avoit esté, & qui n'estoit plus. *Quant au reste, use de mots purement François; non toutefois trop communs; non point aussi trop inusitez: si tu ne voulois quelquefois usurper & quasi comme enchasser, ainsi qu'une pierre précieuse & rare, quelques mots antiques en ton Poëme; à l'exemple de Virgile qui a usé de ce mot* olli, *pour* illi, aulaï, *pour* aulæ, *& autres. Pour ce faire, te faudroit voir tous ces vieux Romans & Poëtes François; où tu trouveras un* ajourner, *pour faire jour; que les Praticiens se sont fait propre:* anuiter, *pour faire nuit:* assener, *pour fraper où on visoit, & proprement d'un coup de main:* isnel, *pour léger: & mille autres bons mots, que nous avons perdus par nostre négligence.* Ce mot est présentement tres-connu & tres-usité parmy nous. *Multa renascentur, quæ jam cecidere.*

Celui de DIVERSION, que nous croions ancien, est au contraire un mot nouveau, & du temps de Montagne. Pasquier dans une de ses Lettres à M. de Pelgé, Maistre des Comptes de Paris; qui est la première du livre dix-huitiéme : *Montagne s'est dispensé plusieurs fois d'user de mots inacoustumez; ausquels, si je ne m'abuse, mal-aisément baillera-il vogue : gendarmer, pour braver : abrier, pour mettre à l'abri : silence parlier, reduit en enfantillage, pour ce que nous disons au rang d'enfance : à cesture, pour à cette heure, & autres de mesme trempe. Pour le moins, ne voy-je point que jusques à huy, ils soient tombez en commun usage. Et sur tout, je n'ay sû jamais entendre ce qu'il vouloit dire par ce mot de diversion : sur le modelle duquel toutefois il nous a servi d'un bien long chapitre.*

Inventeurs de quelques mots François.

CHAPITRE CCXXIX.

C'Est Lazare de Baïf, qui a introduit en nostre Langue les mots d'Epigramme, d'Elegie, & d'Aigre-doux. Joachin Du-Bellay dans son Illustration de la Langue Françoise, livre 2. chapitre dernier : *Ie ne craindray point d'alléguer encores, pour tous les autres, ces deux lumiéres Françoises, Guillaume Budé & Lazare de Baïf. Dont le premier a écrit, non moins amplement que doctement, l'Institution du Prince : œuvre certes assez recommandé par le seul nom de l'ouvrier. L'autre, n'a pas seulement traduit l'Electre de Sophocle, quasi vers pour vers ; chose laborieuse, comme entendent ceux qui ont essayé le sem-*

blable ; mais davantage a donné à nostre Langue le nom d'Epigrammes & d'Elegies ; avec ce beau mot composé aigre-doux : afin qu'on n'attribue l'honneur de ces choses à quelque autre. Et de ce que je dy, m'a asseuré un Gentilhomme, mien ami ; homme certes, non moins digne de foi, que de singuliere erudition, & jugement non vulgaire.

Le mot de COC-A-L'ASNE, pour une espece de Poësie, a esté introduit en nostre Langue par Marot. Charles Fonteine en son Quintil Censeur : *Cocs à l'Asne, sont bien nommez par leur bon parrain Marot ; qui nomma le premier, non Coc-à-l'Asne, mais Epistre du Coc-à-l'Asne. Le nom prins sur le commun proverbe François sauter du Coc-à-l'Asne ; & le proverbe, sur les Apologues.*

Ronsard est le premier qui s'est servi du mot d'ODE ; comme il le dit lui-mesme en son Epître au Lecteur dans la premiere impression de ses Odes. *Et osay le premier des nostres enrichir ma langue de ce nom Ode, comme on voit par le titre d'une, imprimée sans mon nom dans le livre de Iaques Peletier du Mans : afin que nul ne s'attribue ce que la verité commande estre à moi.* Peletier, dans son Art Poëtique, dit la mesme chose. Ce nom d'Ode a esté introduit de nostre temps par Pierre de Ronsard.

Il semble que Ronsard ait aussi inventé le mot d'AVIDITÉ. Voyez cy-dessus au chapitre 37. Et celui de PINDARISER, pour dire *imiter Pindare*.

*Si dés mon enfance,
Le premier de France
J'ay Pindarisé ;
De telle entreprise,
Heureusement prise,
Ie me voi prisé.*

C'est dans l'Ode 2. du livre 1. On s'est depuis servi de ce mot dans une autre signification. Binet en la Vie de Ronsard : *Les autres qui sembloient procéder avec plus de jugement, disoient que ses Escrits estoient pleins de vanterie, d'obscurité & de nouveauté ; & le renvoyoient bien loin avec les Odes Pindariques, Strophes & Antistrophes ; tournans toutes choses en risée : dont est venu mesmes le proverbe, quand quelqu'un veut farder & mignarder son langage, ou écrire d'un stile obscur ou nouveau, & non accoustumé, ou mesmes affecté, de dire* Il veut pindariser. Voyez le Tresor de la Langue Françoise au mot *pindariser.*

Voicy les mots que Joachin Du-Bellay prétent avoir faits : PIE'-SONNANT, PORTE-LOIS, PORTE-CIEL, CERVE. *I'en dy autant de quelques mots composez : comme* PIE'-SONNANT, PORTE-LOIS, PORTE-CIEL, *& autres, que j'ay forgez sur les vocables Latins ; comme* CERVE, *pour* bische *: combienque* cerve *ne soit usité en termes de Venerie, mais assez cogneu de nos vieux Romans.* C'est dans son Epître à Jean de Morel, Ambrunois, imprimée audevant de sa Traduction du quatriéme de l'Eneïde.

Desportes, selon le témoignage de M. de

Vaugelas, a usé le premier du mot de PV-DEVR, & de celui de RECOVVERT, pour recouvré: & Malherbe de celui de DEVOVLOIR. A l'égard de *recouvert*, l'observation de M. de Vaugelas n'est pas véritable. Voyez cy-dessous au chapitre 236.

Le Cardinal de Richelieu, selon le témoignage de M. de Balzac, fit pour lui-mesme le mot de GENERALISSIME, lorsqu'il commandoit en Italie l'armée du Roi Louis XIII. en 1630. Voyez l'endroit de M. de Balzac dans son Socrate Chrétien.

Monsieur de Balzac a fait le mot d'VRBA-NITÉ, qui a esté bien reçu : & avecque d'autant plus de raison, que selon la remarque de M. Pellisson, dans son Discours sur les Oeuvres de M. Sarasin, les mots de *civilité*, de *galanterie*, & de *politesse*, ne l'expliquent qu'imparfaitement.

Quelques uns croient que FE'LICITER est aussi de sa façon, a cause de cet endroit d'une de ses Lettres à M. l'Huilier, qui est la 38. du livre 11. *Ie vous félicite d'avoir M. de Roncières pour Gouverneur, & M. Rigaut pour confrére, & Mademoiselle Caliste pour Maitresse, ou pour Escoliére. Si le mot de féliciter n'est pas encore François, il le sera l'année qui vient ; & M. de Vaugelas m'a promis de ne lui estre pas contraire, quand nous solliciterons sa reception.*

Il prétent estre le premier qui a dit SE CA-LOMNIER SOY-MESME. *Pour la locution de se calomnier soi-mesme, je n'en suis pas l'inventeur, quoyque peut-estre ce soit moi qui j'ay apportée le premier en France.* C'est dans l'Apologie contre le Docteur de Louvain.

Madame la Marquise de Ramboüillet a fait DEBRVTALISER, & Monsieur Des-Marets PLVMEVX: si on en croit M. de Vaugelas dans ses Remarques, & dans la Préface de ses Remarques. Mais à l'égard de *plumeux*, son observation est fausse; Daubigné, qui a écrit long-temps avant M. Des Marests, s'estant servi de ce mot dans son Baron de Féneste.

Monsieur Sarasin se vantoit d'avoir le premier employé le mot de BVRLESQVE; comme je l'ay remarqué il y a long-temps dans mes Origines de la Langue Françoise.

J'ay oui dire à M. Bertaud, Conseiller au Parlement de Paris, que c'est lui qui a dit le premier CANNEVAS DE CHANSON.

Monsieur de Segrais a fait IMPARDONNABLE. Voyez cy-dessus chap. 150.

Mademoiselle de Scudery a fait PIGEONNE, au féminin. On disoit auparavant *une colombe*.

J'ay fait PROSATEVR, à l'imitation de l'Italien *Prosatore*, pour dire, un homme qui écrit en prose: ὁ πεζογράφος. On disoit auparavant *Orateur*. Charles Fonteine dans son Epître à Sagon & à la Hueterie:

> *On jugeroit que ces Compositeurs*
> *Sont aussi tost Poëtes qu'Orateurs.*

Ce qui ne signifioit pas ce qu'on vouloit dire: car *Orateur* est celui qui parle en public, ou qui compose des Oraisons. Ce mot de *Prosateur* nous estoit donc necessaire. ¶ Et qui diroit, par exemple, en parlant de M.

d'Ablancourt, que c'est le premier Orateur de France ; pour dire que c'est l'homme de France qui écrit le mieux en prose ; parleroit, sans doute, tres-improprement : car M. d'Ablancourt n'a jamais parlé en public ; & n'a fait que des versions.

Il a mis en lumière, & n'est pourtant Auteur.
Et la raison en est, qu'il n'est que Traducteur.

L'Auteur des Doutes veut que M. d'Ablancourt ait fait TEMPORISEMENT & TVRBVLEMMENT : & M. Sarasin RAPPROCHEMENT. Il croit aussi que le Cardinal Mazarin a introduit en nostre Langue les mots d'INTRE'PIDE, de DISCVLPER, & de BRAVOVRE. Tout cela est dit sans preuve. Et à l'égard d'*intrépide*, il est certain qu'il n'est pas de la façon du Cardinal Mazarin ; ce mot ayant esté employé par Malherbe, long-temps avant que le Cardinal Mazarin vint en France. *I'ay vû*, dit M. de Balzac dans une de ses Lettres à M. de la Roche-Hély, *le Cavalier, que vous appelez* intrépide, *& en suis demeuré extrémement satisfait. Mais avez vous pris attache des Grammairiens pour passer* intrépide *en nostre Langue ? C'est une nation redoutable à tout le monde. Elle pense que les sceptres doivent relever de ses férules : & si on la veut croire, sa juridiction s'étent jusques sur les testes couronnées, si elles veulent introduire quelque nouveau mot. Il est vray que le bon-homme Malherbe s'est servi avant nous de cettui-cy. Mais parceque ce n'est pas le Révérend Pere Coëffeteau, il ne nous sera pas* aloüé par M. de Vaugelas ; qui croit, que comme il n'y a point de salut hors de l'Eglise Romaine, il n'y a point aussi de François hors de l'Histoire Romaine. Quoyqu'il en soit, intrépide me plaist fort ; & si j'ay du crédit, je l'employeray volontiers pour faciliter sa réception. Cependant, jusqu'à ce que le peuple l'ait approuvé, & que nous y ayions accoustumé nos oreilles, pour ne choquer celles de personne ; disons que nostre ami est incapable de peur ; de celle-là mesme dont il est parlé avec honneur dans les livres des Iurisconsultes ; de cette crainte qui peut compatir avec le courage, & qui tombe dans l'ame d'un homme constant. Et je croy aussi que l'Auteur des Doutes n'a attribué ces mots au Cardinal Mazarin, que pour avoir occasion de dire ensuite, conformément à la doctrine de son Héros M. de Vaugelas : Ce n'est pas qu'un premier Ministre ait un pouvoir que les Rois mesmes n'ont pas : mais c'est que la complaisance qu'on a pour lui, fait que les paroles qui lui échapent, sont recueillies par les Courtisans, & que de la Cour elles se répandent parmy le peuple, qui s'y accoustume insensiblement. M. de Vaugelas dit la mesme chose dans sa Préface.

L'Auteur des Doutes veut encore que Malherbe ait fait ESCLAVITVDE, & INSIDIEVX ; & M. Corneille, INVEINCV, & OFFENSEVR. Tout cela n'est point vray. Voyez cy-dessus au chapitre 152.

Iustification de ce qui a esté dit au chapitre précédent touchant le mot d'urbanité, & celui de Prosateur.

CHAPITRE CCXXX.

J'Ay dit dans l'Obſervation précédente, en parlant de ceux qui ont fait des mots dans noſtre Langue, que M. de Balzac avoit fait celui d'*urbanité*; que ce mot avoit eſté bien reçu; & avecque dautant plus de raiſon, que ſelon la remarque de M. Pelliſſon, dans ſon Diſcours ſur les Oeuvres de M. Saraſin, les mots de *civilité*, de *galanterie*, & de *politeſſe*, ne l'expliquent qu'imparfaitement. Ces quatre ou cinq lignes ont û le malheur de déplaire à noſtre Gentilhomme de Province. Il les a refutées dans ſon livre des Doutes ſur la Langue Françoiſe : Et il a meſme commancé ſon livre par cette réfutation, comme par le commancement le plus avantageux qu'il pouvoit donner à ſon ouvrage. Mais ſemblable à ces plaideurs aveuglez de leur paſſion, qui produiſent des piéces contre eux meſmes, il a établi ma remarque, aulieu de la détruire : & j'employe pour moi tout ce qu'il a dit contre moi. Voicy ſes termes.
Le premier mot ſur quoy je vous demande un peu d'éclairciſſement, c'eſt le mot d'urbanité, que M. Coſtar employe dans la Deffenſe des Ouvrages de M. de Voiture, contre la Critique

de M. de Girac. Il étoit avec nous ; *ce sont les paroles de M. Costar* ; que l'Auteur a excellé en ce segond genre, & que l'Elégance Attique & l'Urbanité Romaine n'ont rien eu de plus fin, de plus délicat, & de plus joli. *M. de Balzac a fait ce mot, comme vous savez : & ce fut, je pense, dans le Discours de la Conversation des Romains, qu'il l'introduisit la première fois.* Si en leur cause on doit croire leur témoignage, *dit-il*, ils ont effacé toutes les Graces & toutes les Vénus de la Gréce, & ont laissé leur Atticisme bienloin derriére leur Urbanité. C'est ainsi qu'ils appellérent cette aimable vertu du commerce, après l'avoir pratiquée plusieurs années, sans lui avoir donné de nom assûré. Et quand l'usage aura muri parmi nous un mot de si mauvais goust, & corrigé l'amertume de la nouveauté qui s'y peut trouver, nous nous y accoustumerons, comme aux autres que nous avons empruntez de la mesme Langue. *Nous y sommes nous accoustumez ? Ce mot a-t-il perdu avec le temps ce qu'il avoit de rude au commancement ? A-t-il esté aussi bien receu que l'assure M. Ménage dans les Observations sur la Langue Françoise. L'autorité de M. Pellisson sur laquelle il s'appuye, & qui est sans doute une grande autorité, ne me semble pas lui estre trop favorable.* Le mot d'*urbanité* a esté bien receu, *dit M. Ménage* ; & avec d'autant plus de raison, que selon la remarque de M. Pellisson dans son Discours sur les Oeuvres de M. Sarasin, les mots de *civilité*, de *galanterie*, & de *politesse* ne l'expliquent qu'imparfaitement. *Mais de la manière dont M. Peliſſon parle luy-meſme, on peut juger qu'il ne croit pas le mot d'urbanité encore établi. Voicy ſes propres termes.* L'inimitable Dialogue que Ciceron nous a laiſſé de l'Orateur, ne nous enſeigne pas ſeulement la Rhétorique du monde & des affaires, toute différente de celle du Collége; mais nous montre en meſme temps toutes les graces de la Converſation des Romains, & de cette urbanité, que les mots de *civilité*, de *galanterie*, & de *politeſſe* n'expliquent qu'imparfaitement, & à qui noſtre Langue n'a point encore trouvé de nom aſſez propre. *Ces dernières paroles font voir, à mon avis, que dans la penſée de M. Peliſſon le mot d'urbanité eſtoit étranger en noſtre Langue, lors qu'il compoſoit cette Préface, & que l'autorité de M. de Balzac ne l'avoit point fait recevoir parmi les termes François. M. d'Ablancourt me paroiſt auſſi de ce ſentiment dans l'Epître Dédicatoire de ſon Lucien, où non ſeulement il écrit* urbanité *en Italique, comme un mot qu'il diſtingue des autres, mais encore il déclare en quelque façon que ce n'eſt pas un mot receu.* On ne peut nier, *dit-il, en parlant de Lucien*, que ce ne ſoit un des plus beaux eſprits de ſon ſiécle, qui a partout de la mignardiſe & de l'agrément, avec une humeur gaye & enjouée, & cette urbanité Attique, que nous appellerions en noſtre Langue, une raillerie fine & délicate. *M. Coſtar, qui a compoſé la Deffenſe de M. de Voiture, avant que la Préface de M. Peliſſon & le Lucien de* de M. d'Ablancourt paruſſent, a-t-il eu droit de ſe ſervir d'urbanité, qui ne faiſoit que de naiſtre, & qui ſembloit de ſi mauvais gouſt à celui meſme qui en eſtoit comme le pere ? A-t-il eu droit de s'en ſervir comme d'un mot établi, ſans le marquer d'un autre caractére, ou y mettre un correctif ? Mais pourroit on maintenant l'employer ainſi ? Pourroit-on dire, Il y a peu de gens qui ayent de l'urbanité: Son urbanité le rend aimable à tout le monde ? Ie le diray, MESSIEURS, dés que vous me l'aurez permis. Mais juſqu'à ce que l'Acadé-mie toute entiére ſe ſoit déclarée, vous voulez bien que je m'en tienne à l'opinion des deux illuſtres Académiciens.

Ces paſſages de M. Coſtar, de M. d'A-blancourt & de M. Peliſſon, où le mot d'ur-banité ſe trouve employé, ne confirment-ils pas ce que j'ay dit au chapitre précédent, que ce mot avoit eſté bien reçu en noſtre Langue ? Car quel honneur plus grand pou-voit-il recevoir aprés ſa naiſſance, que d'eſtre pompeuſement placé dans les écrits de ces trois célébres Ecrivains ? Cependant l'Auteur des Doutes produit contre moi tous ces trois paſſages.

Il dit, à l'égard de celui de M. Peliſſon, que l'autorité de M. Peliſſon, ſur laquelle je me ſuis appuié, eſt grande à la verité, mais qu'elle m'eſt contraire, bienloin de m'eſtre favorable : M. Peliſſon parlant du mot d'ur-banité comme d'un mot étranger, & qui n'eſt pas encore établi dans noſtre Langue. Je demeure d'accord que l'autorité de M.

Pelisson est grande : mais je dénie formellement que je me sois appuié sur cette autorité, de la façon que le prétent l'Auteur des Doutes. Je n'ay point dit, (& je n'ay pas mesme songé à le dire,) que M. Pellisson ûst parlé du mot d'*urbanité*, comme d'un mot établi dans nostre Langue. J'ay dit seulement que ce mot avoit esté bien reçu parmy nous : & avecque d'autant plus de raison, que selon la remarque de M. Pelisson, les mots de *civilité*, de *galanterie*, & de *politesse*, ne l'expliquent qu'imparfaitement : qui est mot pour mot, ce que porte le passage de M. Pelisson.

A l'égard de celui de M. d'Ablancourt, l'Auteur des Doutes dit deux choses. La premiére, que M. d'Ablancourt a écrit en Italique le mot d'*urbanité* : & la segonde, qu'il a déclaré en quelque façon, que ce mot n'estoit pas un mot reçu. Cette déclaration ne se trouve point dans les paroles de M. d'Ablancourt. Les voicy : *Cette urbanité Attique, que nous appelerions en nostre Langue une raillerie fine & délicate*. Car ces mots *que nous appelerions en nostre Langue*, sont rélatifs à *urbanité Attique*, & non pas au mot d'*urbanité* tout seul. Pour ce qui est de l'argument tiré de l'écriture Italique, c'est un argument puérile, comme je l'ay déja remarqué au chapitre 117. en parlant du mot *gracieux*. Mais quoyque cet argument ne mérite pas de réponse, il y faut neanmoins répondre, puisque nostre adversaire le croit invincible. ¶ Premiérement, il est faux que M.

d'Ablancourt ait écrit le mot *d'urbanité* en lettre Italique. Quand le corps d'un livre est imprimé en lettre Romaine, on imprime ordinairement en lettre Italique les allégations qui sont rapportées dans ce livre, les mots essentiels dont parle l'Auteur de ce livre, & ceux qui sont d'une langue étrangére. Car si le corps du livre estoit imprimé en Italique, il faudroit alors imprimer en lettre Romaine ces mots étrangers, ces mots essentiels, & ces allégations. Ainsi le corps de l'Epître Dédicatoire du Lucien de M. d'Ablancourt estant d'Italique, le mot *d'urbanité* s'y trouve imprimé en lettre Romaine : & l'Auteur des Doutes qui dit qu'il y est marqué d'Italique, a erré au fait. J'ay dit qu'on imprimoit ordinairement les allégations en lettre Italique : car quelquefois on les imprime du mesme caractére que le corps du livre, en les marquant par des guillemets à la marge : Et c'est comme en a usé l'Auteur des Doutes. Mais pour revenir à son argument de caractére Italique : Qui a jamais oui dire qu'on fust obligé de marquer les mots nouveaux de ce caractére ? *Egards* au pluriel, est un mot tout neuf. Le Pere Bouhours s'en est souvent servi dans ses agréables Entretiens d'Ariste & d'Eugéne : mais toujours sans le distinguer des autres mots par un caractére différent. Le Pere Rapin en a usé de mesme à l'égard d'*analyse*, dont il est le pere ; & M. de Segrais à l'égard d'*impardonnable*, qui est aussi un mot de sa façon. Cependant, c'est là le grand argument de nostre Critique. A-t-il en *droit*, dit il, en parlant de M. Coſtar, *de ſe ſervir du mot d'urbanité, comme d'un mot établi, ſans le marquer d'un autre caractére?* Mais je lui demanderois volontiers, combien de temps un mot nouveau doit eſtre marqué d'un autre caractére. S'il me répont, qu'il ne doit eſtre marqué de la ſorte que dans les dix ou douze premiéres années de ſa naiſſance, je lui diray que le mot d'*urbanité* ayant plus de douze ans lorſque M. Coſtar s'en eſt ſervi, M. Coſtar n'a pas eſté obligé de le diſtinguer des autres. Et s'il me répont, qu'il faut diſtinguer de la ſorte les mots nouveaux, trente, quarante, & cinquante ans aprés leur naiſſance, je le confondray alors par ſon exemple, en lui monſtrant dans ſon livre un nombre infini de mots qui ont eſté faits depuis trente, quarante, & cinquante ans, qu'il n'a point marquez d'un autre caractére. ¶ J'ajoute à toutes ces raiſons, que les Auteurs marquent ſouvent des mots de caractére différent, ſans aucune raiſon. Noſtre Gentilhomme, par exemple, marque toujours d'Italique les livres des Auteurs qu'il allégue. ¶ M. Coſtar dans la *Deffenſe des Ouvrages de M. de Voiture*. M. de Balzac dans le *Diſcours de la Converſation des Romains*. M. Ménage dans les *Obſervations de la Langue Françoiſe*. ¶ Mon bon ami M. Fabrot, en a uſé de meſme dans le *Traité de Numero puerperii*, & dans celui de *Tempore humani partus*, qu'il m'a fait l'honneur de m'adreſſer: & M. de Roye, Docteur Régent en Droit dans l'Univerſité d'Angers, en use aussi de la sorte en tous ses ouvrages. Pourquoy cette bigarrure ? Mais ce ne sont pas seulement les Auteurs qui font ces sortes de fautes : ce sont encore les Imprimeurs : comme on peut voir par les Poësies Françoises de M. de la Ménardiére ; par le livre de M. Bochart, des Animaux de la Bible ; & par l'Epître Dédicatoire & la Préface de mes Commentaires sur Diogéne Laerce : où sans aucune raison, & sans la participation des Auteurs, les Imprimeurs ont imprimé des mots en lettre Italique parmy des mots de lettre Romaine, & des mots en lettre Romaine parmy des mots de lettre Italique.

Il me reste à répondre aux argumens tirez du passage de M. Costar. M. Costar ayant composé, dit nostre Critique, la Deffense de M. de Voiture, avant que la Préface de M. Pelisson & le Lucien de M. d'Ablancourt parussent au jour, il n'a pas û droit de se servir du mot d'*urbanité* qui ne fesoit que de naistre, & qui d'ailleurs sembloit de si mauvais goust à M. de Balzac qui en estoit le pere. Voilà un plaisant argument. Doncque si la Préface de M. Pelisson & le Lucien de M. d'Ablancourt ûssent paru au jour avant la Deffense des Oeuvres de Voiture, M. Costar ûst esté bien fondé à se servir du mot d'*urbanité*. Et par cette raison, écrivant aujourdhuy ces Observations sur la Langue Françoise, long-temps après la publication, & de la Deffense des Oeuvres de Voiture de M. Costar, & de la Préface de M. Pelisson, & de la Traduction du Lucien de M. d'Ablancourt, je suis en droit de dire que le mot d'*urbanité* est un mot François. ¶ Mais ce ne sont pas seulement ces quatre célébres Ecrivains, M. de Balzac, M. Costar, M. d'Ablancourt, & M. Pelisson, qui se sont servis de ce mot. Plusieurs autres célébres Ecrivains l'ont aussi employé dans leurs Ouvrages : M. Chapelain dans une de ses Lettres à M. de Balzac ; M. l'Abbé de Cassagne dans son Discours à M. Conrart sur l'Orateur de Ciceron ; M. l'Abbé de Pure dans sa Traduction de Quintilien. ¶ *Ce don d'urbanité dont vous félicitez M. de la Thibaudiére, lui plaira bien fort*, dit M. de Balzac dans une de ses Lettres Famíliéres à M. Chapelain, qui est la 13. du livre 5. Que peut répondre nostre homme à ce passage ? car le mot d'*urbanité* n'y est point marqué d'Italique. ¶ *La politesse Romaine qu'on appeloit urbanité, y paroist dans ses plus grands charmes*, dit M. l'Abbé de Cassagne, en parlant du Dialogue de l'Orateur de Ciceron. ¶ Je ne rapporte point les endroits de la Traduction de Quintilien, où M. l'Abbé de Pure s'est servi d'*urbanité* ; parcequ'ils sont en trop grand nombre. ¶ Mais ce qui décide la question, vous trouverez ce mot dans le Nouveau Dictionnaire de M. Danet pour Monseigneur le Dauphin ; qui est un livre tres-docte & tres-judicieux, & qui vaut beaucoup mieux que l'Abbaye dont il a esté récompensé. Il est vray semblable aureste, que ce mot se trouve encore en d'autres endroits : car je n'ay pas lû tous les livres ; & je ne me souviens pas de tout ce que j'ay lû. ¶ Mais pour revenir à M. Costar, pourquoy le blâmer de se servir d'un mot qui ne fesoit que de naistre? Comme s'il estoit deffendu de se servir de mots naissans? Et comme si M. Costar n'ûst pas û l'autorité de faire lui-mesme un mot nouveau? Mais pourquoy le blâmer de se servir d'un mot, parceque M. de Balzac qui en estoit le pere, l'avoit d'abord trouvé de mauvais goust, acause de sa nouveauté? Car outre que M. de Balzac & M. Costar n'avoient pas toujours mesme goust, comme il paroist par la Deffense & par la Suite de la Deffense des Oeuvres de M. de Voiture; ce mot avoit déja perdu l'amertume de la nouveauté, lorsque M. Costar s'en est servi. Mais qui a dit à l'Auteur des Doutes que M. Costar fust persuadé que M. de Balzac fust auteur de ce mot? Car enfin il le faut avoüer, je me suis trompé en disant que M. de Balzac avoit fait le mot d'*urbanité* : & en me trompant, j'ay trompé l'Auteur des Doutes, qui a dit la mesme chose sur mon témoignage. Ce mot estoit dans nostre Langue long-temps avant que M. de Balzac fust au monde. Vous le trouverez dans le Dictionnaire de Charle Estienne, imprimé à Paris par lui-mesme, en 1552. & dans le Dictionnaire de Ph. M. C. qui a esté fait de celui de Charle Estienne, & qui a esté imprimé en 1570. chez Sébastien Honorat.

Nostre Gentilhomme Bas-Breton, pour montrer qu'*urbanité* n'est pas un mot François, demande à Messieurs de l'Académie, si on pourroit dire, *Il y a peu de gens qui ayent de l'urbanité ; Son urbanité le rent aimable à tout le monde.* Ie le diray, dit-il, parlant à ces Messieurs, dés que vous me l'aurez permis. Mais jusques à ce que l'Académie toute entiére se soit déclarée, vous voulez bien que je m'en tienne à l'opinion des deux illustres Académiciens, dont je viens de vous parler. Après lui avoir demandé ce qu'il entent par l'Académie toute entiére : si ce qui a esté décidé dans l'Académie par le plus grand nombre de Messieurs de l'Académie, n'est pas bien décidé : & s'il prétent qu'il faille, (ce qui est comme impossible) que tous les quarente Académiciens ayent assisté à la décision, selon les termes de la loi 37. au Digeste *de Re judicata* : *Tunc autem universi Iudices intelleguntur judicare, cùm omnes adsunt*. Après, dis-je, luy avoir fait cette demande, je lui répons pour ces Messieurs; & je suis assuré qu'ils ne m'en desavoûront pas ; que ces façons de parler ne sont pas naturelles : mais que cela n'empesche pas que le mot d'*urbanité* ne soit un mot François. Combien y a-t-il de mots qui se disent d'une façon, & qui ne se disent pas de l'autre ? Par exemple, M. de Balzac a dit dans le passage cy dessus rapporté, *Si on en croit les Romains, ils ont effacé toutes les Graces & toutes les Vénus de la Gréce* : ce qui est sans doute tres-bien dit : Et cependant, on ne diroit pas nonplus, *Il y a peu de gens qui ayent des Vénus ; Ses Vénus le rendent aimable à tout le monde.* Mais on diroit fort bien, *L'urbanité des Ora-*

teurs est différente de la bouffonnerie des Bateleurs & des Parasites. Concluons donc, que le mot d'*urbanité* est un mot François, mais que ce n'est pas un mot d'atous-les-jours. On en peut user deux ou trois fois le mois, pour user des termes de M. de Voiture.

Il faut maintenant répondre à ce qu'on m'a objecté touchant le mot de *Prosateur*. *L'Auteur des Observations sur la Langue Françoise*, dit l'Auteur des Doutes, *avoüe de bonne foi que* PROSATEVR *est un mot de sa façon* J'ay fait PROSATEVR, *dit-il*, à l'imitation de l'Italien PROSATORE, pour dire un homme qui écrit en prose, &c. *Il ne suffit pas qu'un mot soit fait dans les reigles. Il faut le proposer au Public. Et c'est le seul droit qu'ont les bons Auteurs. Encore le doivent-ils faire avec de certaines précautions. Premiérement, si le mot qu'ils proposent, est de leur façon, il ne faut pas qu'ils le disent. Le Public est délicat. Il faut lui laisser croire qu'il ne doit ce mot à personne, ou qu'il ne le doit qu'à lui-mesme. C'est assez pour l'obliger à desavoüer cet enfant exposé, que quelques-uns s'en déclarent le pere. Et c'est ce qui me fait craindre que* Prosateur *ne passe point, quelque beau & quelque commode qu'il soit. Il passeroit peuteste, si M. Ménage n'avoit point dit si affirmativement*, J'ay fait PROSATEVR.

En lisant ces paroles, *L'Auteur des Observations sur la Langue Françoise avoüe de bonne foi que* Prosateur *est un mot de sa façon*, ne diroit-on pas que l'Auteur des Doute est perſuadé que c'eſt faire un crime que de faire un mot ? Cependant, c'eſt une choſe décidée dans tous les tribunaux des Grammairiens, que c'eſt une choſe permiſe.

—— *Licuit, ſemperque licebit,*

Signatum praſente nota procudere verbum.
Il n'y a que le ſeul M. de Vaugelas qui ſoit d'opinion contraire ; & l'Auteur des Doutes, qui eſt ſon ſinge en toutes choſes. *Il n'eſt permis à qui que ce ſoit de faire de nouveaux mots : non pas meſme au Souverain*, dit M. de Vaugelas dans ſa Préface. ¶ *Vne perſonne particuliére de quelque qualité qu'elle ſoit, fuſt-ce un Prince, ou un Souverain, bien loin de pouvoir ajouter des mots à la Langue, ne peut pas meſme ajouter une lettre à l'Alphabet*, dit l'Auteur des Doutes. Et moi je dis, qu'il eſt permis à tout le monde, mais qu'il n'eſt pas donné à tout le monde, de faire des mots nouveaux. Je remets à réfuter dans un chapitre à part une opinion auſſi extraordinaire, pour ne pas dire auſſi extravagante, qu'eſt celle de M. de Vaugelas. Car ſi cette opinion avoit lieu, comme un nombre infini de mots ſe perdent tous les jours, nous ſerions bien-toſt réduits à nous parler par ſignes. Cependant, je remarqueray icy en paſſant, que c'eſt bien plus d'ajouter une lettre à l'Alphabet, que d'ajouter un mot à la Langue : & que noſtre Critique qui croit le contraire, ſe méprent bien fort en ſon raiſonnement. Mais pour revenir à *Proſateur*, non ſeulement je ne croy pas avoir fait un crime, pour avoir fait ce mot ; mais je croy

aucontraire avoir bien mérité de noſtre Langue, l'ayant enrichie d'un mot qui nous feſoit beſoin.

N'y ayant donc point de crime à faire un mot nouveau, il faut voir maintenant s'il y a de la vanité à le dire de la façon que je l'ay dit dans l'Obſervation précédente. Véritablement, ſi j'avois fait ſignifier à Meſſieurs de l'Académie, que j'ay enrichi noſtre Langue du mot de *Proſateur* : qu'ils ûſſent à ſe ſervir de ce mot dans leurs écrits, & à le mettre dans leur Dictionnaire ; ce ſeroit non ſeulement une grande vanité, mais une grande impertinence. Mais dans un lieu où je traite des Inventeurs de quelques mots François ; après avoir dit que Lazare de Baïf, que Marot, que Ronſard, que Du-Bellay, que Deſportes, que Malherbe, que le Cardinal de Richelieu, que M. de Balzac, que M. de Segrais, que Madame la Marquiſe de Rambouillet, que Mademoiſelle de Scudery, avoient fait quelques mots nouveaux ; il me ſemble que je n'ay rien fait contre la modeſtie, en diſant que de mon coſté j'avois auſſi fait le mot de *Proſateur*. Ronſard dans le paſſage rapporté au chapitre précédent, n'a pas ſeulement avoüé de bonne foi qu'il eſt l'auteur du mot d'*Ode*, mais il s'en eſt glorifié. *Et oſay le premier des noſtres enrichir noſtre Langue de ce nom* Ode : *afin que nul ne s'attribuë ce que la vérité commande eſtre à moy.* Du-Bellay dans le paſſage rapporté au meſme chapitre, a fait un ſemblable aveu. *J'en di autant de quelques mots com-*

posez: comme, pié-sonnans, porte-lois, porte-ciel, & autres, que j'ay forgez sur les vocables Latins: *comme* cerve, *pour* bische, &c. M. de Balzac a dit de mesme dans le passage rapporté au mesme endroit, *Pour la locution de se calomnier soi-mesme, je n'en suis pas l'inventeur: quoyque peut-estre ce soit moi qui l'ay apportée le premier en France.* Vous trouverez souvent dans les écrits de M. de Saumaise, *Hanc vocem primus Latio redonavi.* Et qui est l'Auteur tant soit peu célébre, qui n'ait fait quelque mot nouveau ? Ce que nostre Censeur dit ensuite, qu'il ne faut pas que l'auteur d'un mot fasse connoistre qu'il en est l'auteur; que cela seul suffit pour obliger le Lecteur à rebuter ce mot ; & que le Public est si jaloux de son autorité, qu'il ne veut devoir les mots qu'à lui-mesme ; est au reste absolument faux. Car au contraire, c'est une raison pour accepter un mot, que de voir qu'il a esté fait par des Ecrivains célébres. *Excutiendum omne scriptorum genus, non propter historias modò, sed verba, quæ frequenter jus ab Auctoribus sumunt,* dit Quintilien. Et à mon égard, quoyque je ne sois pas du nombre de ces Ecrivains célébres, tant-s'en-faut que l'aveu que j'ay fait d'avoir fait le mot de *Prosateur,* doive empescher le Public de l'accepter, qu'il doit au contraire l'y obliger : cet aveu estant accompagné de plusieurs raisons, qui font voir que ce mot est nécessaire en nostre Langue, & dont l'Auteur des Doutes, qui ne m'est pas favorable, est lui-mesme demeuré d'accord.

Mais

Mais après avoir dit, que ceux qui font des mots, doivent bien prendre garde de faire connoistre au Public qu'ils en sont les auteurs, il se contrarie : & voicy comment. *Il me semble*, dit-il, *que les Auteurs qui proposent un mot au Public, se doivent bien donner de garde d'user de ce mot comme si l'usage l'avoit receu. Il faut qu'ils le proposent d'un air modeste, & qu'ils y mettent les adoucissemens que M. de Vaugelas demande. Par exemple*, Si j'ose parler de la sorte ; Pour user de ce mot ; S'il m'est permis de me servir d'un terme qui n'est pas François, ou qu'il n'est pas encore establi. Car en usant de ces correctifs ; s'il en faloit necessairement user ; ce seroit faire paroistre au Public qu'on seroit auteur de ces mots : qui seroit la mesme chose que de le dire en termes exprés.

Il n'est pas au reste non-plus véritable, qu'il faille toujours user de ces correctifs en fesant des mots nouveaux. C'est particuliérement aux Poëtes qu'il est permis de faire de nouveaux mots, comme je le feray voir ailleurs : & cependant les Poëtes ne peuvent jamais se servir de ces correctifs. Car il seroit ridicule, après avoir employé un mot nouveau dans un vers, d'ajouter ensuite un autre vers, pour dire, *S'il m'est permis de me servir d'un terme qui n'est pas François, ou qui n'est pas encore establi.* Il est vray neanmoins que les Prosateurs en usent souvent de la sorte : mais ce n'est particuliérement que lorsque les mots nouveaux dont ils se sont servis, sont, ou insolens, ou trop hardis,

& qu'il y a du hazard à les employer. C'est ce qui a esté judicieusement remarqué par Quintilien; lequel il faloit citer à ce propos, & non pas M. de Vaugelas. *Et si quid periculosius finxisse videmur, quibusdam remediis præmuniendum est: Vt ita dicam : si licet dicere : quodammodò : permitte mihi sic.* Mais outre que le mot de *Prosateur* n'a rien, ce me semble, ny d'insolent, ny de trop hardi, ayant esté fait sur l'Italien *Prosatore*, qui est un mot connu de tous ceux qui savent l'Italien; (& qui est l'homme de lettres qui ne sait pas l'Italien ?) quand je l'ay employé la premiére fois, ça esté non seulement avecque toutes les précautions, tous les correctifs, & tous les adoucissemens que M. de Vaugelas demande pour un mot nouveau ; mais encore avecque toutes les raisons que j'avois de me servir de ce mot tout neuf. Ce fut dans une Lettre critique que j'écrivis il y a plus de trente ans à M. Bautru, Introducteur des Ambassadeurs, au sujet des Observations de M. Costar sur l'Ode de M. Chapelain au Cardinal de Richelieu, & sur celle de M. Godeau. M. Bautru & M. Costar approuvérent ce mot. Et c'est ce qui m'obligea de m'en servir ensuite, sans aucun adoucissement, en plusieurs endroits de mes Observations sur Malherbe : comme en celui-cy, qui est à la page 248. *Et afin qu'on ne croye pas que ce soit une licence poëtique, il est à remarquer que les Prosateurs aussibien que les Poëtes, en ont usé de la sorte.* Je l'ay depuis employé demesme en plusieurs endroits de ces Remarques sur la Langue Françoise. Et ç'ust esté une chose touta-fait ridicule, si à chaque endroit où je l'ay employé, j'y usse ajoûté les précautions que demande M. de Vaugelas. Que si l'Auteur des Doutes m'objecte que je ne l'ay employé avecque ces précautions, que dans une lettre particuliére, & non pas dans un ouvrage public ; je lui diray que Ciceron en a usé demesme à l'égard du mot *urbanus*, dans la signification d'un homme poli ; s'en estant servi en cette signification dans la Harangue pour sa Maison, & dans la troisiéme de ses Oraisons contre Verrès, sans aucun adoucissement ; & ne l'ayant employé avec adoucissement que dans une de ses Epîtres à Appius Pulcher. *Te hominem, non solùm sapientem, verùm etiam, ut nunc loquimur, urbanum.*

Lettre de change. Lettre d'échange.

CHAPITRE CCXXXI.

IL faut dire *Lettre de change* ; & non pas *Lettre d'échange*, comme on dit en Anjou.

Pré : Prée : Prairie.

CHAPITRE CCXXXII.

LE mot de *prée* estoit autrefois fort en usage. Marot dans sa Traduction de la premiére Eglogue de Virgile :

Heureux vieillard, desormais en ces prées
Entre ruisseaux & fontaines sacrées
A ton plaisir tu te rafraischiras.

Ronsard livre 2. Ode 16.

Comme un taureau par la prée
Court aprés son amourée.

Nous le disons encore en Anjou : où nous mettons différence entre *pré*, *prée*, & *prairie*. Nous appelons *un pré*, un petit pré ; *une prée*, un grand pré, qui est enclos ; & *une prairie*, une grande commune sans clôture, & le long d'une riviére. Mais on ne dit plus *prée*, ny à la Cour, ny à Paris.

Tomber, tumber. Tumbereau, tombereau.

CHAPITRE CCXXXIII.

IL faut dire *tomber* ; & non pas *tumber*, comme on dit en plusieurs Provinces, & comme dit le peuple de Paris.

Il faut dire aussi *tombereau* avecque les Parisiens, & non pas *tumbereau* avecque les Provinciaux.

Pié à terre, Piet à terre.
Donner des deux.

CHAPITRE CCXXXIV.

IL faut dire *pié à terre*. C'est comme parlent les honnestes gens.

Donner des deux sent le Gentilhomme Campagnard, qui sort de l'Académie ; où l'Escuier dit, *donne des deux*. Il faut donc user sobrement, & sans affectation, de cette façon de parler.

S'il faut dire Ancepessade, *ou* Lancepessade : Colonel, *ou* Coronel : Corporal, Coporal, *ou* Caporal.

CHAPITRE CCXXXV.

IL est sans doute qu'il faut dire *Ancepessade*, & non pas *Lancepessade*, nonobstant l'étymologie *Lancia spezzata*. Voyez mes Origines de la Langue Françoise.

Nous disons *Colonel de la Cavalerie, Colonel de l'Infanterie, Lieutenant Colonel, La Colonnelle*. Les Italiens disent demesme *Colonello*. Mais les Allemans disent *Coronel* : ce qui fait que plusieurs de nos François, en parlant des Colonels Allemans, les appellent *Coronels*. Le meilleur & le plus sûr, est de dire toujours *Colonel*. Voyez Brantôme.

Corporal est l'ancien mot François. Henri Estienne dans ses Dialogues du nouveau Langage François, Italianisé, imprimez à Anvers en 1579. *Nous avions* Corporal, *qui tenoit encore bon, & avoit opinion qu'il ne seroit point chassé ; estimant que celui qu'on nommoit* Corps-de-garde, *lui porteroit faveur. Mais un je ne say quel* Caporal *vint, portant des lettres de recommandation de Monsieur* Capo ; *par le moyen desquelles il fut bien receu, voire chéri & caressé. Et peu de temps après, la place de ce* Corporal, *qui estoit natif du pays, fut baillée à cet étranger* Caporal. Et il est encore en usage parmy nos Soldats. *Corporal hors de la Garde*. C'est comme crie la Sentinelle, pour appeler celui qui commande le Corps de Garde. Depuis on a prononcé, & *Coporal*, par corruption, & *Caporal*, à l'Italienne. Et c'est comme parlent aujourdhuy les honnestes gens. On peut donc dire *Coporal* & *Caporal* : mais *Caporal* est le *meilleur*. Touchant l'étymologie de *Caporal*, voyez mes Origines de la Langue Italienne, au mot *caporale*.

Recouvert *pour* recouvré.
CHAPITRE CCXXXVI.

Onsieur de Vaugelas a fort bien observé, que *recouvert* en la signification de *recouvré*, avoit esté introduit par l'usage contre la reigle & contre la raison. Mais il s'est toutafait trompé, en ce qu'il a dit que les participes se formoient de l'infinitif, en ostant l'R; & qu'ainsi de *recouvrer*, en ostant l'R, on avoit fait *recouvré*. Il est sans doute que *recouvré* vient du participe Latin *recuperatus*, & non pas de l'infinitif François *recouvrer*. M. de Vaugelas dit ensuite que Desportes est le premier qui a usé de *recouvert*, pour *recouvré*. Je ne le croy pas : ce mot estant en usage à la Cour, dés le temps de Henri Estienne; (comme il sera justifié cy-après.) lequel Henri Estienne estoit plus âgé que Desportes. Mais quoyqu'il en soit, il est vray que ce mot, en cette signification, n'est pas ancien en nostre Langue, comme il paroist par le passage suivant des Dialogues de Henri Estienne du Nouveau Langage François Italianisé, imprimé à Anvers en 1579. PHILAVSONE. *Ils vous diront aussi*, (Il parle des Courtisans) *captiver la bénévolence*, *pour* capter *la bénévolence Les mesmes vous diront, j'ay recouvert cela, au lieu de dire, j'ay* recouvré *cela.* CELTOPHILE. *Je say que plus* sieurs faillent en cecy. PHILAVSONE. Toutefois c'est une faute assez aisée à connoistre à ceux qui ne parlent point à l'aventure. Car, j'ay recouvré ce qui estoit perdu, &, j'ay recouvert ce qui estoit découvert. Velà pourquoy un jour me moquant d'un qui me disoit. J'ay recouvert ma maison ; (parlant d'une maison qu'il avoit perduë par procés) je lui di, Je n'avois point seu jusques à maintenant, que vous fussiez couvreur. Cependant je vous confesse ce que vous avez dit, que plusieurs faillent en ce mot. Et ne faut pas dire seulement plusieurs, mais des quatre parts, les trois pour le moins. Si est-ce que outre ce que le mot Latin *recuperare* monstre qu'il faut dire recouvrer : car de recuperare on a fait premiérement recuperer, & puis recuprer : aprés recoupler : finalement recouvrer, (encore que quelquefois il se prenne un peu autrement que recuperare.) Outre ce que nous avons le consentement des anciens Escrits François : comme nous lisons au Roman de la Rose :

 Car Saint Paul commandoit ouvrer
 Aux Apostres, pour recouvrer
 Les necessitez de leurs vies :
 Et leur défendoit truandies.

Et mesmes entre ceux qui approchent le plus de nostre temps, nous avons la Farce de Pathelin, où il y a du François aussi beau & naïf, comme l'invention d'icelle est belle & naïve ; en laquelle nous trouvons recouvré, en cette signification, rimé sur ouvré. Et c'est un mot que les Italiens aussi ont retenu du Langage Latin. Car ils disent ricuperare, ou ricoverare, comme parle Boccace ordinairement : lequel en use en quelque autre signification. Aussi l'Espagnol dit recobrar. ¶ Il paroist par ce passage, que du temps de Henri Estienne, *j'ay recouvert quelque chose que j'avois perdu*, se disoit à la Cour beaucoup plus ordinairement que *j'ay recouvré*. On y parle encore aujourdhuy de la sorte : *Pour un perdu, deux recouverts*. Ce qui a fait préférer à M. de Vaugelas avecque raison, dans une Lettre ou dans quelqu'autre petite piéce, *j'ay recouvert* à *j'ay recouvré*. Car dans un œuvre de longue haleine, il permet d'user de l'un & de l'autre indifféremment. Et je suis en cela de son avis. Dans le Palais, on dit également *une piéce nouvellement recouvrée*, & *une piéce nouvellement recouverte*.

―――――――――――――

Fluxion, défluxion.

CHAPITRE CCXXXVII.

Dites *fluxion*, & non pas *défluxion*.

―――――――――――――

Agneau, anneau.

CHAPITRE CCXXXVIII.

Tous les Parisiens, généralement, prononcent *anneau*, aulieu d'*agneau*. Un anneau ; Vne moitié d'anneau ; Vn cartier d'anneau. Qui est une prononciation tres-vicieuse ; à la considérer en elle mesme ; a-cause de l'équivoque d'anneau, en la signification d'*agnus*, avec *anneau*, en la signification d'*annulus*. Mais comme ces Messieurs sont les maistres du langage, il faut parler comme eux, quand mesme ils parlent mal. Il faut donc dire avec eux, *Vn anneau ; Vne moitié d'anneau ; Vn cartier d'anneau* ; & non pas, comme nous disons dans nos Provinces, *Vn agneau ; Vne moitié d'agneau ; Vn cartier d'agneau*. Il seroit pourtant à souhaitter, que Messieurs de l'Académie, *Souverains arbitres des mots*, réformassent cet abus. ¶ Quelques-uns croient qu'il faut dire l'*Agneau Pascal* : & je suis de leur avis. C'est aussi comme parle Villon. ¶ M. Mitton aureste, qui est un des Maistres Jurez de nostre Langue, dit toujours *un cartier d'agneau ; une moitié d'agneau ; un agneau*.

Si, & aussi, comparatifs, suivis de comme.

CHAPITRE CCXXXIX.

Malherbe a dit,
Il n'est rien de si beau comme Caliste est belle.

Et Motin :
*Il n'est rien de si beau comme elle,
Ce ne sont qu'amoureux apas.*

Cette façon de parler n'est pas naturelle. Après *si* & *aussi*, comparatifs, il faut *que*, & non pas *comme*. Il n'est rien de si beau que Caliste. Caliste est aussi bonne qu'elle est belle. Marot dans une de ses Epigrammes au Roi de Navarre, a dit neanmoins,

    Savez comment Marot l'acceptera ?
    D'aussi bon cœur, comme la sienne il donne
    Au fin premier qui la demandera.

Malherbe a dit aussi :

    Ma foi seule aussi pure & belle,
    Comme le sujet en est beau.

Et M. Corneille dans son admirable Tragédie des Horaces :

    Tant qu'a duré la guerre on m'a vû constamment
    Aussi bon citoyen comme parfait amant.

Mais en cela ces grans Auteurs ne sont pas à imiter ; le *comme* après le *si*, comparatif, n'estant plus aujourdhuy du bel usage.

―――――――――――――――

Archon, Archonte,

CHAPITRE CCXL.

ON demande s'il faut dire *Archon*, ou *Archonte*, en parlant du Magistrat que les Athéniens appeloient ἄρχων. Il semble qu'on devroit dire *Archon*, comme on dit *Xenophon*, *Ctesiphon*, &c. Et c'est comme Amyot & M. l'Abbé Talleman ont rendu ce mot en François, dans leurs excellentes versions de Plutarque. Cependant, comme la douceur de la prononciation l'emporte souvent sur la reigle, & qu'*Archonte* est infiniment plus doux qu'*Archon*, je suis pour *Archonte*. Et c'est aussi comme ce mot a esté traduit par M. Charpentier & par M. de Brianville. *Archonte* d'ailleurs n'est pas contre l'analogie, nos Anciens ayant formé un nombre infini de mots du génitif des Grecs, en les fesant passer par l'ablatif des Latins. Ainsi d'Αμαθῦς Αμαθῦντος, d'Οπῦς Οπῦντος, ils ont dit *Amathonte* & *Oponte*. M. d'Ablancourt a dit demesme *Philonte* & *Myonte*. Voyez la Préface de son Thucydide. Ajoutez à toutes ces raisons, que nous avons un Livre de Meursius, intitulé *Archontes Attici*, qui nous a rendu cette terminaison familiére.

Gangreine, cangreine. Cannif, gannif. Second, segond. Secret, segret. Secretaire, Segretaire.

CHAPITRE CCXLI.

L'Auteur des Remarques veut qu'on écrive *gangreine*, & qu'on prononce *cangreine*. Selon moi, il faut écrire & prononcer *cangreine*, nonobstant l'étymologie γάγγραινα. ¶ Il faut écrire demesme *segond*, *segret*, & *Segretaire* : & non pas *second*, *secret*, & *Secretaire*. ¶ Il faut aussi écrire & prononcer *gannif*.

gannif, & non pas cannif. Mais il faut écrire & prononcer *Claude*, & non pas *Glaude*. L'opinion de M. de Vaugelas pourroit pourtant estre deffenduë par ce passage de Quintilien : *Quid, quæ scribuntur aliter quàm enuntiantur ? Nam & Gaius C literâ notatur, quæ inversa mulierem declarat : quia tam Caias esse vocitatas quàm Caios, etiam ex nuptialibus sacris apparet. Nec Cneus eam literam in prænominis nota accepit, quâ sonat, &c. Iudicium autem suum Grammaticus interponet his omnibus. Nam hoc valere plurimum debet. Ego, nisi quod consuetudo obtinuerit, sic scribendum quidque judico, quo modo sonat. Hic enim usus est literarum, ut custodiant voces, &, velut depositum, reddant legentibus. Itaque id exprimere debent, quod dicturi sumus.*

Pluriers de quelques noms terminez en al & en ail.

CHAPITRE CCXLII.

Ronsard a dit *Madrigals. Sonnets & Madrigals pour Astrée.* C'est à la page 457. du tome 1. de l'édition de Macé in-octavo. En quoi il a esté suivi par M. de Balzac dans ses Lettres Choisies : qui est une chose étonnante : car il est indubitable qu'il faut dire *Madrigaux*.

Bal, fait *bals* : & *bail*, *baux*. Il faut donc dire, *Il y a û cette nuit cinq bals*, & non pas, *Il y a û cette nuit cinq baux*, comme disent les Normans. *On a ajugé ce matin les baux à ferme*.

Quintail, fait *quintaux*.

On dit *des poitrals & des éventails*, & non pas *des poitraux & des éventaux*.

Mail, fait aussi *mails*. *Maux*, est le plurier de *mal*.

Pal, en blazon, fait aussi *pals*. *Arragon porte d'or à quatre pals de gueules*.

Email fait *émaux*. ¶ *Ail* fait *aux*. Mais comme je l'ay remarqué au chapitre 146. *aux* n'est plus du bel usage.

Les opinions sont partagées pour *piédestal* & *piédestaux*. *Piédestaux* est le plus usité.

On dit *Amiraux, arcenaux, soupiraux*.

On dit *les Vniversaux*, en terme de Philosophie, & non pas *les Vniversels*.

Martial, en la signification de *courageux*, fait *martiaux*. *Des gens martiaux*. Mais *Martial*, le Poëte, fait *Martials*. *I'ay six Martials de différente édition*. ¶ On dit de mesme *des Iuvenals*, & non pas *des Iuvenaux*.

On dit *des cristaux*, & non pas *des cristals*. Mais on ne dit ny *corals*, ny *coraux*. Car *coral* n'a point de pluriel. Voyez cy-dessus chapitre 146.

On ne dit aussi ny *navals*, ny *navaux*. Que si on estoit obligé de se servir necessairement de l'un ou de l'autre de ces mots, il faudroit plustost dire *navals* que *navaux*. Car qui a jamais dit *des combats navaux*? *Combats navals* n'est guére meilleur. Il faut donc éviter ces mots, en disant, *Combats de mêr*, *Combats maritimes*.

───

De la terminaison al, *& de celle d'*ail.

CHAPITRE CCXLIII.

IL faut prononcer *métal*, & non pas *métail*: *cristal*, & non pas *cristail*: *coral*, & non pas *corail*. Ronsard dans une de ses Chansons:

>*Douce Maistresse, touche,*
>*Pour soulager mon mal,*
>*Ma bouche de ta bouche,*
>*Plus rouge que coral.*

On dit aussi *poitral*, & non pas *poitrail*. Mais on dit *le portail* d'une Eglise, & non pas *le portal*. Et des poires de *portail*.

───

S'il faut dire Eglise Paroxiale, Parochiale, *ou* Paroissiale.

CHAPITRE CCXLIV.

ON disoit anciennement *Parochiale* & *Parokiale*, & plustost *Parokiale* que *Parochiale*. En effet, selon l'étymologie, il n'y faudroit point d'H. Voyez l'Etymologique de Vossius. Mais présentement on dit *Paroissiale*. M. Miton est néanmoins pour *Parochiale*.

Navets, navaux : bette, poirée : lentilles, nentilles.

CHAPITRE CCXLV.

Nous difons en Anjou *des naveaux*. Mais on dit à Paris *des navets*. C'eſt donc comme il faut dire. ¶ Il faut dire auſſi *de la poirée* & *des nentilles*, avecque les Pariſiens; & non pas *des bettes* ny *des lentilles*, avecque les Angevins.

Genevois, Gennois, Berruiers, Hannuiers, Beauvaiſins, Metins, Angoumoiſins, Fertenois.

CHAPITRE CCXLVI.

Nos Anciens appeloient *Genevois* les citoyens de Gennes. Il eſt bien mieux de les appeler *Gennois*, comme nous feſons : & *Génevois*, ceux de Genève. ¶ *Berruiers*, ſont ceux de Berri : *Hannuiers*, ceux de Hainaut : *Beauvaiſins*, ceux de Beauvais : & *Metins*, *Angoumoiſins*, *Fertenois*, ceux de Mets, d'Angouleſme, & de la Ferté.

Planter des lauriers. Arborer des lauriers.

CHAPITRE CCXLVII.

PLanter des lauriers, dans le figuré, pour dire, faire des conquestes, gagner des batailles, remporter la victoire, a esté condanné par M. de Balzac. C'est dans son Socrate Chretien, dont voicy l'endroit. *A vostre avis, est-il permis à un Orateur, & mesme à un Poëte, de dire que Godefroi de Bouillon, & tant d'autres Héros Chretiens, ont esté planter leurs lauriers jusques sur les rives de l'Euphrate ? Planter des lauriers, n'est autre chose, ce me semble, en sa plus noble signification, que de faire des allées, ou des pallissades. Et cette action appartient à l'Agriculture, & non pas à l'art de la guerre. Le Iardinier plante des lauriers, & on en couronne les victorieux. C'est à quoi peu de nos gens ont pris garde, & ces belles phrases sont imprimées dans les plus beaux ouvrages que nous ayions. Ne croyez-vous pas, que pour bien parler, il faudroit parler plus correctement. César a mérité mille lauriers & mille statues. Il y a pourtant grande différence entre César & un planteur de lauriers : entre un Conquérant & un faiseur de statues. Les Iardiniers & les Bouquetiers, les Sculpteurs & les Doreurs, fournissent l'étoffe & les ornemens du Triomphe : travaillent à la décoration des Théatres, & au reste de la* cérémonie qui doit honorer les actions militaires. Mais ceux qui ont fait des actions & qui doivent triompher, ne se meslent point de ce travail. M. de Balzac est un peu trop sévére dans sa critique. Quand les Poëtes disent d'un Guerrier qu'il a planté des lauriers; comme l'a dit Malherbe de Louis XIII.

A quel front orgueilleux n'a l'audace ravie
Le nombre des lauriers qu'il a déja plantez;

ils présupposent qu'il les a cueillis chez les ennemis, & qu'en suite il les a plantez dans ses propres terres, ou dans celles qu'il a conquises. C'estadire, qu'il s'est paré des dépouilles de ses ennemis, & qu'il a profité de leurs pertes. Virgile dans ses Géorgiques a dit apeuprès dans ce mesme sens,

Primus ego in patriam mecum, modò vita
superfit,
Aonio rediens deducam vertice Musas.
Primus Idumaas referam tibi, Mantua,
palmas,
Et viridi in campo templum de marmore
ponam
Propter aquam; &c.

Ce que M. de Segrais a hureusement imité dans son Poëme Pastoral.

L'Orne délicieuse arrose un saint Bocage,
Que Malherbe autrefois sur ce plaisāt rivage
Planta de ses lauriers sur le Pinde cueillis,
Et dont est ombragé tout l'Empire des Lis.
Et moi, si je reviens de la longue carriére,
Où l'ardeur de quiter la terrestre poussiére
Emporte, malgré moi, mon vol audacieux
Sur les illustres pas qui conduisent aux
Cieux;

Si j'aborde jamais la plage réclamée,
Courbé sous le doux faix des rameaux d'I-
dumée ;
Ie les destine encore à ce charmant séjour,
Ma célébre patrie, & ma premiére amour. ¶
Monsieur Corneille a dit dans le Cid, *arborer des lauriers. Au milieu de l'Afrique arborer ses lauriers.* Mais il en a esté repris avecque raison par Monsieur de Scudéry & par Messieurs de l'Académie : car on ne dit point *arborer un arbre* : le mot d'*arborer*, ne se prenant que pour des choses que l'on plante figurément en façon d'arbres, comme des estandars.

Pulmonique, poulmonique, poumonique.
Hypocondre, hypocondriaque.

CHAPITRE CCXLVIII.

Quoyqu'on dise *poumon*, il faut dire *pulmonique*, & non pas *poulmonique*, ny *poumonique*, comme disent plusieurs Provinciaux ; & mesme plusieurs Parisiens. Quelques Médecins disent *pneumonique*, a cause du Grec πνευμονικός : qui est une affectation pédantesque. ¶

M. Desmarets dans sa Deffense du Poëme Héroïque, reprent le mot d'*hypocondre* en ce vers de M. Des-Préaux,

Non, mais cent fois la beste a vû l'homme
hypocondre ;

parceque ce mot ne signifie pas l'homme malade, mais la partie malade. Ce que dit M. Des-Marests est véritable. Mais comme le peuple dit *hypocondre*, pour *hypocondriaque*, & que le mot d'*hypocondriaque* ne seroit pas agréable en vers, M. Des-Préaux, non-seulement a pû dire *hypocondre*, en la signification d'*hypocondriaque*, mais il l'a dû dire.

Académicien, Académiste, Académique.

CHAPITRE CCXLIX.

Académicien, se dit de celui qui est d'une Académie de gens de lettres; & *Académiste*, de celui qui est d'une Académie, où l'on aprent à monter à cheval. *Académique*, se dit d'un discours. *Questions Académiques*.

S'il faut dire corroie, conroie, *ou* courroie: Corroieur, Conroieur, *ou* Courroieur.

CHAPITRE CCL.

LE véritable mot est *corroie*: qui a esté fait de *corrigia*. De *corroie*, on a fait ensuite *conroie*; & de *conroie*, COVRROIE: qui est le mot le plus usité. Mais quoyqu'on dise plus communément *courroie*, on dit néanmoins plus ordinairement *Corrayeur*, que *Conrayeur*, ny *Courayeur*. Quelques-uns prononcent *corroieur*; qui est une mauvaise prononciation.

Choir.

CHAPITRE CCLI.

MOnsieur de Segrais n'approuve le verbe *choir* que dans le figuré, comme en cet endroit de Malherbe,

Fay choir en sacrifice au Démon de la France
Les fronts trop élevez de ces amis d'Enfer.

Pour moi, je ne ferois pas difficulté de l'employer dans le propre à l'infinitif, comme a fait Malherbe en cet autre endroit:

Et le Pô, tombe certaine, &c.
S'apprefte à voir en son onde
Choir un autre Phaëthon.

Dans les autres mœufs, ou pour parler à la mode, dans les autres modes, il me paroist desagréable: comme en ce vers de Des-Portes, qui est de sa Traduction du Sonnet de Sannazar, *Icaro cade qu'à*:

Icare est cheut icy, ce jeune audacieux.

Et en cet autre, qui est d'un Sonnet de M. Gombaud:

Et la rosée est cheute, & la moisson est grande.

Il est encore plus desagréable, ou plustost il n'est pas tolérable, dans l'imparfait & dans le futur. *Il cheoit*; *Il chéra*. *Cheut*, peut trouver sa place. *Icare cheut icy, ce jeune audacieux.*

Capes, Capres.

CHAPITRE CCLII.

LE peuple de Paris dit *câpes.* Il faut dire *câpres,* comme on dit à la Cour : & conformément à l'origine *capparis.*

Remarques curieuses touchant les mots de nombre.

CHAPITRE CCLIII.

ON difoit anciennement *mil* & *mille,* indifféremment. Et on difoit mefme plus fouvent *mil* que *mille.* Marot dans le Jugement de Minos :

—*Quand fous lui chevauchérent*
Vers moi de front, deffous fes eftendars,
Bien trois cent mil piétons, hardis foudards.

Cretin dans fon Epître à François Charbonnier :

Vn jour vaut cent, & une heure dix mil.
Ne vols-tu pas que petits grains de mil, &c.

Il n'y a plus que les Notaires & les Praticiens qui écrivent ce mot de la forte. Il faut prononcer & écrire *mille.* Trois cent mille piétons ; une heure, en vaut dix mille. Si ce n'eft en datant les années du jour de la Nativité de Noftre Seigneur ; car en ce cas, il faut dire *mil*, & non pas *mille*. *L'an mil cinq cens quatre-vint-dix. L'an mil quatre cens cinquante. Mil six cens treize*, &c.

Mille au reste est indéclinable. Il faut dire *Ie lui dois dix mille escus*, & non pas *dix milles escus : Ie lui ay mille obligations, Il m'a fait mille amitiez*, & non pas *milles obligations, milles amitiez*, comme disent la pluspart des Dames; & les mieux chauſſées; pour user des termes du Commandeur de Jars : qui est une faute épouventable ; *mille* estant singulier en cet endroit.

Pour *cent*, il se décline. On dit *cents* au plurier. Marot dans son Epigramme sur le jour des Innocens:

Tres chére sœur, si je savois où couche
Voſtre personne au jour des Innocens,
De bon matin j'irois à voſtre couche
Voir ce gent corps que j'aime entre cinq cents.

Ramus a fort bien remarqué que *vint* se déclinoit auſſi. VINGT, est toujours plurier, adjectif : comme, vingt hommes. Quand il se fait substantif, il change T en S. comme, quatre vingts, six vingts, quinze vingts. C'est au chapitre 9. de la Grammaire Françoise. Selon cette reigle, Marot a dit dans son Enfer,

Puis se leva Rhadamantus du siége,
Qui remener me fit au bas Collége
Dés Malheureux, par la voie où je vins.
Si les trouvay à milliers & à vints.

Il faut donc dire, *quatre-vints hommes, quatre-vints escus*, & non pas *quatre-vint hommes, quatre-vint escus*. Il faut auſſi dire *les Quinze-vints*, en parlant des Quinze-vints, dont nous parlerons tantost. Mais en contant, quand il ne suit rien après *vint*, on prononce *quatre-vint*, *six-vint*, & non pas *quatre-vints*, *six-vints*.

Millier & *million* suivent la reigle ordinaire des substantifs. On dit *dix milliers*, *dix millions*.

Deux, *trois*, *quatre*, *cinq*, 6. 7. 8. 9. 10. 11. 12. 13. 14. 15. 16. n'ont point de pluriel. On dit, en jouant au cartes, *J'ay deux quatre; deux cinq; deux sept; deux huit*, &c. & non pas *deux quatres; deux cinqs; deux septs; deux huits*, &c.

Dans un conte rond, on se sert indifféremment du mot de *livres* & de celui de *francs*. On dit donc indifféremment, *cinquante livres* & *cinquante francs*; *cent livres* & *cent francs*; *mille livres* & *mille francs*; *cent mille livres*, & *cent mille francs*. Mais dans un conte rompu, on ne se sert que du mot de *livres*. Il faut donc dire, *quatre livres dix sous*; *cent cinquante livres*; *mille quatre cents livres*, &c. Et non pas, *quatre francs dix sous*; *cent cinquante francs*; *mille quatre cents francs*, comme disent les Allemans. ¶ Le mot de *francs*, ne s'accommode pas nonplus avecque celui de *rente*. On dit, *Il a dix mille livres de rente*, & non pas, *Il a dix mille francs de rente*. ¶ Il reste à remarquer, que les Financiers content toujours par livres, & jamais par francs *Somme toute*; (car c'est ainsi qu'il faut dire, & non pas *somme tout*) *cent mille livres*, & non pas *cent mille francs*.

On

On ne dit point, *mille cent livres, mille deux cents livres, mille trois cents livres, mille quatre cents livres, mille cinq cents livres,* &c. On dit, *onze cents livres, douze cents livres, treize cents livres, quatorze cents livres, quinze cents livres, seize cents livres, dix-sept cents livres, dix-huit cents livres, dix-neuf cents livres.* Mais on dit *l'an mil cent.* On dit aussi, *l'an mil deux cents; mil trois cents; mil quatre cents; mil cinq cents,* &c. Et à ce propos il est à remarquer, que quand nous parlons d'une chose qu'on sait qui s'est passée depuis quelques années, nous omettons le mot de *mil. Cela arriva l'an 600.* aulieu de *l'an 1600.* Et nous omettons mesme le mot de *cents*, quand nous parlons d'une chose qui s'est passée depuis peu. *Cela arriva en trente-six:* pour dire, *en mil six cents trente-six.*

Quoyque *cent vint* & *six vint* soit la mesme chose, on ne dit point *cent vint* en prose. Je veux dire qu'il ne le faut pas dire: car M. d'Ablancourt l'a dit dans son Marmol, tome 2. page 175. *Il y a plus de cent vints logis de Blanchisseurs.*

Quand on parle du lieu que S. Louis a fondé à Paris pour les Aveugles, ou quand on parle de ces Aveugles, il faut dire *les Quinze-vints*, & non pas *les Trois cents*: si ce n'est en vers; comme a dit M. de Malleville, page 341.

De l'estat où je suis, je n'ay qu'un pas à faire,
Afin de m'enroler au nombre des Trois cents.
Villon a dit de mesme,

Tome I.   Ss

Item, je donne aux Quinze-vints,
(*Qu'autant vaudroit nommer Trois-cents*)
De Paris ; non pas de Provins ;
Car à eux tenu ne me sens.

Il faut dire, dans le discours familier, *soixante-dix, quatrevint, quatrevint dix*, & non pas *septante, octante, nonante*. Mais en termes d'Aritmétique & d'Astronomie, on dit fort bien *septante, octante, nonante*.

On dit aussi *Septante*, en parlant des Interprétes de la Bible. Et ce seroit mal parler que de les appeler *Les Soixante dix* : si ce n'est qu'on ajoutast *Interprétes de la Bible*, comme l'a tres-judicieusement remarqué M. de Balzac, selon le témoignage de M. de Girac dans sa Réplique à M. Costar, page 378.

On dit *vint & un* : & non pas *vint-un*, comme a dit M. de Balzac. On dit aussi *trente & un ; quarente & un ; cinquante & un ; soissante & un*. Villon dans son Grand Testament :

J'ay ce Testament tres-estable
Fait de derniéré volonté,
Seul, pour tout, & irrévocable.
Escrit l'ay l'an soixante & un,
Que le bon Roi me délivra
De la dure prison de Meun.

Simon Gréban, dans l'Epitaphe de Charles VII.

Et trespassa au Chastèau de Meun
L'an mil quatre cents & soissante & un.

Mais on dit *cent un ; quatrevint un ; six vint un ; septvint un*. ¶ *Mille-un* est controversé.

On dit *trente-deux, trente-trois*, &c. &

LANGVE FRANÇOISE. 483

non pas *trente & deux*, *trente & trois*, &c.
Il en est de mesme de *quarente*, *cinquante*, *soissante*, *septante*, *octante*, *nonante*. Villon dans son Petit Testament:

Mil quatre cents cinquante-six.

Messieurs de l'Académie veulent qu'on écrivë *vint deux*, *vint-trois*, *vint-quatre*, *vint-cinq*, &c. Je ne suis pas de leur avis. Et j'ay pour moi contre-eux l'autorité de tous nos Poëtes. Marot dans sa Traduction de l'Epigramme de Martial *Accidit infandum*:

Elle a perdu, helas! depuis Septembre
Vne jeune ami, beau, de vint & deux ans.

Et ailleurs:

L'an vint & sept Feuvrier le froidureux.

Rabelais livre 1. chap. 2.

Sept mois après; ostez-en vint & deux.

Simon Gréban, dans l'Epitaphe de Charles VII.

Le jour dolent que Iuillet fit courir
Pour vingt & deux, la Mort le vint querir.

Ronsard dans l'Epitaphe de Françoise de Vieux-Pont, Prieure de Poissy:

Vint & sept ans elle alloit achevant,
Quand elle fut Dame de ce Convent.

J'ay dit de mesme dans mon Offre de service:

Il est vray qu'il n'est pas neuf,
Et qu'au milieu des Ruelles
Depuis six cents vint & neuf
Il soupire pour les Belles.

Vint-deux, *vint-trois*, écrits de la sorte, sont dissyllabes: & par les passages cy-dessus alléguez, il paroist que ces mots sont trissyllabes. Il ne faut donc pas écrire *vint-deux*, *vint-*

trois, &c. Mais parcequ'on prononce à Paris *vinte-deux*, *vinte trois*, & non pas *vint é deux*, *vint é trois*, pour représenter la prononciation Parisienne, j'écrirois *vinte deux*, *vinte-trois*, comme on écrit *trente-deux*, *trente-trois*.

On agita à la Cour, il y a déja quelque temps, la question de sçavoir s'il faloit dire *vint & un cheval*, ou *vint & un chevaux*. La Cour s'estant trouvée partagée sur cette question, on consulta l'Académie Françoise, qui décida, conformément à la remarque de M. de Vaugelas, qu'il faloit dire *vint & un chevaux*. Je ne suis pas non-plus en cela de l'avis de cette illustre Compagnie. On dit, constamment, *trente & un jour. Ce mois à trente & un jour*. On dit aussi, incontestablement, *Vint & un an: vint & un escu: vint & une livre: vint & une pistole: vint & un chien: vint & un chat: vint & un oiseau*. Et pourquoy ne pas dire demesme *vint & un cheval*? Ces façons de parler sont elliptiques, c'est à dire défectueuses. On disoit, lorsqu'elles estoient entières, *J'ay vint ans, & un an. J'ay vint chevaux, & un cheval*. Et de là vient qu'on dit, *vint & un an; vint & un cheval*, &c. ¶ Mais au sujet de cette question, on en proposa une autre dans mon Académie: qui est de sçavoir, si comme on dit *J'ay vint & un cheval*, on dit aussi *J'ay vint & un cheval enharnaché: J'ay vint & un cheval noir: J'ay vint & un cheval blanc: J'ay vint & un an accompli*. La plus-part soustenoient, qu'en ajoutant ces épithétes, il faloit dire *enharnachez, noirs, blancs & accomplis*, au pluriel: & la chose fut ainsi décidée.

Quand je vins à Paris la premiére fois, il y a près de quarente ans, ceux qui se piquoient de parler correct, se moquoient de ceux qui disoient *midi & demi*, pour dire *demie heure après midi*. Et en effet, cette façon de parler est bizarre : car *midi* voulant dire *douze heures*, il semble que *midi & demi* soit *dix huit heures*. Mais elle est aujourdhuy si universellement reçue, & à la Cour, & à la Ville, qu'elle ne peut plus estre contestée. D'un autre costé, elle peut estre deffendue, en disant, que *demi* en cet endroit signifie *le demi*, c'estadire la moitié d'une heure. Les Italiens disent demésme *una ora, e mezzo*: *une heure & demi*, aulieu *d'une heure & demie*.

Il est dix heures. C'est comme il faut dire; & non pas *Ils sont dix heures*, comme on dit à la Chambre des Comtes de Paris ; & comme disent les Gascons: *sou dex ouros*. Il ne faut pas dire non-plus, *Elles sont dix heures*, comme quelques uns prétendent qu'il faut dire. *Il est dix heures* : c'estadire, *Il est l'heure de dix heures*. *Il est*, est impersonel en cet endroit.

Quand on veut parler de l'Empereur Charles, il faut dire *Charles Quint*, si ce n'est qu'on ajoute *cinquiéme du nom*. C'est une Observation de M. la Mote-le-Vayer, approuvée par M. de Giras en sa Réplique contre M. Costar.

On dit *premiérement, segondement, troisié-mement :* mais on ne dit guère *tiercement, quartement, cinquiémement, sixiémement,* &c. On dit, *en quatriéme lieu ; en cinquiéme lieu; en sixiéme lieu,* &c.

Le deux Mars ; livre trois; chapitre quatre. Ce n'est pas parler élégamment que de parler de la sorte. Il faut dire, avecque le nombre adjectif, ou ordinant, *le deuxiéme Mars; livre troisiéme ; chapitre quatriéme.* Mais quand deux de ces nombres ordinans se suivent, on met le premier au substantif. On dit, *le dix ou douziéme ; le sept ou huitiéme ;* & non pas, *le dixiéme ou douziéme ; le septiéme ou huitiéme.* Ce qui se fait pour éviter le mauvais son que feroient ces deux mots de suite terminez en *iéme.* Les Italiens disent de mesme, *superba e crudelmente ; lunga e dottamente ; tranquilla e pacificamente ; privata e pubblicamente,* &c. aulieu de *superbamente e crudelmente ; lungamente e dottamente ; tranquillamente e pacificamente ; privatamente e pubblicamente.* Et les Espagnols en usent de la mesme sorte. On dit néanmoins, dans le discours familier, *livre trois, chapitre quatre, article six, verset huit, nombre dix, paragraphe cinq, page soissante.* On dit aussi, *au denier dix ; au denier vint ; au denier trente,* &c.

Louis Onze, Charles Neuf, Henri Trois, Henri Quatre, Louis Treize, Louis Quatorze. Toutes ces façons de parler sont tres-usitées, & par conséquent tres bonnes ; n'en déplaise à M. de Vaugelas. M. Habert de Mommor, Maistre des Requestes, & un des Quarente de l'Académie Françoise, a dit *Henri Quatre* dans l'Epigramme suivante:

Superbes monumens, que vostre vanité
Est inutile pour la gloire
Des grans Héros, dont la mémoire
Mérite l'immortalité!
Que sert-il que Paris aux bords de son canal
Expose de nos Rois ce grand Original,
Qui sût si bien regner, qui sût si bien com-
    batre?
On ne parle point d'Henri Quatre:
On ne parle que du cheval.

M. de Cailly dans une de ses épigrammes, a dit de mesme *Henri Trois.*

Henri Trois la trouvoit belle.

Pour *Henri Deux*, ou *Deuxiéme*, il ne se dit point. On ne dit que *Henri Segond.*

Malherbe a dit, *le centiéme Décembre*, & *le centiéme Avril*, pour dire *la centiéme année.*

Le centiéme Décembre a les plaines ternies,
Et le centiéme Avril les a peintes de fleurs.

Ce qui est tres bien dit. Mais on ne pourroit pas dire de mesme, *le vintiéme*, ou *le trentiéme Décembre*; *le vintiéme* ou *le trentiéme Avril*, pour dire *la vintiéme année*, acause de l'équivoque du vintiéme & du trentiéme jour du mois de Décembre & du mois d'Avril.

On ne dit point, en matiére de monnoie, *une livre*, ny *deux livres*. On dit *vint sous*, *quarente sous*. On ne dit point non-plus *trois livres* tout seul. On dit *un escu*. Mais en ajoutant le mot de *sous*, on dira fort bien *trois livres dix sous*. On ne dit point aussi, en matiére de monnoie, *une livre & demie, quatre livres & demie*. On dit, *trente sous; trois livres dix sous.* J'ay dit en matiére de monnoie : car en matiére de poids, on dit *une livre, deux livres, une livre & demie.*

Il faut dire *l'onziéme*, & non pas *le onziéme*. Voyez M. de Vaugelas, & l'Auteur des Doutes.

Laquais, Laquay.

CHAPITRE CCLIV.

ON prononce *Laquais*, & non pas *Laquay*. Il faut donc écrire *Laquais*; & non pas *Laquay*, comme l'a écrit Nicod, & comme l'écrivent toujours M. de Balzac & M. Costar. *Laquay* estoit pourtant le véritable mot. *Vernula, Vernulacus, Vernulacaïus, lacaïus,* LAQUAY : comme *Maius,* MAY. Voyez mes Origines de la Langue Italienne au mot *lacaio*.

Cassonnade, castonnade.

CHAPITRE CCLV.

LE grand usage est pour *castonnade*; & non pas pour *cassonnade*; qui est pourtant le véritable mot. De *casson,* CASSONNADE. Je dirois donc *caſtonnade* : mais ſans blâmer ceux qui diſent *caſſonnade*. Monſieur Miton le dit.

Les Dames ne ſortent point du logis, que pour aller en viſite.

CHAPITRE CCLVI.

CEtte expreſſion, qui eſt de M. d'Ablancourt, tome 2. page 62 de ſon Marmol, n'eſt pas Françoiſe. *Point*, fait là un barbariſme. Pour parler régulièrement, il faut dire, *Les Dames ne ſortent jamais du logis, que pour aller en viſite.* Que ſi on vouloit y mettre le *point*, il faudroit dire, *Les Dames ne ſortent point du logis, ſi ce n'eſt pour aller en viſite.* Et à ce propos il eſt à remarquer, que de ces deux reſtrictions, l'une rejette le *point*, & l'autre le demande abſolument.

S'il faut dire cauchemar, *ou* cauchemare.

CHAPITRE CCLVII.

NIcod a dit *cauchemare*. CAVCHEMARE. *Qui empeſche de reprendre ſon haleine en dormant. Incubus; ſuppreſſio nocturna; ephialtes. Picardi proferunt cauquemare.* Et l'origine favorise cette prononciation; ce mot ayant esté formé de *calca mala*, c'est à dire *mala oppressio*. Du verbe *calco calcas*, les Auteurs de la basse Latinité ont fait le verbal *calca*, pour *calcatio*: comme *missa*, pour *missio*; *promissa*, pour *promissio*; *consulta*, pour *consultatio*; *procura*, pour *procuratio*, &c. Mais l'usage est pour *cauchemar*. C'est donc comme il faut dire, sans s'arrester à l'étymologie. Les Lyonnois disent *cauche-vieille*.

Des prépositions de & du devant les noms de famille.

CHAPITRE CCLVIII.

La pluspart de nos Gentilshommes s'imaginent que les prépositions *de* & *du* devant les noms de famille, sont une marque de noblesse : en quoy ils se trompent. Nos Anciens ne les ont jamais mises que devant les noms de famille, qui viennent de Seigneuries. Comme, *du Mont*, *de la Vallée*, *du Bellay*, *du Rivau*, *de Beauvau*, *du Pré*, *de Grammont*, *de Grandpré*, *de la Grandiére*, *de la Giraudiére*, *de la Moriniére*, *de la Renardiére*, *de la Renaudiére*, &c. Et il ne les faut mettre aussi que devant ces noms-là. Il faut dire, *Monsieur Paul*, *M. Charles*, *M. Gilles*, *M. Claude*, *M. Iaques*, *M. Ferdinand*, *M. Gautier*, *M. Girard*, *M. Ménard*, *M. Ménardeau*, *M. Arnaud*, *M. Airaud*, &c. *M. Char-*

pentier, M. le Févre, M. Colbert, M. le Tellier, M. l'Huilier, M. l'Avocat, M. le Maçon, M. Talon; M. Pellisson, M. Boileau, M. Boilesve, M. Avril, M. Ianvier, &c. Et non pas, comme disent les Gascons, *M. de Paul, M. de Charles, M. de Gilles, M. de Claude, M. de Iaques, M. de Ferdinand, M. de Charpentier, M. du Févre, M. du Tellier*, &c. ¶ Malherbe qui se vantoit d'avoir dégasconné la Cour, ne l'avoit pas dégasconnée pour ces façons de parler. ¶ Il est aureste à remarquer, qu'il y a déja assez long-temps que les Gentils-hommes François ont cette imagination touchant ces prépositions *de* & *du* : comme il paroist par cet endroit de la Grammaire de Meigret, qui est du chapitre premier : *Finallement, si quelqu'un porte surnom en France, qui ne soit accompagné d'un* de, *la Noblesse le tient pour vilain.*

Quasi. presque.

CHAPITRE CCLIX.

JE suis pour M. de Vaugelas contre M. de la Mote-le-Vayer, & contre Dupleix. *Quasi* n'est plus du bel usage, si ce n'est en certains endroits, comme quand on dit, *Il n'arrive quasi jamais.* ¶

Il faut prononcer *presque* ; & non pas *préque*, comme prononcent plusieurs personnes, non seulement de la Ville, mais de la Cour.

De guéres.

CHAPITRE CCLX.

Monsieur de Balzac dit toujours *Il ne s'en faut de guéres.* Dans une de ses Lettres à Madame Des-Loges, qui est la 19. du livre 7. *En ce misérable estat, je ne reçoy de consolation que de la lettre que vous m'avez fait l'honneur de m'écrire. Elle m'est si précieuse, Madame, qu'il ne s'en faut de guéres, que je ne m'en fasse un colier ou un brasselet, afin d'essayer si ce reméde me réussira mieux que les autres.* C'est un Gasconisme. Il faut dire, pour parler François, *Il ne s'en faut guéres.* De guéres, comme l'a fort bien observé l'Auteur des Remarques, ne se dit que lorsqu'il est question d'une quantité comparée avec une autre: comme, *Elle ne la passe de guéres.* M. de Voiture, qui estoit Parisien, a pourtant dit aussi *deguéres*, au sens que l'a dit M. de Balzac. *Je croiray, si vous voulez, que vostre religion est meilleure que la mienne; que le Roi n'a point de plus fidelles Sujets que ceux de la Rochelle; qu'il seroit plus expédient, pour le bien de l'Estat, d'abatre la citadelle de Mets, que le bastion de l'Evangile; & que mon affection n'est de guéres plus grande que la vostre.* C'est dans la 24. de ses Nouvelles Lettres.

Ie vous ay dit de faire cela. Ie vous demande de faire cela.

CHAPITRE CCLXI.

CEs façons de parler sont Gasconnes, & non pas Françoises. Mais comme il y a un grand nombre de Gascons à la Cour, elles y sont si usitées, que je n'ose les condanner, quelque envie que j'en aye. Elles sont d'ailleurs appuiées de l'autorité de M. de Balzac, qui a dit dans son Prince, *Il me sembloit visiblement de renaistre, & d'assister au renouvellement de toutes les choses.* C'est en la page 3. de l'édition in quarto. Et en la page 224. *Ses confédérations sont semblables à celles de Maas Ammonite, qui répondit aux hommes de Iabés en Galaad, qui lui demandoient d'entrer en alliance avec lui*, &c.

Stomachal, estomachal. Stampe, estampe.

CHAPITRE CCLXII.

QUoyqu'on dise *estomac*, il faut dire *stomacal*; & non pas, *estomacal*, comme disent les Gascons. ¶ On dit de mesme *studieux*, quoyqu'on dise *estude*.

Il faut dire aussi *estampe*, & non pas *stam-*

pe ; quoyque les Italiens, de qui nous avons emprunté ce mot, disent *stampa*.

Les Gascons disent aussi *estupide* & *estatuts*, aulieu de *stupide* & de *statuts*. C'est tres mal parler. Nos Anciens ont mit une E devant la pluspart de nos mots François, dérivez, ou des Latins, ou des Italiens, qui commancent pour une S, suivie d'une consone. Species, ESPECE, ESPICE : *spada*, ESPEE : *stomachus*, ESTOMAC : *studium*, ESTVDE : *spina*, EPINE, &c. mais ils ne l'ont pas mise devant tous, comme il paroist par ces mots, *statuts*, *studieux*, *stomacal*, *stupide*.

S'il faut dire la Mexique, *ou* le Mexique.

CHAPITRE CCLXIII.

MOnsieur de Balzac dans son Prince a dit *la Mexique. Ils ne veulent le salut que des peuples du Perou & de la Mexique.* C'est en la page 96. de l'édition in quarto. Et c'est comme on parle ordinairement. *Le Mexique* n'est pourtant pas mal dit: car outre que ce mot est conforme à l'Espagnol *el Mexico*, c'est comme parlent tous les Voyageurs. On peut donc dire indifféremment, *la Mexique*, & *le Mexique*.

S'il faut dire Bail emphyteutique, *ou* emphytéotique.

CHAPITRE CCLXIV.

POur parler régulièrement, il faudroit dire *emphyteutique*, a cause du Grec ἐμφυτευτικός, & du Latin *emphyteuticus*. Mais l'usage est pour *emphytéotique. Emphyteosis, emphyteoticus*, &c.

Sortir de la vie.

CHAPITRE CCLXV.

MOnsieur de Vaugelas veut que cette phrase ne soit pas Françoise. Elle est tres-usitée en vers. Bertaud:

Vne si douce chaisne emprisonne mon cœur:
Vne si belle main tient mon ame asservie,
Que si je crains la mort, c'est pour la seule peur
De sortir de prison, en sortant de la vie.

M. Corneille, qui est un de nos plus grans Poëtes, s'en est aussi servi. Je ne serois donc point difficulté de l'employer; & particuliérement en vers: à l'imitation des Latins, qui ont dit *exire è vita, migrare è vita.*

Il dit.

CHAPITRE CCLXVI.

Il dit, pour exprimer le *dixit* des Poëtes Latins, me semble tres-bon : & je m'en suis servi dans mon Jardinier.

Il dit ; & transporté d'un tragique dessein,
Il veut lever le bras, pour se percer le sein.

Et en cela j'ay esté plus hardi que M. Chapelain, qui n'a osé s'en servir dans la Pucelle.

Couturier, Couturiére.

CHAPITRE CCLXVII.

Couturier ne se dit à Paris que d'un garçon de Tailleur. On dit, *Ce garçon est bon Couturier*, pour dire qu'il coût bien. Mais on ne dit point *un Couturier*, pour dire un Tailleur. Cette façon de parler est Provinciale. Mais quoyqu'on ne dise point à Paris *Couturier* en cette signification, on y dit pourtant *Couturiére*, pour une femme qui fait des habits de femmes. ¶ Il est aureste à remarquer, que le mot de *Tailleur* en cette signification, a esté introduit en nostre Langue du temps de Henri Estienne, comme il paroist par cet endroit de ses Dialogues : PHI. *Ne savez-vous pas que ceux qu'on appelloit autrefois* Couturiers, *depuis quelques ans* ont esté appelez Tailleurs: Voire sans quéue? CEL. On n'en usoit pas ainsi, quand je partis de France, oubien je l'ay oublié. Mais quoyqu'il en soit, il me semble qu'on fait tort à tant d'autres sortes de Tailleurs, de ce qu'on appelle le seul Couturier, Tailleur.

Ie le vous promets. Ie le vous diray.

CHAPITRE CCLXVII.

JE suis pour M. de Vaugelas contre M. de la Mote-le Vayer & contre Dupleix. Ces façons de parler qui ont esté bonnes autrefois, sont présentement tres-mauvaises; quoyqu'usitées par M. de Balzac. Il faut dire, *Ie vous le promets, Ie vous le diray.* L'usage le veut ainsi. ¶ Il est aureste à remarquer qu'on dit, *Ie lui diray*, pour, *Ie le lui diray.*

Possible, paraventure, daventure.

CHAPITRE CCLVIII.

MOnsieur de Vaugelas a fort bien remarqué que *possible* ne valoit rien en la signification de *peut-estre.* ¶ J'ajoute à sa remarque, que *paraventure, parventure,* & *daventure,* sont encore plus mauvais. ¶ *Daventure* précéde de *si*, est néanmoins tres-bon. *Si daventure cela m'arrivoit.*

Ouvrier, meurtrier, *trissyllabes.*

CHAPITRE CCLXIX.

TOus nos vieux Poëtes, généralement, ont fait d'une syllabe l'I précédé d'une mute & d'une liquide, & suivi de la syllabe ER. Malherbe & ses contemporains en ont usé de la mesme façon. Pour ne parler que de Malherbe, le plus exact de tous les Poëtes de son temps, vous trouverez dans ses Poësies,

Que vous ne voudriez pas pour l'empire du monde.
Et voudriez bien pour la finir.
Et livrrez de si belles choses.
A peine la quatriéme Lune.
Non qu'il ne me soit grief que la Terre posséde.

Ceux qui ont succedé à Malherbe; les Gombauds, les Racans, les Chapelains, les Des-Marets, les Scuderys, & les Le-Moines; en ont aussi usé de la sorte. Mais aujourdhuy cet I précédé d'une mute & d'une liquide, & suivi de la syllabe ER, est constamment de deux syllabes. Nostre Poësie a cette obligation, avecque plusieurs autres, à M. Corneille; qui dans sa Tragédie du Cid a osé le prémier faire le mot de *meurtrier* de trois syllabes.

Iamais un meurtrier en fit-il son refuge?
Iamais un meurtrier s'offrit-il à son Iuge?

Je say bien qu'il en a esté repris par Messieurs de l'Académie dans leurs Sentimens sur le Cid. Mais le temps a fait voir que ça esté injustement; & qu'on le devoit louer de cette nouveauté, aulieu de l'en blâmer. Je suis un des prémiers, avecque Monsieur de Vence, qui ay imité en cela Monsieur Corneille: ayant remarqué que les Dames s'arrestoient, comme à un mauvais pas, à ces mots de *meurtrier, sanglier, bouclier, peuplier*, & autres semblables, lorsqu'ils estoient de deux syllabes. Monsieur de Segrais qui a l'oreille fort délicate, & qui n'est pas moins bon Juge de la Poësie, que bon Poëte, se joignit aussi-tost à nostre parti: & dans la Préface de son Poëme Pastoral, il fit une remarque des raisons qu'il avoit d'employer ces mots de la sorte. Tous les jeunes Poëtes, généralement, en usérent ensuite de la mesme façon. Et ça esté inutilement que Monsieur Des-Marets a voulu s'opposer à cet usage. Voicy comme il en parle dans la Préface de son Clovis: *Quelques Poëtes de nostre temps se sont avisez de leur autorité privée, de faire de trois syllabes les mots d'ouvrier, bouclier, sanglier, meurtrier, levrier, & quelques autres semblables, pour les rendre de plus facile prononciation: quoyque depuis que l'on parle François, on ne les ait faits que de deux syllabes: comme les mots de Guerrier, Courier, dernier, qui ne sont pas plus faciles à prononcer. Mais ces Poëtes n'ont aucun droit, ny aucune autorité suffisante pour établir une loi nouvelle: & ils* feront defavouez ; particuliérement par les Poëtes Héroïques, qui ne pourroient plus se servir de ces mots, comme trop languissans & trop lasches pour la dignité de leur sujet, s'ils estoient de trois syllabes. Si-bien que le meilleur est de les laisser en leur estat ordinaire de deux syllabes ; dans lequel ils sont plus forts que si on les faisoit de trois. La comparaison que fait Monsieur Des-Marets des mots de *Guerrier, Courier, dernier*, avecque ceux d'*ouvrier, bouclier, sanglier, meurtrier, levrier*, n'est pas juste ; la syllabe *ier*, en ces prémiers mots, n'estant précédée que d'une mute, ou d'une liquide, & non pas d'une mute & d'une liquide, comme dans les derniers : qui est ce qui fait la dureté. Pour ce qui est de la langueur & de la lascheté que Monsieur Des-Marets trouve dans ces mots trissyllabes ; prémiérement, on n'en demeure pas d'accord ; & on soutient aucontraire que ces mots sont doux, sans estre ny lasches ny languissans. Mais quand ils seroient tant soit peu, ou lasches, ou languissans, ce peu de lascheté & de langueur seroit toujours préférable à l'extrême dureté qu'ils ont, lorsqu'ils sont dissyllabes. *Non satis est pulchra esse poëmata, dulcia sunto.* Et il n'y a point d'oreille délicate qui n'avoue que ces deux vers,

Iamais un meurtrier en fit-il son refuge?
Iamais un meurtrier s'offrit il à son Iuge?

ne soient infiniment plus agréables, que ces deux autres,

Quoy ? jamais un meurtrier en fit-il son
    refuge ?
Quoy ? jamais un meurtrier s'offrit-il à son
    Iuge ?

Ajoutez à toutes ces raisons, que Ronsard a fait *dernier* de trois syllabes.

    Et qu'on ne peut frauder ce dernier truage.

C'est dans l'Epitaphe de Jean de la Péruse. Et *hier* dissyllabe.

Au mesme lit où pensif je repose
Presque ma Dame en langueur trépassa
Devant-hier, quand la fiévre effaça
Sont teint d'œillets, & sa lévre de rose.

C'est dans le douziéme Sonnet du Recueil de ses Sonnets. Mélin de Saint Gelais a dit demesme dans une de ses Epigrammes,

    Quand je vy la belle Catin
    Si triste avant-hier matin.

Et M. de Racan dans sa Pastorale.

Ie say ce qui vous met la puce dans l'o-
    reille.
Ie vis hier icy le lou qui vous réveille.

─※─

Depuis la publication de ces Remarques sur la Langue Françoise, j'ay apris que ce n'estoit pas M. Corneille, comme je le croiois, qui avoit le premier fait de deux syllabes cet I précédé d'une mute & d'une liquide, & suivi de la syllabe ER, & que Renier dans ses Satires, & Jodelle dans l'Epitaphe de Timoléon de Cossé en avoient usé demesme long-temps avant lui. Voicy l'endroit de Renier ;

Qu'on me rioit au nez, & qu'une Chambriére
Sembloit montrer ensemble & cacher la lumiére.

Voicy celui de Jodelle :
Sous ce Tombeau gist le preux Chevalier,
Timoléon ; cet heureux Capitaine,
Dit De Brissac ; ce ferme bouclier
Et protecteur de l'Eglise Romaine.

Cet Epitaphe est gravé dans l'Eglise des Célestins de Paris.

Grand' *aulieu de* grande.

CHAPITRE CCLXX.

Monsieur de Vaugelas a fort bien remarqué qu'il y a certains endroits où l'on dit *grand'*, avecque l'apostrophe, aulieu de *grande*. Et voicy apeuprès ces endroits : à grand' peine ; en grand' peine ; La plus grand' part ; J'ay eu grand' peur ; C'est grand' pitié ; Ce n'est pas grand' chose ; Nous avons fait grand' chére ; Grand' chére & beau feu ; Ma grand' mere ; La grand' Chambre ; La grand' ruë ; La grand' Sale ; La grand' Messe ; La Grand' Bretagne. Il ajoute qu'on dit néanmoins, *une grande méchanceté, une grande calomnie, une grande sagesse, une grande marque.* Il faloit dire, qu'on dit néanmoins la grande Confrairie, &c. M. de Vaugelas ne s'est pas aperçû que ces derniers exemples, estant accompagnez du mot d'*une*, n'estoient pas opposez aux premiers, qui n'ont point ce mot. Car comme nous disons, *une grande méchanceté, une grande calomnie*, &c. nous disons demesme, *une grande peine, une grande pitié, une grande chose, une grande chére, une grande chambre, une grande Sale, une grande ruë*, &c. Et je ne sache que *grand' mere*, & *grand' Messe*, qui se disent aujourdhuy avec *une*. J'ay dit, *aujourdhuy*; car anciennement on disoit *une grand' méchancheté, une grand' vertu*, &c. Théodore de Béze dans son livre de la véritable prononciation de la Langue Françoise: *Observandum est autem peculiariter femininum adjectivum* grande, *in quo* E *consuevit etiam ante consonantes elidi: ut*, une grand' besogne; une grand' chose; une grand' femme; une grande méchancheté. Bertaud dans ses Stances:

  Elle se plaist si fort en la rigueur extréme,
  Dont elle gesne un cœur à ses piés abatu,
  Que je croy, sans mentir, qu'elle tient en
    soi-mesme
  Vne grand' cruauté pour une grand' vertu.

La raison au reste, pour laquelle on dit *une grand' mere*, c'est que *grand' mere* n'est consideré que comme un seul mot, & comme le μεγαλομήτης des Grecs.

Libéral arbitre.

CHAPITRE CCLXXI.

HEnri Eſtienne dans ſes Dialogues du Nouveau Langage François Italianiſé, page 143. s'eſt fort écrié contre ce mot, PHILAVSONE. *Mais un des plus notables exemples c'eſt à dire, d'une des plus notables fautes, & en laquelle plus de gens tombent ; c'eſt,* mon libéral arbitre, *pour,* mon libre arbitre. CELTOPHILE. *Vous avez bien raiſon de dire, que cette faute eſt notable : car pluſieurs notables perſonnes, auſſi bien qu'autres, la commettent.* Cependant, ce mot eſt tres bon & tres François. Tous nos Anciens s'en ſont ſervis. Cretin dans ſon Epître à une Dame de Lyon :

J'eſpére auſſi qu'en liſant cette épître,
Ton franc vouloir & libéral arbitre
Prendront en eux délibération, &c.

Nicod dans ſon Dictionnaire : *Depuis qu'il fut en ſon libéral arbitre. Ex quo ſui potens fuit.* Pierre Ayrault, Lieutenant Criminel d'Angers, mon grand-pere maternel, dans la Préface de ſon Traité de la Puiſſance Paternelle : *Il y a trois ans & plus que je ſuis à apprendre où les Iéſuites tiennent mon fils. Si je l'euſſe pû découvrir, je lui euſſe fait cette remontrance en privé. Mais voyant que je perdois mon temps, & qui plus eſt, mon eſpérance,*

rance, je lui ay voulu écrire comme aux contumax, par programme & annotation. Si vous trouvez ma plainte juste, & que vous appreniez où il est, je vous supplie qu'il la voye. Cela fait, je lui laisse en son libéral arbitre de m'obéir ou de ne m'obéir pas. La pluspart de nos Modernes en usent aussi ; & entr'autres M. de la Mothe-le Vayer, qui est un de nos meilleurs Ecrivains. M. de Vaugelas ne l'improuve pas non-plus : mais il croit que le plus sûr & le meilleur est de dire *franc arbitre* : en quoi Dupleix n'est pas de son avis. Quoyqu'il en soit, *libéral arbitre* est tres-bien dit : & M. de Vaugelas qui trouve cette façon de parler toutafait étrange; qui dit qu'elle a esté établie contre toute sorte de raison ; & que rien ne la defent que l'usage, n'a pas sû que dans la basse Latinité on a dit *liberale*, pour *liberum* ; & que de là nos vieux Gaulois ont dit *libéral*, pour *libre* ; & *libéralement*, pour *librement*. La Coutume de Champagne, article 84 *Et combien que le mari ait l'administration & disposition libérale par contracts entre vifs, de pouvoir aliéner les biens meubles & conquests immeubles, communs, & appartenants auxdits mariez*, &c. Et article 2. *Et sont tous lesdits non Nobles, franches personnes ; s'il n'appert de servitude au coutraire : & peuvent libéralement eux marier, & faire tous faits légitimes, comme franches personnes.* C'est la véritable raison de ce mot *libéral arbitre*. Celles dont M. de Vaugelas fait mention, sont non seulement fausses, mais ridicules.

Tome I.   V u

Je dirois pourtant *franc arbitre*, pluſtoſt que *libéral arbitre*. Mais je dirois auſſi pluſtoſt *libéral arbitre*, ou du moins auſſitoſt, que *libre arbitre*.

I'ay reçû la voſtre. I'ay reçû l'honneur de la voſtre. Le premier du courant; du paſſé. I'ay accuſé la réception de voſtre premiére lettre. Ie vous écris celle-cy.

CHAPITRE CCLXXII.

Toutes ces façons de parler ne ſont pas du bel uſage. Dites, *I'ay reçû voſtre lettre*: *I'ay reçû la lettre que vous m'avez fait l'honneur de m'écrire*: *Le premier de ce mois: Le premier de l'autre mois: Le premier du mois paſſé: Ie vous ay écrit que j'avois reçû voſtre premiére lettre*. Il faut dire auſſi, *Ie vous écris cette lettre*: ou ſimplement, *Ie vous écris*. Cette derniére remarque eſt de M. de Vaugelas.

Environ de.

CHAPITRE CCLXXIII.

ENviron de n'eſt pas François. Il faut dire; *Il eſtoit environ deux heures*; & non pas *environ de deux heures*, comme diſent les Angevins & les Poitevins.

Taux. Taxe. Taxation.

CHAPITRE CCLXXIV.

Monsieur de Vaugelas a fait une bonne remarque sur ces trois mots, *terrein*, *terroir*, & *territoire*. On en peut faire une semblable sur ces trois autres, *taux*, *taxe*, & *taxation*. *Taux*, est le prix que l'on met aux denrées, & à toute sorte de marchandise. *Taxe*, c'est ce que les Aisez & les Contables doivent payer. *Taxation*, c'est ce qui est dû aux Tresoriers & aux Receveurs, sur l'argent qu'ils reçoivent. ¶ On peut ajouter à la remarque de M. de Vaugelas; pour le dire en passant; le mot de *terrier*.

Iument. Cavalle.

CHAPITRE CCLXXV.

Dans le discours familier, je dirois *une jument*, pluston qu'*une cavalle*. C'est ainsi qu'on parle dans les Ecuries du Roi, & dans les Académies. Mais dans un discours relevé, je dirois *cavalle*, pluston que *jument*; comme a dit M. de Maroles dans sa Traduction des Géorgiques.

Et l'Epire produit ses cavales si fiéres, &c.

Landit, Landy.

CHAPITRE CCLXXVI.

Monsieur de Vaugelas veut qu'on écrive *Landit*, & qu'on prononce *Landy*. Il faut écrire & prononcer *Landy*. D'*Indictum*, (qui est l'origine de ce mot, & non pas *annus dictus*, comme a cru M. de Vaugelas) on a dit premiérement *L'endit* ; & ensuite *Lendit*. Marot : *Martin s'en alla au Lendit.* Juvénal des Ursins en la Vie de Charles VI. en l'année 1401. *Cependant que le Lendit se tenoit*, &c. Depuis, on a dit *Lendi*; qu'on a écrit *Landi*, par un *a*: comme *Dimanche*, au lieu de *Dimenche* : & enfin, *Landy*, par *y*. Voyez mes Origines de la Langue Françoise.

S'il faut dire veneneux, *ou* venimeux.

CHAPITRE CCLXXVII.

Il faut dire *venimeux*.

Zéphyr, Zéphyre.

CHAPITRE CCLXXVIII.

ON dit en poësie *Zéphyr* & *Zéphyre*, au singulier, indifféremment : mais plus communément *Zéphyre*, que *Zéphyr*. Au plurier, on dit aucontraire *Zéphyrs*, pluftoft que *Zéphyres*. J'ay dit pourtant dans mon Oifeleur,

L'agréable Zéphyr de tant d'attraits épris.

Et M. Godeau, Evefque de Vence, a dit dans fa Paraphrafe du Séaume 105.

Et les Zéphyres les plus doux.

Et dans celle du 148.

Lorfque les Zéphyres plaifans.

Ronfard livre 4. Ode 13. avoit dit demefme,

Aux Zéphyres le doux bruit.

En profe, il faut toujours dire *le Zéphyre*, au fingulier, & *les Zéphyrs*, au plurier.

En enhaut. En embas. Il s'en est enallé. Il s'est enallé.

CHAPITRE CCLXXIX.

Toutes ces façons de parler font vicieufes. Il faut dire, fimplement, *en haut, en bas; Il s'en est allé.*

Consulte. procure. donaison. conteste.

CHAPITRE CCLXXX.

LEs Auteurs de la basse Latinité ont dit indifféremment *consulta* & *consultatio*; *procura* & *procuratio*: comme *missa* & *missio*; *promissa* & *promissio*. Voyez cy-dessus au chapitre 257. De *consulta* & de *procura*, nous avons fait *consulte* & *procure*. ¶ Il n'y a pas plus de trente ou quarente ans, qu'on disoit à Paris *consulte de Médecins*, & *consultation d'Avocats*. Aujourdhuy on ne dit plus que *consultation*. On ne dit plus aussi que *procuration*. *Procure* est de Province. ¶ *Donaison* ne vaut rien non-plus. Il faut dire *donation*. Voyez les Entretiens de M. de Voiture. ¶ Il faut dire aussi *contestation*, & non pas *conteste*.

S'il faut dire l'Enfermier, ou l'Infirmier.

CHAPITRE CCLXXXI.

NOs Anciens disoient *enferme*, pour *infirme*, & *enfermeté*, pour *infirmité*. Voyez André du Chesne, sur Alain Chartier. Ils disoient demesme *Enfermier*, pour *Infirmier*. L'Auteur du poëme de l'Hopital d'Amours, page 726. *Et Courtoisie l'Enfermiéres.*

Rabelais livre 1. chap. 39. *L'Enfermier de noſtre Abbaye n'a doncques la teſte bien cuite: car il a les yeux rouges comme un jadeau de vergne.* Il y a long-temps qu'*enferme* & *enfermeté* ne ſont plus en uſage. Mais dans la pluſpart des Provinces on dit encore *L'Enfermier*. On dit à Paris *L'Infirmier* : & c'eſt comme je voudrois parler; ſans blâmer néanmoins ceux qui diſent *L'Enfermier*. ¶ Ce mot aureſte a eſté fait du Latin-Barbare *Infirmarius*, qui a eſté dit pour *infirmorum curator*, comme *Infirmaria*, pour le lieu où l'on met les malades. Voyez Voſſius en ſon livre *de Vitiis Sermonis*.

Prétérits des verbes entrer, ſortir, monter, deſcendre.

CHAPITRE CCLXXXII.

IL eſt entré ; Il eſt ſorti ; Il eſt monté ; Il eſt deſcendu. C'eſt comme M. de Vaugelas prétent qu'il faut conjuguer les prétérits de ces quatre verbes. Et en effet, on parle d'ordinaire de la ſorte. Mais on peut dire auſſi, *Il a ſorti ; Il a monté.* Comme en ces exemples : *Monſieur a ſorti ce matin* : ceſtadire qu'il eſt ſorti, & revenu : car s'il n'eſtoit pas revenu, on diroit, *M. eſt ſorti. M. eſt ſorti dés le matin. Auſſi-toſt que Madame fut venue de la Meſſe, elle a monté en ſa chambre. Vn tel Eſcolier n'a pas monté en troiſiéme* ; il est demeuré en quatriéme. J'ay monté à cheval sous Arnolfini.

Superérogation, surérogation. Superintendant, Surintendant.

CHAPITRE CCLXXXIII.

ON disoit anciennement *superérogation* & *superérogatoire* : mais on dit aujourdhuy *surérogation*, & *surérogatoire*. Il en est de mesme de *Superintendant* & de *Surintendant*. On disoit anciennement *Superintendant* ; & Malherbe l'a employé dans les premiéres éditions de son Sonnet à M. de la Vieuville : Mais on ne dit plus que *Surintendant*. Il est au reste à remarquer que M. de la Vieuville a esté & Superintendant, & Surintendant des Finances : Car la premiére fois qu'il ût les Finances, on disoit *Superintendant*, & quand il les ût la seconde fois, on disoit *Surintendant*.

S'il faut dire lès, ou légat.

CHAPITRE CCLXXXIV.

ON dit *lès*, à Paris. *Légat*, est de Province.

Qu'il ne faut point changer certaines façons de parler reçues.

CHAPITRE CCLXXXV.

IL y a certaines façons de parler reçues, qu'il n'est pas permis de changer. Par exemple : aulieu de *ny plus ny moins*, on ne peut pas dire *ny moins ny plus*, comme a fait Villon. Voyez cy-dessus, chapitre 62. On ne peut pas dire non-plus, *le manger & le boire ; les morts & les vivans ; le mal & le bien ; le coucher & le lever du Soleil ; depuis la teste jusqu'aux piés ; le bas & le haut ; je n'ay ny argent, ny or ; tout l'argent & tout l'or ; je n'ay ny gagné ny perdu.* Il faut dire nécessairement, *le boire & le manger ; les vivans & les morts ; le bien & le mal ; le lever & le coucher du Soleil ; depuis les piés jusqu'à la teste ; le haut & le bas ; je n'ay ny or ny argent ; tout l'or & tout l'argent ; je n'ay ny perdu ny gagné.* Il faut dire aussi, *ny beau ny bon ; beau & bon ; belle & bonne :* & non pas, *ny bon ny beau ; bon & beau ; bonne & belle.* Les Athéniens disoient demesme, καλὸς ϰ̀ ἀγαθὸς, & non pas, ἀγαθὸς ϰ̀ καλὸς, selon la remarque d'Helladius dans la Bibliothéque de Photius. Il faut dire aussi, *Il ne sait ny A ny B :* & qui diroit, *Il ne sait ny B, ny A*, parleroit tres-mal. Le Poëte Arat a pourtant dit βῆτα ϰ̀ ἄλφα.

Ἀιάζω Διόλισσι, ὅς ἐν πέτρῃ κάθηται;
Γαργαρίαν παιδ ὁῦλα ἡ ἄλφα λέγων.

Mais en cela il n'est pas à imiter.

Il n'est pas non-plus permis de changer les termes des proverbes, ny ceux des façons de parler proverbiales; comme a fait M. de Racan; en disant, *Ie say ce qui vous met la puce dans l'oreille.* Car on dit, *Il a la puce à l'oreille.*

S'il faut dire Sacristain, *ou* Segretain: Sacristine, *ou* Sacristaine.

CHAPITRE CCLXXXVI.

IL est sans doute qu'il faut dire *Sacristain*. Il n'y a plus que les Villageois qui disent *Segretain*. Pour *Sacristine* & *Sacristaine*, l'usage est partagé. *Sacristaine* est plus conforme à l'analogie: Mais comme les Religieuses disent *Sacristine*, il les en faut croire.

Personne.

CHAPITRE CCLXXXVII.

Monsieur de Vaugelas & l'Auteur des Doutes, ont fait de belles remarques touchant le mot de *personne*. J'ajoute à leurs remarques, que ce mot, en la signification de *nemo*, ne se doit mettre qu'avecque une. négative : comme, *Personne n'est plus à vous que moy* : ou avec une interrogation : comme, *Y a-t-il personne au monde qui vous honnore plus que je fais ?* M. de Voiture & Malherbe n'ont pas sû cette finesse de Langue : le premier, ayant dit en sa Lettre 23. *Vous ne sauriez deviner, Mademoiselle, celle de qui je veux parler ; & c'est un segret trop important pour le confier à personne* : & l'autre, ayant dit dans ses Vers,

> *Je péze mes discours ; je me trouble & m'estonne ;*
> *Tant j'ay peu d'assurance en la foi de personne.*

Assuré secours. Redouté Monarque.

CHAPITRE CCLXXXVIII.

MOnsieur Pellisson dans l'Histoire de l'Académie, parlant de ces vers de Malherbe, qui sont de la Priére pour le Roi Henri le Grand, allant en Limousin,

> Mais ce Roi, des bons Rois l'éternel exemplaire,
> Qui de nostre salut est l'Ange tutélaire,
> L'infaillible refuge, & l'assuré secours,

a fait la remarque suivante : *En ce lieu, vous voyez qu'il dit assuré secours, aussibien qu'en un autre endroit, dont je me souviens :*

> De combien de Tragédies
> Sans ton assuré secours.

Cependant il tenoit pour maxime, que ces adjectifs qui ont la terminaison en é masculin, ne devoient jamais estre mis devant le substantif, mais après : aulieu que les autres qui ont la terminaison féminine, pouvoient estre placez avant ou après, suivant qu'on le jugeroit apropos : qu'on pouvoit dire, par exemple, Ce redoutable Monarque, ou Ce Monarque redoutable : & tout aucontraire, qu'on pouvoit bien dire Ce Monarque redouté, mais non pas Ce redouté Monarque. Je n'ay pas pris cet exemple sans raison, & à l'aventure : car j'ay souvent ouï dire à M. de Gombaud, qu'avant qu'on eust encore fait cette réflexion, M de Malherbe & luy se promenant un jour ensemble, & parlant de certains vers de Mademoiselle Anne de Rohan, où il y avoit,

Quoy ? faut-il que Henri, ce redouté Monarque,

Monsieur de Malherbe assura plusieurs fois que cette fin lui déplaisoit, sans qu'il pust dire pourquoy : que cela l'obligea lui-mesme d'y penser avec attention ; & que sur l'heure, en ayant découvert la raison, il l'a dit à M. de Malherbe, qui en fut aussi aise que s'il eust trouvé un tresor, & en forma depuis cette reigle générale. Monsieur Gombaud m'a aussi souvent conté cet entretien qu'il ût avecque Malherbe ; mais non pas toutafait de la sorte que M. Pellisson l'a rapporté. Car il m'a toujours dit, que ce fut lui qui s'aperçut le premier que *redouté Monarque* n'estoit pas François. Quoyqu'il en soit, cette reigle, ou de Gombaud, ou de Malherbe, Que les adjectifs qui ont la terminaison

terminaison en é masculin, ne doivent jamais estre mis devant les substantifs, mais après; & que les autres qui ont la terminaison féminine, peuvent estre placez avant ou après, est absolument fausse. Il y a de ces derniers adjectifs qui ne doivent point estre mis devant les substantifs. Par exemple : on ne doit pas dire *la voisine campagne*, comme a dit Malherbe.

> *Et ses pleurs, qui tantost descendoient mollement,*
> *Ressemblent un torrent, qui des hautes montagnes,*
> *Ravageant, & noyant les voisines campagnes,*
> *Veut que tout l'Vnivers ne soit qu'un élément.*

On ne doit pas dire non plus *la voisine montagne, la voisine rive*: mais *la montagne voisine, la rive voisine*. On ne doit pas dire aussi *l'Arabe Fonteine*, comme a dit M. Chapelain. Il y a au contraire des adjectifs, dont la terminaison est en é masculin, qui se mettent fort bien devant les substantifs : comme, *L'infortuné Tyrsis, Sacré flambeau du Iour,* & autres semblables. J'ay dit dans mon Idylle du Jardinier,

> *L'infortuné Ménalque en ce fatal moment;*

& les oreilles les plus délicates n'y ont jamais trouvé la moindre rudesse. Du Bartas a dit aussi en la sixiéme Journée de sa Semaine, en parlant de l'écureuil,

> *Et met devant son huis un asseuré rempart.*

Et M. Maynard dans une de ses Odes,

Et d'un asseuré naufrage.

Et M. de Malleville dans un de ses Sonnets sur la Belle Matineuse,

Sacré Flambeau du Iour, n'en soyez point jaloux.

Ce qui fait voir que cette construction a esté de tout temps pratiquée dans nostre Langue. Mais en ces sortes de constructions il faut consulter son oreille. Je ne dirois pas, par exemple, *les lointains bords*, mais *les bords lointains*. Et je dirois au contraire, *les prochains hameaux*, & non pas, *les hameaux prochains*.

S'il faut dire vinrent, *ou* vindrent: tinrent, *ou* tindrent.

CHAPITRE CCLXXXIX.

CE n'est plus une question. Il faut dire, incontestablement, *vinrent, tinrent, devinrent, revinrent, souvinrent*. *Vindrent* & *tindrent*, qui estoient encore usitez du temps de M. de Vaugelas, sont présentement tout à fait hors d'usage.

Prochain. Voisin.

CHAPITRE CCLXXXX.

MOnsieur de Vaugelas veut que ces deux mots ne reçoivent jamais de comparatif, ny de superlatif. Je suis assez de son avis: & pour une plus grande perfection, j'en userois toujours ainsi. Je ne croy pourtant pas que ce fust une faute de dire *plus prochain* & *plus voisin*; plusieurs célébres Ecrivains ayant parlé de la sorte. Malherbe dans sa Traduction du livre 33. de Tite-Live: *Les meurtriers sortirent de la ville par la porte qui se trouva la plus prochaine.* M. de Balzac dans les Vers qui sont devant son Traité de la Conversation des Romains: ou plustost M. Chapelain: car c'est M. Chapelain qui est l'auteur de ces vers: ce que je say de lui-mesme:

Mais cela fut jadis au temps de vos aïeux,
Et de cette vertu si voisine des Dieux.

Vous trouverez aussi dans Nicod *la plus prochaine maison; estre fort prochain.* Et dans la pluspart des Coutumes, *le plus prochain héritier.* Les Latins ont dit de mesme *proximior*.

Cable, Chable.

CHAPITRE CCLXXXXI.

LEs Bateliers de la riviére de Seine prononcent *chable*: & ils appellent les petits chables, *chableaux.* Ailleurs on prononce plus ordinairement *cable.* On peut dire l'un & l'autre. *Chable*, me semble plus François, & *cable* plus élégant. ¶ Touchant l'étymologie de ce mot, voyez M. Hüet dans ses Notes sur Origéne, page 69.

Vne cueillêr, une cueillerée.

CHAPITRE CCLXXXXII.

LE petit peuple de Paris prononce *cueillié. La cueillié du pot.* Les honnestes Bourgeois y disent *cueillére.* Nicod a écrit *cueillier.* Nous disons *cueillêr* en Anjou : & cette prononciation est la véritable, comme il paroist par le mot de *cueillerée* : car ceux mesmes qui disent *cueillier*, disent *une cueillerée de potage*, & non pas *une cueilliérée.* On dit aussi plus ordinairement *cueillêr* à la Cour. C,est donc comme il faut dire. ¶ Ce mot au reste est du genre féminin : ce que je remarque acause des Gascons, qui le font masculin. J'ay oui dire à M. de Racan, que le Roi Henri Quatriéme ayant dit à Malherbe, que ce mot estoit masculin, Malherbe lui répondit, Sire, Vous estes un grand Roi, & fort puissant : mais avecque tout vostre pouvoir, vous ne sauriez faire qu'on disse *un cueillêr* en deçà de la Loire.

Il est dommage.

CHAPITRE CCLXXXXIII.

Monsieur de Balzac s'est moqué de cette façon de parler : comme il paroist par cet endroit de la settiéme de ses Dissertations Critiques : *Vn Président de la Cour des Aydes estant allé voir son fils, pensionnaire au Collége de Boncourt, trouva entre ses mains un volume de Ciceron, doré sur la tranche, & relié en maroquin de Levant. Il fut fasché que Ciceron fust si bien vestu ; & dit, qu'il estoit dommage que ce ne fust Lipse.* Et par cet autre du seiziéme Discours de ses Entretiens : *Il n'est rien de plus assuré que ce qui se passa à Xaintes, entre le Philosophe Pitard & le Poëte Théophile. I'en ay ouy faire le conte plus d'une fois à M. le Duc de la Roche-Foucaut, qui estoit présent à la conférence. Le Philosophe ennuié des équivoques & des mépris du Poëte, & ne voulant plus entrer en raison avecque lui; M. Théophile, lui dit-il, il me semble que vous avez beaucoup d'esprit : mais il est dommage que vous ne sachiez rien. Théophile ne fut point surpris : il lui répondit sur le champ ; I'avouë ce que vous dites, Monsieur Pitard, & ne trouve point mauvaise vostre liberté. Permettez moi de vous dire seulement avecque la mesme liberté, qu'il me semble que vous savez tout, mais qu'il est dommage que vous n'ayiez point d'esprit.* Et en effet, cette façon de parler est Gasconne, & non pas Françoise. ¶ Je remarqueray icy en passant, que M. de Balzac s'est trompé, en disant, *Ie ne trouve point mauvaise vostre liberté.* Il faut dire, *Ie ne trouve point mauvais vostre liberté.*

S'il faut dire le Refectoir, ou le Refectoire.

CHAPITRE CCLXXXXIV.

Quelques-uns disent *Refectoire*, comme on dit *Prétoire, Auditoire*, &c. Les autres disent *Refectoir*, comme on dit *Dortoir, Saloir*, &c. L'un & l'autre est bon : mais non pas également. *Refectoire* est le meilleur.

Le poignard à la gorge. Le poignard sur la gorge.

CHAPITRE CCLXXXXV.

Il faut dire, *On lui a fait écrire cela le poignard à la gorge*, & non pas, *le poignard sur la gorge*, comme dit M. de Voiture dans une de ses Lettres.

Cavalier, Chevalier.

CHAPITRE CCLXXXXVI.

Cavalier, se dit proprement de quiquonque est à cheval, ou va à cheval. Ainsi on dit, *Ie suis bon Cavalier ; Ie suis mauvais Cavalier.* Il se dit aussi d'un Soldat qui sert dans une Compagnie de Cavalerie. Et il se dit encore de toute sorte de Gentishommes qui portent l'épée. *Les Dames & les Cavaliers.*

Chevalier, c'est celui qui est d'un ordre de Chevalerie. *Chevalier de Rhodes ; Chevalier de Malte ; Chevalier des Ordres du Roi ; Chevalier de S. Michel; Chevalier du S. Esprit ; Chevalier de Saint Lazare.* Mais comme les Italiens appellent *Cavalieri* leurs Chevaliers, nous les appelons demesme *Cavaliers*, & non pas *Chevaliers*. Il faut donc dire *le Cavalier Marin*, & non pas *le Chevalier Marin*, comme a dit M. Costar, page 416. & 418. de ses Entretiens, & l'Auteur des Reflexions sur la Poëtique d'Aristote. Il faut dire demesme, *Le Cavalier Bernin ; Le Cavalier Pesciolin ; Le Cavalier Gondi ; Le Cavalier del Pozzo*, &c. ¶ *Chevalier* est aussi un titre que prennent les Nobles qui sont au dessus des Escuiers.

Segretaire, *pour* Confident.

CHAPITRE CCLXXXXVII.

*S*Egretaire pour *Confident*, se dit tres-élégamment & tres-ordinairement en vers. Voyez mes Observations sur les Poësies de Malherbe, où j'en rapporte un grand nombre d'exemples.

Sus, dessus. Sous, dessous. Dans, dedans, Hors, dehors.

CHAPITRE CCLXXXXVIII.

L'Auteur des Remarques a fort bien observé, que ces mots *dessus, dessous, dedans, dehors*, ne se mettent aujourdhuy en prose que lorsqu'ils sont adverbes : comme en ces exemples, *Ie suis dessus ; Ie suis dessous ; Il est dedans ; Il est dehors* : mais que quand ils sont prépositions, ils ne sont plus du bel usage ; & qu'il faut dire, par exemple, *sur la table, sous la table, dans la maison, hors la ville* ; & non pas, *dessus la table, dessous la table, dedans la maison, dehors la ville*. Il excepte de cette derniére reigle trois façons de parler. La premiére, quand on met desuite les deux contraires : *Il n'y a pas assez d'or ny dessus, ny dessous la terre* : L'autre, quand il y a deux prépositions de suite, quoyque non contraires. *Elle n'est ny dedans, ny dessus le coffre*. Et la troisiéme, lorsqu'il y a une autre préposition devant. *Par dessus la teste ; par dessous le bras ; Par dedans la ville ; par dehors la ville. Il se leva de dessus son lit ; Il ne fait que sortir de dessous l'aile de la mere*. Je demeure d'accord des deux premiéres exceptions. A l'égard de la troisiéme, plusieurs disent, *I'en ay par sur la teste ; Ce coup m'a passé par sous le bras ; Ces troupes ont passé par dans la ville ;*

& je ne croy pas que ce soit mal dit. Le meilleur pourtant & le plus sûr est de dire *par dessus, par-dessous, & par dedans.*

Pour ce qui est des vers, où M. de Vaugelas permet ces mots, *dessus, dessous, dedans, & dehors,* lorsqu'ils sont prépositions ; Malherbe, comme je l'ay remarqué sur ses Poësies, a employé indifféremment *dans & dedans, sous & dessous, sur & dessus.* Dans la Priére pour le Roi Henri le Grand, allant en Limousin :

La rigueur de ses loix, après tant de licence
Redonnera le cœur à la foible innocence,
Que dedans la misere on faisoit envieillir.

Et ailleurs :

Beaux yeux, à qui le Ciel & mon consentemẽt,
Pour me combler de gloire, ont donné justement
Dessus mes volontez un empire suprême.

Et encore ailleurs :

Ce sera dessous cette Egide, &c.

M. Chapelain, en son Ode au Cardinal de Richelieu :

Dessus un char d'ébeine, environné d'étoiles:

Tous Messieurs de Port-Royal en ont usé de-mesme. J'ay dit aussi dans la premiére de mes Eglogues,

Que dessous vos épis se lassent vos faucilles.

Mais nonobstant toutes ces autoritez, il faut avoüer que, mesme en Poësie, *sur, sous, & dans,* sont de beaucoup préférables à *dessus, dessous, & dedans* : & j'ay apris de M. de Racan, que Malherbe se blâmoit d'avoir dit *dessus mes volontez,* dans les vers cy-dessus alléguez. ¶ M. de Voiture, aureste, a dit *dedans une heure*: qui eſt une faute épouventable: car *dedans*, en la ſignification d'*intra*, ne ſe dit plus que par des villageois.

Qui, s'il ne la voit promptement,
Enragera dedans une heure.

C'eſt dans le Placet à Madame la Ducheſſe d'Aiguillon.

Des articles devant les noms propres.

CHAPITRE CCLXXXXIX.

LEs articles ne doivent point ſe mettre devant les noms propres. On ne dit pas *le Iuppiter, le Mars, la Iunon, la Vénus.* Et M. de Vaugelas a repris avecque raiſon ceux qui diſent, *le Platon, l'Ariſtote, l'Iſocrate, le Démoſthéne.* Jean Beſly, Avocat du Roi de Fontenay, avoit fait avant lui la meſme remarque. Mais comme il n'y a point de reigle qui ne reçoive des exceptions, celle-cy en reçoit pluſieurs. Nous diſons *la Magdeleine* & *le Lazare.* A l'égard de la Madeleine, la raiſon eſt, que c'eſt un nom appellatif; cette Sainte ayant eſté ainſi appelée de Magdale, lieu de ſa naiſſance. Ainſi nous diſons, *la Cananée, la Syro-Phéniſſe, la Sunamite, la Samaritaine,* &c. Malherbe a dit de meſme *la Cythérée.*

Telle n'eſt point la Cythérée.

Et Gombaud:

Voicy la Cythérée, & la Grace nouvelle.

C'eſt dans le premier de ſes Sonnets Amoureux. Mais pourquoy *le Lazare*, & non pas *Lazare* ? Henri Eſtienne, qui a traité cette queſtion dans ſes Hypomnéſes de la Langue Françoiſe, veut que l'article ait eſté ajouté à ce nom & à celui de *Madeleine*, pour différencier le Lazare & la Madeleine, dont il eſt parlé dans l'Evangile, d'avecque les autres Lazares & les autres Madeleines. *Non enim de quavis Magdalena, nec de quolibet Lazaro loquentes articulum præfigimus, ſed tum demum quum de iis perſonis quarum in Teſtamento Novo ſit mentio, nobis eſt ſermo. Adeo ut ibi, ſicut novum, ita etiam διακριτικὸν & ἐμφατικὸν eſſe articulum dicere poſſimus.* Je ne ſuis pas de l'avis de Henri Eſtienne : car pourquoy marquer pluſtoſt cette différence dans ces deux noms du Nouveau Teſtament, que dans tous les autres ? Et je croy pour moi, que nous avons dit *le Lazare*, acauſe que ce mot, de nom propre eſtant devenu appellatif, a ſignifié un lépreux : comme il paroiſt par le mot *lazaret*, dont ſe ſervent les Provençaux, pour ſignifier une maladrie; & par le mot de *Ladre*, qu'on a dit indifféremment pour dire & un lépreux & Saint Lazare. Voyez mes Origines de la Langue Françoiſe au mot *ladres*, & mes Origines de la Langue Italienne au mot *lazaretto*.

Nous mettons encore les articles devant les noms propres, pour les diſtinguer d'autres noms ſemblables. Ainſi on dit *Le Iuppiter de Phidias*, *La Vénus d'Apellés*, *La Vénus de Praxitéle*, *La Diane d'Epheſe* ; *Le Cicéron de Grutér* ; *Le Saint Auguſtin de Baſle*, *L'Amynte du Taſſe*, &c.

Nous les mettons auſſi devant les noms propres Italiens, à l'imitation des Italiens. Nous diſons donc *le Taſſe*, comme les Italiens diſent *il Taſſo*, & non pas *Taſſe*. M. Sarazin:

Le Taſſe s'en ſcandaliſoit:

Mais je ſuis ſerviteur au Taſſe.

Nous diſons demeſme *le Bembe*, *le Caſa*, *le Guarini*, *l'Arioſte*, *le Bocace*, *le Bernia*, *le Caſtelvetro*, *le Marin*. Pour ce qui eſt de Pétrarque, on dit indifféremment *Pétrarque* & *le Pétrarque* : & M. de Vaugelas s'eſt trompé, en décidant qu'il faloit toujours dire *le Pétrarque*. On dit meſme plus ordinairement *Pétrarque*. C'eſt comme parle toujours Mademoiſelle de Scudéry dans ſa Matilde. Quelques-uns de nos Grammairiens croient qu'on a dit *Pétrarque*, parceque Pétrarque ayant veſcu long-temps en France, il a eſté conſidéré comme François par nos Anciens. Mais pour moi, je croy que nous diſons *Pétrarque*, parcequ'anciennement tous ces mots Italiens ſe mettoient en François ſans article. Marot a dit *Sonnets de Pétrarque*, & non pas *du Pétrarque*. Vous trouverez auſſi *Pétrarque* dans la Poëtique de Charles Fonteine ; dans l'Epitre de Du-Bellay devant ſon Olive, & dans ſon Illuſtration de la Langue Françoiſe, livre 2. chap. 12. & *Bocace*, au meſme chapitre. Vous trouverez demeſme *Bembo* dans Montagne. Ce qui peut ſervir à juſtifier M. de Balzac, qui dit *Arioſte*, *Caſtelvetro*, &c. Et le Pere Bouhours qui dans ſes Entretiens a dit *Bartoli*, *Teſauro*, & *Ruſcelli*. Je dirois toujours néanmoins

néanmoins *l'Arioste*, *le Marin*, *le Guarini*, *le Bernia*, *le Castelvetro*, *le Bartoli*, *le Tesoro*, *le Ruscelli*. A l'égard de Dante, il faut au contraire dire toujours *Dante*. C'est tresmal parler que dire *le Dante*, comme disent plusieurs de nos Académiciens. *Dante* n'est pas un surnom de famille : c'est un nom propre. *Dante Alighieri*. Et comme les Italiens ne disent point *il Dante*, les François ne doivent pas dire *le Dante*.

Il faut excepter de ces noms Italiens qui reçoivent l'article, ceux de qui les Auteurs sont connus particulièrement par des ouvrages Latins. On dit donc sans article, *Manuce*, *Sadolet*, *Baronius*. C'est ainsi, pour le dire en passant, que ce dernier nom se dit parmy nous. *Le Cardinal Baronius*. *Baronio* se pourroit souffrir : mais *Baron* est insupportable. On dit de mesme *Sannazar*, ou *Sannazare*; & non pas *le Sannazar*, ou *le Sannazare*. Le plus grand usage ; ce qui soit dit aussi en passant ; est pour *Sannazar* : & c'est comme parle M. de Balzac dans sa Dissertation sur la Tragédie d'Heinsius : *Vostre Erasme blâme particulièrement Sannazar d'avoir rempli un Poëme Chrétien de Dryades & de Néréides.*

Quand *Amour* est un Dieu, nous disons indifféremment *Amour* & *l'Amour*. Malherbe:
Amour a cela de Neptune, &c. ¶
Mars est comme l'Amour, ses travaux & ses peines
Veulent de jeunes gens.

Les Italiens disent de mesme *Amore*, & *l'Amo-*

Tome I. Y y

re. Le Tasse dans le Prologue de son Amynte:

Se io che son l'Amor, d'amor m'intendo.

Nous disons aussi indifféremment en vers *Nature* & *la Nature*. Malherbe :

N'estant pas convenable aux reigles de Nature.

C'est un œuvre où Nature a fait tous ses efforts.

Ce que Nature a joint.

Henri, ce grand Henri, que les soins de Nature.

En trouverez-vous une, où le soin de Nature.

Peut-on voir ce miracle, où le soin de Nature.

Monseigneur l'Evesque de Vence dans la quinziéme de ses Eglogues :

Orangers l'ornement & le soin de Nature.

J'ay dit de mesme dans mon Oiseleur,

En ces lieux fortunez, que le soin de Nature
Pare en toute saison de fleurs & de verdure.

On dit *l'Aurore*, & non pas *Aurore* : ce qui est à remarquer.

On dit aussi *la Victoire*, *la Paix*, *la Discorde*, &c. quoyque personifiées.

Des noms de Fleuves.

CHAPITRE CCC.

Parmy les Grecs & les Romains tous les noms de fleuves sont masculins, comme je l'ay remarqué cy-dessus au chapitre 24. où j'en ay rendu la raison. Il faut en excepter Κάυκωρ, Τάξας, & Κεᾶθις. Voyez Strabon livre 8. page 239. de l'édition de Vignon, Stephanus au mot Τάξας, & les Notes de Sylburgius sur Pausanias, page 442. Mais parmy nous, il n'y a pas moins de fleuves du genre féminin que du masculin. Ceux qui sont de ce dernier genre, & qui commencent par une consone, ont *du* au génitif, & non pas *de*. On dit, *les rives du Pô, du Tibre, du Rhosne, du Danube, du Thermodon, du Tage*, &c. Et Malherbe est inexcusable d'avoir dit *les rives de Caistre* : car *Caistre* est du genre masculin. En quoi il a pourtant esté suivi par M. de Maroles, dans le 1. livre des Géorgiques.

Dans l'Asie, alentour des marais gracieux
De Caistre, &c.

M. de Segrais a dit demesme dans la seconde de ses Eglogues, *Aux rivages de Loin* ; au lieu *du Loin*. Ceux qui commencent par une voyelle, & qui sont de ce mesme genre masculin, ont *de* avec l'article *le*, apostrophé. *Les bords de l'Eridan, de l'Euphrate*, &c. Pour ce qui est des féminins, ils ont indifféremment *de* & *de la*. On dit, *les rives de Seine*, & *les rives de la Seine* ; *les bords de Loire*, & *les bords de la Loire* ; *de Marne, de la Marne ; de Sarte, de la Sarte ; de Charente, de la Charente*, &c. Il y a pourtant quelques-uns de ces fleuves féminins, dont le génitif ne s'accommode pas avecque le *de*, tout seul. Nous disons *les bords de la Meuse ; les bords de la Moselle* ; & non pas *les bords de Meuse* ;

les bords de Moselle. Je n'en say point d'autre raison, si ce n'est que ces noms nous estant moins familiers, nous les prononçons tous entiers : car c'est le fréquent usage des mots qui les accourcit ordinairement. Et en effet dans le voisinage de la Moselle, on dit *du vin de Moselle*, & non pas *du vin de la Moselle*.

Petite-vérole. Vé·ole.

CHAPITRE CCCI.

PEtite vérole. C'est ainsi qu'il faut dire ; & non pas *vérette*, comme on dit en Anjou; ny *picote*, comme on dit en Poitou.

Vérole, tout seul, s'entent de la grosse vérole : Si ce n'est qu'il y ait quelque chose qui le fasse entendre de la petite : Comme quand on dit, *La vérole l'a marqué* ; *Il est marqué*; *il est picoté de vérole*.

Onz a.

CHAPITRE CCCII.

ONz a, pour *on a*, est une prononciation tres-vicieuse ; quoyqu'usitée par des personnes de grande qualité & de grande érudition, & pour qui j'ay toute sorte d'estime

& de respect. Et c'est en faveur de ces personnes que je fais cette remarque.

Labour, labeur.

CHAPITRE CCCIII.

IL faut dire *labour*, en parlant du labourage, & non pas *labeur*. *Cette terre est en labour.* M. de Marolles dans le premier des Géorgiques :

 Cependant le labour est toujours bien meilleur, &c.

Baptismal, baptistére.

CHAPITRE CCCIV.

Dites *papier baptistére*, & non pas *baptismal*.

On dit, *fons Baptismaux. Il y a dans cette Eglise de beaux fons Baptismaux.* C'est ainsi qu'il faut dire : & non pas, *Il y a dans cette Eglise de beaux fons de Baptesme*. Mais on dit au contraire, *Il m'a tenu sur les fons de Baptesme*, & non pas, *sur les Fons Baptismaux*. *Font baptismal*, au singulier, ne se dit point.

Missive, épitre.

CHAPITRE CCCV.

Missive est toutafait hors d'usage. On dit *une Epitre Liminaire* ; *une Epitre Dédicatoire* ; *les Epitres de S. Paul* ; *les Epitres de Ciceron, d'Horace, d'Ovide*, &c. Mais épitre pour *lettre*, n'est plus en usage : si ce n'est en vers familiers. J'ay dit dans mon Epître à M. Pellisson:

Appuié sur mon pupitre,
Ie te trace cette Epitre.

S'il faut dire levée de bouclier*, ou* de boucliers.

CHAPITRE CCCVI.

LA raison voudroit qu'on dist *levée de boucliers*. Mais l'usage, qui est plus fort que la raison, est pour *bouclier*. Malherbe, lettre 24. *Pour moi, je n'ay fait jusques icy que me moquer de toutes ces levées de bouclier.* Et lettre 31. *Ie ne me suis guéres trompé en toutes ces levées de bouclier, qui se sont faites depuis la mort du feu Roi.* Vous trouverez aussi dans Nicod, *faire une levée de bouclier.* Præludere.

Juif, monosyllabe.

CHAPITRE CCCVII.

Marot a fait *Iuif* dissyllabe.
> *— Ainsi estes, Iuifs,*
> *De tous costez déchassez, & suis.*

C'est dans les Tristes Vers de Béroalde. Mais en cela il s'est trompé : & c'est avecque raison qu'il en a esté repris par Charles Fonteine, dans son Art Poëtique, en ces termes: *Bien que Marot ou mot Juif, ait esté de contraire opinion, le faisant en la version des Tristes Vers de Béroalde, de deux syllabes. Mais péze à l'oreille, le prononçant, & tu le connoistras n'estre plus de deux syllabes, que les exemples précédens.* Et Marot lui-mesme dans le mesme endroit l'a fait monosyllabe.

> *Quelquonque Iuif pour tel' faute ancienne*
> *N'a siége, champ, ny maison qui soit sienne.*

Malherbe dans une de ses Lettres à M. de Balzac, l'a fait de mesme d'une syllabe. Mais à qui le persuaderez-vous ?

> *Peut estre à quelque Iuif, mais non pas à*
> *Malherbe.*

Et M. de Voiture.
> *Ie m'en vais trouver Monsieur Iuif.*
> *Landriry.*

Mais à l'exemple de Marot, M. Scarron l'a fait aussi dissyllabe.
> *Ie croy que le Iuif errant*
> *N'a pas fait un si long voiage.*

De la conjugaison du verbe haïr.

CHAPITRE CCCVIII.

Ioachin Du-Bellay, ayant dit dans une de ses Odes.

Ie hay les biens que l'on adore.
Ie hay les honneurs qui perissent,

en a esté repris par Charles Fonteine dans son Quintil Censeur, en ces termes : *La premiere du verbe* haïr, *qui est* je hay, *que tu fais monosyllabe, est de deux syllabes divisées, sans diphtongue, comme il appert par le particpe* haï, *& l'infini* haïr, *qui sont divisez ; & ainsi par tous ses temps & personnes.* Ce qui fait voir que du temps de Joachin Du-Bellay (Il mourut le 1. jour de l'année 1559.) on prononçoit à Paris *je haï*, & non pas *je hay*: car ce Charles Fonteine estoit Parisien. Ceux qui disoient *je hay*, conjuguoient ce verbe ainsi : *Ie hay, tu hais, il hait ; Nous hayons, vous hayez, ils hayent* : comme, *I'oy, tu oys, il oyt, Nous oyons, vous oyez, ils oyent.* Et c'est comme nous le conjugons dans nos Provinces. Mais ceux qui disoient *je haï*, le conjuguoient de cette autre façon : *Ie haï, tu haïs, il haït ; Nous haïssons, vous haïssez, ils haïssent.* M. de Vaugelas veut qu'on dise, *Ie hais, tu hais, il hait ; Nous haïssons, vous haïssez, ils haïssent* ; en prenant le singulier de ce verbe de la conjugaison des Provinvinciaux, & le plurier de celle des Parisiens. Et je suis en cela de son avis : à la réserve de la premiére personne du singulier. Il est sans doute qu'il faut dire *je hay*, & non pas *je hays*, ou *je haïs*. C'est comme tout le monde parle, & à la Cour, & à Paris, & dans les Provinces. Il faut aureste prononcer *haïr*, & non pas *hayir*.

Emmy la place. Emmy la rue.

CHAPITRE CCCIX.

CEs façons de parler, qui estoient bonnes du temps de Malherbe; car Malherbe s'en sert; sont devenues locutions plébées, pour user de ses termes. Nous disons présentement, *au milieu de la place ; au milieu de la rue : dans la place ; dans la rue.*

Patrie.

CHAPITRE CCCX.

CE mot qui est aujourdhuy si commun parmy nous, n'estoit presque point usité du temps de Henri Segond : car Joachin Du-Bellay s'en estant servi dans son Traité de l'Illustration de la Langue Françoise, en a esté repris par Charles Fonteine, en son

Quintil Censeur. Voicy les propres termes de ce Charles Fonteine: *Qui a païs, n'a que faire de patrie. Duquel nom païs, venu de fonteine Grecque, tous les anciens Poëtes & Orateurs François en cette signifiance l'ont usé: & toy-mesme aussi au quatriéme chapitre du premier. Mais le nom de patrie est obliquement entré & venu en France nouvellement.* Nicod dit apeuprès la mesme chose. PATRIE, *est Francisé du Latin* patria, *qu'on dit pays de naissance.*

S'il faut dire méthridat, *ou* mithridat.

CHAPITRE CCCXI.

TOus les deux se trouvent dans Nicod. Le plus grand usage est aujourdhuy pour *mithridat*. *Vn vendeur de mithridat.* Et c'est aussi comme il faut parler selon l'étymologie.

Venusté.

CHAPITRE CCCXII.

CE mot est tres-beau: & je m'en sers volontiers. Ceux aureste qui font difficulté de s'en servir, parcequ'on ne dit point *venuste*, ne savent que c'est que Grammaire. On dit ἀγετή, & *virtus*, & on ne dit point ἀγετώδης, ny *virtuosus*. Ceux d'un autre costé qui veulent qu'on dise *venusteté*, comme on dit *honnesteté*, sont trop Grammairiens. Il est vray que c'est ainsi qu'on parloit autrefois, comme il paroist par un endroit du Quintil Censeur, qui est à la page 140. où Charles Fonteine reprent Joachin Du Bellay, pour avoir dit *venusté*, aulieu de *venusteté*. Mais il est vray aussi qu'on dit aujourdhuy *venusté* : ou de l'ablatif *venustate* : ou par contraction, pour une plus grande douceur de l'ablatif *venustitate* : car c'est de cet ablatif que *venusteté* a esté formé ; comme *honnesteté* de l'ablatif d'*honestitas* : lequel mot *honestitas* se trouve dans les Gloses Anciennes. Et cette contraction n'est pas sans exemple. On dit de mesme *idolatre* & *idolatrie*, aulieu d'*idololatre* & d'*idololatrie* : & *amphibologie*, aulieu d'*amphibolologie*. On a dit aussi *Novatiens*, aulieu de *Novatianiens* : car ces Hérétiques ont esté appelez *Novatiens*, non pas de Novatius, mais de Novatianus. Par cette raison de plus grande douceur, M. Costar a dit *hippotame*, aulieu d'*hippopotame* : & si ce mot estoit souvent prononcé par le peuple, je ne doute point qu'on ne le prononçast bien-tost de la sorte. Mais comme il n'y a que les gens de lettres à le dire, & que les gens de lettres s'attachent presque toujours à l'étymologie, *hippotame* n'a pas esté bien reçû : & c'est avec quelque sorte de raison que M. Girac l'a repris dans les Escrits de M. Costar,

Iustification du Chapitre précédent, contre la critique de l'Auteur des Doutes.

CHAPITRE CCCXIII.

L'Auteur des Doutes m'a voulu ridiculiser, sur ce que j'ay dit au chapitre précédent, que le mot de *venusté* estoit tres-beau, & que je m'en servois volontiers : & je commence à croire qu'il me croit Janséniste. Voicy ses termes : *Ce savant homme qui a une si profonde connoissance des Langues, & qui a fait de si curieuses Observations sur la nostre, se déclare hautement pour venusté. Il le trouve fort à son gré : & l'on diroit que c'est son mot favori. Ce mot est tres-beau, dit-il, & je m'en sers volontiers. Il ajoute, qu'on dit aujourdhuy venusté, par contraction, pour une plus grande douceur, au lieu de venusteté, que l'on disoit autrefois. Ie ne say, Messieurs, si ce mot avec toute sa beauté, vous plaist autant qu'à M. Ménage ; & si vous vous en servez aussi volontiers que lui. Ie ne say mesme s'il se dit : du moins je ne l'ay jamais oui dire à personne ? Peut-estre qu'il est dans nostre Langue incognito, ou que c'est un mot mystérieux, qu'il n'est pas permis à tout le monde de prononcer.*

La passion que l'Auteur des Doutes a de me reprendre, l'a tellement aveuglé en cet endroit, qu'il ne s'est pas aperçu que l'existen-
ce

ce du mot de *vénuſté* eſtoit clairement prouvée dans le chapitre de mes Obſervations contre lequel il écrit : Car il paroiſt par ce chapitre que Joachin Du-Bellay s'eſt ſervi de ce mot, & Charles-Fonteine de celui de *vénuſteté*, qui eſt la meſme choſe. L'Auteur des Doutes proteſte qu'il n'a jamais oui dire *vénuſté* à perſonne. Je le croy : Car ce mot n'eſt pas un mot de Province : & j'aprens de ſon Epitre Dédicatoire à Meſſieurs de l'Académie, qu'après avoir voyagé hors de France dans ſa jeuneſſe, il s'eſt retiré aux champs dans le fond de la Bretagne, le lieu de ſa naiſſance ; & qu'il n'a jamais û de commerce, ny avecque le grand monde, ny avecque les honneſtes gens de Paris. Mais moi qui ay vû toute ma vie, & le grand monde, & les honneſtes gens de Paris, je lui proteſte auſſi de mon coſté, que j'ay ſouvent oui dire ce mot à pluſieurs gens de lettres ; & particuliérement à M. Chapelain, qui eſt un de nos meilleurs Auteurs, & un des plus grans ſujets de l'Académie Françoiſe. Après avoir montré que le mot de *vénuſté* avoit eſté employé, il y a plus de ſix ou ſept vints ans, par deux célébres Ecrivains, il me reſte à prouver que c'eſt un beau mot. Mais qui en peut douter que noſtre Provincial ? puiſque ce mot nous fait ſouvenir de Vénus & des Graces. *Venuſtum eſſe, quod cum quadam gratia & venere dicatur, apparet.* C'eſt la définition qu'en donne Quintilien. Mais quoyque *vénuſté* ſoit un tres-beau mot, ce n'eſt pourtant pas mon favori, comme le dit, en raillant, noſtre Gentilhomme Campagnard. Je ne croy pas l'avoir employé plus d'une ou deux fois dans mes écrits. Il eſt vray que je m'en ſers volontiers dans le diſcours. Je ne parle jamais des livres du Pere Bouhours ; & j'en parle ſouvent ; que je ne diſe qu'ils ſont écrits avecque beaucoup d'élégance & de vénuſté. Mais quand ce mot ſeroit mon favori, noſtre Provincial n'auroit pas droit de s'en moquer. Il n'y a point d'Auteur qui n'ait quelque amitié particuliére pour quelque mot : témoin l'*eſſe videaxtur* de Ciceron, & le *facere* d'Arruntius. M. de Balzac dans le paſſage rapporté cy-deſſus au chapitre 229. dit que le mot *intrépide* lui plaiſt extrémement, & que s'il a du credit, il l'employera volontiers pour ſolliciter ſa reception. Il n'y a pas juſqu'à noſtre Provincial, qui n'ait ſon mot favori. Et ce mot ; qui le croiroit ? c'eſt *griéveté*. Il dit à Meſſieurs de l'Académie, qu'il eſt accouſtumé à ce mot, & qu'il ſent bien qu'il auroit de la peine à s'en paſſer. J'ay fait voir au chapitre 96. que ce favori eſt un favori ſans mérite. Mais j'ay oublié à y remarquer, que la paſſion que noſtre Provincial témoigne pour ce mot, me fait croire que ce qu'il dit dans ſon Epitre Dédicatoire, eſt véritable : Qu'il n'appartient pas à un Bas-Breton, comme lui, d'avoir une connoiſſance parfaite de la Langue Françoiſe : que les délicateſſes du Langage ſont reſervées pour ceux qui hantent la Cour, & qui ont le bon-heur de voir ſouvent Meſſieurs de l'Académie : que quelqu'effort que faffent les Provinciaux pour bien parler, ils fe fentent toujours de la Province: qu'ils tâchent vainement de fe polir en lifant les bons Auteurs: qu'après toutes leurs lectures, il leur refte encore je ne fay quelle craffe, dont ils ne fauroient jamais fe défaire. Mais afin que noftre Provincial ne me traite pas auffi de Provincial, parceque je fuis né dans une Province; & dans une Province voifine de la fienne; je veux bien l'avertir qu'il y a 43. ans que je demeure à Paris, & que les Jurifconfultes n'appellent Provinciaux que ceux qui demeurent dans les Provinces. *Provinciales eos accipere debemus, qui in Provincia domicilium habent: non eos qui ex Provincia oriundi funt.*

S'il faut dire farbacane, farbatane, ferbatafne, ou farbataine.

CHAPITRE CCCXIV.

Nicod dans fon Trefor de la Langue Françoife, & Rabelais dans fon Pantagruel, liv. 4. chap. 30. ont dit *farbataine*, & le Cardinal d'Offat *ferbataine*. On ne dit plus préfentement que *farbatane* & *farbacane*. Les Italiens difent *cerbottana*: ce qui favorife *farbatane*: qui d'ailleurs fe dit le plus ordinairement. *Sarbacane* eft néanmoins plus conforme à l'étymologie; ce mot ayant efté formé de *sambuca*, que les Syriaques prononcent *sabecca*: Sabecca, sarbeca, sarbaca, sarbacana: acause de la ressemblance d'une sarbatane à une flute: oubien acause que les sarbatanes ont esté premiérement faites de sureau, que les Latins, de σαμβύκη, ont appelé *sambucus*; comme je le feray voir dans mes Botaniques. Voyez cependant mes Origines de la Langue Italienne au mot *cerbottana*, & au mot *sampogna*.

S'il faut prononcer Rome, Romme, *ou* Roume: lionne, *ou* lioune. *S'il faut écrire* la ville de Lion, *ou* la ville de Lyon.

CHAPITRE CCCXV.

Monsieur de Balzac dans une de ses Lettres à M. Chapelain, qui est la seconde du livre 21. prétent que toute la France prononce *Roume & lioune*.

M. de Balzac, comme je l'ay déja dit ailleurs, a pris toute la Saintonge pour toute la France: car il est certain que dans la pluspart des Provinces; comme aussi à Paris & à la Cour; on prononce *Romme & lionne*, & que tous nos Poëtes font rimer *Romme* à *homme*, & *lionne* à *félonne*. Pour *Rome*, personne ne le dit, quoyque tout le monde l'écrive. Mais on dit *Romain*, & non pas *Roumain*.

Lion, dans la signification de *Lugdunum*, se doit écrire avec un y ; comme nos Anciens l'ont toujours écrit. Cujas livre 27. chapitre 33. de ses Observations : *In archetypo Pandectarum Florentinarum scriptum est Lygdonenses libro ultimo de Censibus. Vt non abs re majores nostri scripserint* Lyon & Lyonnois.

Suisses, Souisses.

CHAPITRE CCCXVI.

IL faut dire *les Suisses* & *la Suisse* ; & non pas *les Souisses* & *la Souisse*, comme on dit dans la pluspart des Provinces, & comme disoient nos Anciens.

Iesu-Chrit, Chrift. Philippe, Felippe, Christophle, Chretophle.

CHAPITRE CCCXVII.

ON dit *Iesu-Chrit*, & non pas *Iesu-Christ*. Marot :
*Puis m'ont montré un parchemin écrit,
Où n'y avoit seul mot de Iesus-Chrit.*
Mais on dit *Christ*, & non pas *Chrit*. Le *Christ de Mellan*.

Quand on parle du pére d'Alexandre le Grand, il faut dire *Philippe de Macédoine*, &

non pas *Felippe*. Il faut dire de mesme *Philippe Auguste* ; *Philippe Segond, Roi d'Espagne* ; *Philippe Troisiéme* ; *Philippe Quatriéme* ; & non pas *Felippe Auguste* ; *Felippe Segond*, &c. Mais dans le discours familier on dit ordinairement *Saint Felippe* ; *Felippe* ; *Felippeau*. Je dis dans le discours familier ; car dans la Chaire, & dans le Barreau, il faut dire *Philippe*.

Il en est de mesme de *Christophle* & de *Chretofle*. En preschant, en plaidant, on dit *Christophle*. Mais en parlant familiérement, on dit *Chretofle*. La rue S. *Chretofle*. *Chretophle*, de *Christophorus* ; comme *Chretien*, de *Christianus*. ¶ On dit *Christophle Colomb*.

Ie ne saurois.

CHAPITRE CCCXVIII.

IE *ne saurois*, qui est l'imparfait du subjonctif du verbe *savoir*, se met d'ordinaire pour *je ne puis*, qui est le présent de l'indicatif du verbe *pouvoir*. Ainsi on dit, *Ie ne saurois dormir* ; *Ie ne saurois en venir à bout*. Mais quoyqu'on dise *Ie ne saurois*, pour *Ie ne puis*, on ne peut pas dire au mesme mœuf & au mesme temps *Ie ne saurois*, pour *Ie ne pourrois*. On dira, par exemple, *Si je mangeois de cela, je ne pourrois dormir la nuit* : mais non pas, *Si je mangeois de cela, je ne saurois dormir la nuit* : qui est une chose tout-à-fait bizarre ; & qui témoigne mieux qu'aucune, autre l'extravagance de l'Usage. On ne peut aussi se servir du verbe *savoir*, pour celui de *pouvoir*, sans négative. Ainsi on ne peut pas dire, *Ie saurois* pour *Ie puis*. ¶ Je dois cette remarque à M. l'Abbé Chastelain. Mais que ne lui dois-je point ?

Pédan, Pédant, Pédante.

CHAPITRE CCCXIX.

ON disoit anciennement *Pédante* ; de l'Italien *Pedante*. Du-Bellay dans ses Regrets, Sonnet 65.

C'est pour le faire court, que tu es un Pédante.

Et c'est comme ce mot se trouve écrit dans le Tresor de la Langue Françoise. Depuis on a dit *Pédant*. Du-Bellay au mesme endroit, Sonnet 76.

Paschal, c'est un Pédant ; & quoyqu'il se déguise, &c.

Les Sujets du Pédant ce sont ses Ecoliers, &c.

Voulut estre Pédant, ne pouvant estre Prince.

Mais enfin on a dit *Pédan* : & c'est comme on parle présentement. En parlant d'une femme, qui a l'esprit d'un Pédan, on dit pourtant *Pédante*. On dit aussi *pédantesque* & *pédantesquemens*.

De la prononciation des mots terminez en ion.

CHAPITRE CCCXX.

IL y a des mots qui se prononcent en vers autrement qu'en prose. Par exemple, ceux qui sont terminez en *ion*, ont la penultiéme longue en vers, & en prose ils l'ont bréve.

Celle de qui les passions
Firent voir à la mér Egée
Le premier nid des Alcyons.

On diroit en prose *passions*, avecque la pénultiéme bréve.

Réforme. réformation.

CHAPITRE CCCXXI.

ON dit *Réforme de Monastéres*. Mais on dit *Réformation de Coutumes ; Réformation d'abus ; Réformation de la Langue.*

Yvrer, enyvrer. Désyvrer, desennyvrer.

CHAPITRE CCCXXII.

IL faut dire *ennyvrer* & *desennyvrer*; & non pas *yvrer* & *desenyvrer*, comme on dit en Anjou, & en plusieurs autres Provinces.

Ponceau.

CHAPITRE CCCXXIII.

CE mot signifie trois choses: un petit pont; une espèce de pavot rouge, que les Herbolistes appellent *coquelicô*, & *papaver rhœas*, & une certaine couleur rouge. Dans la premiére signification, il vient de *ponticellus*. Dans les deux autres, il vient de *punicellus*, diminutif de *puniceus*. Dans la premiére, il n'est plus du tout en usage, si ce n'est dans les noms propres de lieu: comme à Paris *la Fontaine du Ponceau*. Il faut dire *un petit pont*. Mais il est toujours usité dans la seconde signification. On dit *du sirô de ponceau*. Il l'est aussi toujours dans la troisiéme. On dit, *du ruban de couleur de ponceau*: *du couleur de ponceau*.

S'il faut dire charanson, *ou* charanton: calande, *ou* calandre : grelet, grillon, *ou* gresillon.

CHAPITRE CCCXXIV.

AUx environs de Paris, on dit *charenton*, pour signifier le vêr qui ronge le blé: mais par tout ailleurs on prononce *charen-*

son ; & c'est comme ce mot se trouve écrit dans les Dictionnaires. L'un & l'autre est bien dit, & conformément à l'étymologie.

Je traitteray de cette étymologie, & de celle de *calande* & de *calandre*, qui est la mesme, en quelqu'autre lieu plus commode. Cependant, je remarqueray icy que *calandre*, en la signification de *charenton* ou de *charenson*, est beaucoup plus usité que *calende*; & que c'est comme il faut parler.

Les Poitevins disent *un grelet* ; les Angevins *un gresillon* ; & les Normands *un criet*. Il faut dire *un grillon* avecque les Parisiens. Voyez les Estreines de Monsieur de Voiture à Monsieur Esprit.

S'il faut dire squinance, squinancie, *ou* esquinancie.

CHAPITRE CCCXXV.

Monsieur d'Ablancourt dans son Marmol a dit *squinance*, conformément à l'étymologie κυνάγχη : & je voy plusieurs personnes qui parlent bien, qui le disent plustost que *squinancie* ny *esquinancie*. Le grand usage est pourtant pour *esquinancie*. Nicod a dit *squinancie* & *esquinancie* indifféremment.

Humble, *pour* bas.

CHAPITRE CCCXXVI.

Humble, pour bas, se dit en Poësie. Les humbles bruiéres; Les humbles fougéres; Les humbles lilas. Tout cela est bien dit; & à l'exemple de Virgile, qui a dit *humilesque myricæ.* Et M. Des-Marets qui a repris avecque raison beaucoup d'endroits des Poësies de M. Des-Préaux, y a repris sans raison *humble stile,* pour *stile bas.*
Que son stile humble & doux se reléve apropos.

Tandis. cependant que. auparavant que. alorsque. lorsque.

CHAPITRE CCCXXVII.

Monsieur de Vaugelas a décidé que *tandis* ne se devoit jamais ny dire ny écrire, qu'il ne fust suivi de *que.* Comme, *Tandis que vous ferez cela, je feray telle chose.* Et il soutient que c'est tres-mal dit, *Faites cela, & tandis je me reposeray.* Sa décision est contraire à cet endroit de Malherbe,
Tandis, la nuit s'en va; ses lumiéres s'éteignent:
& à cet autre de Ronsard, Ode 10. livre 1,

Tandis, l'ignorance arma
L'aveugle fureur des Princes.

Mais sa doctrine est bonne & saine.

Le mesme M. de Vaugelas a aussi décidé, qu'il ne faut pas dire *cependant que*, mais *pendant que*: & cette décision est aussi présentement suivie; quoyque contraire à ces vers de Malherbe,

Aussi n'en veut-il pas, cependant qu'on attache, &c.

Mais doit-il vouloir que pour lui
Nous ayions toujours le teint blesme,
Cependant qu'il tente lui-mesme
Ce qu'il peut faire par autrui.

Grand Henri, grand foudre de guerre,
Que cependant que parmy nous, &c.

& à cet endroit de M. Chapelain dans son Ode au Cardinal de Richelieu :

Cependant que la Lune accomplissant son tour,
Dessus un char d'argent, environné d'étoiles,
Dans le sombre univers représente le jour.

Il faut aussi dire, selon la remarque de M. de Vaugelas, *avant que*, & non pas *auparavant que* : & *lorsque*, & non pas *alorsque*. Malherbe a pourtant dit,

Alors que de ton passage
On leur fera le message.

Mais en cela il n'est pas à imiter.

Le mesme M. de Vaugelas veut que *lors* ne se dise jamais qu'il ne soit suivi de *que*; s'il n'est précédé de la particule *dez*, ou de celle de *pour*. *Dez lors ; pour lors*. Selon cette reigle, il prétent que c'est mal parler que de dire, *voyant lors le péril, dont il estoit menacé*:

& il

& il soutient qu'il faut dire, *voyant alors le péril*, &c. Mais en cela je ne suis pas tout-a-fait de son avis. *Voyant lors le péril dont j'estois menacé*, ne me semble pas mauvais: & je le dirois presque aussi-tost que *voyant alors*. Je dirois aussi, *Le Cardinal Du-Perron, lors Evesque d'Evreux*: & je le dirois mesme plustost qu'*alors Evesque d'Evreux*. M. de Sassy, qui sans contestation est aujourdhuy un de nos meilleurs & un de nos plus célébres Ecrivains, a dit demesme dans sa Paraphrase de l'Hymne *Verbum supernum prodiens*,

Ne lance pas sur nous l'effroyable anatheme:
Mais joins nous lors pour ta bonté.

M. Gombaud avoit dit auparavant dans son Elégie sur la mort de Madame d'Orléans,

Il voit tous les appas qui pouvoient l'attirer;
Et s'il les aimoit lors, il les veut adorer.

Et dans son Ode à M. Seguier, Chancelier de France:

Lors dans ses cavernes profondes
Céphise va se fondre en pleurs, &c.
On verra lors cesser les crimes,
Et les Juges se reposer.

Je ne suis pas non-plus tout-a-fait de l'avis de M. de Vaugelas, en ce qu'il condanne absolument cette façon de parler, *lors de son élection*: & je croy avecque M. de la Mote-le-Vayer, qu'elle est tres Françoise. Il est vray qu'elle est un peu vieille.

Enone. Latone. Amazone. Pomone. Ancone. Bellonne.

CHAPITRE CCCXXVIII.

ON prononce *Enone* & *Latone*. J'ay dit dans mon Jardinier,
*Délices des Esprits, jeune & brillante Enone,
Qui passez en beauté la fille de Latone.*
Et M. de Voiture s'est trompé, en rimant *Latone* avecque *personne*.
*La plus adorable personne
Qui se trouve dans l'univers,
Et pour qui le fils de Latone
Ne feroit pas d'assez beaux vers.*
Il en est de mesme de *Pomone*. C'est ainsi qu'il faut dire, & non pas *Pomonne*, comme a dit M. Genest dans son admirable Poëme de la Nymphe de Versailles.

On prononce aussi *Amazone*, & *Babylone*. Il faut aussi dire *la Marche d'Ancone*, & non pas *d'Anconne*, comme a dit le Cardinal d'Ossat lettre 243. Mais il faut dire *Bellonne*, & non pas *Bellone*. L'usage le veut ainsi. M. Gombaud dans le Sonnet *Venez au rendez-vous*:
*Dans un siécle de fèr, qui les peuples estonne,
Et parmy les fureurs d'une horrible Bellonne.*
On dit de mesme *Veronne*, *Narbonne*, *Sorbonne*,

Depuis cette remarque imprimée, on m'a fait voir *Bellone* rimé avec *Amazone*, dans cette belle Stance de l'Ode de Mademoiselle de la Vigne à Mademoiselle de Scudéry :

Telle en ces lieux où Bellone
Fit assembler tant de Rois,
Ilion vit autrefois
Vne célébre Amazone.
De tant de Grecs valureux
Qui dans ces champs malhureux
Finirent leur destinée.
Quiconque sentit les coups,
Pensa d'Hector ou d'Enée
Avoir senti le couroux.

Ce qui m'a fait changer d'avis à l'égard de ce mot. Et je croy présentement que *Bellone* est mieux dit que *Bellonne*. *Phyllis amat corylos, illas dum Phœbus amabit, Nec myrtus vincet corylos, nec laurea Phœbi.*

Amynte, Alexis, Daphnis, Iole, Alcée, Mélicerte, *noms de femme*.

CHAPITRE CCCXXIX.

Amynte, parmy les Grecs & les Latins, est toujours un nom d'homme. Mais parmy nous, depuis quelque temps, c'est un nom d'homme & de femme indifféremment : & c'est mesme plus ordinairement un nom de femme qu'un nom d'homme. Le premier qui en a fait un nom de femme, ça esté Messire

Honoré d'Urfé, dans son Astrée : en quoi il a esté suivi par M. de Gomberville dans son Polexandre, & par M. de Boisrobert dans une de ses Chansons. Les Italiens en font au contraire le plus souvent un nom d'homme. Et il ne me souvient point de l'avoir vû dans leurs écrits pour un nom de femme, si ce n'est dans un Sonnet d'un Poëte anonyme, imprimé à Plaisance à la fin des Poësies du Caporali.

Chiedendo un bacio alla mia cara Aminta.

Voyez mes Observations sur l'Amynte du Tasse.

Les noms d'*Alexis* & de *Daphnis*, qui sont des noms d'homme, ont esté aussi employez pour noms de femme par le mesme Monsieur d'Urfé au mesme lieu. Le Cavalier Marin en a usé de mesme à l'égard de *Daphnis* dans sa Sampogna : & M. Godeau à l'égard d'*Alexis*, dans ses Eglogues Sacrées.

A l'imitation de ces grans hommes, j'ay employé aussi le nom d'*Alcée*, pour un nom de femme, dans mon Idylle du Pescheur.

Est-ce la jeune Elyse, ou la divine Alcée,
Qui dans ce doux moment occupe sa pensée ?

& celui d'*Iola*, dans mes Poësies Italiennes. Voyez cy-dessus, page 319.

M. de Segrais en a usé de mesme à l'égard de *Mélicerte*, dans sa belle Traduction de l'Eneïde, page 184.

A peine il ut parlé, que des gouffres profons
A son aide accourut tout le chœur des Tritons:
La blonde Mélicerte, & la troupe azurée
Des Phorques inconstans, des filles de Nérée.

LANGVE FRANÇOISE. 557

*Palémon, Dieu des ports, lui preste son
  secours ;
Pousse sa nef tardive, & redouble son
  cours.*

Et il est sans doute qu'il en pouvoit user de la sorte dans un Poëme de sa façon. Mais dans une traduction de Virgile, & en un endroit où Virgile a parlé de Mélicerte sous le nom de *Portunus* :

*Dixit : eumque imis sub fluctibus audiit omnis
Nereidum, Phorcique chorus, Panopeáque Virgo,
Et pater ipse manu magna Portunus euntem
Impulit :*

(car *Melicertes, Portunus*, & *Palamon*, sont la mesme chose) il est aussi sans doute qu'il ust esté mieux de ne point employer ce nom au féminin.

Vaillant, valant.

CHAPITRE CCCXXX.

VOicy une preuve évidente de l'avantage que les Parisiens ont pour le langage sur les Provinciaux. Il est certain que selon les reigles il faudroit dire *cent mille escus valant*, comme on dit *équivalant*. Cependant, c'est présentement une chose décidée, conformément à la remarque de M. de Vaugelas, qu'il faut dire *cent mille escus vaillant* : parceque les Parisiens parlent ainsi. Et il y a déja long-temps qu'on parle de la sorte, comme il paroist par ces vers de Coquillart dans ses Droits Nouveaux,

Et qui n'a que dix francs vaillant, &c.
Qui n'a pas vaillant une pomme.

M. de la Mote-le-Vayer dans le livre qu'il a fait contre M. de Vaugelas, demeure d'accord qu'il faut dire *son vaillant*, quand on parle de toute la richesse d'un homme, & non pas *son valant*. Mais il a peine à condanner *cent mille escus valant* : & il soutient qu'on dit fort bien, en tournant la phrase, *Il avoit bien de meubles, ou en meubles, valant cent mille escus*. M. de la Mote-le-Vayer se trompe. Comme on dit, *Il a cent mille escus vaillant*, il faut dire de mesme *Il a en meubles vaillant cent mille escus*. Mais il est vray qu'il faut dire, *Il a des meubles valants cent mille escus* : comme on dit, *Il a un Marquisat valant cent mille escus : Ie luy ay payé vint tableaux, valants cent pistoles la piéce.* Ce qui a esté tres-bien remarqué par M. de Vaugelas.

Toute sorte. Toutes sortes.

CHAPITRE CCCXXXI.

Monsieur de Vaugelas veut que pour une plus grande perfection on mette *toute* sorte avecque le singulier : comme, *Je vous souhaitte toute sorte de bonheur* : & *toutes sortés*, avecque le plurier : comme, *Dieu vous préserve de toutes sortes de maux.* Je ne suis pas de son avis : & je soutiens qu'il est aussi élégant de dire *toute sorte*, avecque le singulier : comme a dit Malherbe.

Toute sorte d'objets les touche également : à l'imitation des Latins, qui disent *omne genus. genus omne ferarum.* Je veux dire dans les exemples alléguez, ou autres semblables : car il y en a d'autres, où il faut dire *toutes sortes* : comme, *Il y en a de toutes sortes.*

S'il faut écrire de sang froid, ou de sens froid : de sang rassis, ou de sens rassis.

CHAPITRE CCCXXXII.

IL faut écrire *de sang froid.* Les Italiens disent demesme *a sangue freddo.* Mais il faut écrire *de sens rassis.* Nicod au mot *sens* : *Qui est de sens rassis. Compos animi, compos mentis. Qui n'est pas de sens rassis. Amens.* Les Latins ont dit demesme *sedata mente ; sedate corde, placido pectore.* Virgile :

 Olli subridens, sedato pectore Turnus.
 Olli sedato respondit corde Latinus.
 Maximus Ilioneus placido sic pectore cœpit.

Ante, anture.

CHAPITRE CCCXXXIII.

IL faut dire *une ante*, comme disent les Parisiens : & non pas *une anture*, comme disent la pluspart des Provinciaux. Dans l'Anjou, les Villageois disent *une ante*, & les habitans des Villes, *une anture*.

Fêr de cheval. Fêr à cheval.

CHAPITRE CCCXXXIV.

Fêr de cheval, se dit d'un fêr qu'on met au pié d'un cheval. *Fêr à cheval*, est un terme de fortification. Il y a pourtant des Enseignes de Marchans, représentant un fêr de cheval, avecque ces mots *au fêr à cheval*.

A coups de baston; à coups d'épée; à coups de fléche; à coups de pique; à coups de hallebarde; à coups de canon; à coups de mousquet; à coups de pistolet.

CHAPITRE CCCXXXV.

IL faut dire, *à coups de baston, à coups d'épée, à coups de fléche, à coups de pique, à* coups de hallebarde, à coups de canon : & non pas, à coups de bastons, à coups d'épées, à coups de fléches, &c. Et M. d'Ablancourt qui a dit à coups de piques & de hallebardes, n'est pas en cela à imiter. C'est à la page 10. de la premiére édition de ses Commentaires de César.

J'ay ouï dire à plusieurs personnes de la Cour, *à coups de mousquets, & à coups de pistolets.* Mais il faut dire aussi, *à coups de mousquet, & à coups de pistolet.* Il faut dire demesme *à coups de trait* ; & non pas *à coups de traits*, comme a dit M. Scarron, dans une de ses Chansons :

Deux grans Assassins,
Deux nois Abissins,
A grans coups de traits
De couleur de gets, &c.

& Coffeteau livre 1. de son Histoire Romaine, page 187. *Ceux d'Antoine les recevoient à coups de traits & de pierres.*

Feu, *pour deffunct.*

CHAPITRE CCCXXXVI.

IL y a deux questions touchant le mot de *feu*, en la signification de *deffunct*. La premiére est de savoir de qui il se peut dire : & la segonde, s'il se décline au féminin ; c'est-adire, si on dit *feuë*.

A l'égard de la premiére, il est à remarquer que *feu*, & *deffunct*, qui eſt la meſme choſe, ne ſe diſent que des perſonnes mortes que nous avons veuës, ou que nous avons pu voir. On dit, *feu mon pere*, *feu mon frere*, *le feu Roi*, *la deffunte Reine*, *feu M. le Premier Preſident*, &c. Mais on ne dit pas, *feu Platon*, *feu Ciceron*, *deffunct Ariſtote*, *deffunct Alexandre*. Si ce n'eſt en burleſque, comme ceux qui diſent *feu Adam*. M. Scarron a dit de meſme burleſquement,

 Feu Saint Thomas, diſciple d'Albertus,
 En diſputant, ne l'uſt pas fait victus.

Et ſi nous avons connu ou pu connoiſtre pluſieurs de ces perſonnes mortes qui ayent u meſme dignité, ou meſme emploi, alors ces mots de *feu* & de *deffunct*, ne s'entendent que de la perſonne qui eſt morte la derniére. Par exemple, un homme qui aura vu Henri Quatriéme, Louis Treiziéme, & Louis Quatorziéme, & le Premier Preſident le Geay, le Premier Preſident Molay, le Premier Preſident de Belliévre, & le Premier Preſident de Lamoignon; en diſant *le feu Roi*, & *deffunct M. le Premier Preſident*, ſera eſtimé parler de Louis Treiziéme & de M. de Belliévre. Il y a plus : un homme qui aura vu ou pu voir ces trois Rois ou ces quatre Preſidents, ne doit pas appeler *feu* ou *deffunct*, le premier de ces Rois & de ces Preſidens. Il doit dire, pour parler réguliérement, *Le Roi Henri Quatriéme*, *le Premier Preſident le Geay* : & non pas, *le feu Roi Henri Quatriéme*; *deffunct M. le Premier Preſident le Geay*. Et c'eſt pourquoy l'Auteur des Doutes, en parlant du Roi Henri IV. n'a pas du l'appeler *le feu Roi*. C'est à la page 86. & voicy l'endroit. M. *Pélisson dit, comme vous savez, à l'occasion des Stances que fit Malherbe pour le feu Roi, allant en Limosin, & qui furent examinées par les Académiciens* : Car c'est à Henri IV. à qui ces Stances de Malherbe sont adressées.

A l'égard de la seconde question, plusieurs disent *feu*, en parlant d'une femme, estant persuadez que ce mot vient de *fuit* : acause que les Italiens disent *La fù Madama, Il fù Gran Duca* ; & que par conséquent il est indéclinable. Mais ils se trompent, & dans leur décision, & dans la raison de leur décision. *Feu* ne vient point de *fuit*. Il vient de *felix*. *Felix, felicis, felice, felce*, FEV. L se change en U. Comme en FEVTRE, *de feltrum* ; en FOVGERE, *de filicaria*, & mille autres semblables. Et le C se pert : comme en FEV, de *focus* ; en JEV, de *jocus* ; en LEV, ou LIEV, de *locus*, &c. Nostre *feu*, pour *deffunct*, est donc le μακαρίτης des Grecs, & le *felicis memoria* des Latins. Et il se décline. On dit, *la feuë Reine Mere*, & non pas *la feu Reine Mere*. C'est comme parlent tous ceux qui parlent bien. Le Cardinal d'Ossat, Lettre 3. *feuë Madame de Parme*. M. Gombaud a pourtant dit, *Elégie sur la mort de feu Madame d'Orléans*. Mais lui qu'on devroit imiter par tout ailleurs, n'est pas en cela à imiter. *La feu* est un monstre de Grammaire. ¶ J'oubliois à remarquer, que *fù*, pour *deffunct* ou *deffuncte*, ne se trouve point dans les anciens livres Italiens, & que cette façon de parler a esté introduite vray-semblablement de la Langue Françoise dans la Langue Italienne.

Borgne, borgnesse. Yvrogne, yvrognesse, &c.

CHAPITRE CCCXXXVII.

ON demande s'il faut dire *borgne* ou *borgnesse*; *yvrogne* ou *yvrognesse*. On dit *une pie borgne*, & non pas *une pie borgnesse*. Baïf, livre 3. des Passe-temps, a dit aussi *une borgne*.

Vne borgne aime un garçon, qui en rien
De bonne grace & de beauté ne céde,
Tant il est beau, au Troien Ganyméde.
Pour une borgne, ô qu'elle juge bien!

Et c'est comme on parle ordinairement, en parlant sérieusement. Mais par sobriquet, par injure, ou par mépris, on dit *borgnesse*. Il en est de mesme d'*yvrogne* & d'*yvrognesse*. Nicod a pourtant dit *borgnesse* purement & simplement. *Borgne* & *yvrogne*, au féminin, sont adjectifs. *Borgnesse* & *yvrognesse*, sont substantifs.

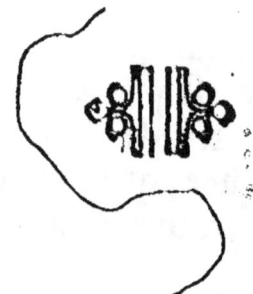

Avant,

Avant, auparavant. Devant, pardevant.

CHAPITRE CCCXXXVIII.

Auparavant est aujourdhuy un adverbe, & non pas une préposition. On dit, *Ie feray cela, mais faites cela auparavant.* Mais on ne peut pas dire, *I'ay fait cela auparavant vous.* Il faut dire, *avant vous.*

Pardevant, dans le beau stile, n'est plus aussi qu'adverbe. *Cette femme est bossue pardevant & par derriére.* J'ay dit dans le beau stile : car dans le stile de Pratique, *pardevant* est encore préposition. *Pardevant les Notaires, Garde-notes : Pardevant tel Iuge.*

M. de Vaugelas aureste a fort bien remarqué, qu'on disoit indifféremment *avant que de mourir*, & *devant que de mourir.*

En la mesme contrée des Balances d'Astrée.

CHAPITRE CCCXXXIX.

Malherbe a dit,
Vous placer dans le Ciel ; en la mesme contrée
Des Balances d'Astrée ;

Tome I. BBb

> Eſt-ce un prix de vertu qui ſoit digne
> de vous ?

C'eſt tres-mal dit. Il devoit dire, *en la contrée* ſimplement : ou bien *en l'aimable contrée*. Ce que j'ay oublié de remarquer dans mes Obſervations ſur les Poëſies de Malherbe.

Charmes, apas.

CHAPITRE CCCXL.

Malherbe dans ſes Poëſies met toujours quelque différence entre *charmes* & *apas*. Dans le Sonnet *Que l'honneur de mon Prince eſt cher aux Deſtinées* :

> Ses filles ſont encore en leurs tendres années,
> Et déja leurs apas ont un charme ſi fort, &c.

Et ailleurs :

> En quelle école nompareille
> Auroit-elle appris la merveille
> De ſi bien charmer ſes apas.

Et il y en a en effet. *Apas* ſe dit des beautez qui attirent, & *charmes* de celles qui agiſſent par une vertu occulte & magique. Ce n'eſt donc pas un pléonaſme, que de joindre ces deux mots, comme on fait ordinairement, & comme a fait Malherbe en ces vers,

> Celle dont mes ennuis avoient leur guériſon,
> S'en va porter ailleurs ſes apas & ſes charmes.

Faire estat. Faire office.

CHAPITRE CCCXLI.

JE fais estat de partir demain: Vous m'avez fait un bon office. Henri Estienne dans la Préface de son Traité de la conformité du Langage François avecque le Grec, blâme ces façons de parler. Voicy ses termes: *Mais comment feroient conscience ces beaux emprunteurs, de renverser l'usage des mots estrangers, quand ils aiment mieux renverser l'usage des leurs propres? Ie m'en rapporte à* office *&* à estat, *entr'autres, qui sont mots vrayement que l'ancien Langage François a pris du Latin, mais non en une certaine signification qu'on leur donne aujourdhuy. Comme, quand on dit,* Je fay estat de partir demain. *Item,* Vous avez fait un bon office, *ou,* Vous avez fait un mauvais office: *aulieu de dire,* Vous avez fait bon devoir, Vous avez fait mauvais devoir: *ou,* Vous vous estes bien acquité, *ou* mal acquité de vostre devoir: *ou,* Vous vous estes bien employé, *ou* mal employé. *Ou, si ça esté à l'endroit de son superieur,* Vous avez esté bon serviteur, Vous avez esté mauvais serviteur: *ou,* Vous vous estes porté comme un bon serviteur: *ou,* Vous avez fait acte de bon serviteur. *Encores y a-il plusieurs autres maniéres de parler propres pour exprimer la mesme chose, si on veut* *prendre la peine d'y penser.* Ce qui rend d'autans plus inexcusables ceux qui abusent ainsi de cette locution, *faire office.* Car il est certain qu'à proprement parler, celui qui est constitué par son supérieur en quelque office, est dit faire son office, quand il s'acquite de sa charge : dont vient ce mot d'Officier. Desorte que si c'est bien dit, Vous avez fait un bon office, *aulieu de*, Vous avez fait un bon devoir, *ou* service, *on pourra dire par mesme moyen*, Vous avez esté bon Officier, *aulieu de dire*, Vous avez esté bon serviteur.

Henri Estienne à tort. *Ie fais estat de partir demain*, est tres bien dit, pour dire, I'ay resolu de partir demain. *Vous m'avez fait un bon office*, est aussi tres bien dit, pour dire, *Vous avez parlé de moi avantageusement dans mes interests.* Nous disons demesme, *rendre un bon office.*

S'il faut dire Fort-l'Evesque, For-l'Evesque, ou Four-l'Evesque.

CHAPITRE CCCXLII.

LA plufpart des gens écrivent *Fort-l'Evesque*, s'imaginant que c'estoit autrefois un fort, ou un chateau appartenant à l'Evesque de Paris. *Fortium Episcopi.* Mais ils se trompent. C'est *Forum Episcopi* : cestadire le lieu où s'exerçoit la juridiction temporelle de l'Evesque de Paris. Maistre Charles du Moulin en son apostille sur la Glose du chapitre *Quod Clerici* aux Décrétales : *Imo ibi non habet Episcopus jurisdictionem temporalem, nisi in certo limitato loco, quem Forum Episcopi vocant*, &c. Voyez, je vous prie, mes Origines de la Langue Françoise au mot *Four l'Evesque*. Il faut donc écrire *For-l'Evesque*, pour écrire selon l'étymologie : comme on écrit *for interieur*. Mais au lieu de *For-l'Evesque*, le peuple prononce *Four-l'Evesque*. Ainsi de *forum* le peuple a fait *feur*, en ces manières de parler, *Au feur de cinq sols piéces. Au feur l'emplage. Au feur & mesure. Au feur*, cestadire, *fori more*. Valerius Cato : *Foro pare*. Cestadire, *mori pare, consuetudini pare*. Il reste à décider, qui est le meilleur de *For-l'Evesque*, ou de *Four-l'Evesque*. C'est sans doute *For-l'Evesque*. C'est ainsi que parlent les honnestes gens.

S'il faut écrire Faubourg, *ou* Fobourg. *Le Faubourg.*

CHAPITRE CCCXLIII.

L'Etymologie voudroit qu'on écrivist *fobourg*, ce mot ayant esté fait de *foris-burgum* : acause que les *faubourgs* estoient des bourgs, bastis hors les murailles & l'enceinte des Villes, comme je l'ay montré dans mes Origines de la Langue Françoise. Mais l'usage est pour *faubourg* : & en matière d'orthographe, on défére souvent à l'usage. *Orthographia quoque consuetudini servit*, dit Quintilien; *ideoque sæpe mutata est.*

A Paris, quand on dit *le Faubourg*, simplement, & sans rien ajouter, cela s'entent ordinairement du Faubourg Saint Germain. *Je demeure au Faubourg:* c'est à dire, *au Faubourg S. Germain.*

Mener, emmener, amener, ramener, remener, remmener.

CHAPITRE CCCXLIV.

CEs mots qui sont si approchans l'un de l'autre, ont un usage tout particulier : & à moins que d'avoir égard au lieu d'où l'on part, & à celui où l'on va, cet usage n'est pas bien entendu. Il seroit aisé d'en donner des reigles : mais l'application fera mieux entendre comme il s'en faut servir, que toutes les reigles qu'on en pourroit donner. Commençons par *mener*. Je suis logé avec un de mes amis, ou dans son quartier. S'il sort en carrosse, & qu'il me demande si je veux qu'il me méne au Louvre, je dois dire, *Qui me ramenera ?* C'est ainsi qu'on parle. Mais si nous logeons en différens quartiers, je dois dire, *Mais quand je seray au Louvre, qui me menera, ou qui me remenera à mon logis ?* Que s'il m'avoit mené au Louvre, sans que nous ussions parlé de mon retour, je lui dois dire alors, *Me pouvez-vous remener*, & non pas *ramener*; supposé que je fusse logé dans son quartier: car si nous logions en différents quartiers, il faudroit lui dire, *Me pouvez-vous mener à mon logis?* & non pas *remener*. Que si c'estoit son chemin de passer chez moi, ou qu'il ne se détournast pas de beaucoup en y passant, il faudroit dire, *Me voulez vous remener?*

Quand on veut se défaire de quelqu'un, on dit, *Emmenez cet homme*. Et il faut remarquer que lorsqu'on use de ce mot *emmener*, on ne nomme jamais d'endroit. On dit, *Voilà un homme que les Archers emménent*. Et qui diroit, *Voilà un homme que les Archers emménent au For-l'Evesque*, parleroit mal. Il faut dire en cette occasion, *Voilà un homme que les Archers ménent au For-l'Evesque*. Il est encore à remarquer, que qui diroit à quelqu'un qui seroit prest de faire un voyage, *Emménez-moi*, parleroit tres-bien. Mais qui lui diroit, *Emménez-moi avecque vous*, parleroit tres-mal.

On dit par une façon de parler proverbiale, *Mon prisonnier m'emméne*.

Pour ce qui est d'*amener*, on dit, *Ie vous améne un homme*; *Vous m'amenez toute sorte de gens*. Et si quelqu'un me disoit, *Ie vous améne un homme qui vous va bien divertir*, & que je trouvasse cet homme de mauvaise compagnie, comme le sont d'ordinaire ceux qui n'ont pour but que d'estre plaisans, je pourrois dire à celui qui m'auroit amené cet homme, *Ie vous prie de le remener où vous* l'avez pris. Ie vous prie de le ramener, emporteroit un autre sens, & feroit entendre que je serois bien aise de le revoir.

Reconduire. ramasser.

CHAPITRE CCCXLV.

LA plusparc des gens de la Ville se servent mal de ce mot *reconduire*. Pour faire entendre que quelqu'un les a reçus civilement, ils disent, *Il m'est venu reconduire jusqu'au bas du degré ; Il m'est venu reconduire jusqu'à mon carrosse.* Il faut dire, comme on dit à la Cour, *Il m'est venu conduire.*

Il en est de mesme de *ramasser.* Une Dame de la Ville, ayant laissé tomber sa coëffe ou son masque, ne manquera jamais de dire à son laquais, *Ramassez ma coëffe ; Ramassez mon masque* : aulieu qu'une Dame de la Cour dira, *Amassez ma coëffe ; Amassez mon masque.*

Maine. Mayenne. Maîne.

CHAPITRE CCCXLVI.

ON dit *La riviére de Maine. flumen Meduana* : & *la Province*, ou *le pays du Maine. Cenomania.* Mais on dit, *la Ville &*

le Duché de Mayenne. urbs Meduana, Ducatus Meduanensis. M. de Mézeray dans son Abbregé Chronologique de l'Histoire de France, en la Vie de Charles IX. en l'année 1574. *Il érigea en Duchez & Pairies le Marquisat de Mayenne, au pays du Mayne, pour Charles de Lorraine, frére du Duc de Guise,* &c. Aulieu de *la Ville de Mayenne*, ou *du Duché de Mayenne*, la pluspart des Manceaux disent *la Ville de Maine, le Duché de Maine.* Et de là vient qu'on a appelé par corruption le Duc de Mayenne, frére du Duc de Guise, *Monsieur du Maine*. Dans le Catholicon :

Allons, Iean Du Maine,
Allons aux Estats.

Je ne suis pas contraire à la prononciation de *Maine*, aulieu de *Mayenne*, puisqu'elle est la plus ordinaire. Mais j'ay peine à souffrir qu'on dise *Le Duc du Maine, Le Duché du Maine, L'Hotel du Maine*, comme plusieurs disent. Il faut dire, pour parler selon les reigles, *Le Duc de Maine, Le Duché de Maine, L'Hotel de Maine* ; *Maine* estant là un lieu particulier, & non pas une Province. Et aprésent qu'il y a un Duc du Maine ; je veux dire, un Duc de la Province du Maine, je ne doute point que pour le distinguer d'avecque le Seigneur du Duché de Mayenne, on ne dise bien-tost, en parlant de ce Seigneur & de son Duché, *le Duc de Mayenne, & le Duché de Mayenne*, comme on disoit autrefois : ou qu'on ne dise du moins, *le Duc de Maine, & le Duché de Maine.*

Nouvelles, Novelles.

CHAPITRE CCCXLVII.

ON dit *Les Nouvelles du Bocace; les Nouvelles du Bandello*, &c. Mais on dit *Les Novelles de Iuſtinien*.

Armes, Armoiries.

CHAPITRE CCCXLVIII.

IL faut dire, *Quelles ſont vos armes ? Gentilhomme de nom & d'armes ; Blaſonner des armes ; Les armes de France* : & non pas, *Quelles ſont vos armoiries ; Gentilhomme de nom & d'armoiries ; Blaſonner des armoiries; Les armoiries de France*. Mais on dit, *un Livre, un Traité d'armoiries*.

Surface. Superficie.

CHAPITRE CCCXLIX.

ON dit *La ſurface des eaux, La ſurface de la terre*, & non pas *La ſuperficie des eaux, La ſuperficie de la terre*. Mais on dit *Le fond & la ſuperficie*, & non pas *Le fond & la ſurface*.

S'il faut écrire cet homme, *ou* cest homme: cette femme, *ou* ceste femme: cettui, *ou* cestui : cettui-cy, *ou* cestui-cy.

CHAPITRE CCCL.

RAmus & Robert Estienne, dans leurs Grammaires Françoises, ont écrit *cest, ceste, cestui, & cestui-cy*. Et cette orthographe a esté suivie par la pluspart des nos anciens Auteurs. Mais elle a esté rejetée par Peletier, dans son Dialogue de l'Orthographe, & par Nicod dans son Dictionnaire. Voicy l'endroit du Dialogue : *Aux mots que vous disoit hier Monsieur de Béze*, ira-il, vous semble-il, *y voudriez-vous mettre un* T *entre-deux, & dire*, ira-ti, vous semble-ti; *ainsi qu'on le prononce? Car il me semble, comme à vous-mesme, qu'il n'y a non-plus d'apparence en cas d'addition que de diminution. Ie confesse, dit Dauron, qu'il seroit dur de les écrire ainsi qu'ils se prononcent vulgairement : mais vous savez qu'il n'est pas défendu de dire* ira-il; *& que ceux qui le diront, on ne les sauroit justement reprendre : comme vous trouverez és Poëtes assez souvent* vous sembl'-il, *& non point* vous semble-t-il. *Si est-ce pourtant que l'Escriture a usurpé*, cet homme, cet œuvre, *au lieu de* ce homme, ce œuvre. *Et toutefois la raison est pareille comme de* vous semble-ti, ira-ti: qui est acause de la concurrence des deux voyelles: là où les Ecrivains commettent erreur insigne, y ajoutans S, & écrivans cest homme, cest œuvre, cest honneur. Et croy qu'ils ont esté si sots, en cuidant faire un grand tour de suttilité, de penser que le pronom vint du Latin iste. Et de là est tombé un autre erreur en la teste de ceux qui se sont avisez d'écrire ste femme, ste cause, aulieu de cette femme, cette cause. Et Dieu sait comment ils ne s'y montrent pas bestes. ¶ Voicy les paroles de Nicod: CET, qu'on écrit c'est, & mal, est un pronom démonstratif, masculin, signifiant le mesme que ce: ains est le mesme. CE, hic. Mais ce se met devant les seules dictions, commençans par consonante: là où cet ne se met si n'est devant les dictions commençans par voyelle. Qui est la cause que pour éviter à une cacophonie & bayeure de prononciation, on lui met en tel endroit la lettre T, à la fin: comme le mesme se fait en plusieurs mots és autres Langues vulgaires. Dont appert que cet est une diction tout autre que c'est: estant c'est un assemblage de ces deux, ce, est, sous un mesme accent, par apostrophe; ayant en soi énergie du verbe suis: là où cet ne tient r en dudit verbe. Et ensuite: CETVY: qu'on écrit cestuy, & mal, &c.

Je ne suis pas de l'avis de ces deux grans hommes, à l'égard de l'étymologie de cet. Ce mot n'a pas esté fait de nostre mot ce, en y ajoutant un T, mais de l'ancien Italien chesto, pour lequel on prononce aujourdhuy questo. Chesto, cesto, CEST. Chesto uomo, CEST HOMME.

HOMME. Nous avons dit de mesme STENUIT, de l'Italien *stanotte*, qu'on a dit pour *questa notte*. Nous avons dit encore de la mesme façon, CY, de l'Italien *qui*; & ÇA, de *qua*. Et les Picards prononcent encore aujourdhuy *ky*, au lieu de *cy*; & *iky*, au lieu d'*icy*. Touchant l'étymologie de *questo*, de *qui*, & de *qua*, voyez mes Origines de la Langue Italienne. Mais quoyque nostre mot *cet* ait esté fait sans doute de l'Italien *questo*, il faut pourtant écrire *cet homme*, comme nous l'écrivons présentement; & non pas *cest homme*, comme l'écrivoient nos Anciens; les lettres ayant esté inventées pour répresenter le son des paroles; & *cet homme* répresentant mieux nostre prononciation que *cest homme*.

A celle fin que. Pour afin que. Pour à celle fin que. Encore bien que.

CHAPITRE CCCLI.

Tous ces mots sont hors d'usage. Dites, *afin que*, & *encore que*.

L'Auteur des Doutes n'a pas voulu suivre cette remarque, ayant dit à la page 268. *encore bien que*. Il ajoute, qu'*encore bien que la prose ait des liaisons qui la soutiennent*.

S'il faut dire j'assailliray, *ou* j'assaudray.

CHAPITRE CCCLII.

IL est indubitable qu'il faut dire *j'assailliray* : & je ne fais cette remarque que parceque Henri Estienne, dans son livre de la Précellence de la Langue Françoise, a dit que ces mots estoient controversez parmy nous. Voicy ses termes. *Les Italiens disent aussi* assalir, *pour nostre* assaillir : *& comme nous sommes en controverse s'il faut dire* j'aussaudray, *ou* j'assaliray, *ainsi voyons-nous que les uns disent* assaliscano, *& les autres* assalgono.

D'où vient que du verbe démontrer, *on a dit* démonstration, *& non pas* démonstration.

CHAPITRE CCCLIII.

HEnri Estienne a traité cette question dans ses Hypomnéses de la Langue Françoise ; & voicy ce qu'il en a dit : *Sed enim ex vocabulis etiam quæ ejusdem familiæ sunt, nonnulla sonum literæ S servasse comperies, quum cætera amiserint. Nam, ut omittam* démonster *&* démonstration, (*in quorum prior*

LANGVE FRANÇOISE.

ri non auditur litera S, at in posteriori contrà) quum dicis beste, & bestise, & bestail, non pronuncias S : at quum pro du bestail, (quod antiquius & purioris sermonis esse existimo) dicis du bestial, (pro quo nonnulli scribunt bestiail) vel dicis, Cela est bestial (q. d. Hoc est bestiale : id est, natura bestiæ potiùs quàm hominis convenit) tum verò os tuum literam hanc otiosam esse non sinit. Sic etiam dicis tempeste & tempester, obmutescente litera S : quæ tamen in tempestatif muta esse non vult. Dicis paistre & pasture, nullum huic litera dans sonum, quum tamen dare cogaris in pasteur : (pro quo nationes quædam dicunt pastre; & ipsa sonum dantes huic literæ) & in pastoral. Denique in baston tacet S ; at non in bastonnade. Tacet in teste ; at non in derivato verbo testonner. Rationem autem hujus rei invenisse me arbitror. Hoc enim ex eo contigisse existimo, quòd ista quæ sonum litera S retinent, multò sint aliis posteriora ; & tum demum usurpari cœperint, quum longus jam usus literam in aliis velut attrivisset, vel potiùs extrivisset. Multò esse posteriora, démonstration, quàm démonstrer; bestial & bestialité, quàm beste ; tempestatif, quàm tempeste ; ex eo apparet, quòd vulgus démonstrer, beste, tempeste ; at illa non item intelligit : præsertim verò démonstration, & bestial, vel bestialité. Nam voce tempestatif vulgus quoque alicubi, ac præsertim Parisiis, utitur : licet quin & ipsa multò post in usum venerit, nulla dubitatio relinquatur. At verò Pasteur vulgò & ipsum ignotum fuisse, ex eo

CCc ij

mihi persuadeo, quòd Pastoureau ; quod hodie quoque in aliquo usu est ; majores nostros dixisse sciam : obmutescente, ut credibile est, quemadmodum & hodie, literâ S. Quòd si Pasteur, vulgò ignotum, multò certè magis pastoral fuisse putandum est. Multò autem magis bastonnade ; in quo sonum edit litera S, quum nullum edat in baston ; incognitam vulgò fuisse vocem credibile est, vel potius certum, est : quum hodieque ab illo, nisi ex conjectura, non intelligatur : parum quidem certè in usu sit, utpote Italicam formam habens ; sicut etiam ex Italico, sermone manavit. La raison de Henri Estienne est véritable dans la pluspart des exemples qu'il allégue. Mais il y en a plusieurs autres en nostre Langue où le verbe & le verbal, le simple & le composé, quoyque formez en mesme temps, se prononcent néanmoins différemment de ce qu'ils devroient se prononcer, selon l'analogie. Et cela vient des différentes façons que nous avons de former les mesmes mots.

―――――

Es mains : ès prisons : ès Loix : ès Arts.

CHAPITRE CCCLIV.

CEtte façon de parler qui estoit si élégante autrefois, est devenue barbare : & il faut bien prendre garde de s'en servir ; mesme dans le Palais. Ce mot d'*ès* au reste, pour le marquer en passant, a esté dit par syncope, aulieu d'en lês. En lês mains ; en lês prisons ; en lês Loix ; en lês Arts. Dês a esté dit demesme au lieu de lês. La vertu de lês hommes ; la vertu dês hommes.

Bestail & bestial. Brutalité & bestialité.

CHAPITRE CCCLV.

ILs sont tous deux bons, mais *bestail* est beaucoup meilleur, dit M. de Vaugelas, en parlant de *bestail* & de *bestiail* : & je suis en cela de son avis. Mais j'ajoûte à sa remarque, que non seulement *bestiaux*, au pluriel, est tres-bon ; mais qu'on ne peut dire autrement ; *bestail* n'ayant point de pluriel. Voyez cy-dessus page 242.

Brutalité, c'est *socordia*. *Bestialité*, c'est le crime qui se commet avecque les bestes.

Garniment, garnement.

CHAPITRE CCCLVI.

IL faut dire, *mauvais garnement*, comme on dit à Paris, & comme l'a écrit Nicod : & non pas, *mauvais garniment*, comme on dit dans les Provinces.

Assassin, assasinateur, assassinat, assassiner.

CHAPITRE CCCLVII.

IL faut dire *assassin*, en parlant de la personne qui a assassiné ; & non pas *assassinateur*, comme plusieurs disent, & comme l'a dit Nicod en son Dictionnaire. Et c'est avec quę raison que l'Auteur des Doutes a repris ce mot dans le Traducteur de S. Jean Chrysostome. Et en parlant de l'action, il faut dire, *assassinat* : & non pas *assassin*, comme on dit dans les Provinces : ny *assassinement*, comme l'a dit Nicod. Il est aureste à remarquer que le mot d'*assassiner* se dit d'un excès fait de guet à pens, quoyque l'assassiné n'ait pas esté tué.

De la prononciation de la diphtongue oi.

CHAPITRE CCCLVIII.

LA diphtongue *oi* a trois prononciations différentes. La premiére, lorsqu'elle rent un son obscur. Et elle se prononce de la sorte dans tous les mots généralement, où elle est jointe avec l'N, ou avec le GN. Comme en *moins, moindre, coin, soin, loin, besoin,* témoin, foin, &c. éloigner, roignon, oignon, poignard, &c. La seconde, est lorsqu'elle rent un son ouvert & éclatant. Comme en *moi, toi, soi, fci, Roi, loi, trois, poix, choix,* &c. Et la troisiéme, lorsqu'elle se prononce comme un *ai* ouvert. Comme en *j'estois, j'allois, j'avois.* A l'égard de la premiére, il n'y a point de dispute: car tout le monde convient qu'elle doit estre prononcée de la façon que nous avons dit. Mais pour les mots où elle n'est jointe ny avec l'N, ny avec le GN, il y en a un nombre infini, qui se prononcent diversement par différentes personnes. Et comme ces mots se présentent à toute heure dans le discours, il est tres-nécessaire de savoir ceux qui se prononcent par *oi*, & ceux qui se prononcent par *ai*. Commençons par les premiers.

Mots qui se prononcent par oi ouvert.

Premiérement, tous les monossyllabes. *Moi, toi, soi, Roi, loi, quoi, mois, bois, fois, voix, croix, noix, poix, pois, choix, Blois:* je *dois,* tu *dois,* il *doit: doit,* en la signification de *digitus: toit: Loir,* riviére, & espéce de rat: *hoir,* pour heritier: *noir, voir:* & *soit,* en la signification d'*esto,* & en celle de *sive.* Comme quand on dit, *Soit: je le veux: Soit que cela arrive, soit que cela n'arrive pas.* M. de Vaugelas excepte de cette reigle, *froid, cros, droit,* & *soit* en la signification de *sit.* Il est constant qu'on prononce ce dernier mot, en cette signification, par un *ai* ouvert. *Quel* qu'il fait ; quoyqu'il en fait. On dit auſſi, dans le diſcours familier, *Il fait grand fraid ; Le fraid & le chaud ; Ie le crai ; Ie ne le crai pas.* Mais en preſchant, en plaidant, en haranguant, en déclamant, je dirois *le froid, les froids, les froideurs.* Je dirois auſſi en ces rencontres, *Ie croi en Dieu,* pluſtoſt que *Ie crai en Dieu* : quoyqu'on diſe & qu'on écrive toujours *créance,* & jamais *croiance. Quelle eſt voſtre créance ; Ajouter créance ; Des lettres de créance.* Pour ce qui eſt de *droit*, en la ſignification de *dexter*, ou de *dexterum*, on dit demeſme dans le diſcours familier, *Vn grand homme drait ; Vn homme adrait ; A drait & à gauche ; A main draite.* Mais en parlant en public, je dirois auſſi, *Vn grand homme droit ; Vn homme adroit ; A droit & à gauche ; A main droite.* J'ajoute à la remarque de M. de Vaugelas, que *droit* en la ſignification de *jus*, ſe prononce toujours par *oi*. *Le Droit Civil ; Le Droit Canon ; Ie vous recommande mon bon droit ; Il a mauvais droit.*

On prononce auſſi toujours *oi*, & non pas *ai*, aux trois perſonnes du ſingulier préſent de l'indicatif des verbes qui ſe terminent en *çoi.* Comme, *conçoi, reçoi, aperçoi.* C'eſt une remarque de M. de Vaugelas, qui eſt tres véritable. Mais M. de Vaugelas s'eſt trompé, en feſant terminer en *çois* la première de ces trois perſonnes. Il eſt certain qu'elle ſe termine en *çoi.* On dit, *Ie conçoi, je reçoi, j'aperçoi,* & non pas *Ie conçois, je reçois, j'aperçois,* comme l'écrit M. de Vaugelas.

Autre reigle, & qui ne reçoit point d'exception: Tous les mots terminez en *oir*, soit noms ou verbes, se prononcent par *oi*. Exemple des noms: *noir, soir, Loir, hoir, mouchoir, frotoir, miroir, terroir, dortoir, lavoir, espoir, entonnoir, manoir, batoir*, &c. Exemple des verbes: *voir, avoir, savoir, mouvoir, pleuvoir, pouvoir, pourvoir, décevoir, recevoir, concevoir, apercevoir*, &c. Mais il est à remarquer, que tous ces mots ne se prononcent pas d'une mesme façon: les uns, comme *noir, soir, voir, apercevoir*, se prononçant par *oi* fort ouvert, & en fesant sonner l'R: & les autres, comme *mouchoir, dortoir, refectoir, frotoir, tiroir*, par un *oi* moins ouvert, & en supprimant l'R dans la prononciation.

Il en est de mesme des mots terminez en *oire*. Ils se prononcent tous aussi par *oi*. *gloire, memoire, histoire, ivoire, Loire, foire, notoire, consistoire, prétoire, Gregoire, Magloire*, &c. Il en faut excepter *croire*, qui se prononce *craire* dans le discours familier. *Ie ne le puis craire*. Il est aureste à remarquer, que tous ces mots se doivent prononcer ouvertement, & qu'il ne faut pas dire *glouaire, mémouaire, histouaire*, comme on dit en plusieurs Provinces, & particuliérement dans la Touraine.

Les mots qui finissent par *oile* & par *oine*, se prononcent encore de la mesme façon. *toile, voile, étoile*, &c. *Moine, Chanoine, exoine, avoine*, &c. On disoit anciennement *Roine*. Mais on dit & on écrit présentement *Reine*.

Il en est demesme de ceux qui finissent par *oie*. *Voie, envoie, oie, joie, foie, proie, Troie*. Il en faut excepter *monnoie*, qu'on prononce *monnaie* dans le discours familier. *Ie n'ay point de monnaie*. On dit *La Cour des Monnoies* & *La Cour des Monnaies*. *La Cour des Monnaies* est le plus usité, & conséquemment le meilleur. On dit aussi *lamproie* & *lampraie*: mais *lamproie*, comme le plus usité, est aussi le meilleur.

Les mots en *oise* se prononcent encore de la mesme façon. *Oise*, rivière; *vandoise*, poisson; *ardoise, noise, Amboise*, ville; *framboise, toise, turquoise*. Quelques-uns disent *turquaise*. Belleau a dit *Turquoise*.

On dit, incontestablement, *abois, ainçois, anchoix, bourgeois, carquois, caratois*; espéce de gros perroquet; *chamois, empoix, matois, minois, patois, tapinois*.

On dit aussi *exploit, détroit, alloi, tournoi, convoi*.

Et *moite, moisi, moitié, loisir, poison, poisson, poisle, boiteux, voisin, cloison, foison, Roier, Poitou, Poitevin, Poitiers*. Il faut dire aussi *voicy*, & *voilà*; & non pas *vecy* & *velà*, comme disoient nos Anciens. On dit *oiseau* dans les Provinces: mais à Paris on prononce *ouaiseau*.

On dit *Saint Benoist*. Mais on dit *un grand benaist*; & *un benestier*.

Il faut dire *voiage* & *roiaume*, & non pas *véage* & *réaume*. Il faut dire demesme *roial*, & non pas *réal*; & *la Place Roiale*, & non pas *la Place Réale*. On dit pourtant, en terme de monnoie, *une réale*, & non pas *une roiale*. On dit encore, en parlant de la Galére du Roi, *la Réale*, & non pas *la Royale*.

Il faut dire aussi, *moien, citoien, envoier, plaidoié, verdoier, larmoier, foier, loier, couroie*.

Mots qu'on prononce par ai ouvert.

Tous les préterits imparfaits, généralement. *Ie fesais, tu fesais, il fesait, ils fesaient : Ie disais, tu disais, il disait, ils disaient*. Et comme on rime pour l'oreillle, & non pas pour les yeux, je n'ay pas fait de difficulté de rimer, dans mon Epitre au Docteur Gauvain, *Chastelet* avecque *vouloit*; & *Colletet*, nom propre, avecque le verbe *colletoit*, dans mon Epitaphe de Guillaume Colletet. Quand je vins à Paris la premiére fois; & j'y vins en 1632. on permettoit aux Poëtes de rimer ces préterits imparfaits avecque des mots terminez en *ois*, & en *oit*, pourveuque la première rime fust un de ces mots. Car ainsi on ne manquoit point à prononcer demesme la rime suivante, qui estoit un de ces préterits : comme en ces vers ; qui sont de Théophile dans sa Tragédie de Pyrame ;

A peine ay-je repris mon esprit & ma voix.
Cette peur m'a fait perdre un vsile que j'avois.

Et si on ust mis ces préterits au premier vers, on ust pu les prononcer par *ai* : ce qui ust fait une fausse rime. Mais présentement ces sortes de rime ne sont plus permises. *Nobis non licet esse tam disertis, Qui musas colimus severiores.*

On prononce de même l'optatif & le subjonctif en toutes les trois personnes du singulier, & en la troisième du plurier; comme M. de Vaugelas l'a fort bien remarqué. *Je voudrais, tu voudrais, il voudrait, ils voudraient.*

Et les infinitifs, *croistre, decroistre, accroistre, paroistre, connoistre.* Car on prononce *craistre, decraistre, accraistre, paraistre, connaistre.*

Il en est de même de ces personnes du présent de l'indicatif, *Je connais, tu connais, il connaist; Nous connaissons, vous connaissez, ils connaissent*; & des autres personnes dans les autres modes. Il en faut excepter les verbes composez des simples monosyllabes. *Je prévoi, tu prévois, il prévoit : J'entrevoi, tu entrevois, il entrevoit.* C'est ainsi, pour le marquer en passant, qu'il faut prononcer ces verbes dans la première personne. Monsieur de Vaugelas, qui écrit *je prévois* & *j'entrevois*, se méprent. Il faut dire de même *je reçoi*; & non pas *je reçois*, comme a dit encore M. de Vaugelas.

Il faut aussi & dire & écrire *la Reine*, comme nous l'avons déjà dit. Le mot de *Roine*, si estimé par Pasquier, est devenu Gothique.

On dit *courtais, courtaisie*; & *raide, raidir, & raideur.* ¶ On dit aussi *étrait*, plustost qu'*étroit*.

LANGVE FRANÇOISE.

Mots prononcez diversement.

Les noms nationaux & provinciaux se prononcent, les uns par *ai*, & les autres par *oi*. On dit, *les Français, les Anglais, les Hollandais, les Irlandais, les Zélandais, les Ecossais, les Milannais, les Piémontais, les Aragonnais* : à l'imitation des Italiens, qui disent, *i Franzesi, gli Inglesi, gli Olandesi,* &c. Mais on dit, *les Albanois, les Carthaginois, les Danois, les Chinois, les Gaulois, les Grégeois, les Génois, les Génevois, les Liégeois, les Finois, les Finlandois, les Lapponnois, les Iroquois, les Champenois.* ¶ On dit *les Suédois,* & *les Suédais* ; *les Polonois,* & *les Polonais.* Je dis toujours *les Suédois* ; & je ne puis souffrir qu'on dise *les Suédais.* Je dis toujours au contraire *les Polonais* : mais sans blâmer ceux qui disent *les Polonois.*

Les noms de païs sont aussi partagez sur cette prononciation. On dit, *le Barrois, le Vandomois, le Partois, le Gastinois, le Retelois, l'Artois, Vitri en Tardenois, l'Orléannois.* Mais on dit, *le Lyonnais, le Boulonnais, le Bourbonnais, le Nivernais, le Crannais, le Chastelleraudais.* C'est ainsi, pour le marquer en passant, qu'il faut prononcer ce dernier mot ; & non pas *Chasteleraudais,* comme prononcent les Provinciaux. *Chastelleraud,* c'est *Castellum Eraldi.*

Il est au reste à remarquer, que plusieurs prononcent *les François, les Anglois, les Holandois,* &c. & que personne ne prononce *les*

Albanais, les Carthaginais, les Danais, les Chinais, les Gaulais, les Gregeais, les Génais, les Génevais, les Liégeais, les Finais, les Finlandais, les Iapponnais, les Iroquais, les Champenais.

Il est encore à remarquer, que quoyqu'on dise *les Français*, on dit néanmoins *François*, en la signification de *Franciscus*. Le Roi *François* Premier : Saint *François* : *François* Duaren*;* *François* Hotheman*;* *François* Conan. Plusieurs disent aussi *L'Académie Françoise*, *La Langue Françoise*, *Cela n'est pas François*. Mais il a esté décidé dans l'Académie, qu'il faloit dire *L'Académie Française*, *La Langue Française*, *Cela n'est pas Français*. Et il est à remarquer qu'il y a prés de cents ans qu'on parle de la sorte, comme il paroist par cét endroit du Dialogue de Henri Estienne, page 114. CELTOPHILE. *Vous me faites rire avecque vostre bon Francês. Ie di que bon Francês est mauvais François.* PHIL. *Ne vous arrestez pas là. I'ay tant accoustumé de dire à la Cour Francês, que je ne puis parler autrement.* ¶ Quoyqu'on dise *Anglais*, en parlant d'un homme qui est d'Angleterre, il faut dire aussi *l'Anglois*, en parlant de ceux qui s'appellent de ce nom. Monsieur Langlois.

On dit indifféremment *harnois* & *harnais*. Je dirois *les harnais des chevaux*. Mais je dirois aucontraire *endosser le harnois*, & *suer sous le harnois*. M. de Segrais dans sa Traduction de Virgile, livre 5. page 185.

Au deuxiéme vainqueur Enée offre un harnois,
Tout tissu d'anneaux d'or redoublez par trois fois.

Henri Estienne dans son Dialogue, page 556. CELTOPHILE. *Disent-ils aussi un harnés, pour un harnois?* PHILALETHE. *Pourquoy pensez-vous qu'ils auroient fait grace à ce mot?* CELT. *Pourceque cette prononciation semble faire grand deshonneur aux armes, & que celles que portent les hommes doivent retenir cette prononciation virile* harnois. *Alors que les femmes aussi s'armeront, il sera temps de la changer en cette féminine,* harnês.

Vn singulier avec un plurier.

CHAPITRE CCCLIX.

Malherbe a dit, dans les Stances pour M. de Soissons,

Ne déliberons plus, allons droit à la mort:
La tristesse m'appelle à ce dernier effort, &c.
Allons épouvanter les Ombres de là bas
    De mon visage blesme;
    Et sans nous consoler,
Mettôs fin à des jours que la Parque elle-mesme
    A pitié de filer.

Ce qui est tres-bien dit, quoyque *déliberons* & *allons* soient au plurier, & *tristesse* & *visage* au singulier. M. Corneille a dit de mesme, à la fin du 4. acte de Rhodogune,

    Et de nous rendre hureuse à force de grans
       crimes.

Et Desportes dans sa Complainte, allant en Poulogne:

Mourons donc, & montrons en ce dernier outrage,
Qu'il est toujours en nous d'échaper le malheur.
Si le coup de la mort me fait quelque douleur,
Celui de mon départ m'en fait bien davantage.

Et le Casa dans le Sonnet qu'il a adressé à Hannibal Caro :

CARO, *se'n terren vostro alligna amore,*
Sterpalo, mentre è pur tenera verga.

Et cela, à l'imitation des Latins. Virgile : *Vos, ô Calliope* Catulle : *Restituis cupido, atque insperanti ipsa refers te Nobis.* Tibulle : *Perfida, nec merito nobis inimica merenti.* Terence : *absente nobis turbatum est domi.* Donat sur cet endroit de Térence, qui est de la scène 3. du 4. acte allégue deux autres passages semblables ; l'un de Pomponius, & l'autre de Varron. Il ne faut pas oublier celui de Sénéque : *Occurrit mihi sensus in ejusmodi materia, à Cornelio Severo dictus, tamquam de Romanis, nescio an parum fortiter. Edictâ in posterum diem pugnâ, epulanteis milites inducit, & ait :*

—————*Stratique per herbam,*
Hic meus est dixere dies.

Elegantissimè quidem affectum animorum incerta sorte pendentium expressit, sed parum Romanè animi servata est magnitudo : cenant enim tamquam crastinum desperent. Quantus illis Laconibus erat, qui non poterant dicere, Hic dies est meus. Illud Porcellus Grammaticus arguebat in hoc versu quasi soloecismum, quòd cùm plures induxisset, diceret, Hic meus est dies, *non* Dies hic est noster. *Et in sententia optima accusabat id quod erat optimum. Muta enim, ut* noster *sit, peribit omnis versus elegantia: in quo est hoc decentissimum, quod ex communi sermone trahitur. Nam quasi proverbii loco est,* Hic dies meus est. *Et eùm ad sensum retuleris, ne Grammaticorum quidem calumnia, ab omnibus magnis ingeniis submovenda, habebit locum. Dixerunt enim, non omnes simul, tamquam in chorum manu ducente Grammatico, sed singuli ex his,* Hic meus est dies.

F I N.

ADDITIONS
ET
CHANGEMENS.

Page 2. *Equeſtre, Vbiquiſte.*] AJOVTEZ : & *Queſteur.*

Pag. 4. *Le Duc de Guiſe.*] AJOVTEZ : *les Guiſars*: & les mots *d'aiguille, d'aiguillon, d'Aiguillon* (Duché) & *d'aiguiſer.*

Pag. 6. *S. Auguſtin dans ſon Sermon des Saints, qui eſt le dix-neuviéme*:] AJOVTEZ : s'il eſt vray que S. Auguſtin ſoit l'auteur de ce Sermon.

Pag. 16. *Ramus dans ſa Grammaire Françoiſe, page 8.*] AJOVTEZ : & Henri Eſtienne dans ſon Dialogue du Nouveau Langage François Italianiſé, page 143.

Pag. 17. *C'eſt à la page 407.*]AJOVTEZ: M. de La-Chambre a eſté du meſme ſentiment, page 165. de ſes Lettres. *Ie m'en vas vous écrire ſi ſouvent,* &c. Mais M. Des-Mareſts dans ſon Epiſtre à M. Perrault, pour Réponſe aux Poëtes Latins, a mieux aimé *je vay. Ie vay lancer le dithyrambe.*

Mais ces mots ne ſont plus en uſage il y a long-temps.] AJOVTEZ: comme il paroiſt par cet endroit de la Remontrance de Henri Estienne, aux Courtisans amateurs du François Italianisé:

Si tant vous aimez le son doux,
N'estes vous pas bien de grands fous,
De dire chouse, au lieu de chose?
De dire j'ouse, au lieu de j'ose?
Et pour trois mois, dire troas moas:
Pour je say, je vay; je soas, je voas.
En la fin, vous direz la guarre;
Place Maubart, & Frere Piarre.

Et par cet autre de son Dialogue du Nouveau Langage François Italianisé, page 143. *Quant à quelques mots qui sont bons de soy, mais qu'on gaste par quelques lettres qu'on y met enlieu d'autres, ou bien qu'on y adjouste ou oste, il amena pour exemple, quand on dit je m'y en vay. Car je voy, c'est video: comme je vay, c'est vado. Et qu'ainsi soit, chacun dit en la tierce personne, il va.*

& mesme je ne l'ay jamais lu que dans Nicod.] AJOUTEZ: J'apprens pourtant qu'il se dit dans la Haute Normandie. Pag. 21.

& je ne voudrois pas m'en servir.] AJOUTEZ: Il me reste à remarquer, que M. Pavillon Evesque d'Alet dans son Rituel, M. d'Andilly dans la Vie de Sainte Therese, & M. Des-Préaux dans son Lutrin, se sont servis du mot de *benitier*. Pag. 23.

Ursulines, nonobstant l'étymologie.] AJOUTEZ: M. de Balzac livre 1. de ses Lettres à M. Conrart, lettre 17. a dit *Ursuline*. Pag. 38.

C'est comme on parle à Paris.] AJOUTEZ: Pag. 73.

Vous trouverez pourtant dans Nicod : HOMOLOGVER, *vulgò* E'MOLOGVER: ce qui fait voir que de son temps *émologuer* estoit le plus usité.

Pag. 86. **J'en ay produit des passages dans mes Observations sur Malherbe.**] AJOVTEZ : J'écris *aureste* toujours *avec* devant une voyelle : *avec ardeur* : & *avecque*, devant une consone : *avecque précipitation*. Si ce n'est devant ces mots *quelque* & *quelconque* : où *avecque* feroit un mauvais son.

Pag. 90. **mordu *toutefois* est selon la reigle.**] AJOVTEZ : Henri Estienne page 144. de son Dialogue du Nouveau Langage François Italianizé : *Il me souvient aussi que Marot estoit de l'opinion de ceux qui disent* Il m'a tors, Il m'a mors : *non pas,* Il m'a tordu, Il m'a mordu. CELTOPHILE. *Il est bien certain, que s'il faut dire* Il m'a tors, *non pas* Il m'a tordu, (*comme aussi on dit* Il s'est tors, *quand on parle de quelqu'un qui s'est fourvoyé*) *l'analogie veut que pareillement nous disions* Il m'a mors; *non pas,* Il m'a mordu.

Pag. 104. **les Espagnols ont dit de mesme *saber*, & les Gascons *sabé*.**] AJOVTEZ, A LINEA : Mais pour le mot de *science*, il faut l'écrire par Sc, nonobstant ce que dit Meigret dans sa Grammaire, qu'aucun mot ne peut commancer par deux consones de mesme puissance. Voicy ses termes : *Prémiérement, quant à* S, *elle se rencontre bien souvent en nostre Langue avant* C, *faisant syllabe : comme,* scandale, scammonée: *ny ne peut au commencement d'un vocable faire syllabe avecque le* C, *prononcé en* S : *comme* autrefois je vous l'ay dit au *Menteur* de Lucian : Car nul vocable ne peut commencer par deux consonantes d'une mesme puissance. Parquoy il est évident que les Latins prononçoient *Skipio*, & non pas *Scipio*. Cette remarque de Meigret n'a pas lieu en nostre Langue. Comme nous ne prononçons pas *Skipio*, ny *skientia*, mais *Scipio*, & *scientia*, nous pouvons, ou plustost nous devons écrire de mesme *Scipion*, & *scsence*. M. Cousin, qui est un de nos plus savans, & un de nos plus polis Ecrivains, écrit pourtant toujours *sience*.

Létanie est toutafait barbare.] Ajovtez: Pag. 107 Letania, ex Gallico létanies, pro litanies, à litania: ut hoc ex Græco λιτανεύω, supplicare, supplices preces fundere, dit Vossius dans son livre *de Vitiis Sermonis*.

De tant d'ennuis qui me vont tourmentant.] Pag. 118 Ajovtez : Et dans un de ses Rondeaux sur un Beuveur d'eau :

   Le feu par l'eau foiblement combatu,
Croissant sa force, au lieu d'estre abatu,
Va redoublant la chaleur ordinaire
      D'un Beuveur d'eau.

qu'on prononce *ainsin* dans plusieurs Pro- Pag. 129 vinces : & particulièrement dans celles d'Anjou & du Maine.] Ajovtez: Et c'est comme on parloit autrefois à Paris, selon le témoignage de Henri Estienne, page 617. de son Dialogue du Nouveau Langage François Italianisé. *Et quant à user de discretion & bon jugement, vous le pouvez connoistre par quelques Courtisans, qui ont si bien appris de dire* ainsin *à Paris, qu'ils ne s'en peuvent* garder: non-plus de dire troas moas; qui est aussi de la prononciation Parisienne. Quelques-uns ont aussi dit *nanin*, pour *nenny*. Voyez les Hypomnéses de Henri Estienne, page 210.

Pag. 136. *Au gré des Rois, & profit de leurs gens.*] Ajoutez: Et c'est de ce genre que le fait toujours le Cardinal d'Ossat.

Pag. 138. Il est masculin, incontestablement.] Ajoutez: ARCHEVESCHÉ. Voyez *Evesché*.

ARCHIVES. Il est féminin: mais ce n'est pas parceque c'est un diminutif d'*arca*, comme quelques-uns le prétendent. Le diminutif d'*arca*, c'est *arcula*: & non pas *arciva*: qui est formé d'*arceo*. *Arceo, arcivus, arciva, arciva*, ARCHIVES. Il faut sous-entendre *tabula*, ou quelque mot semblable. *arcivus* se trouve dans les Gloses Anciennes. *arcivus*, χρονλινὸς· ἀρχεῖος.

Pag. 139. Je le tiens hermaphrodite.] Ajoutez:

BRONZE. Féminin. M. de Brébœuf livre 2 de sa Pharsale:

Le Chef pousse des vœus dans le vague des airs,
Capables d'atendrir la bronze & les rochers.

Pag. 142. *& je n'ay jamais oui dire à personne une couple d'Amans.*] Ajoutez: M. d'Ablancourt livre 4. de sa Traduction des Commentaires de César, a dit, *une couple de pieux*.

Pag. 144. *& c'est de ce genre que le font tous les Ebénistes.*] Ajoutez: M. de Voiture dans ses Stances sur un soulier, l'a fait aussi féminin.

C'est un grand Temple d'ivoire;
En quelques lieux marqueté
D'une ebeine douce & noire.

Le Pere Chifflet l'aime mieux aussi féminin.] AJOUTEZ : Et c'est dans ce genre qu'il a aussi toujours esté employé par M. le Chevalier de Méré dans son Traité de la Justesse, & par M. l'Abbé de Cassagne dans sa Traduction de l'Orateur de Ciceron. Pag.148.

Il en est de mesme d'*Archevesché*.) AJOUTEZ : Pag.149.
EVANGILE. Saint-Amant dans sa Preface sur sa Solitude, l'a fait féminin.
Misérable destin, bien souvent d'un Virgile;
Et mesme quelquefois de la Sainte Evangile.
Le peuple le fait aussi toujours du mesme genre. *Iurer sur les Saintes Evangiles. L'Evangile d'aujourd'huy est longue : car ce sont des femmes qui parlent.* M. de Sacy dans sa Traduction du Nouveau Testament, l'a fait masculin. *Le Saint Evangile de Iesus Christ selon Saint Mathieu.* On le peut faire de l'un & de l'autre genre. Dans le discours familier, je le ferois toujours féminin : & masculin, dans un discours relevé.

Nous préservant de l'infernale foudre.) AJOUTEZ : M. d'Ablancourt l'a pourtant toujours fait masculin dans sa Traduction du Misanthrope de Lucien. Pag.150.

mais le peuple le fait toujours masculin.) AJOUTEZ : Pag.151.
GARDE. On dit au masculin, *Un Garde-du Corps*; comme on dit *Un Trompette*; *Un Cornette*. Mais il faut dire au féminin, *les Gardes Françoises*, en parlant du Régiment

des Gardes : & non pas, *Les Gardes François,* comme dit le Gazetier.

Pag. 152.   *& insulte, encore une fois, est féminin.*] Ajoutez : M. l'Abbé de Cassagne dans sa Traduction de l'Orateur de Ciceron, page 287. *L'insulte qu'on lui avoit faite en lui jettant des pierres.* ¶ *L'occupation d'une intrigue,* &c. dit M. le Duc de la Roche-Foucaud dans ses Réflexions Morales, article 277.

Pag. 156.   *Il faut aussi dire la navire, en terme de blazon.*] Ajoutez : Ce que je viens de dire, aureste, que la Poësie aimoit les locutions extraordinaires, me fait souvenir de remarquer en cet endroit ce que Quintilien a remarqué au chapitre 3. du livre 8. de ses Institutions : qui est, que Virgile a relevé cet hémistiche, *casâ jungebant fœdera porcâ,* en usant du mot de *porcâ,* au lieu de celui de *porco. Fecit elegans fictio nominis. Quòd si fuisset porco, vile erat.*

une obole.] Ajoutez :

OBSEQUES. Le Cardinal d'Ossat lettre 3. l'a fait féminin. *Les obséques publiques que les Papes ont accoustumé d'y faire pour les Rois de France.* Nicod dans son Dictionnaire l'a fait du mesme genre. *Les principales obséques & funerailles de ceux qui ont esté meurtris, est de faire justice des meurtriers.* Et c'est de ce genre qu'il est en effet.

Pag. 161.   *par son thériaque.*] Ajoutez : Henri Estienne, page 141 de son Dialogue du Nouveau Langage François Italianisé, dit que *thériaque* est féminin, & *triacle,* masculin. CELTOPHILE. Thériaque, c'est une composition

qui

qui sert d'antidote, & remède contre les venins. Laquelle composition est faite, non seulement de plusieurs simples, mais aussi de la chair de vipéres. Et est appellée ainsi, en suivant le mot Grec θηριακὴ: lequel vient de θηρία: qui se dit de plusieurs sortes de bestes. Les Italiens ont retenu la terminaison Latine: l'appellant theriaca. Les Allemands ont seulement usé de syncope, ou plustost d'apocope; en disant thiriak. Mais les Hespagnols s'égarent fort, s'il est ainsi qu'ils dient atriaca. Or quant à nostre triacle, il faut considérer qu'en ce mot nous avons aussi changé de genre. Car on dit du triacle: au lieu que thériaque est de genre féminin. PHIL. Mais escoutez: pour triacleur, comment diriez-vous? CEL. De thériaque, il faudroit faire thériaqueur. Ie vous confesse toutesfois que je ne l'ay point ouï dire. Et pour vous dire la verité, je ne craindrois pas de dire triacleur; encore que je disse thériaque. CEL. Comment s'accorderoit cela? PHIL. Il faut avoir égard qu'on appelle triacleurs, quelques coureurs, qui sous-ombre de vendre la vraye thériaque, vendent je ne say quelles autres compositions déguisées. Voire quelquesfois en vendens qui n'ont rien de commun avec la thériaque. CEL. Ie suis content que leur laissez leur nom. PHIL. Et par mesme moyen vous m'accorderez, que ce qu'ils vendent, doit garder ce nom triacle: afin que comme la chose est déguisée, ainsi le nom soit déguisé & corrompu: & qu'on doit garder thériaque pour la composition, qui est tellement faite, qu'elle sert d'antidote contre les venins. ¶

Mais M. de Vaugelas fait auſſi *thériaque* des deux genres : Et, pour le marquer en paſſant, il a auſſi obſervé, qu'il faut dire *triacleur*, & non pas *thériacleur*, en parlant d'un Charlatan qui vend du thériaque, ou de la thériaque.

Pag. 178.   *Septier pour minne.*] AJOVTEZ : Et M. l'Abbé de Caſſagne dans ſa Traduction de l'Orateur de Ciceron, page 337. *Vous recueillerez à proportion de ce que vous aurez ſemé.*

Pag. 181.   *& non pas froumens.*] AJOVTEZ : comme diſent Meſſieurs de Port-Royal.

Bologne, Bolenois.] AJOVTEZ : Et *Limouſin ; &* non pas *Limoſin*, comme a dit l'Auteur des Doutes, page 86.

Pag. 198.   *Interitus nullos auctores eſſe videbam.*] AJOVTEZ : Et dans celle pour le Poëte Archias :

In qua me non inficior mediocriter eſſe.

Pag. 210.   *de la reſſemblance de ſon odeur à celle du lis.*] AJOVTEZ : & non pas, comme dit Cornuti, chapitre 71. de ſon livre des Plantes de Canadas, du mot Perſan *lilag.*

Pag. 212.   *quoyqu'on diſe en Latin chirurgus.*] AJOVTEZ. L'Uſage le veut ainſi. Et Henri Eſtienne, qui dans ſon Dialogue du Nouveau Langage François Italianiſé, ſoutient, contre les Courtiſans, qu'il faut prononcer *Chirurgien*, n'a pas raiſon.

Pag. 234.   *Sa face riante & naïve.*] AJOVTEZ. Et ailleurs :

Mais je l'aime, & quoyqu'il me faſſe,
Ie vaudrois revoir cette face ;
Ce chef-d'œuvre tant eſtimé.

ET CHANGEMENS. 603

Un témoignage gracieux.] AJOUTEZ. M. de Pag. 272.
Segrais dans sa 2. Eglogue:

> De ces prompts changemens les signes gra-
> cieux
> Marquent qu'un trait plus doux est parti
> de ses yeux.

M. de Marolles dans sa Traduction du 1. des Géorgiques:

> Dans l'Asie, alentour des marais gracieux
> De Caïstre.

L'Auteur des Réflexions sur la Poëtique d'Aristote: *Le seul Anacréon est capable de nous consoler de la perte de leurs ouvrages. Car ce sont des fleurs, des beautez, & des graces perpétuelles que ses Odes. La naïveté lui est familiére, & il a un air si délicat & si gracieux, qu'il n'y a rien de comparable dans toute l'Antiquité à la maniére qu'il a prise, & au genre d'écrire qu'il a suivi.* L'Auteur des Remarques sur ces Réflexions: *Mais comme il y a deux sortes d'épigrammes: l'une simple, qui consiste seulement dans une douce & gracieuse exposition,* &c.

charrette, & non pas chèrette.] AJOUTEZ: Pag. 285.
charcutier, & non pas chaircutier.

Malherbe dans les Stances, &c.] LISEZ: Pag. 288.
Et Malherbe dans les Stances, &c.

Puisque vous estes nostre Roi.] AJOUTEZ:
Et Gombaud dans le premier de ses Sonnets Chrétiens.

> Ils sont tes ennemis, & font gloire de l'estre.
> Vien les juger, Seigneur, ces prophanes humains,
> Qui tous blessez à mort, sont encore les vains,
> Et surpassent l'orgueil de leur premier ancestre.

EEe ij

Pag. 305.   De Souche, *ou* Des Ouches.] AJOVTEZ: M. de Mercure, *ou* M. de Mercœur.

Pag. 307.   dans Grégoire de Tours.] AJOVTEZ: Ajoutez à tous ces noms, celui *de Mercœur*, qu'on prononce *Mercure*. *Monsieur de Mercure*.

Pag. 315.   *Perpenna, Porsenna*.] AJOVTEZ: *Sisenna, Surena*, (car je suis de l'avis de ceux qui croient que *Surena* est un nom propre.)

Pag. 317.   M. de Balzac a dit *Lydie*.] AJOVTEZ. L'Auteur des Réflexions sur la Poëtique d'Aristote, page 98. a dit *Phédra*. Je dirois *Phédre*.

Pag. 321.   *Tappo, Trypho, Tyro,*] LISEZ: *Tappo, Tiro, Trypho,*

     Erato, Ero.] AJOVTEZ: *Ino.*

Pag. 322.   *Guido* fait GVI.] AJOVTEZ: *Hugo* fait HVGVES.

     qu'au lieu de *Guido*,] AJOVTEZ: *Hugo*, on dit *Guidus*,] AJOVTEZ: *Hugus*.

Pag. 326.   *Abraham, Hiram*.] AJOVTEZ: *Oneca*,

     les Grecs, ou Latins,] AJOVTEZ: *Æneas*,

Pag. 328.   ait toujours dit *Mécénas*.] AJOVTEZ: Et M. de Segrais l'a dit dans ses Remarques sur le 1. de l'Eneide, page 45.

     Ie mettray le portrait de toi, mon Mécénas, &c.] AJOVTEZ: M. Perrault dans sa Réponse à M. Quinault.

     Ainsi donc, cher Quinault, Apollon trouve étrange,
     Que nostre Mécénas refuse la louange.

     Il y a *Ajax*.] AJOVTEZ: *Astyanax*,

Pag. 330.   *Menander,*] AJOVTEZ: *Nicander,*

Pag. 331.   *Ménandre.*] AJOVTEZ, *Nicandre*; quoique l'Auteur des Réflexions sur la Poëtique d'Aristote, ait dit *Nicander.*

M. de Girac dans sa Replique à M. Costar.] Pag. 332
Ajovtez : Mais M. l'Abbé de Cassagne dans sa Traduction de l'Orateur de Ciceron, page 16. a dit *Carneadés.*

quoique Binet en la Vie de Ronsard, ait Pag. 333
dit *Apelle.*] Ajovtez : & l'Auteur des Reflexions sur la Poëtique d'Aristote.

Clonarium,] Ajovtez : *Dorcium,* Pag. 341
Pandrosium,] Ajovtez : *Planesium.*

On dit *Luculle* & *Lucullus* indifféremment. [Pag. 346
Ajovtez : M. d'Ablancourt dans sa Traduction des Commentaires de César, dit toujours *Lucullus.*

Lorsque Claudian éleve Stilicon, &c.] Pag. 349
Ajovtez : L'Auteur des Réflexions sur la Poëtique d'Aristote, & l'Auteur de la Deffense des Beaux Esprits, ont dit aussi *Claudian.*

Tertullian.] Ajovtez : M. Colombel, Con- Pag. 350
seiller au Parlement, écrit aussi toujours *le Senatusconsulte Macedonian.*

On ne prononce plus présentement de la sorte.] Ajovtez : M. d'Ablancourt dans ses Notes de son admirable Traduction de Lucien : *Aureste, j'ay dit Lucien, & non pas Lucian, pour suivre l'opinion commune, puisque dans les Langues, aussibien que dans la Iurisprudence,* Communis error facit jus.

ONVS, &c.] Lisez : ONVS. ONNVS. UNVS. Pag. 383
URNVS. *Aronus,* pere d'Ixion, retient sa terminaison : & *Nonnus. Neptunus* fait *Neptune. Turnus* ne reçoit point de changement.

Héliodore,] Ajovtez : *Isidore,* Pag. 385

EEe iij

606   ADDITIONS

Théodore,] Ajovtez : *Tryphiodore,*

Pag. 353.   *Ruſſatus, Torquatus.*] Ajovtez : & *Aratus :* car il eſt à remarquer que la ſeconde en *Aratus* eſt longue, & que l'Auteur des Réflexions ſur la Poëtique d'Ariſtote a dit *Aratus*, & non pas *Arat*.

Nous ne le dirions pas en proſe,] Ajovtez : Ronſard a dit auſſi *Arat*. *Les Phénomenes d'Arat*. Et c'eſt comme il faut parler en poëſie.

Pag. 354.   avecque M. de Saſſy.] Ajovtez : M. de Balzac en ſon Entretien 21. a dit *l'Empereur Tite*.

Pag. 360.   *Euſtathius,*] Ajovtez : *Gratius, Iccius.*

Pag. 376.   en ſes Commentaires ſur les Epitres d'Ovide :] Ajovtez : dans M. l'Abbé de Marolles en ſes Notes ſur la Traduction du Poëme de Columelle ; dans M. d'Ablancourt, en ſes Remarques ſur ſa Traduction de Thucydide ; dans M. de Segrais, livre 1. page 37. de ſa Traduction de l'Eneïde.

Pag. 377.   parlent de la ſorte,] Ajovtez : comme M. de Mézeray en ſon Abregé de l'Hiſtoire de France.

Pag. 378.   Voyez mes Remarques ſur la Vie de Mathieu Ménage.] Ajovtez : On prononce pourtant *orgueilleux* : ce qui fait voir qu'*orgueil* eſtoit l'ancienne prononciation.

Pag. 384.   Il ſurveſcut, *ou* il ſurveſquit.] Ajovtez : Il prévit, *ou* il prévut.

de ſuivre vn ſi grand Maiſtre.] Ajovtez a linea : M. de Vaugelas eſt pour *il prévit* ; & je ſuis en cela de ſon avis.

Pag. 385.   *pour les bien faiteurs de cette Egliſe.*] Ajor-

ET CHANGEMENS. 607

FEZ: On ne dit pas aussi *mal-facteurs*: on dit *mal-faicteurs*.

Ezéchiel.] Ajoûtez: *hémistiche, acrostiche.* Pag. 388.

& les Persiens, en parlant des modernes.] Pag. 392. Ajoûtez: Mais en parlant du langage, on dit *le Persan* & *le Persien* indifféremment.

éloquente & muette.] Ajoûtez : M. de Pag. 400. Voiture dans sa Réponse à la Lettre de M. Arnaud :

Et l'air que je respire icy,
Est chaud, par maniére de dire,
Comme celui que j'y soupire.

Dans tes rongnons avoit pris sa naissance.] Pag. 405. Ajoûtez : M. Miton est pour *rognon*.

C'est ainsi qu'on parle.] Ajoûtez : Il est Pag. 413. au reste à remarquer, que ces noms François qui ont un S à la fin, ont esté formez du nominatif ; & que ceux qui n'en ont point, l'ont esté de l'ablatif.

la plus belle de ses Traductions.] Ajoû- Pag. 416. tez : & dans celle de son Arrian. M. de Balzac dans son Entretien a dit aussi *Ptolomée*, en parlant de l'Astronome. Les Ebreux disent *Toloinaï*, en parlant du Roi : ce qui favorise la prononciation de *Ptolomée*. Henri Estienne, page 118. de son Dialogue du Nouveau Langage François Italianisé, a pourtant dit *Ptolémée*, en parlant du Roi d'Egypte, & M. de la Mote-le-Vayer dans son Jugement sur les Historiens, en parlant de l'Astronome.

Ce qui est sans doute beaucoup mieux.] Pag. 424. Ajoûtez : Henri Estienne dans sa Remontrance aux Courtisans, & dans son Dialogue du Nouveau Langage François Italianisé, a dit *en la fin*, pour *enfin* : ce qui est tres-mal dit.

Pag. 434. *Sont aussi-tost Poëtes qu'Orateurs.*] AJOVTEZ: Et dans son Quintil Censeur : *Duquel nom païs, venu de fonteine Grecque, tous les anciens Poëtes & Orateurs François en cette signification ont usé.* M. de Balzac dans son Socrate Chrétien : *A vostre avis, est-il permis à un Orateur, & mesme à un Poëte, de dire que Godefroi de Boüillon, & tant d'autres Héros Chrétiens, ont esté planter leurs lauriers jusques sur les rives de l'Euphrate?*

Pag. 465. *& non pas captif.*] AJOVTEZ *& migraine, & non pas micraine.*

Pag. 470. *Piédestaux est le plus usité.*] AJOVTEZ: On dit aussi plus communément *portaux*, que *portails*.

Pag. 477 *ou pour parler à la mode, dans les autres modes.*) OSTEZ CELA.

Pag. 494. *disent stampa.*] AJOVTEZ : Mais quoy qu'on dise *estampe*, on dit *étamper. étamper une médaille.*

Pag. 496. *qui n'a osé s'en servir dans la Pucelle*] AJOVTEZ : M. de Segrais, livre 1. de sa Traduction de l'Eneïde, a dit demesme,
Il dit : & d'un grand coup il renverse le mont.

Pag. 501. *du Recueil de ses Sonnets.*] AJOVTEZ: Et au livre 1. de ses Amours:
Et si mon œil ne fut hier deceu
Des doux regards de ma douce Thalie.
& au 2.
Je le perdis hier dans les yeux de Marie.

ET CHANGEMENS.

le lou qui vous réveille.] AJOUTEZ: Et M. Racine en son Iphigénie, acte 1. sc. 1.
Et ce Héros de prés suivant sa renommée
Hier avec la nuit arriva de l'armée.

mais on dit aujourdhuy surérogation & surérogatoire] AJOUTEZ: M. de Balzac dans son Entretien 19. *Et que personne n'a droit de lui demander de ses œuvres, puisqu'en l'estat où il est, il n'en fait point de surérogation.* Pag. 512.

sur la Poëtique d'Aristote.] AJOUTEZ: page 1. Pag. 539.

Et cette contraction n'est pas sans exemple.] AJOUTEZ: *bonitas, bonitatis, bonitate,* BONTÉ. Pag. 543.

le Cardinal d'Ossat.] AJOUTEZ: lettre 1. Pag. 546.

comme Chrétien de Christianus.] AJOUTEZ: Mais *Chresofe* est toutafait barbare.

Dans le sombre univers représente le jour.] AJOUTEZ. Ronsard dans un Sonnet à Baïf, livre 1. de ses Amours, à dit *en cependant. En cependant que tu frapes au but:* ce qui est tres-mal dit. Pag. 552.

TABLE.

TABLE.

A

Abrier, pour *mettre à l'abri*. page 435
Absinthe. De quel genre. 138
Absinthes. 292
Absolution sacramentelle ; sacramentale. 286
Abysme. De quel genre. 135
Acacia ; acacias. 371
Académicien, Académiste, Académique. 476
A cette fin que. 577
Achéloïs. 360. 388
Achéron. 388
Achille, Akille. 388
Acrostiche. De quel genre. 136
Acquerir, acquérir. 401
A coups de baston, à coups d'épée, à coups de flèche, à coups de halbarde, à coups de canon, à coups de mousquet, à coups de pistolet. 560
Admonester, amonester. Admonition, amonition. 287
Adon, Adonis. 336
Adverbes terminez en ment. 5
Adverse, averse. Adversaire, aversaire. 287
Affaire. De quel genre. 136
Astomates, automates. 362

TABLE.

Astographe, autographe. 363
Agamemnon, Agamennon. 299
Age. De quel genre. 136
Agneau, anneau. Agneau Paschal. 465. 466
Agnés. 333
Ajacencer, adjancer. 287
Aide. De quel genre. 136
Aider, aider. 88
Aïeul & grand pere, est la mesme chose. 267
Aïeuls, aïeux. 422
AIL. Pluriers des noms terminez en *al* & en *ail*. 469
Ajourner, pour faire jour. 434
Aigle. De quel genre. 136
Aigre-doux, inventé par Lazare de Baïf. 435
Aiguille, aigulle, aiguillon, aigullon. Aiguilguilletier, aiguletier. 282
Ail, aux. 291
AIL. De la terminaison *ail*. 471
Ailleurs, aillieurs. 88
Ajoint, adjoint. 287
Air, airs. 291
AL. L'*al* des Latins changé en *au* dans nostre Langue. 157. ¶ Pluriers des mots terminez en *al*. 469. De la terminaison *al*. 471
A la fin, enfin. 423
Alarme. De quel genre. 137
Alcée. Nom d'homme & de femme. 556
Alcinois. 360
Alcove. De quel genre. 137
Alibi, alibis. 291
Alentour. 277
A l'étourdi, à l'étourdie. 202

TABLE.

Alexis. Nom d'homme & de femme. 556
Aller, venir. 285
Alorsque, lorsque. 552
Alsace, Alzace. 392
Aloze, alouze. 181
Amarante, Amaranthe. 230
Amarylle, Amaryl, Amaryllis. 335.336
Amathiste, amethiste. 98
Amazone, Amazonne. 554
Ambitieux d'honneur. 597
Amelette, aumelette, omelette. 79
Amener. 570
Aministration. 298
Amitié. Faites-moi cette amitié. 129
Ammian Marcelin, Ammien Marcelin. 349
Amonester. 287
Amonition. 287
Amnistie, amnestie. 109. ¶ *Amnistie.* 298
Amour. De quel genre. 137. *Amour, l'Amour.* 529
Amynte. Nom d'homme & de femme. 555
A nage, à la nage. 419
Anagramme. De quel genre. 138
Angoumoisins. 472
Analyse, analyse. 389
Analogium. Etymologie de ce mot Latin. 21
Ancespessade, Lancespessade. 461
Ancestre, ancestres. 288
Ancre. De quel genre. 138
Anneau, agneau. 465.466
Ante, anture. 560
Anthoine, Antoine. 230
Antin, Antinous. 361
Anuiter, pour faire nuit. 434
Aoust.

TABLE.

Aoust, Oust.	88
Apar, différe de charmes.	566
Apédefte.	362. 130
Apollonius, Apolloine.	358
Aposéme, aposime.	164
Apostume, apostéme.	164
Apprenti, apprentif.	203
Approches. De quel genre.	138
Aprésent.	389
Apsinthe, apsinthes. Voyez absinthe.	
Aquatique, acatique.	1
Araigne, areignée, aragnée, arignée.	276
Arbaleste, arbalestre. Arbalestier, Arbalestrier. 374	
Arboliste, arboriste. arboliser, arboriser. 391. 286	
Arborer des lauriers.	473
Arbre. De quel genre.	138
Archevesché. De quel genre.	139
Archipel, Archipélague.	414
Archives. De quel genre.	598
Archon, Archonte.	467
Aréne, arénes.	292
Arioste, l'Arioste.	518
Armes, armoiries.	574
Armoire, ermoire. 80. ¶ De quel genre.	138
Armoniac. Sel armoniac, sel ammoniac.	373
Arondelle.	13
Arpajou, Arpajon.	307
Arroser, arrouser.	180
Arrérages, ariérages.	387
Arsenal, arsenac.	24
Art. De quel genre.	139
Articles devant les noms propres. 526. ¶ Devant les noms de fleuves. 531. ¶ Si l'ar-	

TABLE,

ticle indéfini reçoit après soi le pronom rélatif. 363. ¶ Si un nom qui n'a point d'article peut avoir après soi le pronom rélatif. 363

Assailliray, assaudray. 578
Assassin, assassinateur, assassinat, assassiner. 582
Assener. 434
Asseoir. 249
Asseuré secours. 515
Astronomie, Astrologie. 379
Athéne, Athénes. 410
A travers, au travers. 112
Atteindre, aveindre. 265
Au demeurant. 390
Avant, auparavant. 565
Avantque, auparavantque. 552
Avé. Vn Avé-Maria. Deux Avé-Maria. 371
Avec, avecque, avecques. 86.596
Avecque toute l'estime & toute la passion possible. 414
Aveindre, atteindre. 265
Aveine, avoine. 69
Avidité, mot de Ronsard. 87.436
Aujourdhuy, aujordhuy. 180
Averter, avorton. 273
Au Parlement, En Parlement. 261
Auparavant que, avantque. 552. Auparavant : avant. 565
Autre, aultre. 257
Aussi, comparatif, suivi de comme. 466
Automates, aftomates. 362
Automne. De quel genre. 139
Autour, alentour. 277

TABLE.

B

B. De la prononciation du B aux mots qui commancent par *ob*. 287
Babtismal, babtistère. 553
Babylone, Babylonne. 554
Bailli, Baillif. 203
Balayer, balier. 279
Banquet. 386
Baragoüin. Son étymologie. 285
Basse-conte, Basse-contre. 64
Beauvaisins. 472
Becquée, béchée. 74
Belle-fille : bru. 167
Bellone, Bellonne. 554
Benaistier, benoistier, benitier. 21
Beniste. Eau beniste, Eau bénisle. 401
Berruiers. 472
Bestail, bestiail, bestialité, bestiaux. 581
Bettes, poirée. 472
Bien-facteur, bien-faicteur, bien-faiteur. 385
Bien hureux, bien heureux. 378
Bienque, avecque l'indicatif. 183
Bicle, bigle. 393
Bignets, beignets, bugnets. 393
Boëtte, boüette. 181
Bœuf. 203
Boiray, beuray, buray. 271
Bon-heur, bon-heurs. 292. Bonheur, bonhur. 378
Borgne, borgnesse. 564
Bouis, buis. 208
Boulins, bulins. 387
Boulogne, Bologne. 181

TABLE

Bourdeaux, Bordeaux.	182
Bras. Il avoit le bras retroussé.	184
Bréda, Breda.	401
Breveté, briéveté. Bref, brief.	206
Bronze. De quel genre.	598
Bru.	267
Brutalité, bestialité.	581
Burlesque. Mot de M. Sarasin.	439
Busc, busque. 101. Etymologie de ce mot.	201
Busche. Son étymologie.	101
Buste. Son étymologie.	201

C

Cable, chable.	519
Cadeau.	386
Câli, Câlis. 116. Son étymologie.	128
Caillo-rosat, caillo-rosart.	403
Calende, calandre.	550
Calepin, Calépin.	401
Calliopa, Calliope.	319
Calomnier, calonnier. 298. *Se calomnier soi-mesme.*	438
Calvitie.	46
Camisole, quemisole.	285
Cannif, gannif.	468
Cannevas de chanson.	439
Cangrène, gangrène.	468
Capes, capres.	478
Capitaine des Gardes, Capitaine aux Gardes.	270
Caporal, Coporal, Corporal.	461
Capucins, Capuchins.	29
Carmélites, Carmélines.	29

TABLE.

Carmes Deschaux, Carmes Deschaussez. 385
Carnéade, Carnéadès. 332. 505
Carosse. De quel genre. 159
Caspie. Mêr Caspie : Mêr Caspienne. 391
Cassonnade, Castonnade. 488
Cathéchisme, Catékisme. 388
Catherre, cathâre. 286
Cavalle, quevalle. 285. Cavalle, jument. 507
Cavalier, Chevalier. 522. 523. Cavalier Marin. 528
Caumartin, Commartin. 305
Caution. De quel genre. 140
Celuy, pronom démonstratif avecque la particule là. 261
Cependant que. 552
Cellecy. Ie vous écris telle-cy. 506
Cep de vigne : sep de vigne. 419
Cérémonie, cérimonie. 107
Cêr, cerf. 203. ¶ Certainément. 4
Cerve, pour biche. 457
Certe, certes. 81
Cet-homme, cest-homme, stomme. Cette femme, ceste femme, ste femme. Cettui-cy, cestui cy. 573
CH. De la prononciation du *ch*, aux mots qui viennent du Latin. 388
Chaircutier, charcutier. 603
Champs Elysées, Champs Elysiens. 35
Chanoinie, Chanoinerie. 269
Charanson, Charenton. 549
Chardonnet, chardonneret. 91. 236
Charrette, chèrette. 285
Charriot, cherriot. 284

Fff iij

TABLE.

Charle ; Charles. 413
Charmes diffère d'apas. 566
Chartre, charte. Son étymologie. 307. 308
Chauveté, calvitie, 46
Chétif. Son étymologie. 368
Chevalier. Voyez cavalier.
Chevau-leger, Cheval-leger. 270
Chicorée, cicorée. 212
Chignon du cou, chaignon du cou. 376
Choir. 477
Chose, chouse. 180. Chose, masculin in obscœnis. 140
Christ, Chris. 545
Christophle, Chrétophle, Chretofe. 545. 609
Chirurgien, Cirurgien. 212. 388
Chypre, Cypre. 376
Cidre, citre. 275
Cimarre. De quel genre. 140
Cimeterre. De quel genre. 140
Cimetière, cémetière, cimisière. 107
Circe, Circa, pour Circe. 310
Clarté, clairté. 285
Claudien, Claudian. 349. 605
Clef, clé. 203
Clio, Clion. 314
Clystére. 263
Coc-a-l'asne. 436
Cochemar, cochemare. 489
Col, cou. 255
Cologne, Coulogne. 181
Cologon, Coëtlogon. 305
Colombe, coulombe; colombier, coulombier. 181
Colonel, Coronel. 461
Colonne, coulonne. 181

TABLE.

Comête. De quel genre. 140
Compositeur, Composteur, terme d'Imprimerie. 431
Commander. 131
Comme. Estant comme il est: estant comme je suis. 414
Comté. De quel genre. 140
Concombre, coucombre. 181
Confiseur, Confiturier. 174
Connestablie, Connestablerie. 269
Consommer, consumer. 416
Constantinople, Constantinoble. 267
Consulte, consultation. 510
Constructions bizarres & irréguliéres. 167
Contemner, contenner. 298
Conteste, contestation. 510
Contredisez, contredites. 384
Convent, couvent. 168
Convoitise. 86
Copie, terme d'Imprimerie. 432. Copie: original. 432
Coral, coraux. 293
Cordon-bleu. 415
Cornette. 270
Corroie, conroie, couroie. 476
Corporal, Coporal. 461
Corvée, courvée. 181
Coste, costé, costaux: Couste, cousté, coustaux. 181
Côtau, côteau. 281
Coucher par écrit. 92
Coup de Jarnac, Coup de Jernac. 284
Couple. De quel genre. 141. 548
Courir, courre. 429
Courroux, au plurier. 295

TABLE.

Cousin remué de germain.	266
Couturier, Couturière.	496
Cramail, Carmain.	505
Cremillére, cramaillére.	286
Croistre, actif.	73
Croupion, cropion.	181
Cûeillera, cueillira.	174. 602
Cueillér, cueillier, cueillerée.	520
Cupidité.	86
Cursol, Crussol.	305
Cymbales. De quel genre.	142
Cyon. Cyon d'arbre, sion d'arbre.	419

D

D. De la prononciation du D, aux mots qui commencent par *ad*. 287
Damas, damarre. 42
Dans, dedans. 524
Daphnis, nom d'homme & de femme. 555
Dartre, dertre. 284
Date. De quel genre. 142
Davanture. 497
DE. Des prépositions *de* & *du*, devant les noms de famille. 490
Débrutaliser. 439
Dedans, dans. 524
Dédire, défaire, démesler, desarmer. Formation de ces verbes. 97
Defaut, défaut, défectueux. 402
Défluxion, fluxion. 465
De gueres. 492
Dehors, hors. 524
Délice, délices. 289. De quel genre? 289

TABLE.

Demain. Il est demain feste. 184
Demander, devaller. Formation de ces verbes. 97
Démesler. Le démeslé, le démesler. 368
De moi. 426
Demoiselle, Damoiselle. 286
Démontrer. D'où vient que du verbe *démontrer* on a dit *démonstration*, & non pas *démontration*. 578
Depart, départ. 401
Dépendre, dépenser. 247
Descendre. Préterit de ce verbe. 511
Dessus, dessous. 524
Des-yvrer, des-enyvrer. 548
Détromper, dévouloir. Formation de ces verbes. 97
Devant, pardevant. 565
Devant que, avant que. 565
Dévolut, dévolu. 59
Devot, dévot. Devotion, dévotion. 401
Dévouloir, mot de Malherbe. 97
Dialecte. De quel genre. 142
Dictum, dictons. 371
Dis. Mots composez de cette particule. 97
Disner. Le disné, le disner. 358
Disposte. S'il faut dire *femme dispose*, ou *disposte*. 392
Dit. Il dit. 496. 608
Diversion, mot nouveau. 434
Dommage. Il est dommage. 520
Donaison, donation. 510
Donner des deux. 461
Donc, doncque. 85. Son étymologie. 85
Dot, de quel genre, 142. S'il faut dire *dot*,

TABLE.

ou *dote*.	142
Douay, *Doay*, ville.	181
Doute. De quel genre.	143
Droit Canon, *Droit Canonique*.	6
Duché. De quel genre.	143

E

E'Aubenitier.	23
Ebéne. De quel genre.	144
Echo, *Echon*. 323. 324. *Echo*. De quel genre. 144	
Ecritoire. De quel genre.	148
Ecureul, *écurieu*.	78
Ecurie, *écuirie*.	281
Egard, *égars*.	281
Elégie, mot de Lazare de Baïf.	433
Elision, en quels mots necessaire.	81
Elliptiques. Façons de parler elliptiques, ou défectueuses.	114
Eloigner. Eloigner quelque chose, pour s'éloigner de quelque chose.	183
Eloigner, *élogner*.	405
Emmener.	570
Emmi la place, *emmi la ruë*.	537
Emologuer, *homologuer*.	73
Emphytéotique, *emphyteutique*.	495
Emplaftre. De quel genre.	144
Emporter le prix : *remporter le prix*.	124
En Arles : *en Avignon* : *en Gérusalem*.	258
En cependant que.	609
Enallé. Il s'en est enallé.	509
Encore, *encor*, *encores*.	81
Encore bien que.	577

TABLE.

En Cœur, en Parlement.	261
En enhaut, en embas.	509
Enfermier, Infirmier.	510
Enfin, à la fin, en la fin.	425. 608
En la mesme contrée des Balances d'Astrée.	565
Enone, Enonne.	554
En quelque part, Quelque part.	178
Enregîtrer, regîtrer.	72
Enteriner, intériner.	73
Entrer. Prétérit de ce verbe.	511
Environ de.	506
Enyvrer, yvrer.	548
Epervier, éprevier, épreuvier.	432
Epidémie, épidimie.	107
Epigramme. Mot de Lazare Baïf. 435. Epigramme. De quel genre.	144
Epingue, éplingue.	282
Episode. De quel genre.	146
Epithalame.	146
Epitaphe. De quel genre.	146
Epithéte. De quel genre.	147
Equateur, ékateur.	2
Equestre, ékestre.	2
Equivoque. De quel genre.	147
Erato, Eraton.	325. 324
Ermoire, armoire.	79
Errata, au plurier.	371
Erreur. De quel genre.	148
Es mains, és prisons: és Lois: és Arts.	580
Esaïe, Isaïe.	107
Esclavitude, esclavage.	303
Espace. De quel genre.	148
Esquinancie.	550

TABLE.

Esse. De la prononciation des mots terminez en *esse*. 402
Estampe, étampe, étamper. 493
Estomacal, stomacal. 493
Eteindre un flambeau. 390
Etique, éctique. 105
Etourdi. Son étymologie. 202
Etude. De quel genre. 148
Eu. S'il faut prononcer *l'ay ëu*, ou *l'ay ü*. 88
Eu, prononcé comme *u*. 88
Eucharistie, Escharistie. 362
Eventail. De quel genre. 149
Evesché. De quel genre. 148
Europa, Europe. 319
Excluë, excluse. 275
Excuse. Demander excuse: faire excuse. 129
Exemple. De quel genre. 149
Extraordinaire, extrordinaire. 231
Extrémemens, extrémément. 4

F

F Mots qui finissent par F. 202
Fabrique d'Eglise, Fabrice. 404
Face. 233. 234
Façons de parler. Il y a certaines façons de parler reçuës qu'il ne faut point changer. 515
Façons de parler irrégulières. 184
Factum, Factons. 371
Faim, usité seulement au singulier. 293
Faire estat, faire office. 567
Faites-moi cette amitié. 129

Faisandeaux,

TABLE.

Faisandeaux, faisanneaux. 59
Fau, fouteau. 208
Faubourg, Fôbourg. 569
Fayans. 208
Féliciter, mot de Balzac. 438
Félippes, Filippes. 545
Fesans, faisans. 579
Fèr de cheval. Fèr à cheval. 560
Fertenois. 472
Feu, pour deffunt. Feüe. La feüe Reine Mére.
   La feu Reine Mére. 561
Fié, fief. 205
Fiévres. 293
Filli, Fille, Fillide & Fillida, dit par les
   Italiens. 336
Finesser, finasser. 286
Flandre, Flandres. 409
Fleuves. Les noms de fleuves, en Grec & en
   Latin, sont masculins. 154
Fleuve, riviére. 380. Noms de fleuves. 530
Fluxion, défluxion. 465
Fol, fou. 255
Fond, fonds. étymologie de ce mot. 172
Formi, fourmi. 181. ¶ Fourmi. De quel gen-
   re. 150
Forniture, fourniture. 181
For-l'Evesque, Fort-l'Evesque, Four-l'Eves-
   que. 568
Fossoieur, Foussier. 40
Foudre. De quel genre. 149
Fouteau. 208
Framage, froumage. 181
Froment, froument. 181. Forment. 602
Frontevaux, Fontévraud. 505

Tome I.   G G g

Fuseliers, Fusiliers.

G

G Prononciation du g devant l'u. 4.594
Gades, étymologie de ce mot Latin. 127
Gagner, gaigner. 284
Gangréne, cangréne. 468
Gans de Néroli, Gans de Nérola, Gans de Franchipane. 205
Garderobe. De quel genre. 151
Garenne, garanne. garennier, garannier. 393
Garnement, garniment. 581
Gendarmer, pour *braver.* 435
Généralissime. 488
Genevois, Gennois. 472
Gens, gent. 60. ¶ *Gens.* De quel genre. 151
Gergon, jargon. Son étymologie. 285
Gérico, Iérico. 210
Gilbatar, Gilbaltar, Gilbartar, Gilbrasar. 126. Son étymologie. 127
Gille, Gilles. 413
Gisier, Gesier, jusier. 424
Goupillon, gouspillon. 21
Gracieux. 272
Grand', au lieu de *grande.* 501
Grant' Ecurie. 428
Greffe. De quel genre. 151
Gresillon, grillon, grelet. 549
Griéveté, grief. 207. 108
Groseille, groiselle. 215
Grosesque, grosesques. 289
Guére, guéres. 492. Son étymologie. 493

TABLE.

Guérir, garir, guérison, garison. 286
Gueules, terme de blason. 289
Gui, gue. Prononciation de ces syllabes. 4
Guiche, Guissen. 305
Guimené, Guémené. 305
Guimets, Guilmets. 431
Guise. 4
Guitare, guiterre, guiterne. 99. 286. Son étymologie. 100

H

H. Mots où l'H est mise sans raison. 230. Prononciation de l'H Françoise aspirée. 213
Haïr, hayir. Son étymologie. 227. ¶ Conjugaison de ce verbe. 536
Haler. Son étymologie. 223
Haleter. Son étymologie. 227
Hallier. Son étymologie. 221
Hameçon. Son étymologie. 227
Hampe, hante, de hallebarde. 154. Son étymologie. 154
Hannuiers. 472
Hanneton. Son étymologie. 223
Happer. Son étymologie. 219
Haquenée. Son étymologie. 216
Haran. Son étymologie. 219
Haricot. Son étymologie. 221
Haridelle. Son étymologie. 223
Hargneux. Son étymologie. 227
Haslé. Son étymologie. 223
Havée. Havet. 215
Havir. Son étymologie. 219
Haute-conte, Haute-contre. 64

TABLE.

H e. Son étymologie. 217
Héuard. Sa signification. 215. Son étymologie. 225
Hélas. Son étymologie. 116
Hémistiche. 607. De quel genre. 151
Herbe, herbes. 194. Herboliste, herboriste. 38
Hermine. Son étymologie. 216
Hermite, Ermite. 230
Hernia. Son étymologie. 229
Héros, Heraut, Heraldique. 216
Hésiter. Aspiré selon quelques-uns. 220
Hétudeau. Son étymologie. 224
Heur, hureux. 377. 378
Hier, dissyllabe. 501. 608
Hibou. Son étymologie. 217
Hiérarchie. 219
Hideux. 219
Hippotame, hippopotame. 519
Hirondelle, hérondelle, arondelle. 33
Hogue, hoguette. Sa signification. 221. Son étymologie. ibidem
Homélie, homilie. 107
Homologuer, émologuer. 78
Horloge. De quel genre. 151
Horlogeur, Horloger. 40
Horoscope. De quel genre. 152
Hors, dehors. 524. Hors. Son étymologie. 221
Hotel-Seguier. 76
Houe. Son étymologie. 217
Houlette. Son étymologie. 223
Hucher. Son étymologie. 222
Huile. De quel genre. 151. Pourquoy écrit avec une H. 223
Huitiéme. 217

TABLE.

Humble, pour *bas.*	551
Humer. Son étymologie.	229
Hyacynthe.	210
Hymne. De quel genre.	152
Hypocendre, hypocondriaque.	475

I

Iacobins, Iacopins.	29
Iacynthe, Hyacynthe.	210
Iaillir. Son étymologie.	124
Iamais plus.	274
Iaque, Iaques.	415
Iargon, gergon. 285. Etymologie de ce mot, *ibidem*	
Iarnac, Iernac.	284
Iaunir. 124. *Iauniſſe.* De quel genre.	152
I'ay receu la voſtre.	506
Idole. Son genre.	152
Ie le vous promets. Ie le vous diray.	49
Ie n'en puis mais.	122
Ie ne ſavois pas que c'eſtoit voſtre mére. Ie ne ſavois que ce fuſt voſtre mére.	264
Ie ne ſaurois.	546
Ie vous ay dit de faire cela. Ie vous demande de faire cela.	493
Jérarchie, hiérarchie.	210
Jérico. Hiérico.	210
Ieſu-Chriſt, Ieſu Chriſt.	545
Ieſuites, Iéſuiſtes.	29
Il eſt demain feſte.	184
Il eſt dommage.	520
Il ne fait que ſortir. Il ne fait que de ſortir.	94
Il ſemble que tout eſt fait pour me nuire. Il	

TABLE.

semble que tout soit fait pour me nuire. 180
Il s'en est allé. Il s'est en allé. 509
Il y a marché. Il y a bal. 279
Image. Son genre. 153
Impardonnable. 300
Impatient, avecque le génitif. 396
IN. Mots précédez de la particule *in* : comme *immortifié*, *inallié*, *inexplicablement*, &c. 299.300
Indamnité, indannité. 297
Indicatif. De la prémiére personne du présent, de l'indicatif & de celle de l'imparfait. 406
Infinitifs. Prononciation des infinitifs en *er*, en *ir*, & en *oir*. 153
Infirmier, Enfermier. 510
In folio, in quarto, in octavo, in douze, in seize, in vinte-quatre, in trente-deux. 431
Jonique : Ionique. 110
Inpromptu, inpromptus. 372
Insulte. De quel genre. 153 600
Isaïe, Esaïe. 107
Instituts, Institutes, Institutions de Iustinien 6
Interamnas, Entragues. 313
Interdisit, interdit. 384
Interdisez, interdites. 384
Inthimé, intimé. 230
Intrigue. De quel genre. 153
Inveincu. 300
Inventeurs de quelques mots François. 435
Iola, Iole, noms d'homme & de femme. 319. 556
Joly, nom propre, rendu en Latin par Lepidus. 313
ION Prononciation des mots terminez en *ion*. 548

TABLE.

Ioseph, Iosephe. 344
Iouan d'Autriche, Iean d'Autriche. 132
Iouer à boule veuë. 169
Iouir, actif. 73
Iour ouvrier, Iour ouvrable. 276
Iragnée, iranteigne. 276
Issu de germain : remué de germain. 266
Iuif, monosyllabe. 515
Iuillep, jullep. 403
Iulle, Iulles. 413
Iument, cavalle. 507
Iuridiction, Iurisdiction. 130
Iusier. 424
Iusque, Iusques. 81
Iustinien, Justinian. 349

K

Κίδαξα, κίδαρις. Etymologie de ces mots. 100

L

L Changée en U. 255. 257
Labour, labeur. 535
Landit, Landi. 508. Etymologie de ce mot. ibidem.
L'année passée ; L'année qui viens ; L'année précédente ; L'année suivante. 93
Laquais, Laquais. 488. Etymologie de ce mot. ibidem
Larigot pour flageolet. 218. Etymologie de ce mot. ibidem
Latin. Jugemens délivrez, & non pas rendus, en Latin. 245. 246

TABLE.

Latone, Latonne. 554
Lavement. 264
Laver, Lavons les mains, Lavons la main. 366
La voicy qu'elle vient : La voicy qui vient. 168
Lazare, Le Lazare. 527
Lectrum, legium, lectorium. Etymologie de ces mots. 21
Legs, légat. 582
Le poignard sur la gorge, Le poignard à la gorge. 522
Le prémier du courant ; du passé. 506
Lentilles, nentilles. 472
Lepidus, Joly. 313
Les Dames ne sortent point du logis que pour aller en visite. 489
Lettre de change, Lettre d'échange. 459
Levée de boucliers ; Levée de boucliers. 534
Libéral arbitre. 504
Librairie. 370
Lilac, Lilas. Son étymologie. 210. 602
Limites. Son genre. 153
Limosin, Limousin. 602
Linot, linote. 236
Lion La ville de Lion, La ville de Lyon. 544
Lionne, lioune. 544
Lis, riviére. De quel genre. 153
Litanies, Létanies. 107
Loire, fleuve. De quel genre. 153
Long. Le long ; du long ; au long. 115
Lors, alorsque. 552
Loüis, Loïs. 181
Lut, luc. 99

TABLE.

Lutériens, Lutéristes. 19
Lutrin, létrin, lieutrin. 21
Lyon. Voyez Lion.

M

Madeleine. La Madeleine. 517
Maine, Mayenne, Mainz. 572
Mairie, Mairerie. 269
Mairrein, mârain. 186
Mais, en la signification de *davantage*. Je n'en puis mais. 122
Maletoste, maletoûte. Maletostier. Maletoutier. 181
Malheur, malhur. Malheureux, malhureux. 579
Marcus Marcellus ; Marc Marceau. 319
Marquer, merquer. 184
Marri, merri. 184
Massepain, marsepain. 425
Matériaux, matéreaux. 385
Mathieusalé, Matusalem. 316
Maturin, Mathurin. 230
Mécénas, Mécène. 228. 604
Médicis. S'il faut dire *La Maison de Médicis*, ou *de Médicis*. 404
Médisez. S'il faut dire *Vous médisez*, ou *Vous médites*. 334
Mélicerte, nom d'homme & de femme. 555
Mener, emmener. 570
Mensonge. De quel genre. 154
Mercœur, Mercure. 604
Mêr Caspie, Mêr Caspienne. 391
Merci, ne se dit qu'au singulier. 294

TABLE.

Merri. Saint Merri, Saint Médéric. 91
Mesme, mesmes. 83. Etymologie de ce mot. 83. 84
Mesmement. 390
Messe. Oüir Messe, Oüir la Messe. 18
Métaux. Noms de metaux n'ont point de plurier en François. Les Italiens disent *ori, argenti.* 290
Metayer, métayer. 401
Mettre l'épée à la main) *Mettre la main à l'épée.* 184
Meurier, murier, Meure, mure. 420
Meurtrier, ouvrier, &c. trissyllabes. 498
Meuse. Pourquoy on dit *hors de la Meuse*, & qu'on ne dit pas *hors de Meuse.* 331
Mexique. La Mexique, Le Mexique. 494
Michel Ange, Mikel Ange. 389
Mien. Vn mien frère. 96
Migraine, micraine. 608
Minuit. De quel genre. 155
Missel, Messel. 18
Missive. 534
Mithridat, Méthridat. 538
Mol, mou. 255 256
Monceau, mouceau. 181. Etymologie de ce mot. 169
Monsieur, Monsieur. Monsieur, Madame. Madame, Madame. 394
Monstreux, monstrueux. 398
MONTER. Préterit de ce verbe. 511
Mors, mordu. 90. 596
Moruë, moluë. 45
Morvêr, Monrevel. 305
Mouchoir. Mouchoir à moucher, Mouchoir de

TABLE.

poche.	178
Moüelle, moëlle.	181
Moi-mesme, moi-mesmes.	84
Moyse, Moüise.	182
Musq, musque.	200
Mycéne, Mycénes.	409

N

Naguére, naguéres.	8
Navets, naveaux.	472
Naviger, naviguer.	391
Navire. De quel genre.	155
Ne plus, ne moins.	433

Néïer, noyer. 180. ¶ Etymologie de ce mot. ibidem.

Nentilles, lentilles.	472
Nermoutier, Noirmoutier, Narmoutier.	306
Nestorius, Nestoire.	358
Nettéïer, nettoyer, nettier, nettir.	181
Neuf.	202
Noël, Noüel.	182

NOMBRE. Remarques curieuses touchant les mots de nombre. 478

NOMS. Noms de famille corrompus. 305. ¶ De quelle façon les noms propres Latins se doivent rendre en nostre Langue. 309. ¶ De quelle façon les noms François se doivent rendre en Latin. 309. ¶ Noms indéclinables: c'estadire qui ont le pluriel semblable au singulier. 371. ¶ Des articles devant les noms propres. 526. ¶ Noms de fleuves. 530

N'ont-ils pas fait? Ont-ils pas fait? 383

TABLE.

Norvégue, Norvége.	391
Neüel, Noël.	182
Nourri, norri. Nourice, Nôrice.	181
Nouvelles, Novelles.	574
Ny plus, ny moins.	433

O

O, ou. Des noms qui se prononcent en o, & de ceux qui se prononcent en ou. 180
Obole. De quel genre. 156
Obseques. De quel genre. 600
ODE, mot de Ronsard. 436
Oeil, euil. 577
Oeuf. 203
Oeuvre. De quel genre. 156
Offenseur. 301
Office. De quel genre. 157
Offre. De quel genre. 157
OI. De la prononciation de la diphthongue oi. 582
Oiseleur, Oiselier. 40
Omelette, amelette. 79
Omise, obmise. Omission, obmission. Omettre, obmettre. 287
Onc, oncque, oncques. 85
Onz a, pour on a. 532
Opera. De quel genre. 157. ¶ Son plurier semblable à son singulier. 371
Oppian, Oppien. 349
Opuscules. De quel genre. 157
Or, ore, ores. 85
Oratoire. De quel genre. 157
Ordre. De quel genre. 157
Orgue.

TABLE.

Orgue. De quel genre. 158
Orgueuil, orgueil. 377
Original. Terme de Peinture. 432
Ormeau, ourmeau. 182
Ormoire, omoire, ermoire, armoire. 80. De quel genre. 138
Orthographe, orthographie: Orthographer, orthographier. 104. ¶ Remarque curieuse touchant l'orthographe. 111
Ostiné. 287
Otarde, outarde. 182
OU. Noms qui se prononcent en *ou*, & ceux qui se prononcent en *o*. 180
Où que, pour *en quelque lieu que*. 132
Ousche. Des-Ousches; De Souches. 307
Ouvrage. De quel genre. 158
Ouvrier, meurtrier, &c. trissyllabes. 498. *Jour ouvrier.* 276

P

Paisse, passe, passereau. 238
Paix. N'a point de plurier. 294
Pommeau d'épée, poumeau d'épée. 181
Ponceau. 549
Pons, ponnu, pondu. 90
Porcelaine, pourcelaine. 180
Porfil, pourfil. 180
Portal, portail. 471. ¶ *Portaux, portals.* 608
Porte-ciel. Porte-loix, Mots de Joachin du Bellay. 437
Portrait, pourtrait. 180
Possible, pour *peut-estre.* 497
Posthume, postume. 230
Pot-pourri. 128

Tome I. HHh

TABLE.

Pôteau, pouteau. 182
Potier d'étain. 278
Pour afin que, Pour à cette fin que. 577
Pour moi, De moi. 416
Pourpre, ufité feulement au fingulier, 295. ¶ De quel genre. 161
Pré, prée, pairie. 460
Précipitément, précipitamment. 252
Précipu, préciput. 60
Prédifez. Vous prédifez, Vous prédites. 384
Premier, prémier. Premièrement, prémièrement. 402
Presque, presques. 81. ¶ Presque, préque. 491
Prévit, prévût. 606
Prevost, Prévost, Provost. Prevosté, Prévosté, Provosté. 268
Prévostable, Prévostal. 269
Privata e pubblicamente. Façon de parler Italienne. 486
Prié-Dieu. Vn Prié-Dieu: Vn Pri-Dieu. 251
Prier à difner, prier de difner. 94
Print. Il print, Il prit, Il prist. Ils prindrent, Ils prirent.
Prifcian, Prifcien. 349
Prochain. Plus prochain. 518
Procédé. Vn procéde, Vn procéder. 368
Procure, procuration. 510
Profondément, profondément. 4
Promener, proumener, pourmener. 181. ¶ Allons promener. 366
Prométhée, Prométhé. 38
Profateur. 439. 442
Protecolle, Protocolle, Portecolle. 375

TABLE.

Protenotaire, Protonotaire. 375
PROVERBES. Les paroles des proverbes ne doivent point estre changées. 514
Provisionel, provisional. 286
Prude, preude. 420
Psalme, pséaume, séaume, psalmodie, psalmodier, psalmiste. 105
Ptolomée, Ptolémée. 416.607
Pudeur : mot de Des-Portes. 438
Pulmonique, poulmonique, poumonique, pneumonique. 475

Q

Q. Comment prononcé. 1
Quant à moi, quant à nous, quant à vous, quans à luy. 426
Quant & moi, Quant & quant moi. 426
Quasi. 491
Quelque part, En quelque part. 178
Quemisole, camisole. 285
Questeur, Kesteur. 2
Quevalle, cavalle. 285
Quirinal, Kirinal. 2
Quinte-Ligaire. 313
Quoique, avecque l'indicatif. 183

R

Rabais, rabaissement. 561
Ramasser. 572
Ramener, remener, remmener. 570
Ramus. Ramus repris. 246
Recompenser, récompenser. 402
Reconduire. 572

HHh ij

TABLE.

Recourir un prisonnier. Vn prisonnier recour. 429

Recouvert, recouvré. 463
Redouté Monarque. 515
Réfectoir, réfectoire. 522
Réforme, réformation. 548
Refuge, réfuge. 401
Regitre, registre, regeste, regestre : regitrer, enregitrer. 71
Reguelice. De quel genre. 162
Rejaillir, jaillir. 125
Rejaunir, jaunir. 125
Relasche. De quel genre. 161
Reliques. 204
Remporter le prix, Emporter le prix. 126
Remué de germain. Etymologie de ce mot. 266
Rencontre. De quel genre. 162
Renommée, Réputation. Ces mots n'ont point de plurier. 296
Reproche. De quel genre. 162
Reste. De quel genre. 162
Retourner, retorner. 181
Revancher, revanger. 421
Reverdir, verdir. 125
Risque. De quel genre. 162
Riviére, Fleuve. 380
Rogatons. 371
Roignon, rognon. 405. 607
Rome, Romme, Roumme. 181
Rompé-je ? Romps-je ? 116

S

Sablé, Sableul. 378
Sacramentale, sacramentelle. 285

TABLE.

Sacristain, Segretain, Sacristine, Sacristaine. 514

Saint Germain de l'Auſſerrois: Saint Germain de l'Auxerrois. 92

Saint Merri, Saint Médéric. 92

Saint Nicolas du Chardonnet, Saint Nicolas du Chardonneret. 92

Salamandre, Salemandre, Salmandre. 98

Sallette, pour Pſallette. 107

Salmigondis, Salmigondi, Salmigondin. 118. Etymologie de ce mot.

Salvien, Salvian. 349

Sang. N'a point de plurier. 196. ¶ De ſang froit. De ſang raſſis. 559

Sannazar, Sannazare. 529

Santé, ſantez. 296

Sapho, Saphon. 323

Sarbacane, ſarbatane, ſerbataine, ſarbataine. 543. ¶ Etymologie de ce mot. 544

Sarge, ſerge. 42. Etymologie de ce mot. 43

Saucourt, Soiecourt. Nom propre. 306

Saule, ſaulx, ſaux. 208

Saumur, Saumeur. 410

Sçavoir, ſavoir. 102

Scévole, Scévola. 361

Séant. 521

Sebille, Sybille. 110

Segond, ſecond. 468

Segretaire, pour confident. 523. ¶ Segretaire, Secretaire. Segret, Secret. 468

Sëier, ſier. 281

Sel armoniac. Sel ammoniac. 373

Séméle, Semela. 310

Sens. De ſens raſſis. 559

TABLE.

Sens dessus dessous. Sens devant derrière.	27
Sens-je ? senté-je ?	114
Sep de vigne, cep de vigne.	419
Septante. Les Septante.	482
Sévérian, Sévérien.	349
Seur, sûr.	420
Si, comparatif, suivi de *comme*. Si beau comme.	466
Sidre, sître.	275
Siéd. Conjugaison de ce verbe.	249
Sien. Vn sien ami.	96
Singulier. Noms qui n'ont point de singulier. 288. ¶ Un singulier avec un pluriel.	591
Sion, ou cyon d'arbre.	419
Siréne, Séréne.	109
Sirop, Sirot, Sirô.	403
Sol, sou.	255
Soldat, Soudat. Son étymologie.	255
Somme tout, somme toute.	480
Sort. De quel genre.	163
Sortir. Prétérit de ce verbe.	511
Sortir de la vie.	495
Souhaitter Etymologie de ce mot.	223
Souper. Après souper ; après soupé.	368
Soupirer, actif.	399
Sous, dessous.	514
Sous les armes, sur les armes.	273
Sphinx. De quel genre.	163
Squelette, squelet. 165. De quel genre.	164
Squinance, squinancie, esquinancie.	550
Stampe, estampe.	493
Stomacal, estomacal.	493
Superbe, substantif	122
Supererogation, surérogation.	512

TABLE.

Superficie.	574
Superintendant, Surintendant.	510
Suisses, Souisses.	545
Supplier Dieu.	252
Suppos, supports d'armes.	63
Surena. Nom propre.	604
Surfact.	574
Sur peine de la vie : sous peine de la vie.	273
Survesquit, servescut.	384
Sus, dessus.	524
Sutil, pour subtil.	298

T

Tabac, tobac.	304
Tailleur.	278
Tandis.	551
Tant-seulement.	398
Tarder, actif.	73
Taux, taxe, taxation.	507
Té-Deum. Vn Té-Deum, Deux Té Deum.	371
Témoigner, témogner.	405
Témoin. Prendre à témoins : prendre à témoin.	17
Temple. De quel genre.	165
Téorbe, tiorbe, tuorbe. 101. De quel genre.	166
Théba, Thébes.	409
Thériaque. De quel genre.	165. 600. 601
Theodoritus, Theodoretus.	353
Thoulouse, Tholose. 181. Thoulouse, Toulouse.	230

TABLE.

Tien. Vne tienne sœur. 98
Tige. De quel genre. 165. Son étymologie. *ibidem.*
Til, tillet, tilleu, tillau. 208
Tinrent, tindrent. 518
Tisanne, prisanne. 105
Tomber, tumber. 460. *Tombereau, tumbereau.* 460. ¶ *Tomber*, actif. 73
Tors, tordu. 90. 596
Tourner, Tourneur, pour *traduire*, & *Traducteur*. 308
Tous étonnez, Tous étonnez. 31
Toute sorte : toutes sortes. 558
Translater, Translateur. 308
Triacleur. 601
Trimouille. Tremouille. 307
Triomphe. De quel genre. 166
Trompette. 170
Trou de chou : tronc de chou. 26
Trouble. De quel genre. 166
Treuver; preuver. 380
Tuer un flambeau. 390
Tuorbe, tiorbe. 101. De quel genre. 166
Tymbale, symbales. De quel genre. 166
Tyranne, Martyre. 75. 76

V

U Prononcé comme eu. 140
Va. S'il faut dire *Ie va*, *Ie vas*, ou *Ie vais*. 16
Va disant, Va croissant, Va faisant. 117
Vacance, vacations. 134
Vaillans, valant. 557

TABLE.

Vainqueur. Si on peut dire *vainqueur & bourreau* d'une femme. 76
Valaques, Valachie. 392
Valeur, valureux. 577
Vaudeville, Vaudevire. 411
Velous, velours. 41
Vénéneux, venimeux. 508
Venir : aller. 185
Vénusté. 538. 540
Verdir, reverdir. 114
Vers dans la prose. 187
Victorieux, avecque le génitif. 396
Vieil, vieux. 43
Vinaigre-rosat, vinaigre-rosar. 403
Vinrent, vindrent. 518
Vint & un, vint-deux. 482. 483. ¶ *Vint & un cheval, vint & un chevaux.* 384
Vipère. De quel genre. 166
Vlcère. De quel genre. 166
Voile. De quel genre. 166
Voisin. Plus voisin. 518
Vous avez bien-tost fait. Vous avez eu bien-tost fait. 299
Vous n'oseriez l'àvoir regardé. 184
Vrbanité. 438. 442
Vrsulines, Vrselines. 31. 595
Vstant. Etymologie de ce mot. 215
Vulcan, Vulcain. 348

X

Pourquoy on écrit *ceux, cieux, animaux,* &c. par un X. 238

TABLE.

Y

Yvoire. De quel genre. 267
Yvrer. 548
Yvrogne, yvrogneffe. 564

Z

Zero, zéros 216
Zéphyr, Zéphyre. 509

Fin de la Table.

ERRATA.

FAVTES.	CORRECTIONS.
Pag. 38. ἐλύσις	ἐλύσιος
122. pour dire l'orgueil; un esprit d'orgueil.	pour dire l'orgueil, un esprit d'orgueil.
142. Traité des Dialectes François.	Traité des Dialectes Françoises.
dans ses Plaidoiers.	dans ses Plaidoiez.
169 qu'il a joué boule vue.	qu'il a joué à boule vue.
177. Toutefois tout le monde prononce je cueilliray.	Toutefois tout le monde prononce je cueilleray.
179. mais qu'on les doit appeler *Fuzeliers*,	mais, qu'on les doit appeler *Fuziliers*,
191. on ne s'aperçoit nomplus	on ne s'apperçoit pas nomplus
248 Pourquoy n'a-t-on	Pourquoy n'a-l-on
289. on soubsentent	on sousentent
295. & bella genit,	& bella gerit,
311. GROUILLARD.	GROULART.
338. Epiredorix,	Eporedorix,
373. πλεωιόζζ	πλεωιάζζ
403. des pommes de caillorosat;	des poires de caillorosat;
407. S'ils sont écrits,	S'ils sont écrits,
416. ils ont dit de-	ils ont dit demesme

FAVTES.	CORRECTIONS.
mesme *Ptolomans*	*Ptolemaus*
432. qui estoit un Fouillon de Vire.	qui estoit un Foulon de Vire.
446. mais je dénie formellement	mais je nie formellement
447. à l'égard d'*analyse*,	à l'égard d'*analysie*.
450. M. Danêz	M Danet.
454. *Il n'est permis à qui ce soit*	*Il n'est permis à qui que ce soit*
457. *S'il n'est permis de me servir*	*S'il m'est permis de me servir*
459. à Appius Puchêr.	à Appius Pulchêr.
462. mais *Caporal* est le *meilleur*.	mais *Caporal* est le meilleur.
468. Philonte,	Phlionte,
474. dans son Poëme Pastoral.	dans son Hymne pour le Portrait de Mademoiselle.
528. Tesauro,	Tesoro,
538. ne savent que c'est que Grammaire.	ne savent ce que c'est que Grammaire.
542. l'*esse videantur*	l'*esse videatur*.
543. serbataine, ou sarbataine.	serbatane, ou sarbataine.
548. & non pas *yvrer*, & *desenyvrer*,	& non pas *yvrer*, & *desyvrer*.
578. *& non pas démonstration*.	*& non pas démontration*.

PRIVILEGE

www.ingramcontent.com/pod-product-compliance
Lightning Source LLC
Chambersburg PA
CBHW050102230426
43664CB00010B/1417